KB252582

"그 후에 일어난 다른 세대는 여호와를 알지 못하며 여호와께서 이스라엘을 위하여 행하신 일도 알지 못하였더라"(삿 2:10). 제가 섬기는 교회학교 고등부 교사회에서는 이 말씀을 기억하며 우리 다음 세대가 하나님을 모르는 "다른 세대"가 되지 않기를 함께 기도해왔습니다. 또 "성경에 대한 바른 지식"을 바탕으로 "하나님을 향한 바른 믿음"이 전수된다는 생각에 수련회를 통해 소요리문답 공부를 시도하기도 했습니다. 하지만 마땅한 방법을 몰라서 동어반복 분위기의 주입식·암기식 교육에 그친 안타까움이 있었습니다. 그런 식이면 교사와 학생 모두 지칠 수밖에 없습니다.

그러던 차에 정요석 목사님과 『소요리문답, 삶을 읽다』를 만나게 되었습니다. 책을 읽고 강의를 들으면서 소요리문답 교육과 관련한 답답함이 사라지고 새로운 눈이 뜨이는 것 같았습니다. 매우 다양한 내용과 방법으로 소요리문답에 접근할 수 있다는 사실이 놀라웠습니다. 더 나아가 아이들도 교리 공부를 즐거워하면서 교리 공부 시간을 기대하고 기다릴 수 있겠구나 하는 소망이 생겼습니다. 이 책은 성경에 대한 바른 지식을 전수함으로써 하나님에 대한 올바른 믿음을 가질 수 있도록 다음 세대를 길러내야 하는 교회 교육에 행복한 방법론을 제시해준 고마운 책입니다.

김현주

서울 서현교회 권사

이 책에는 오랜 시간 교회에서 말씀을 전하고 나누며 실천하기 위해 애쓴 저자의 경험이 고스란히 드러납니다. 진리가 왜곡되고 무시되는 시대를 살아가는 성도들에게 어떻게 하면 바르고 쉽게 진리의 체계를 전할까 고민한 흔적도 느껴집니다. 그만큼 이 책은 성도들의 삶과 신앙의 원리를 매우 친절하고 자상하게 설명해줍니다. 더 나아가 삶의 의미와 가치, 방향과 목적에 대해 바르게 이해하며 신자의 의무와 도리를 다하도록 격려합니다.

"단순한 게 강하다"라는 말이 있습니다. 이 책은 정말 강합니다. 단순하고 명확한 표현들, 한눈에 보이는 도표와 정리를 통해 독자를 집중시키기 때문입니다. 게다가 이 책은 교리가 성도의 삶과 신앙에 매우 밀접하다는 것을 자연스럽게 터득할 수 있을 정도로 설명이 매끄럽습니다. 그래서 이 책을 읽으면 교리는 복잡하고 어렵다는 선입견이 말끔히 사라집니다. 교리에 대한 선입견이 사라지면 신앙과 현실의 괴리감도 함께 사라질 수 있습니다.

무엇보다 이 책의 가장 큰 매력은 교리를 공부한다는 느낌이 아니라 좋은 책을 저자와 함께 읽어가며 소통하는 느낌이 든다는 점입니다. 성도의 삶과 신앙의 현실을 충분히 고려하면서 말씀에 담긴 의미를 파악하도록 자연스럽게 촉구하는 저자의 진심이 고맙게 느껴집니다.

서자선

서울 광현교회 집사

피사체를 아름답게 혹은 정확하게 찍고자 할 때 렌즈의 역할은 매우 중요합니다. 마찬가지로 복음의 큰 틀을 정확하게 파악하고 삶에 적용하고자 할 때 교리는 매우 중요한 역할을 합니다. 신자가 반드시 알아야 할 중요한 내용을 꼭꼭 짚어주는 이 책은, 개신교 교리를 정갈하게 정리한 소요리문답의 얼개와 정수를 파악하기에 참 유용합니다. 게다가 알기 쉬운 문체로 쓰였기 때문에 신학에 대한 배경 지식이 많지 않거나 교리 공부를 처음 하는 사람도 걱정 없이 편안하게 읽을 수 있습니다. 또한 오랫동안 교리 공부를 많이 한 사람도 이 책을 통해 큰 틀을 다시 정확하게 정리할 수 있을 것입니다.

윤춘이

목포 언약교회 성도

진지한 그리스도인은 삶에서 항상 어떻게 경건하고 지혜롭게 판단하고 결정 내려야 할 것인가에 대해 많은 고민을 합니다. 이 책은 소요리문답을 통해 우리가 성경 안에서 그 답을 찾을 수 있음을 강조하면서 구체적이고 실제적인 삶의 적용으로 안내해줍니다. 사랑 가득한 삶의 원리를 깨우쳐주고 참된 기도의 힘이 무엇인지 다시 생각하게 하는 이 책은, 바쁜 일상 가운데 정신없이 살아가는 우리 모두에게 주어진 하나님의 따뜻한 선물입니다.

정영오

안산 푸른교회 장로

1970년대 이후 한국교회 안에는 "축복"과 "번영"을 앞세워 양적 성장을 추구하는 거대한 흐름이 있었습니다. 어떤 신학적 입장을 통해 성경을 이해하든지, 교회에 어떤 프로그램을 도입하든지 교인 수만 늘면 된다는 식이었습니다. 하지만 그런 인위적 부흥에만 치중한 결과 한국교회, 특히 장로(개혁)교회가 놓쳐버린 것이 있습니다. 바로 앞선 시대의 건전한 교회들이 피땀 흘려 작성하고 물려준 교리와 신앙고백입니다. 교회의 뼈대 같은 교리와 신앙고백이 등한시되었다는 사실은 그동안 상당수 한국교회가 정체성과 방향성을 잃고 이리저리 방황했다는 증거입니다.

한국교회를 향한 하나님의 긍휼과 자비로 최근 들어 교리와 신앙고백에 관심을 가지는 움직임이 다시 일어나고 있습니다. 그중 『소요리문답, 삶을 읽다』는 한국교회가 그동안 인위적 부흥을 추구하며 잃어버렸던 교회의 교리적·신학적 유산을 회복하고 상속하도록 돕는 데 매우 유용한 책입니다. 그 이유는 개혁파 신학의 정수인 소요리문답을 다룬 이 책의 몇 가지 특징 때문입니다. 첫째, 교리를 삶의 현장과 연결하면서 교리가 딱딱하고 건조하다는 선입견을 깨뜨립니다. 둘째, "함께 나누기", "생각할 거리", "심화 연구" 등에서는 가볍고 재미있는 접근을 우선할 때 놓치기 쉬운 "깊이"를 담아냈습니다. 셋째, 신학자이자 현장 목회자인 저자가 목회 현장을 염두에 두고 집필하려는 목적이 충실히 반영되었습니다. 모쪼록 이 책이 바른 원리를 찾아야 할 한국교회에 큰 유익을 주기를 바랍니다.

최재호

영천 실로암교회 집사

소요리문답, 삶을 읽다(하)

소요리문답, 삶을 읽다

웨스트민스터 소요리문답 해설 (하)

정요석 지음

WESTMINSTER
SHORTER CATECHISM

Holy
WavePlus

◆ **차례** ◆

제7부
교회론 I
(율법과 십계명)

머리말 __11

제21-1과 **하나님이 요구하시는 의무**(제39문) __18

제21-2과 **복종의 규칙인 도덕법**(제40문) __30

제22-1과 **십계명에 요약된 도덕법**(제41문) __48

제22-2과 **십계명의 강령**(제42문) __54

제22-3과 **십계명의 서문**(제43, 44문) __60

제23과 **제1계명의 요구와 금지**(제45, 46, 47, 48문) __70

제24과 **제2계명의 요구와 금지**(제49, 50, 51, 52문) __84

제25과 **제3계명의 요구와 금지**(제53, 54, 55, 56문) __106

제26과 **제4계명의 요구와 금지**(제57, 58, 59, 60, 61, 62문) __122

제27과 **제5계명의 요구와 금지**(제63, 64, 65, 66문) __162

제28과 **제6계명의 요구와 금지**(제67, 68, 69문) __188

제29과 **제7계명의 요구와 금지**(제70, 71, 72문) __206

제30과 **제8계명의 요구와 금지**(제73, 74, 75문) __222

제31과 **제9계명의 요구와 금지**(제76, 77, 78문) __240

제32과 **제10계명의 요구와 금지**(제79, 80, 81문) __264

제8부
구원론 II
(믿음과 회개)

제33-1과 하나님의 계명들을 완벽하게 지킬 수 없는 사람(제82문) __278

제33-2과 하나님 보시기에 더 가증스러운 죄들(제83문) __292

제33-3과 진노와 저주를 받는 죄(제84문) __310

제34-1과 진노와 저주를 피하는 방법(제85문) __318

제34-2과 믿음이란 무엇인가?(제86문) __324

제34-3과 회개란 무엇인가?(제87문) __342

제9부
교회론 II
(은혜의 세 가지 수단)

제35-1과 구속의 유익을 전하는 외적 수단(제88문) __356

제35-2과 구원에 효력이 되는 말씀(제89문) __370

제35-3과 읽히고 들려지는 말씀(제90문) __382

제36-1과 구원의 효과적 도구인 성례(제91문) __392

제36-2과 성례의 정의와 종류(제92, 93문) __400

제36-3과 세례의 정의(제94문) __412

제36-4과 세례의 대상(제95문) __422

제37-1과 주의 성찬은 무엇인가?(제96문) __434

제37-2과 주의 성찬에 합당하게 참여하는 방법(제97문) __448

제38-1과 기도의 정의(제98문) __456

제38-2과 기도의 지도 법칙(제99문) __484

제38-3과 주기도문의 서문(제100문) __490

제39-1과 첫 번째 간구(제101문) __498

제39-2과 두 번째 간구(제102문) __504

제39-3과 세 번째 간구(제103문) __516

제40-1과 네 번째 간구(제104문) __524

제40-2과 다섯 번째 간구(제105문) __530

제40-3과 여섯 번째 간구(제106문) __538

제40-4과 주기도문의 맺는말(제107문) __544

부록. 웨스트민스터 소요리문답 구성 조감도 __558

성경으로 읽는 문학

윤흥길의 『완장』 __174

현진건의 「B 사감과 러브레터」 __216

해밍웨이의 『킬리만자로의 눈』 __285

안톤 슈낙의 「우리를 슬프게 하는 것들」 __336

그리스도인의 보바리즘 __365

『소요리문답, 삶을 읽다』 상권에 이어 하권까지 오신 여러분을 환영합니다! 이번 하권에서 주로 다룰 내용은 "십계명", "믿음과 회개", "기도"(주기도문)입니다. 이는 모두 하나님이 사람에게 요구하시는 의무에 속하는데, 신자들이 이 의무를 소홀히 하면 밖에 버려져 사람들에게 밟히는 쓸모없는 존재가 될 수밖에 없습니다.

중세의 로마 가톨릭은 사람이 아무리 죄를 많이 지어도 면죄부를 구입하기만 하면 전부 해결된다고 주장하여 종교개혁을 촉발했습니다. 개신교는 로마 가톨릭의 가르침을 부정하며 "오직 믿음"의 기치를 내걸고 죄인은 예수님을 믿음으로써만 구원받는다고 주장했습니다. 그런데 오늘날 많은 교회가 이 가르침을 왜곡하여 믿음을 마치 면죄부처럼 가르치고 있는 것 같습니다. 마음 놓고 죄를 짓고도 일시적·감상적 회개에 의존한 채 자신의 죄가 사해졌다고 스스로 믿는 신자가 많아져 하나님의 은혜가 값싼 은혜가 되어버렸습니다.

소요리문답의 후반부는 하나님이 사람에게 요구하시는 의무들을 다루며 믿음과 회개의 의미를 명확히 하고, 믿음으로 구원받은 신자가 하나님의 뜻에 따라 어떻게 살아야 하는지를 십계명을 통해 구체적으로 가르칩니다. 소요리문답이 십계명을 설명하는 내용을 보면 각 계명이 우리의 구체적인 실생활과 얼마나 깊이 연관되어 있는지 알 수 있습니다. 모든 신자가 이 가르침에 따라 산다면 한국교회는 머지않아 사람들의 칭찬과 인정을 받는 소금과 빛이 되고, "나는 기독교인입니다"라는 고백이 그 사람의 모든 것을 보증하는 무게감을 갖게 될 것입니다.

이런 변화의 과정에서 기도의 중요성은 남다르다고 할 수 있습니다. 소요리문답이 가르쳐주듯이 우리가 주기도문의 의미를 깊이 이해하고 그에 따라 기도하면 우리의 기도는 하나님의 뜻을 헤아리고 다질 뿐 아니라 교리의 묵상과 실천으로 이끄는 귀한 도구가 될 것입니다. 사실 오늘날 얼마나 많은 교인이 기도를 주문처럼 오용하고 있는지 모릅니다. 하나님의 뜻에 따라 구하지 않고 자신의 욕구를 충족시키려고 중언부언하는 사람이 많습니다. 철야 기도, 금식 기도가 떼를 쓰고 협박하는 것에 지나지 않을 때도 있습니다. 소요리문답이 자세히 다루는 주기도문에 대한 이 책의 해설을 통해 기도에 대한 오해가 바로잡히고 참된 기도의 능력을 경험하는 사람들이 많아지면 좋겠습니다.

이번 하권에 추천사를 써주신 김현주, 서자선, 윤춘이, 정영오, 최재호 성도님께 감사를 드립니다. 이분들은 몇 년간의 꾸준한 교리 공부를 통해 하나님과 사람에 대한 사랑이 풍성해지고 삶에 대한 기독교적 이해가 깊어짐을 경험한 분들입니다. 권사, 집사, 장로 등의 직분을 감당하면서도 교리 공부를 멈추지 않고 그 유익과 장점을 누리고 있는 추천자들의 뒤를 이어, 독자 여러분도 성경(교리)을 통해 하나님과 사람을 향한 사랑이 풍성한 분들이 되기를 바랍니다.

본격적인 공부에 들어가기에 앞서 교리가 성경의 전체 내용을 체계적으로 정리해놓은 것이라는 사실을 다시 한번 강조하고 싶습니다. 우리는 성경을 전체적으로 잘 이해하기 위해서 교리를 공부합니다. 성경을 이해하는 일은 온몸이 전율할 정도로 신나고 짜릿합니다. 성경을 이해할수록 하나님을 더 깊이 알게 되고 하나님의 대표 속성인 사랑과 거룩함을 더 온전하게 닮아갈 수 있습니다. 또한 성경은 사람의 정체성과 한계에 대해서도 진실하게 증언하기 때문에 우리는 교리를 통해 사람과 인생에 대해서도 많이 배우게 됩니다. 아무쪼록 독자들이 『소요리문답, 삶을 읽다』 하권을 통해서도 하나님의 따스한 사랑을 더 풍성이 누리고 사람과 삶에 대한 이해가 깊어지기를 진심으로 바랍니다.

이 책의 구성

1. 문답 소개: 각 과의 처음에는 해당 문답을 우리말과 영어로 소개했습니다. 원래 영어로 작성된 소요리문답의 내용을 정확하게 전달하기 위해 우리말 번역은 주로 직역에 가깝게 했습니다. 영어 해석이 가능한 분들은 영어 문장을 직접 보는 것이 좋습니다. 영어 해석을 돕기 위해 핵심적인 영어 단어들의 뜻도 풀어놓았습니다.

2. 근거 성구: 각 문답의 근거가 되는 성경 구절을 정리해놓았습니다. 이를 그냥 지나치지 말고 **모두 읽어보시기** 바랍니다. 관련 성구들을 자세히 살펴보아야 각 과의 내용을 더 잘 이해할 수 있습니다. 더군다나 소요리문답을 공부하는 궁극적 목적은 성경을 더 잘 이해하기 위함임을 잊어서는 안 됩니다.

이 책을 읽으면서 소요리문답을 암송하면 더욱 좋습니다. 소요리문답 전체를 암송하면 기독교 교리를 전체적으로 이해하고 활용하는 데 큰 도움이 되기 때문입니다.

3. 해설: 이 책의 핵심 부분입니다. 주로 해당 문답의 세부 구절을 풀이하는 형태이고, 문답의 내용을 쉽게 설명하면서 교리와 우리 삶이 매우 밀접하게 연관됨을 알려주는 다양한 접근법을 취했습니다. 이러한 시도가 독자들의 넓은 이해와 창의적 사고에 좋은 영감을 줄 수 있기를 바랍니다. 교리를 공부할수록 현실의 삶에 대한 성경적 조망과 이해가 더욱 깊어져야지, 교리와 삶이 분리되어서는 안 됩니다. 교리에 대한 깊은 이해는 현실과 사람에 대한 이해로 이어져 더 많은 사람에 대한 수용과 사랑으로 나아가야 합니다.

4. 도표: "전체 성경"이 중요한 것처럼 해당 문답이 전후 문답들과 어떤 관계를 맺으며 어떻게 통합되는지를 아는 것도 중요합니다. 교리 공부를 할 때는 나무만 보다가 숲 전체를 간과하는 일이 없도록 전후 관계에 신경을 써야 합니다. 이를 위해 곳곳에서 도표를 이용했고, 책 뒷부분에는 소요리문답의 전체 구성을 보여주는 조감도도 실어놓았습니다. 필요에 따라 잘 활용하시기 바랍니다.

5. 팁: 말뜻 그대로 실용적인, 작은 조언입니다. 책의 내용을 이해하는 데 도움이 될 만한 개념과 내용을 소개하거나 어려운 말의 사전적 의미를 소개하는 역할을 합니다.

6. 심화 연구: 해당 문답을 더 깊이 이해하도록 안내해주는 주제들을 다룹니다. "심화 연구"에서 다루는 신학적 용어들이 처음에는 낯설고 부담스러울 수 있습니다. 하지만 몇 번 보고 익숙해지면 해당 문답과 신학을 이해하는 데 큰 도움이 될 것입니다. 상권과 달리 하권에서는 "심

화 연구"에 해당하는 주제가 그리 많지 않습니다.

7. 생각할 거리: 교리 공부가 사람과 사회와 자연에 대한 이해로 이어지기를 바라며 쓴 글들입니다. 교리 공부가 이렇게 삶과 세계 전체로 이어지지 않으면 진공관에 갇힌 죽은 지식에 지나지 않습니다. 교리를 잘못 공부한 사람은 알량한 신학 지식을 앞세워 교회와 교인을 함부로 평가하고 비판하는 우를 범하기 쉽습니다. 하지만 교리를 제대로 공부한 사람은 사람과 사회에 대한 이해가 깊어지고 넓어져 따스한 수용력이 생길 것입니다. "생각할 거리"에서 교리를 통해 우리 삶을 종합적으로 이해하려는 시도를 맛보시기 바랍니다.

8. 성경으로 읽는 문학: 이 부분은 특히 중고생 독자를 염두에 두고 소요리문답과 연관된 문학 작품을 성경적 관점에서 읽는 방법을 선보이고자 했습니다. 인간미 넘치는 한국적 정서와 감성이 갈수록 사라지는 시대에, 독자들이 하나님이 선물로 주신 예술과 문학을 만끽하면서 소요리문답을 더 깊이 이해하는 동시에 감수성도 풍성해지면 좋겠습니다.

9. 함께 나누기: 이 책을 가지고 교리를 공부하는 조 모임에서 활용할 수 있는 자료입니다. 모임 구성원들은 문항에 따라 토론을 진행해가면서 배운 내용을 자연스럽게 정리하고 적용점을 찾아낼 수 있을 것입니다. 단 "함께 나누기"의 1번 문제들은 주로 구성원 간의 교제를 위한 문제로 해당 문답과 깊은 연관이 없습니다. 1번 문제를 통해 조 모임에 열린 마음으로 임하고 서로를 깊이 알아갈 수 있기를 바랍니다.

교회론 I

율법과 십계명

제39-81문

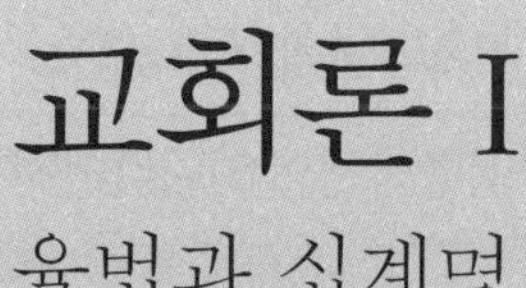

제21-1과
하나님이 요구하시는 의무

제39문. 하나님이 사람에게 요구하시는 의무는 무엇입니까?

What is the duty which God requires of man?

답. 하나님이 사람에게 요구하시는 의무는 당신이 나타내신 뜻에 복종하는 것입니다(미 6:8; 삼상 15:22).

The duty which God requires of man is obedience to His revealed will

---

duty 의무, 직무, 업무, 세금

revealed 나타낸 ← **reveal** 드러내다, 밝히다

require 요구하다, 필요로 하다

require of (somebody) (누군가에게) …을 요구하다

obedience 복종, 순종

사람아, 주께서 선한 것이 무엇임을 네게 보이셨나니 여호와께서 네게 구하시는 것은 오직 정의를 행하며 인자를 사랑하며 겸손하게 네 하나님과 함께 행하는 것이 아니냐?(미 6:8)

사무엘이 이르되 "여호와께서 번제와 다른 제사를 그의 목소리를 청종하는 것을 좋아하심 같이 좋아하시겠나이까? 순종이 제사보다 낫고 듣는 것이 숫양의 기름보다 나으니"(삼상 15:22).

해설

하나님이 사람에게 요구하시는 의무

웨스트민스터 소요리문답 제3문은 성경이 주로 가르치는 두 가지를 다룹니다. 그 두 가지란 사람이 하나님에 대하여 무엇을 믿어야만 하는지에 대한 것과, 하나님이 사람에게 요구하시는 의무가 무엇인지에 대한 것입니다.

소요리문답은 이에 따라 전반부인 제1-38문에서는 사람이 하나님에 대하여 믿어야 할 바를 다루고, 후반부인 제39-107문에서는 하나님이 사람에게 요구하시는 의무를 다룹니다. 이 책도 이 구성에 따라 상권과 하권으로 나뉘었습니다.

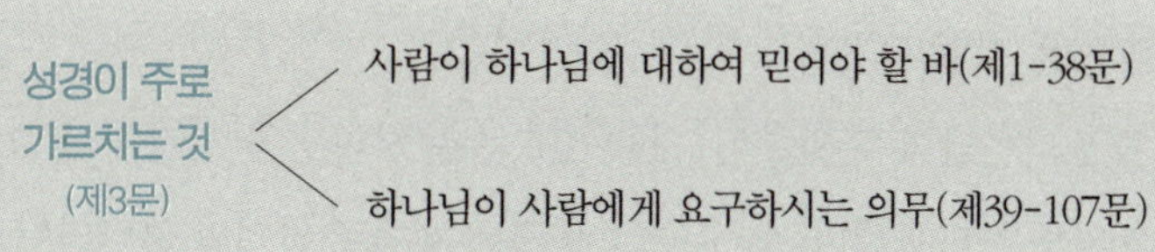

〈표1〉 소요리문답의 전체 구성

I. 사람이 하나님에 대하여 믿어야 할 바(제1-38문)

    1. **서론**(제1-3문): 인생의 목적과 성경

    2. **신론**(제4-12문): 하나님의 속성, 삼위일체, 작정, 창조, 섭리

    3. **인간론**(제13-20문): 사람의 죄와 그 죄의 결과

    4. **기독론**(제21-28문): 그리스도의 인격과 사역

    5. **구원론 I**(제29-36문): 구원의 적용과 구원의 서정

    6. **종말론**(제37-38문): 사람의 죽음과 부활

II. 하나님이 사람에게 요구하시는 의무(제39-107문)

    7. **교회론 I**(제39-81문): 율법과 십계명

    8. **구원론 II**(제82-87문): 믿음과 회개

    9. **교회론 II**(제88-107문): 은혜의 수단

1. 하나님이 요구하시는 의무(The duty which God requires)

똑같은 요구일지라도 요구의 주체가 누구냐에 따라 권위와 무게가 달라집니다. 살인범이 강도에게 착한 삶을 살라고 훈계한다면 어떨까요? 똥 묻은 개가 겨 묻은 개를 나무란다고 무시당할 것이 뻔합니다. 반대로 일평생에 걸쳐 배우자와 함께 건강한 가정을 세운 노인이 철없는 젊은이를 타이른다면 어떨까요? 그 무게가 남다르게 느껴질 수밖에 없을 것입니다.

소요리문답의 후반부인 제39-107문은 하나님이 사람에게 요구하시는 의무를 다룹니다. 이 요구의 무게를 제대로 알려면 하나님이 어떤 분이신지를 알아야 합니다. 그래서 소요리문답 제1-38문을 제대로 이해하는 것이 중요합니다. 이 책의 상권을 통해 하나님의 신분과 사역을

잘 이해한 사람은 그 하나님이 요구하시는 의무를 다루는 하권도 어렵
지 않게 이해할 수 있습니다.

2. 하나님이 나타내신 뜻에 복종하는 것(obedience to His revealed will)

ㄱ. "하나님"이 나타내신 뜻 사람은 **하나님**이 나타내신 뜻에 복종해야
합니다. 사람은 역사와 경험을 통해 나름대로 도덕과 윤리, 법과 규칙
을 만듭니다. 하지만 사람들의 기준과 생각은—우리가 상권에서 간통
죄에 대해 살펴보았던 것처럼—시대와 상황에 따라 변합니다. 사람은
스스로 영원한 진리를 판가름하는 능력이 없습니다. 인간의 인식은 얼
마나 불안정하고 부정확한지 모릅니다.

따라서 사람들이 직관과 경험, 역사와 학문 등을 통하여 획득한 도
덕이나 윤리, 세계관은 절대로 순종의 궁극적 기준이 될 수 없습니다.
오직 하나님의 말씀만이 절대적 기준이 됩니다. 소요리문답 제2문은
이에 대하여 "구약과 신약 성경에 있는 하나님의 말씀이 우리로 하나
님을 영화롭게 하고 즐거워하도록 지도하시기 위한 유일한 규칙"이라
고 말합니다.

하나님이 그분의 뜻과 진리를 나타내주시지 않으면 사람은 절대로
진리를 알 수 없습니다. 유한은 무한을 인식하지 못하는데 사람은 유한
하고 하나님은 무한하시기 때문입니다. 기독교와 다른 종교의 중요한
차이점 중 하나는 하나님이 진리를 계시하셨는지의 여부입니다. 다른
모든 종교는 사람이 스스로 신을 만들고 섬기는 법을 창안해낸 결과입
니다. 심지어 대다수 종교는 "썩어지지 아니하는 하나님의 영광을 썩어
질 사람과 새와 짐승과 기어 다니는 동물 모양의 우상으로" 바꾸어버
립니다(롬 1:21-23). 하지만 기독교는 **하나님이** 사람에게 찾아오시어 진

TIP 2015년 2월, 간통죄는
우리나라에서 62년 만에 역
사 속으로 사라졌다.

TIP 인간 인식의 한계에 대
해서는 이 책의 상권 "보이
지 않는 고릴라"(63쪽)를 참
고하라.

TIP *Finitum non
possit capere
infinitum:*
유한은 무한을
인식하지 못한다.

리를 나타내신 것에 기초를 둡니다.

ㄴ. 하나님이 "나타내신" 뜻 사람은 하나님이 **나타내신** 뜻에 복종해야 합니다. 하나님은 사람에게 일반계시와 특별계시를 통하여 당신의 영원하신 능력과 신성과 뜻을 나타내셨습니다. 그런데 자연, 역사, 양심을 통한 일반계시는 하나님에 대하여 흐릿하게 알려줄 뿐입니다. 하나님은 당신의 뜻을 분명하게 알리기 위해 제비뽑기, 우림과 둠밈, 꿈과 환상, 기적 및 예언 등을 통하여 특별한 계시를 허락하셨습니다. 그리고 그 특별계시를 망각과 왜곡의 위험으로부터 보호하기 위해 문자로 기록하게 하셨는데 그것이 바로 성경입니다.

성경에는 하나님의 뜻이 이미 풍성하게 기록되어 있습니다. 그런데 어떤 신자들은 때때로 성경이 아닌 신비한 방법을 통해 하나님의 뜻을 알고자 합니다. 소위 "직통 계시"나 꿈을 통해 하나님이 말씀해주시기를 구하는 것입니다. 물론 성경의 분량은 한정되어 있으며 우리 삶의 모든 측면을 구체적으로 다루는 것도 아닙니다. 그러나 우리는 우리 삶의 거의 모든 상황에 대해 성경의 명백한 가르침에 근거하여 합리적으로 건전하게 추론할 수 있습니다. 그리스도인으로서 성숙해진다는 것은 무엇보다 지각을 사용해 선악을 분별하는 능력을 키워간다는 의미입니다.

예를 들어 하나님은 성경을 통하여 간음하지 말라고 분명하게 말씀하셨습니다. 그런데 기혼자가 마음에 드는 다른 이성과 사귀어도 되느냐고 하나님께 묻는다면 어떨까요? 가당치도 않습니다. 그런 탈선을 정당화하며 하나님의 뜻을 구하는 태도는 전혀 옳지 않습니다. 오히려 자신의 잘못된 욕구와 부정한 생각을 분별해 하나님 앞에서 회개해야 할 것입니다.

히브리서는 신앙생활의 연륜이 오래되면 마땅히 "선생"이 되어야 한다고 말씀합니다. 우리는 "그리스도의 도의 초보를 버리고, 죽은 행실을 회개함과 하나님께 대한 신앙과 세례들과 안수와 죽은 자의 부활과 영원한 심판에 관한 교훈의 터를 다시 닦지 말고 완전한 데로" 나아가야 합니다(히 6:1-2). 또한 "단단한 음식"을 먹는 "장성한 자"가 되어 "지각을 사용함으로 연단을 받아 선악을 분별하는 자들"이 되어야 합니다(히 5:14). 상권에서 다루었던 다음 표들은 우리가 어떻게 하나님의 뜻에 따라 선악을 분별할 수 있는지 알게 해줍니다.

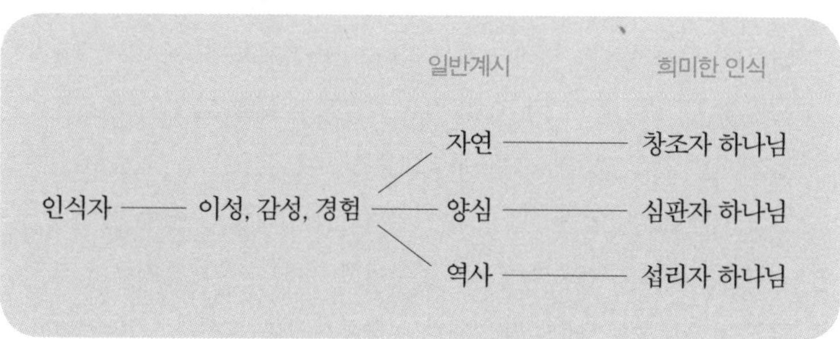

〈표2〉 일반인들의 하나님에 대한 희미한 인식

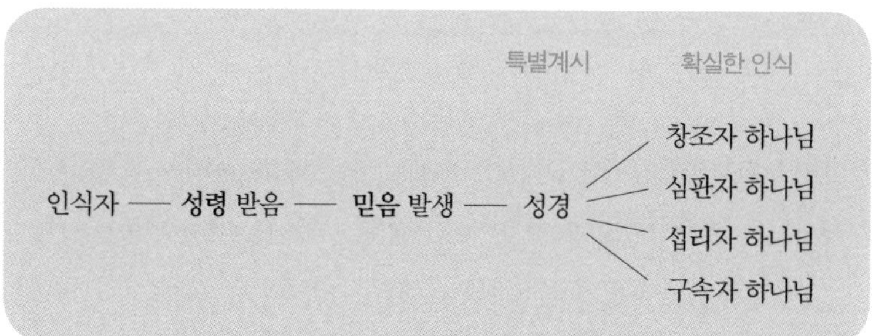

〈표3〉 신자들의 믿음을 통한 하나님에 대한 확실한 인식

성경 번역과 성경번역선교회

우리 외할머니는 때때로 성경을 베고 주무셨다. 성경을 품에 끼고 다니거나 잘 때 베개로 삼으면 어느 날 성경의 내용을 모두 깨치게 된다고 누군가가 알려주었기 때문이다. 하지만 이는 잘못된 정보였다. 성경을 알려면 몸에 가까이할 것이 아니라 직접 읽고 숙고하며 목사와 교사에게 배워야 한다.

그런데 원래 성경은 히브리어(일부 아람어)와 그리스어로 기록되었다. 만약 성경을 세계 각지의 언어로 번역한 사람들이 없었다면 어땠을까? 성경의 내용을 알고 싶은 사람들은 히브리어와 그리스어를 배우기 위해 많은 수고를 해야 했을 것이다.

중세 시대 로마 가톨릭 교회는 일반인이 이해할 수 없는 라틴어 성경을 사용했고 찬양과 설교도 라틴어로 했다. 게다가 성경은 성직자들만 소유했기 때문에 일반인들은 성경의 내용을 제대로 알 수 없었다. 그 때문에 시간이 흐를수록 교회에 온갖 미신과 불법이 횡행했다.

종교개혁은 면죄부 판매로 인한 교회 행정의 부도덕에 대한 개혁일 뿐 아니라, 전체 성경과 어긋나는 로마 가톨릭의 교리와 그로 인한 미신 및 불법에 대한 개혁이었다. 이 과정에서 성경 번역과 보급은 매우 중요한 역할을 했다. 종교개혁을 일으킨 마르틴 루터는 성경을 자국어인 독일어로 번역했다. 그리고 때마침 발달한 인쇄술 덕분에 독일의 일반 신자들은 대량 출간된 성경을 집에 두고 읽으며 성경의 전체 내용을 접할 수 있었다.

지금도 성경번역선교회〈gbt.or.kr〉는 "자신의 모국어로 기록된 성경을 갖지 못하여 사탄의 올무와 영적 흑암 속에 갇혀 있는 1,800여 종족들"을 위해 각지의 언어로 성경을 번역하는 일을 하고 있다. 성경을 소수 종족의 언어로 번역하는 선교사는 성경뿐만 아니라 언어 일반에 대한 소양이 있어야 하고, 전문적인 훈련을 거친 뒤 그 종족과 함께 생활하며 그들의 단어와 문장 구조를 세심하게 살피며 성경을 번역해야 한다. 이 과정은 최소한 수년, 때로는 수십 년이 걸린다.

복음을 듣지 못한 이들에게 예수 그리스도를 전하는 일은 중요하다. 더 나아가 신자가 된 그들이 성경을 읽으며 하나님의 말씀을 깨달아 그 말씀대로 삶을 올바로 이끌어가는 것도 매우 중요하다. 성경 번역 선교사들이 감당하는 사역은 바로 그 일의 밑거름이 된다.

ㄷ. 오직 성경(*sola Scriptura*)과 전체 성경(*tota Scriptura*) 선악을 분별하며 건전하게 추론하는 능력은 성경 전체가 말하는 내용을 깊이 알수록 자라납니다. 따라서 "오직 성경"과 함께 "전체 성경"이 매우 중요합니다. 사이비 이단 중에도 "오직 성경"을 외치는 부류가 있습니다. 그러나 그들은 성경 전체를 보지 않고 자신들의 교리와 주장을 뒷받침하는 특정 구절들만 봅니다. 성경을 편식하면서 편견과 아집에 빠져 잘못된 길로 가는 것입니다. 그들은 분명히 성경을 인용하고 성경의 어휘와 문장을 사용하지만 결국에는 성경을 사리사욕을 채우는 수단으로 사용합니다. 성경 전체 내용에는 관심이 없으면서 자신에게 유리한 부분만 확대해서 가공(架空)하는 것은 성경의 오·남용이나 악용에 해당합니다.

우리가 정돈된 교리인 소요리문답을 공부하는 이유는 전체 성경이

TIP 架: 가설할 가
空: 헛될 공
架空: 거짓이나 상상으로 꾸며냄

말하는 것을 알기 위해서입니다. 소요리문답 자체가 목적이 아닙니다. 교리나 신앙고백은 성경 전체를 깊이 살펴 나온 결과물이므로 교리와 신앙고백을 제대로 공부하면 전체 성경이 말하는 내용을 큰 틀에서 알 수 있습니다. 그리고 그 틀의 도움을 받아 성경을 깊이 깨닫고 큰 은혜를 누릴 수 있습니다.

예를 하나 들겠습니다. 십계명의 제5계명은 "네 부모를 공경하라"고 말합니다. 그런데 소요리문답 제64문은 이와 관련해 "그리스도를 경외함으로 피차 복종하라"(엡 5:21), "뭇 사람을 공경하며 형제를 사랑하며 하나님을 두려워하며 왕을 존대하라"(벧전 2:17), "형제를 사랑하여 서로 우애하고 존경하기를 서로 먼저 하며"(롬 12:10)라는 구절을 관련 성구로 제시합니다. 단순히 부모에 대한 공경에 그치지 않고 상급자, 하급자, 동급자로서의 인간에 대해 가져야 할 태도를 말하는 것입니다. 우리는 이를 통해 성경에서 부모 공경이 어떤 맥락에서 요구되는지 파악할 수 있습니다.

이런 추론과 분별의 연습이 쌓이면 우리는 성경에 따라 정치, 경제, 문화, 예술 등의 여러 영역에 기독교적 세계관을 가지고 접근할 수 있습니다. 그리스도인은 진공관 속에서 사는 것이 아니라 세상 속에서 비신자들과 더불어 살므로 여러 가지 상황에 직면하게 됩니다. 그 다양한 상황 속에서도 신자는 하나님의 말씀을 적용해 더 나은 길을 찾아야 합니다. 이런 적용의 노력이 없으면 교회에서 신앙생활을 잘한다고 평가받아도 사회에서는 전혀 도움이 되지 않는 사람이 될 수 있습니다.

새옹지마(塞翁之馬)

2013년 3월, 우리나라 농구계에서 "국보 센터"라 불리던 서장훈 선수가 은퇴했다. 그는 은퇴식에서 가장 많이 생각나는 사람으로 라이벌이자 1년 후배인 현주엽을 꼽았다. 서장훈(207cm)보다 키가 작은(?) 현주엽(195cm)은 현역 시절 거의 외국인 용병에 맞먹는 실력과 힘을 갖춘 뛰어난 선수였다. 외국인 선수의 비율이 제한되는 국내 리그에서 이 둘이 함께 있는 팀의 감독은 얼마나 행복했을까?

현주엽 선수가 프로팀에 입단한 1998년, 신인 드래프트에서는 직전 리그 꼴찌 팀에게 우선 지명권을 40퍼센트 확률로 주었었다. 당시 1997-98리그에서 꼴찌를 한 팀은 서장훈 선수가 있었던 SK 나이츠였다! 꼴찌 팀인 SK는 국내에서 가장 키가 큰 서장훈 선수에 이어 현주엽 선수를 영입한다면 순식간에 우승 후보가 될 수 있다는 기대감에 부풀어 있었다.

그런데 40퍼센트 확률은 다른 팀에 비해서는 높지만 그렇다고 절대적으로 안심할 수 있는 확률은 아니었다. 현주엽 선수를 놓칠 확률도 60퍼센트나 되었던 것이다. 하지만 다행히도 SK는 첫 번째 지명권을 획득했고 감독은 한순간의 주저 없이 현주엽 선수를 지명했다. 그리고 두 팔을 펼치며 "이제 나의 시대가 열렸다"라고 외쳤다.

그의 거칠 것 없는 행동에 한 기자가 물었다. "현주엽 선수를 1순위로 선발하게 될 줄 알았습니까?" 그러자 SK 감독은 확신에 찬 목소리로 그렇다고 대답했다. 너무나 당당한 대답에 기자가 그 이유를 묻자 감독이 대답했다. "오늘 아침 추첨하러 나오기 전에 교회

목사님으로부터 안수 기도를 받고 나왔기 때문입니다."

SK 나이츠는 현주엽 선수의 영입으로 강력한 우승 후보가 되었다. 하지만 새로운 시즌이 시작되어 막상 뚜껑을 열어보니 SK의 경기력은 기대에 미치지 못했다. 서장훈과 현주엽이란 국내 최고 선수들이 있었지만 이들의 라이벌 의식으로 팀워크가 깨졌기 때문이었다. 구단은 예상외의 저조한 성적에 대한 책임을 물어 감독을 전격 해임하고 현주엽 선수를 시즌 중에 다른 팀으로 보내버렸다. "이제 나의 시대가 열렸다"라고 외친 그 감독의 시대는 1년도 못 가 끝나버렸다. 그는 목사님으로부터 안수 기도를 받아서 현주엽을 영입할 줄 알았다고 자랑스럽게 말했지만 그 기도 때문에 해임당한 꼴이었다. 기도 응답이 오히려 최악의 결과로 돌아왔으니 어떻게 된 일인가?

이 일과 관련해서 우리는 세 가지를 생각해야 한다. 첫째, 좋은 일을 무조건 하나님의 뜻이라고 단정해서는 안 된다. 사람이 보기에 좋거나 나쁜 어떤 사건은 하나님의 특별한 뜻과 상관없는 중립적인 일일 수 있다. 일차 지명권을 차지할 수 있는 권리는 확률에 따라 그리스도인이나 비그리스도인에게 공평하게 배분될 뿐이다. 둘째, 하나님의 뜻은 일의 결과보다는 과정과 태도와 연결될 때가 많다. 어떤 사건의 발생—좋은 선수의 영입—으로 하나님의 뜻이 완결되는 것이 아니고 거기에 맞게 정당한 노력을 기울이며 맡은 일을 성실하게 행하는 것—팀의 화합을 이루며 선수들의 기량을 최고치로 끌어올리기 위해 정당하게 애쓰는 것—에서 하나님의 뜻은 이루어져 간다. 셋째, 신앙이나 진리와 별로 관계없는 문제에 기독교적 용어를 사용한다고 해서 믿음이 좋은 것은 아니다. 왜 그렇게 많은 프로스포츠 팀이 1차 지명권을 원할까? 그것은 우승을 해보고 싶은 욕심 때문이지 어떤 대의명분이나 신앙 혹은 도덕을 위해서가 아니다. 그런데도 추첨 결과를 신앙의 결과로 포장하면 추첨되지 않은 자들을 소외시키고 사행심을 조장하는 결과를 불러올 뿐이다.

만약 SK 감독이 현주엽 선수를 뽑고 나서 몇 년 동안 승승장구했다면 어떤 교회에서는 신앙 간증을 요청했을지도 모른다. 드래프트하러 가기 전에 목사님의 안수를 받았더니 만사가 형통하게 되었다며 안수 기도에 의미를 부여하고, 운동 경기의 승리 자체가 하나님이 주신 복인 것처럼 말할 수도 있다. 하지만 SK가 우승하는 것이 하나님께 무슨 의미가 있을까? 하나님은 오히려 우승하지 못한 나머지 팀들의 슬픔에 관심이 있으실 수도 있다.

우리는 성공 중심의 신앙 간증에 속아서는 안 된다. 신앙인에게는 성공 자체보다 그 일에 임하는 자세가 더 중요하다. 하나님을 얼마나 경외하는지, 결과를 초월하여 하나님 말씀대로 행하고자 하는 중심이 올바로 섰는지가 더 중요하다. 간증은 성공한 자신을 드러내는 것이 아니라 우리 인생에 개입하셔서 역사하시는 하나님의 간섭과 흔적을 나타내는 것이어야 한다. 무엇보다 하나님이 어떻게 다양한 사건과 만남을 통하여 자신을 거룩한 성품으로 변화시키셨는지를 나누는 것이 핵심이 되어야 한다.

일반인들도 새옹지마를 이야기하며 넓은 시야로 인생을 관조하려고 하는데, 영원까지 이어질 신앙의 여정에 들어선 자들이 흑백논리로 하나님의 뜻을 재단하며 이리저리 흔들리면 되겠는가? 우리는 현세적인 축복과 풍부함에 연연하기보다 비천에 처할 줄도 알게 된 것을 자랑해야 한다. 나아가 신앙 안에서 어떠한 형편에든지 자족하게끔 하시는 하나님을 높여야 한다.

제21-2과
복종의 규칙인 도덕법

제40문. 하나님은 사람에게 복종의 규칙으로 처음에 무엇을 나타내셨습니까?

What did God at first reveal to man for the rule of his obedience?

답. 하나님이 사람에게 복종하도록 처음 나타내셨던 규칙은 도덕법이었습니다(롬 2:14-15; 10:5).

The rule which God at first revealed to man for his obedience, was the Moral Law.

---

at first 처음에는

rule 규칙, 원칙

moral 도덕과 관련된, 도덕적인

law 법, 법률, 규범

14 율법 없는 이방인이 본성으로 율법의 일을 행할 때에는 이 사람은 율법이 없어도 자기가 자기에게 율법이 되나니 15 이런 이들은 그 양심이 증거가 되어 그 생각들이 서로 혹은 고발하며 혹은 변명하여 그 마음에 새긴 율법의 행위를 나타내느니라(롬 2:14-15).

모세가 기록하되 "율법으로 말미암는 의를 행하는 사람은 그 의로 살리라" 하였거니와(롬 10:5).

하나님이 복종의 규칙으로 처음 나타내신 도덕법

소요리문답 제39문은 하나님이 사람에게 당신이 나타내신 뜻에 복종하기를 요구하신다고 말하고, 제40문은 하나님이 처음에 나타내신 그 뜻이 도덕법임을 밝힙니다. 이어서 제41문은 그 도덕법이 십계명에 간략히 내포되어 있다고 말합니다.

> 제39문: 사람의 의무는 하나님이 나타내신 뜻에 복종하는 것이다.
>
> **제40문: 하나님이 나타내신 첫 뜻은 도덕법이다.**
>
> 제41문: 도덕법은 십계명에 요약되어 내포되어 있다.

〈표4〉 소요리문답 제39-41문의 구성

교회가 빚을 감당하지 못해 매물로 내놓은 교회당 건물을 사들이는 것으로 유명(?)해진 "하나님의 교회 안상홍 증인회"는 황당하게도 아버지 하나님만 아니라 "어머니" 하나님도 있다고 주장합니다. 저는 이 이단에 빠진 어떤 사람과 대화를 나눈 적이 있었습니다. 그 사람을 도와주고 싶었기 때문입니다. 그런데 그 사람은 "내가 율법이나 선지자를 폐하러 온 줄로 생각하지 말라. 폐하러 온 것이 아니요 완전하게 하려 함이라. 진실로 너희에게 이르노니 천지가 없어지기 전에는 율법의 일점일획도 결코 없어지지 아니하고 다 이루리라"(마 5:17-18)라는 구절을 보여주면서 자신들은 이 말씀에 따라 토요일을 안식일로 지키고 유월절도 지킨다고 말했습니다. 이런 경우에는 어떻게 답변해야 할까요?

앞서 지적했듯이 성경을 편식하는 이단들은 성경을 오·남용하며 성경을 왜곡합니다. 안상홍 증인회도 전체 성경이 율법을 어떻게 구분하는지 전혀 신경 쓰지 않기 때문에 특정 구절만을 내세워 엉뚱한 주장을 하는 것입니다. "오직 성경"(sola Scriptura)만큼 "전체 성경"(tota Scriptura)도 중요한데 성경의 일부분만을 절대시하면 성경의 다른 부분을 등한시하는 결과를 불러옵니다.

어떤 단어의 의미를 파악할 때 전후 문맥을 살펴야 한다는 것은 책 읽기의 기초적인 상식입니다. 성경을 읽을 때도 문맥을 살펴서 어떤 단어가 정확히 무엇을 의미하는지 파악해야 합니다. "율법"이란 단어도 마찬가지입니다. 성경에는 "율법"이란 단어가 수백 번 넘게 나오지만 항상 같은 뜻으로 사용되는 것은 아닙니다. 성경이 말하는 율법의 다양한 의미를 알려면 좀 더 세밀한 관찰이 필요합니다. 지금까지 많은 이들이 연구해놓은 결과를 바탕으로 "율법과 율법주의의 차이", "율법의 구분", "율법의 용도"라는 세 가지 주제를 살펴보면 큰 도움을 얻을 수 있을 것입니다.

1. 율법과 율법주의의 차이

"율법 안에서 의롭다 함을 얻으려 하는 너희는 그리스도에게서 끊어지고 은혜에서 떨어진 자로다"(갈 5:4)라는 구절에서 알 수 있는 것처럼, 신자들은 분명히 "율법이 아니라 은혜로" 구원을 받습니다. 그런데 이 표현은 종종 오해를 불러일으킵니다. 모든 율법이 쓸모없다고 말하는 것처럼 들리기 때문입니다. 하지만 사실 더 정확하게 말하면 신자는 "율법의 **행위가** 아니라 은혜로" 구원을 받습니다. 즉 하나님의 은혜와 대치점에 있는 "율법"은 율법 자체가 아니라, 율법의 모든 내용을 지켜야 한다고 주장하는 "율법주의"를 말합니다.

신약성경은 율법의 모든 조항을 다 지킴으로써 의로워질 수 있다는 율법주의, 그리고 유월절 및 각종 제사 등의 의식을 지켜야 구원받는다는 율법주의를 배격합니다. 더 나아가 "율법의 행위"와 "율법" 자체를 구분하지 못해 발생하는 율법폐기론에 대해서 경계합니다. 율법에는 하나님의 뜻을 알려주는 선한 용도가 있어서 예수님을 통해 구원을 받은 이후에도 유효한 측면이 있습니다. 따라서 율법이 아닌 은혜로 구원을 받는다는 말을 오해해 율법을 지킬 필요가 없다는 극단으로 치우치면 안 됩니다. 우리가 배격하는 것은 율법주의이지 절대로 율법 자체가 아닙니다.

2. 율법의 구분: 도덕법, 의식법, 시민법

ㄱ. 도덕법(the moral law) 율법은 그 성격에 따라 세 가지로 구분할 수 있습니다. 곧 도덕법, 의식법, 시민법입니다. 도덕법은 사람이 어떻게 인생을 살아야 하는가에 관한 하나님의 뜻을 보여주는 율법을 말합니다. 도덕법은 아담과 하와 때부터 주어졌습니다. 우리는 사람의 창조를 다

루는 소요리문답 제10문에서 하나님이 아담과 하와를 성숙한 상태로 창조하셨다는 사실을 살펴보았습니다. 에덴동산을 경작하고 관리하기 위해서는 종합적 판단력이 필요하고, 하나님은 이를 위해 아담과 하와의 마음에 하나님의 법을 기록하신 것입니다. 이에 대해 웨스트민스터 신앙고백은 "그 마음에 하나님의 법을 기록하시고, 그 법을 행할 능력을 주셨다"(제4장 2항)라고 표현합니다. 그리고 로마서 2:14은 "율법 없는 이방인이 본성으로 율법의 일을 행할 때"라고 말하여 사람이라면 누구나 그 마음에 하나님의 법이 본성으로 주어졌다고 말합니다.

즉 도덕법은 아담과 하와의 마음에 기록된 하나님의 법과, 하나님이 그들에게 "선악을 알게 하는 나무의 열매는 먹지 말라"라고 직접 명하신 말씀으로 시작되었습니다. 그 후에는 아브라함과 모세와 같은 예언자들을 통해 주신 말씀들이 보태졌습니다. 이러한 도덕법은 십계명에 간략히 내포되어 있으며 이에 대해서는 소요리문답 제41문을 통해 자세히 살펴볼 것입니다.

도덕법은 사람이 만든 것이 아니라 하나님이 당신의 거룩한 속성에 따라 사람들을 위하여 주신 것이므로 시대와 장소를 불문하고 존재하는 영원한 법입니다. 하나님의 사랑, 거룩, 인자 같은 속성들이 나타나는 도덕법은 신자들을 하나님의 진리로 이끄는 빛과 등불이며 길과 같습니다. 신자들은 하나님이 주신 도덕법에 따라 삶의 다양한 상황을 판단하고 여러 결정을 내리며 인생을 살아갑니다.

ㄴ. 의식법(the ceremonial law) 의식법은 할례, 제사, 정결례, 각종 절기의 행사 등을 어떻게 해야 할지 정해놓은 율법 규정입니다. 여기서 중요한 것은 구약의 백성이 이 의식법을 준수함으로써 구원받은 것이

아니라는 사실입니다. 하나님의 선택과 구원은 할례나 제사, 절기 관련 법이 정해지기 전에 이미 온전한 은혜로 주어졌습니다. 이 사실을 아는 하나님의 백성은 자신들이 할례나 유월절을 지키기 때문에 구원받는다고 생각하지 않았습니다. 짐승을 잡아 죽이는 제사 의례를 통해 구원을 받는다고 생각한 사람이 있다면 그 또한 하나님을 잘 모르는 사람일 뿐입니다. 이것들은 모두 앞으로 오실 메시아, 즉 예수 그리스도를 상징하고 예표(豫表)한 것에 지나지 않습니다.

그렇다면 구약 백성이 지켰던 할례, 유월절, 제사 관련 율법은 신약 시대에는 어떻게 될까요? 신약 시대에는 이런 의식법이 모두 폐기됩니다. 예수님이 예표의 실체(實體)로 오셨으므로 예표들은 이제 아무런 실제적 의미도 갖지 못합니다. 지금도 의식법을 지키겠다고 고집한다면 실체로 오신 예수님을 거부하고, 그림자에 지나지 않는 것들을 실체보다 더 중요하게 여기는 잘못을 범하는 것입니다.

여기서 우리는 구약 시대의 율법 중 일부가 신약 시대에 폐기되었다는 사실을 알게 되었습니다. 율법 중 "의식법"(儀式法)이라고 불리는 할례, 여러 가지 제사, 유월절을 비롯한 각종 절기와 관련된 법은 그것들이 상징하고 예표했던 예수 그리스도가 실제로 오셨으므로 더는 지키지 않아도 됩니다. 예수님이 십자가에 못 박혀 죽으실 때 성전의 휘장이 위에서 아래로 찢어졌습니다(마 27:51). 대제사장이 일 년에 한 번 들어가 제사를 드리는 (지)성소의 휘장이 찢어졌다는 것은 이제 성전이 용도 폐기되어 제사를 지낼 필요가 없다는 사실을 말해줍니다.

그렇다고 해서 의식법이 아닌 다른 율법까지 폐기된 것은 아닙니다. 도덕법은 그 어느 것 하나 버릴 것이 없습니다. 하나님의 영원한 도덕법은 구약과 신약에서 똑같이 사람이 어떻게 바르게 살아야 하는지 말해주기 때문입니다. 의식법은 폐지되었지만 도덕법은 영원히 유효합니다.

이제 "내가 율법이나 선지자를 폐하러 온 줄로 생각하지 말라. 폐하러 온 것이 아니요 완전하게 하려 함이라"(마 5:17)라는 예수님의 말씀을 다시 생각해보겠습니다. 우리는 이 말씀이 의식법이 아니라 도덕법을 가리키는 것임을 알 수 있습니다. 예수님은 이어지는 말씀에서 "살인하지 말라", "간음하지 말라"라는 십계명을 예로 드셨습니다(마 5:21-32). 예수님은 살인과 간음이 실제 행위로 드러나는 수준뿐 아니라 마음에 스치는 수준에서도 걸러져야 함을 말씀하심으로써 도덕법의 깊은 차원을 알려주셨습니다.

그러나 의식법은 신약 시대가 도래하면서 폐지되었습니다. 사도 바울은 할례를 받을 필요가 없다고 분명하게 말합니다. 할례가 상징하고 예표하는 바를 예수님이 이루셨는데 여전히 할례에 연연하는 것은 그리스도가 주시는 유익을 거부하는 것과 같습니다. 의를 얻기 위해 할례를 행한다면 구약에 있는 유월절이나 제사 관련 법 같은 다른 의식법까지도 모두 지켜야 하므로 율법 전체를 행할 멍에를 지게 됩니다. 그러므로 할례를 행하는 자는 "그리스도에게서 끊어지고 은혜에서 떨어진 자"입니다.

1그리스도께서 우리를 자유롭게 하려고 자유를 주셨으니 그러므로 굳건하게 서서 다시는 종의 멍에를 메지 말라. 2보라! 나 바울은 너희에게 말하노니 너희가 만일 할례를 받으면 그리스도께서 너희에게 아무 유익이 없으리라. 3내가 할례를 받는 각 사람에게 다시 증언하노니 그는 율법 전체를 행할 의무를 가진 자라. 4율법 안에서 의롭다 함을 얻으려 하는 너희는 그리스도에게서 끊어지고 은혜에서 떨어진 자로다(갈 5:1-4).

ㄷ. 시민법(the civil law) 구약 시대에 이스라엘 백성은 한 국가를 이루었습니다. 그래서 하나님은 국가 단위에 맞는 법도 주셨는데 그것이 바로 시민법(혹은 국가법)입니다. 예를 들어 이스라엘에서는 종을 사면 7년 째에는 값없이 내보내 자유를 주어야 했습니다. 50년마다 돌아오는 희년에는 매매했던 땅들을 원래 주인에게 돌려주어야 했습니다. 또 백성 중 가난한 자에게 돈을 빌려주었다면 빚쟁이처럼 독촉하거나 이자를 받아서는 안 되었고, 겉옷—덮고 자는 이불이기도 했던—을 담보로 잡았을 때는 해가 져서 기온이 떨어지기 전에 돌려주어야 했습니다. 범죄와 관련해서는 사람을 쳐 죽인 자는 사형시키고 소를 도둑질하면 다섯 배로 배상하게 하는 등의 법률이 있었습니다.

이러한 법들은 한 사회의 여러 가지 측면에 대한 지침들인데 오늘날 이를 그대로 시행하기는 어렵습니다. 구약의 이스라엘과 같이 전 국민이 하나님의 백성인 나라가 없기 때문입니다. 우리나라도 최대로 쳐야 국민의 4분의 1 정도만이 기독교 신앙을 받아들이는데, 어떻게 위에 나오는 법들을 시행할 국민적 합의를 만들어낼 수 있겠습니까?

다만 그리스도인들은 시민법이 담고 있는 정신을 오늘날에도 유지하기 위해 노력해야 합니다. 실제로 유구한 기독교 역사를 가진 서구 사회를 보면 다른 종교 문화를 가진 나라들보다 이러한 정신들이 가치관과 제도에서 잘 드러나는 것을 볼 수 있습니다. 담보로 잡은 겉옷을 해지기 전에 돌려주어야 하는 것처럼 오늘날에도 가난으로 고통받는 자들을 궁지로 몰지 말고 긍휼히 여겨 배려해야 합니다. 또 동족에게 이자를 받는 것이 금지되었듯이 이웃의 경제적 어려움을 통해 부를 축적하지 말고 약한 자가 재기할 기회를 주기 위해 노력해야 합니다.

3. 율법의 세 가지 용도: 세속적 용도, 몽학선생의 용도, 규범의 용도

지금까지 우리는 율법과 율법주의가 다르고 율법이 도덕법, 의식법, 시민법으로 구분된다는 사실을 살펴보았습니다. 이제 율법의 용도에 대해 살펴보겠습니다. 율법의 용도까지 알아야 성경에 등장하는 율법 관련 논의를 이해하는 데 어려움이 없습니다.

ㄱ. 세속적 용도: 권선징악(勸善懲惡) 첫 번째는 세속적(혹은 정치적) 용도입니다. 하나님의 말씀은 악을 억제하고(스 9:13-14; 시 89:30-34) 선을 권장하는(시 37:11; 마 5:5; 엡 6:2-3) 역할을 합니다. 하나님의 말씀은 사람의 죄에 따른 벌과 환난이 무엇인지 보여주고, 순종에 따른 축복이 무엇인지 보여줌으로써 악을 억제하고 선을 장려합니다. 율법은 이런 기능을 통하여 사회 및 국가의 도덕과 윤리와 질서가 올바로 작동되게 합니다. 이런 측면을 율법의 세속적 용도라고 합니다. 이러한 용도는 신자들에게만 국한되지 않고 일반 사람들에게도 영향을 미칩니다. 법과 제도와 윤리를 통하여 악이 어느 수준을 넘지 않도록 통제되는 것입니다.

악의 억제와 관련된 성구

13우리의 악한 행실과 큰 죄로 말미암아 이 모든 일을 당하였사오나 우리 하나님이 우리 죄악보다 형벌을 가볍게 하시고 이만큼 백성을 남겨 주셨사오니 14우리가 어찌 다시 주의 계명을 거역하고 이 가증한 백성들과 통혼하오리이까? 그리하면 주께서 어찌 우리를 멸하시고 남아 피할 자가 없도록 진노하시지 아니하시리이까?(스 9:13-14)

30만일 그의 자손이 내 법을 버리며 내 규례대로 행하지 아니하며 31내 율례를 깨뜨리며 내 계명을 지키지 아니하면 32내가 회초리로 그들의 죄를 다스리며 채찍으로 그들의 죄악을 벌하리로다. 33그러나 나의 인자함을 그에게서 다 거두지는 아니하며 나의 성실함도 폐하지 아니하며 34내 언약을 깨뜨리지 아니하고 내 입술에서 낸 것은 변하지 아니하리로다(시 89:30-34).

그러나 온유한 자들은 땅을 차지하며 풍성한 화평으로 즐거워하리로다(시 37:11).

온유한 자는 복이 있나니 그들이 땅을 기업으로 받을 것임이요(마 5:5).

2네 아버지와 어머니를 공경하라. 이것은 약속이 있는 첫 계명이니 3이로써 네가 잘되고 땅에서 장수하리라(엡 6:2-3).

ㄴ. 몽학선생으로서의 용도: 그리스도께로 인도함 두 번째는 몽학(蒙學)선생의 용도입니다. 몽학선생은 어린아이의 공부를 가르치는 선생을 뜻합니다. 고대 그리스에는 귀족의 자녀가 예닐곱 살 때부터 성인이 될 때까지 시중을 들며 교양을 가르치고 학교에 데려다주는 노예가 있었습니다. 바로 그 노예가 "몽학선생"(supervision, schoolmaster, custodian)입니다. 고대 그리스의 귀족이 자녀를 몽학선생에게 맡긴 것은 영구적인 것이 아니라 일정 기간에 국한된 것이었습니다. 그 자녀는 몽학선생의 도움을 받아 성숙한 성인이 되어 부모의 가업을 이어받고 정치, 경제, 군사 분야에서 제 역할을 감당해야 합니다. 원래 목적은 잊고 계속 몽학선생의 가르침에만 머물려고 한다면 큰 낭패입니다.

신자는 율법을 통해 죄의 의미와 인간의 한계를 깨닫습니다. 사람이 율법을 다 지킬 수 없어 죽어야 한다는 사실을 알려주는 율법은 몽학선생처럼 신자를 예수 그리스도께로 인도합니다(롬 7:9, 14, 24; 8:3, 9; 갈 3:24). 몽학선생이 귀족의 자녀를 성숙한 어른으로 성장시키듯 율법은 사람을 예수 그리스도께로 인도합니다. 이런 율법의 용도를 "몽학선생으로서의 용도"라고 합니다. 귀족의 자녀가 몽학선생의 가르침을 넘어 성인의 역할에 관심을 가져야 하듯이, 신자는 율법이 말하는 바를

TIP 蒙: 어두울, 어릴 몽
學: 배울, 공부할 학
蒙學: 어린아이들의 공부

TIP "몽학선생"은 개역한글 성경의 표현이다. 개역개정 성경은 이를 "초등교사"로 바꾸었다(갈 3:24-25).

지키되 여기에 문자적으로 머무는 것이 아니라 예수 그리스도를 더 온전히 알아가는 신앙의 성숙을 추구해야 합니다.

소요리문답은 율법을 다룰 때 도덕법의 대표격인 십계명을 먼저 다룹니다(제41-81문). 그리고 그 후에 "사람은 하나님의 계명들을 완벽하게 지킬 수 있습니까?"라고 묻습니다(제82문). 이로써 사람이 하나님의 계명들을 완벽하게 지킬 수 없음을 지적하고 예수 그리스도에 대한 믿음과 생명에 이르는 회개가 필요하다고 말하려는 것입니다(제85-87문). 이는 율법의 두 번째 용도를 염두에 둔 구성입니다.

전에 율법을 깨닫지 못했을 때에는 내가 살았더니 계명이 이르매 죄는 살아나고 나는 죽었도다(롬 7:9).

우리가 율법은 신령한 줄 알거니와 나는 육신에 속하여 죄 아래에 팔렸도다(롬 7:14).

오호라, 나는 곤고한 사람이로다. 이 사망의 몸에서 누가 나를 건져내랴?(롬 7:24)

율법이 육신으로 말미암아 연약하여 할 수 없는 그것을 하나님은 하시나니, 곧 죄로 말미암아 자기 아들을 죄 있는 육신의 모양으로 보내어 육신에 죄를 정하사(롬 8:3).

만일 너희 속에 하나님의 영이 거하시면 너희가 육신에 있지 아니하고 영에 있나니 누구든지 그리스도의 영이 없으면 그리스도의 사람이 아니라(롬 8:9).

이같이 율법이 우리를 그리스도께로 인도하는 초등교사[몽학선생]가 되어 우리로 하여금 믿음으로 말미암아 의롭다 함을 얻게 하려 함이라(갈 3:24).

ㄷ. 규범으로서의 용도: 복종의 규칙인 하나님의 영원한 도덕법 세 번째는 규범으로서의 용도입니다. 율법은 신자들이 어떻게 살아야 하는지 알려줍니다(시 119:5; 롬 7:12; 고전 7:9; 갈 5:14, 18, 23). 신자들은 삶의 다양한 상황 속에서 무엇이 하나님의 뜻에 부합하는지 알기 위해 율법

을 살펴보아야 합니다.

세상에 갓 태어난 아기를 처음 만날 때의 기분을 아십니까? 저는 우리 다섯 아이가 태어날 때마다 새로운 생명체가 이 세상에 홀연히 나타나 생생하게 살아 움직이는 모습을 보며 가슴 깊이 감동하곤 했습니다. 한 신자의 탄생에도 분명히 이러한 감동이 있습니다. 강퍅하게 고집을 부리며 기독교를 반대하고 신자를 박해하던 사람이 교회에 나와 죄를 회개하고 예수를 주로 고백하는 모습은 그를 위해 기도해온 주변 사람들과 교인들에게 큰 감동을 선사합니다.

그런데 아이가 시간이 흘러도 성장하지 않고 계속해서 젖을 찾으며 유치한 행동만 한다면 어떨까요? 너무나 안타깝지 않을까요? 신자들도 마찬가지입니다. 신앙을 가진 이후에는 젖만 먹는 수준을 넘어서서 지각을 사용해 선악을 분별하는 어른으로 성장해가야 합니다(히 5:14). 한국교회는 그간 율법을 통해 예수 그리스도의 필요성을 깨닫는 측면은 많이 강조해왔지만 선악을 분별할 줄 아는 신앙의 성숙에 대해서는 자주 말하지 않은 것이 사실입니다.

시편 기자는 "주의 말씀은 내 발에 등이요 내 길에 빛이니이다"라고 고백합니다(시 119:105). 하나님의 말씀은 우리 발걸음을 비추는 등으로서, 또 나아갈 방향을 잡아주는 빛으로서 우리가 어떻게 결정하고 행동해야 하는지 알려주는 역할을 합니다. 율법에는 하나님의 거룩한 속성이 배어 있어서 그 뜻이 드러납니다. 구원받은 신자라면 율법을 하나님의 영원한 도덕법으로서 즐거워하며 그 율법을 주야로 묵상해야 합니다. 또한 율법을 성숙한 신자로 자라가는 용도로 사용하여 많은 열매를 맺어야 합니다.

신자는 "믿음", "축복", "아멘", "할렐루야"와 같은 단순한 종교적 용어들만이 아니라 간단치 않은 삶의 여러 복잡함과 신비함을 담아내는 다양한 어휘와 문장들도 사용할 줄 알아야 합니다. 또한 지각을 사용하여 우리 주변에 일어나는 여러 가지 일을 입체적으로 꿰뚫어 볼 수 있어야 합니다. 믿음이 성숙할수록 인간과 사회에 대한 이해가 깊어지고, 사람을 바라보는 눈이 깊어지고, 정치·경제·사회·문화의 다양한 국면들에 대한 성경적 견해가 성숙해가야 합니다.

이런 용도를 "율법의 세 번째 용도" 혹은 "율법의 제3의 용도"라고 합니다. 루터파는 신학에서 기독론을 중시하고 율법과 복음을 구분하는 경향이 있어서 앞서 다룬 "몽학선생으로서의 용도"를 강조합니다. 이에 반해 개혁주의는—몽학선생으로서의 용도를 충분히 인정하지만—세 번째 용도를 더욱 강조합니다. 하나님의 영원한 도덕법인 율법이 신자들의 삶을 이끄는 등과 빛이 된다고 여기는 것입니다.

한국교회에서 성화의 중요성이 약화한 상황을 고려한다면 율법의 세 번째 용도가 더욱 강조되어야 할 듯합니다. 하나님의 영원한 도덕법을 복종의 규칙으로서 적극적으로 활용해야지, 그리스도를 통해 구원을 받은 신자는 율법에 얽매일 필요가 없다는 단편적 명제에만 빠져 있으면 안 됩니다. 신자는 이 땅을 살아가는 동안에 무엇을 생각하고 행동하든지 하나님의 말씀에 중심을 두어야 합니다.

이로 보건대 율법은 거룩하고 계명도 거룩하고 의로우며 선하도다(롬 7:12).

내 길을 굳게 정하사 주의 율례를 지키게 하소서(시 119:5).

만일 절제할 수 없거든 결혼하라. 정욕이 불같이 타는 것보다 결혼하는 것이 나으니라(고전 7:9).

온 율법은 "네 이웃 사랑하기를 네 자신 같이 하라" 하신 한 말씀에서 이루어졌나니(갈 5:14).

너희가 만일 성령의 인도하시는 바가 되면 율법 아래에 있지 아니하리라(갈 5:18).

온유와 절제니 이 같은 것을 금지할 법이 없느니라(갈 5:23).

자신의 무지와 혈기를 하나님의 영원한 도덕법으로 극복할 줄 알아야 합니다.

하나님의 뜻

성경에서 "하나님의 뜻"이란 단어를 찾아보면 대부분 도덕법과 연관된다는 사실을 알 수 있다. 예를 들어 사도 바울은 "항상 기뻐하라. 쉬지 말고 기도하라. 범사에 감사하라. 이것이 그리스도 예수 안에서 너희를 향하신 하나님의 뜻이니라"(살전 5:16-18)라고 말한다.

"하나님의 뜻"은 미래에 발생할 일이나 어떤 신비한 계시와는 별 관계가 없다. 그런데 어떤 사람들은 개인의 특정 사안에 대하여 "열린 문, 닫힌 문", "양털 뭉치" 등의 특이한 방법을 사용해 마치 점괘를 보듯 하나님의 뜻을 알아내려고 한다. 성경은 그런 별난 방법을 지지하지 않는다. 오히려 하나님의 영원한 도덕법을 제대로 알면 알수록 더 온전한 분별력을 가지고 진로, 결혼, 취직 등과 같은 개인의 특정한 사안에 지혜롭게 임하게 될 뿐이다.

성숙한 신자들은 하나님의 도덕법을 잘 지키기 위해 기도하고 금식한다. 그러나 욕심, 불만, 염려, 걱정이 많은 사람은 자신을 높이기 위해 기도하고 금식하는 경우가 대부분이다. 개인적 성취를 통하여 자신을 드러내려는 기도와 금식은 외형적으로는 신앙적으로 보일 수도 있지만 실제로는 비신앙 자체다.

한국교회에는 새벽기도, 철야 기도, 산(山) 기도 등 수없이 많은 기도 형태가 있다. 하지만 기도를 통해 자신이 원하는 바를 관철하려는 성향이 강하지, 이미 성경에 명백하게 기록된 하나님의 뜻을 새기고 실천하려는 자세는 약하다. 예수님은 잡히시던 밤에 "내 원대로 마옵시고 아버지의 원대로 하옵소서"라고 기도했다. 이처럼 진정으로 기도하는 자는 이미 명백한 하나님의 뜻을 민감하게 분별해 실천하게 해달라고 간구한다. 자기 뜻을 이루게 해달라고 졸라대는 것은 진정한 기도가 아니다.

모든 피조물을 보존하시고 온 세상을 통치하시는 하나님은 가장 거룩하고, 지혜롭고, 권능이 있으신 분이다. 유한한 우리는 어떤 사건의 이유와 의미를 모두 알 수 없다. 인생을 살다 보면 특정 사건이 우리의 예상과 너무나 다르게 진행되지만 나중에는 하나님의 선하심과 인자하심에 감복하게 될 때가 있다. 하나님이 알려주시지 않으면 우리는 하나님의 원대한 계획을 눈곱만큼도 짐작하지 못한다.

하나님의 주권이란 측면에서 보면 우리 삶에서 일어나는 모든 사건은 하나님의 뜻 안에 있다. 하지만 그렇다고 해서 사람의 책임과 역할이 전혀 없는 것이 아니다. 하나님의 영원한 도덕이란 측면에서 관련자들의 옳고 그름이 명백하게 드러날 것이기 때문다. 우리는 이 사실을 기억하고 분명하게 드러난 하나님의 도덕법에 따라 모든 일을 생각하고 판단하기 위해 힘써야 한다.

참된 신자는 숨겨진 하나님의 주권적인 뜻이나 개인의 특정 현안에 대한 해결책보다는 성경이 명백하게 알려주는 하나님의 영원한 도덕법에 관심을 둔다. 그는 하나님의 뜻대로 실천하지 못하는 자신의 연약함을 한탄할 뿐, 정답을 알지 못해 한탄하지 않는다.

이제 하나님의 뜻을 구한다면서 오히려 내 뜻대로 하나님의 뜻을 굽히려는 시도를 멈추자. 그리고 쓸데없는 곳에서 하나님의 뜻을

구하는 망령된 행실을 그만두자. 그 대신 나 자신을 높이고 싶은 은
밀한 동기를 철저하게 십자가에 못 박으며 하나님의 뜻에 순종하는
참된 신자가 되자.

   제21-2과 복종의 규칙인 도덕법

1. 먼저 함께 모임을 하게 될 사람들과 인사를 나눕시다. 각자의 고향, 사는 곳, 가족 사항, 취미, 직업, 기도 제목 등을 이야기하며 자신을 소개합시다. 함께 나눈 기도 제목은 관심과 애정을 가지고 기억하며 기도합시다.

2. 두세 사람씩 짝을 지어 소요리문답 제39-40문을 서로 묻고 답해봅시다. 근거 성구도 함께 살펴봅시다.

3. 소요리문답의 전체 내용은 어떻게 두 가지로 나뉩니까? 각각의 주제는 무엇 인지 소요리문답 전체 조감도를 참고하며 이야기해보세요.

4. 일반계시와 특별계시에 대하여 아는 바를 나누어봅시다. 여러분은 어떤 사안 에 대하여 하나님의 뜻을 알고자 할 때 하나님의 나타내신 뜻을 참고로 합니 까, 아니면 하나님의 신비하신 뜻을 참고로 합니까? 하나님이 매 사안에 대하 여 신비하게 뜻을 알려줍니까? 하나님의 신비하신 뜻을 추구하다 낭패를 당 한 사례를 알고 있으면 나누어봅시다.

5. "전체 성경"의 중요성에 대해 이야기해봅시다.

6. 율법과 율법주의 간의 차이에 대해 말해봅시다. 율법이 나쁜 것입니까, 율법주의가 나쁜 것입니까?

7. 의식법이란 무엇입니까? 의식법은 신약 시대에 폐지되었습니까? 마태복음 5:17-18에서 예수님이 폐하지 않고 완성하겠다고 말씀하신 율법은 도덕법과 의식법과 시민법 중 어떤 것입니까?

8. 시민법이란 무엇입니까? 시민법에 속하는 예들을 말해봅시다. 시민법이 신약 시대에도 여전히 유효한 부분은 무엇입니까?

9. 율법의 세 가지 용도를 구분하여 설명해봅시다.

10. 한국교회는 그간 율법의 어떤 용도에 치중했습니까? 오늘날 우리가 특별히 강조해야 할 율법의 용도가 있다면 어떤 것입니까?

제22-1과
십계명에 요약된 도덕법

제41문. 도덕법은 어디에 요약되어 내포되어 있습니까?

Where is the Moral Law summarily comprehended?

답. 도덕법은 십계명에 요약되어 내포되어 있습니다(신 10:4; 마 19:17).

The Moral Law is summarily comprehended in the Ten Commandments.

---

sum 합계, 요점, 개요, 대의, 절정(극치)

summarily 요약되어, 개략적으로, 간결히

comprehend 이해하다, 파악하다, 포함하다, 포괄하다

commandment 명령, 지령, 신의 율법, 계명

여호와께서 그 총회 날에 산 위 불 가운데에서 너희에게 이르신 십계명을 처음과 같이 그 판에 쓰시고 그것을 내게 주시기로(신 10:4).

예수께서 이르시되 "어찌하여 선한 일을 내게 묻느냐? 선한 이는 오직 한 분이시니라. 네가 생명에 들어가려면 계명들을 지키라"(마 19:17).

도덕법과 십계명

제39문: 사람의 의무는 하나님의 나타내신 뜻에 복종하는 것이다.

제40문: 하나님의 나타내신 첫 뜻은 도덕법이다.

제41문: 도덕법은 십계명에 요약되어 내포되어 있다.

제42문: 십계명의 요약(하나님 사랑과 이웃 사랑)

〈표5〉 소요리문답 제39-42문 구성

영어 "섬"(sum)의 원래 뜻은 "합계"입니다. 거기에서 요점, 개요, 대의, 절정이란 부차적인 뜻이 나왔습니다. 성경에 나오는 도덕법을 모두 합한 요점과 대의는 어디에 내포되어 있을까요? 바로 십계명입니다. 십계명(十誡命)은 열 개의 계명(the Ten Commandments)이란 뜻으로서 도덕법이 이 열 개의 계명 안에 간결하게 요약되어 있습니다.

구약성경에는 많은 율법이 나오는데 대부분은 모세오경, 즉 모세가 쓴 다섯 개의 정경(창세기, 출애굽기, 레위기, 민수기, 신명기)에 기록되었습니다. 그 외 다른 성경에 나오는 율법들은 거의 모세오경의 인용이라

     제22-1과 십계명에 요약된 도덕법

고 보아도 무방합니다. 바빌로니아 탈무드 "마코트"(Makkot) 편에서 랍비 심라이(Simlai)는 모세의 율법을 613개로 분류합니다. 그중 365개는 "하지 말라"는 형태이고, 나머지 248개는 "하라"는 형태입니다. 이 613개 율법에는 도덕법, 의식법, 시민법이 모두 포함되어 있습니다.

십계명은 의식법이나 시민법이 아니라 **도덕법**을 요약한 것입니다. 십계명이 의식법이나 시민법이 아니라 도덕법이라는 사실을 아는 사람은, 십계명이 자신의 삶과 상관없는 구시대의 유물이 아니라 오늘 내가 지켜야 하는 현행법으로 받아들이면서 이를 대하는 자세가 달라집니다. 십계명은 결코 구약 시대에만 지켜져야 했던 계명이 아닙니다. 신약 시대의 신자들도 십계명을 지켜야 합니다. 십계명은 하나님의 영원한 도덕법으로서 하나님의 영원한 성품을 알려주어 신자들에게 풍성한 성령의 열매를 안겨줍니다.

생각할 거리

천기누설

점쟁이와 무속인들은 광고에 "천기누설"이란 문구를 자주 쓴다. 보통 사람에게 알려지면 안 되는 하늘의 비밀을 신통한 능력으로 알려주겠다는 것이다. 우리나라의 민속 문화는 예로부터 샤머니즘에 젖어 있기 때문인지 그리스도인들조차 하나님의 뜻을 천기누설식으로 가늠하려는 경향이 강하다. 그래서 취직, 진학, 사업, 결혼 등의 결정을 앞두고 하나님의 뜻을 알아내려고 하는 사람들이 많다.

그러나 성경은 하나님의 도덕법에 어긋나지 않는다면 어떤 선택을 하든지 괜찮다고 말한다. 오히려 하나님의 뜻은 "천기"의 차원이 아니라 우리가 매일 접하는 일상생활의 차원에서 주어진다. 우리 인생의 대부분 사건에서 하나님의 뜻은 십계명으로 대표되는 성경의 도덕법을 통해 분별할 수 있다.

우리 집에는 다섯 아이가 있다. 지금은 막내가 10살이라 그럴 일이 없지만 나는 전에 아기가 한밤중에 울면 아내와 은근한 신경전을 벌이곤 했다. 자는 척하면서 상대방이 먼저 일어나 아이를 달래고 기저귀를 갈아주기를 바란 것이다. 어떤 때는 돌아눕는 척하면서 아내를 발로 툭 차서 깨우기도 했다. 그런데 바로 그때 상대방보다 먼저 일어나는 것이 하나님의 뜻이다. 아내를 자기 몸과 같이 사랑하라는 에베소서 5:28에서 하나님의 뜻을 찾아야지 나른 데서 찾을 필요가 없다. 시부모를 모시고 다섯 아이를 키우는 작은 교회의 사모인 아내의 처지와 노고를 이해하고 도와주는 것이 너무나 확실한 하나님의 뜻이다.

많은 신자가 거창한 곳에서만 하나님의 뜻을 찾는다. 결혼과 취업, 사업과 진로 선택이란 중대사를 앞두고서야 비로소 하나님의 뜻을 구하는 것은 눈 가리고 아옹 하기다. 이런 사람들은 중요한 일을 앞두고 받는 심리적 압박에서 벗어나고 싶은 심정과 알 수 없는 미래에 대한 불안감으로 천기를 알고 싶어 한다. 그러나 이런 중대사들은 대부분 평소의 가치관과 자세, 실력과 분별력에 따라 결정되지 기도 응답으로 갑자기 천기가 누설되어 결정되는 것이 아니다.

참된 기도를 드리고 싶다면 우선 자신의 기도가 개인적 욕심에서 비롯된 것은 아닌지, 무엇을 먹을까 무엇을 마실까 무엇을 입을까 염려하는 것은 아닌지, 자기 힘으로 통제할 수 없는 미래에 대한 것을 미리 염려하는 것은 아닌지 자문해야 한다. 이런 과정을 거치면 그간 궁금해했던 많은 부분에 대한 하나님의 뜻이 이미 명확하다는 것을 깨닫게 된다. 특별한 경우가 아니라면 이미 명확하게 알려진 것에 대해 재차 하나님의 뜻을 구할 필요는 없다.

우리 삶의 최우선적인 목적은 하나님의 나라와 의를 구하는 것이다. 그런데 그의 나라와 의는 거창한 데 있지 않고 일상적인 생활과 관계 가운데 있다. 예수님이 말씀하셨듯이 크고 첫째 되는 계명은 하나님을 사랑하는 것이고, 둘째는 이웃을 자기 몸과 같이 사랑하는 것이다. 이것을 행하는 것이 하나님의 나라와 의를 구하는 것이요 하나님의 뜻이다.

통상 부부가 서로 다투는 이유는 거창한 일 때문이 아니다. 예컨대 누가 대통령에 적합한지, 남북문제의 해법은 무엇인지, 우리 사회의 불평등 문제는 어떻게 해결할 수 있는지 때문에 싸우지 않는다. 아 다르고 어 다른 말투 문제, 설거지나 아이 보살피는 문제, 시댁과 친정 부모님에 대한 처우 문제 등이 싸움의 빌미다. 상대방을 더 배려하는 태도가 없어서 싸우지 세계 평화나 복지 사회 건설을 위해 싸우지 않는다.

우리가 알지도 못하고 통제할 수도 없는 미래의 일을 염려하며 기도하는 것은 무익하다. 대신 오늘 해야 할 일들을 위해 기도해야 한다. 오늘 만나는 사람들을 어떻게 대해야 하는지, 어떤 마음과 태도로 오늘 하루를 살아야 하는지 기도하면 된다. 성경은 이런 일들에 관해서는 숱하게 말하면서도 거창한 일에 대해서는 하나님께 믿고 맡기라고 한다는 사실을 명심하라.

오늘도 더 치고 싶은 탁구를 절제하고, 학교에서 돌아온 아이들과 대화하며 놀아주는 것이 하나님의 뜻이다. 식사 후에 식탁 위의 그릇들을 정리하고 설거지를 하는 것이 나의 가장 가까운 이웃인 아내에게 내가 취해야 할 하나님의 뜻이다. 성도가 하는 말이 뻔한 내용으로 지루할 때도 관심을 가지고 들어주며 격려하는 것이 하나님의 뜻이다. 때로는 하고 싶은 말도 참는 것, 한 번 더 상대방의 처지에서 생각하는 것…. 하나님은 천기가 아니라 이러한 삶의 모습에 많은 관심을 두신다.

제22-2과
십계명의 강령

제42문. 십계명의 강령(綱領)은 무엇입니까?

What is the sum of the Ten Commandments?

답. 십계명의 강령은 우리의 마음, 목숨, 힘 그리고 뜻을 다
하여 주 우리의 하나님을 사랑하는 것이고, 또 우리의
이웃을 우리 자신처럼 사랑하는 것입니다(마 22:37-40).

The sum of the Ten Commandments is, "to love the
Lord our God" with all our heart, all our soul, with all
our strength, and with all our mind; and our neighbour
as ourselves.

---

heart 심장, 흉부, 마음(주로 情的인 부분), 애정, 중심
soul 영혼, 정신, 활력, 생명, 사람
strength 힘, 세력
mind 마음(주로 知的인 부분), 의견, 의향, 의지
neighbour 이웃

37예수께서 이르시되 "네 마음을 다하고 목숨을 다하고 뜻을 다하여 주 너의 하나님을 사랑하라 하셨으니 38이것이 크고 첫째 되는 계명이요, 39둘째 도 그와 같으니 네 이웃을 네 자신 같이 사랑하라 하셨으니 40이 두 계명이 온 율법과 선지자의 강령이니라"(마 22:37-40).

해설

십계명의 강령인 하나님 사랑과 이웃 사랑

제40문: 하나님이 나타내신 첫 뜻은 도덕법이다.

제41문: 도덕법은 십계명에 요약되어 내포되어 있다.

제42문: 십계명의 강령(하나님 사랑과 이웃 사랑)

제43문: 십계명의 서문

〈표6〉 소요리문답 제40-43문의 구성

앞서 우리는 소요리문답 제41문을 통해 성경의 도덕법이 십계명에 요약되어(summarily) 내포되어 있음을 살펴보았습니다. 십계명을 한 번 더 요약(sum)하면 어떻게 될까요? 마태복음 22장에서 예수님은 마음과 목숨과 뜻을 다하여 하나님을 사랑하는 것이 크고 첫째 되는 계명이고, 둘째는 이웃을 자신처럼 사랑하는 것이라고 말씀하셨습니다. 그러면서 이 두 계명이 율법서와 예언서를 포함한 성경의 강령(綱領)임을 밝히셨습니다.

Tip 강령(綱領, sum): 기본 입장, 주된 원리, 큰 줄거리

그러므로 우리는 성경에 나오는 모든 율법에서 하나님 사랑과 이웃 사랑을 볼 줄 알아야 합니다. 모든 율법에는 이 두 계명이 항상 전제되어 있습니다. 율법의 기조(基調)는 절대로 가혹함이나 딱딱함이 아닙니다. 모든 율법에는 사랑에서 나오는 따스함과 자유가 탄탄하게 전제되어 있습니다. 이 사실을 염두에 두어야 각 율법이 근본적으로 말하고자 하는 바가 무엇인지 알게 됩니다.

율법을 우리에게 주신 분은 죄인인 우리를 먼저 사랑하신 하나님이십니다. 그래서 율법에는 하나님의 사랑이 먼저 담겨 있습니다. 그리고 하나님은 우리가 받은 그 사랑을 하나님과 이웃을 향하여 펼치라고 말씀하십니다. 우리는 율법에서 하나님이 우리에게 베푸신 사랑을 볼 줄 알아야 하고, 그 사랑에 근거하여 하나님과 이웃 사랑의 방법을 찾을 줄도 알아야 합니다.

어떤 사람이 율법을 제대로 이해하여 잘 지키는지 알려면 그가 하나님의 사랑을 아는지, 그리고 거기에 근거하여 하나님과 이웃을 사랑하는 삶을 사는지 살펴보면 됩니다. 아무리 성경을 많이 읽고 열심히 봉사해도, 아무리 기도와 찬양을 많이 하고 설교를 잘해도 하나님 사랑과 이웃 사랑의 증거가 없으면 그는 아직 율법과 하나님을 모르는 사람입니다. 곧 단지 머리와 글로만 율법을 이해할 뿐이지 전인격으로 이해하는 것은 아닙니다. 마음(heart)과 목숨(soul), 힘(strength)과 뜻(mind)을 다하는 것이 사랑이지 단순히 머리와 글로 아는 것은 사랑이 아니기 때문입니다.

생각할 거리

삶으로 배우는 말씀과 교리

① 눈을 감는다. ② 입을 벌린다. ③ 혀를 내민다. ④ 혀를 확 접듯 굴린다. 이는 몇 년 전에 방영된 "지붕 뚫고 하이킥"이란 TV 시트콤에서 이현경(오현경 분)이 남편과의 첫 키스를 대비해 배워놓은 "키스하는 법"이다. 이현경은 잡지에서 이 방법을 보고 그대로 따라 했는데 무엇이 잘못되었는지 남편이 상처를 입어 통증을 호소하는 바람에 첫 키스의 두근거림과 낭만은 멀리 날아가 버렸다.

이현경의 글로 배우는 버릇은 거기서 끝나지 않았다. 그녀는 선물로 들어온 아귀를 인터넷에서 본 조리법대로 요리해 아귀찜을 만든다. 하지만 그 아귀찜은 너무 맵기만 해서 도저히 먹을 수 없었다. 그녀는 화장을 처음 할 때도 부모의 권유를 뿌리치고 잡지에 나온 대로 했다가 모두를 놀라게 했고 애교를 부리는 것도 글로 배워 남편을 질리게 했다. 키스와 요리와 화장과 애교는 단순히 글로 배울 수 없다. 여기에는 글로만 설명되지 않는 중요한 점들이 너무나 많기에 관찰과 경험, 시행착오를 거쳐야만 한다.

기독교 교리도 마찬가지다. 책을 한 권만 읽은 사람이 제일 무섭다는 말이 있는데 교리를 글로만 배운 이들은 더 무섭다. 글로 교리를 배운 이들이 교회와 교인들을 비판하기 시작하면 그 비판의 칼끝을 피할 방법이 없다. 물론 그들의 말은 대부분 틀리지 않는다. 하지만 우리네 삶을 단지 몇 문장의 말로 규정하거나 설명할 수 없음에도 불구하고 그런 사람들은 실제가 아닌 진공관 속의 삶을 전제하고 비판의 칼을 뽑아드는 것 같다.

관념적인 교리 안에 갇혀 다른 사람을 서슴지 않고 비판하는 사람들의 실제 삶은 어떨까? 나는 교리를 강조하는 이들 중 적지 않은 수가 교회 생활과 목사 안수, 교회 사역 등의 영역에서 교리와 상관없이 행동하는 것을 보았다. 그들도 자신들의 생계나 이익에 관련된 일에서는 십중팔구 교리가 아닌 실리를 따른다. 정답을 말하기는 가장 쉽고 정답대로 살기는 가장 힘들다.

나는 신학생들에게 웨스트민스터 신앙고백이나 대·소요리문답을 가르칠 때 한 가지 경고를 빼놓지 않는다. 그것은 바로 신앙고백이나 교리문답의 내용을 배운 후 곧바로 현장에서 가르치려 들지 말라는 것이다. 전체 구조를 충분히 파악하고 각 문장이 무엇을 의미하는지 구체적으로 이해할 때까지, 그리고 그 교리가 삶으로 이해되어 자신의 언어로 표현할 수 있을 때까지 기다려야 한다. 그런 과정이 없으면 무미건조한 논리만 연속해서 가르치는 교역자로 오해받아 교회에서 쫓겨나기에 딱 좋다.

그것은 다른 사람이 아닌 바로 내 경험에서 나온 맞춤형 경고다. 나는 10여 년 전 세움교회 초기에 글로 배운 교리를 성도들에게 가르치면서 교회를 일종의 학교(?)처럼 만들어버렸다. 글과 머리로 교리를 이해하는 이들로 가득 찬 교회에는 날카로운 비판과 옳고 그름에 대한 예리한 분별력이 넘친다. 하지만 대다수 사람들은 따스한 사랑과 배려와 오래 참음이 적은 교회에서 버텨내기가 쉽지 않다.

지금은 우리 교회 분위기가 완전히 다르다. 현재 세움교회는 대화가 활발한 교회로서 몹시 시끌벅적하다. 특히 주일 오전 예배 후 식사 시간이 되면 얼마나 시끄러운지 모른다. 한 주 동안 있었던 슬픈 일, 힘든 일, 기쁜 일도 나누고 영화나 뉴스에 관해서도 이야기한다. 단순히 신세타령을 하거나 가십 거리를 늘어놓을 위험도 있지만, 바라기는 성도들이 그 모든 대화 가운데서 하나님의 말씀으로 혜안을 얻어 모든 일을 신앙의 관점으로 이해하고 바라볼 수 있으면 좋겠다.

이것이 목회의 보람이자 목표 중 하나다. 나는 목회자로서 우리 성도들이 서로의 생활과 처지를 알아 즐거워하는 자들과 함께 즐거워하고 우는 자들과 함께 울면서 사랑하는 삶을 살아가길 바란다(롬 12:15). 감사하게도 세움교회의 역사가 15년이 넘어가면서 단순히 글이 아니라 삶으로 말씀을 배운 성도들이 곳곳에 포진해 점점 그런 일이 현실화되어가고 있다.

교리 공부를 제대로 했는지 판별하는 법은 의외로 간단하다. 하나님과 이웃에 대한 사랑의 열매가 맺히는지를 살펴보면 된다. 말씀과 교리는 우리의 머릿속이 아니라 우리의 치열한 삶에 깃들여져야 한다. 예를 들어 자신의 죄성과 약함과 부족함이 삶 속에서 적나라하게 드러날 때 인간의 전적 부패를 한탄하고, 그렇게 별수 없는 자신을 버리지 않으시는 하나님의 사랑을 통해 오래 참음과 불가항력적 은혜를 뼈저리게 깨닫는 사람, 삶을 통하여 전적 부패와 불가항력적 은혜를 거듭 배운 사람은 이웃을 사랑할 수밖에 없다.

교리를 제대로 배우고자 한다면 날카로운 논리가 아니라 아픔과 기쁨이 어우러진 삶의 다양한 경험 속에서 사랑이 더욱 풍성하게 나타나도록 배워야 한다.

제22-3과
십계명의 서문

제43문. 십계명의 서문은 무엇입니까?

What is the preface to the Ten Commandments?

답. 십계명의 서문은 이렇습니다. "나는 너를 애굽 땅, 종 되었던 집에서 인도하여낸 네 하나님 여호와니라"(출 20:2).

The preface to the Ten Commandments is in these words, "I am the Lord your God, which have brought you out of the land of Egypt, out of the house of bondage."

---

bring (물건을) 가져오다, (사람을) 데려오다, 초래하다
bondage 노예의 처지나 신분(slavery), 속박, 감금
lord 주인, 지배자, 소유자, 영주, 귀족, (L-) 주, 하나님, 예수 그리스도

제44문. 십계명의 서문은 무엇을 우리에게 가르쳐줍니까?

What does the preface to the Ten Commandments teach us?

답. 십계명의 서문은 하나님이 주와 우리의 하나님과 구속자이시므로 우리는 그의 모든 명령을 지켜야 한다는 것을 우리에게 가르쳐줍니다(눅 1:74-75; 벧전 1:15-19).

The preface to the Ten Commandments teaches us, That because God is The Lord, and our God, and Redeemer, therefore we are bound to keep all His commandments.

---

redeemer 다시 사들이는 사람, 저당물을 찾는 사람, 몸값을 주고 빼내는 사람, (R-) 구세주
bound 묶인, 속박된, …을 해야 하는(be bound to)

나는 너를 애굽 땅, 종 되었던 집에서 인도하여낸 네 하나님 여호와니라(출 20:2).

74우리가 원수의 손에서 건지심을 받고 75종신토록 주의 앞에서 성결과 의로 두려움이 없이 섬기게 하리라 하셨도다(눅 1:74-75).

15오직 너희를 부르신 거룩한 이처럼 너희도 모든 행실에 거룩한 자가 되라. 16기록되었으되 "내가 거룩하니 너희도 거룩할지어다" 하셨느니라. 17외모로 보시지 않고 각 사람의 행위대로 심판하시는 이를 너희가 아버지라 부른즉 너희가 나그네로 있을 때를 두려움으로 지내라. 18너희가 알거니와 너희 조상이 물려준 헛된 행실에서 대속함을 받은 것은 은이나 금같이 없어질 것으로 된 것이 아니요, 19오직 흠 없고 점 없는 어린 양 같은 그리스도의 보배로운 피로 된 것이니라(벧전 1:15-19).

해설

십계명 서문의 의미

제42문: 십계명의 강령(하나님 사랑과 이웃 사랑)
제43문: 십계명의 서문 소개
제44문: 십계명 서문의 의미
제45문: 제1계명은 무엇인가?

〈표7〉 소요리문답 제42-45문의 구성

영어 "프레퍼스"(preface)는 "…전의, 미리"라는 뜻의 접두사 "프리"(pre)와 얼굴을 뜻하는 "페이스"(face)가 결합한 단어로서 "서문"(序文)을 뜻

TIP 序: 차례, 실마리, 머리말 서

합니다. 책의 저자들은 대개 서문을 통해 책의 목적과 주요 내용 등을 소개합니다. 시집 같은 경우에는 시집의 사상을 대표하는 시를 "서시"(序詩)라는 이름으로 맨 앞에 둡니다. 널리 알려진 윤동주 시인의 "서시"도 시집의 첫 시로서,『하늘과 바람과 별과 시』란 시집에 실린 시들의 전체 방향과 정서를 대강 알려줍니다.

하나님은 십계명을 나열하기 전에 먼저 서문을 말씀하셨습니다. 이 서문은 본문 전체의 전제(前提)와 원리가 무엇인지를 명시해 이해력을 높여줍니다. 십계명 서문에서 하나님은 "나는 너를 애굽 땅, 종 되었던 집에서 인도하여낸 네 하나님 여호와니라"라고 말씀하십니다. 이 서문의 의미를 알고 각 계명을 살펴보면 더 깊은 이해를 얻을 수 있습니다.

1. 통금 제도와 법령의 권위

제가 고등학생일 때까지만 해도 야간통행금지 제도, 줄여서 "통금"(通禁)이라는 것이 있었습니다. 말 그대로 자정부터 새벽 4시까지 모든 통행이 제한되었고, 이를 어기면 이유 불문하고 유치장에 잡혀들어가 벌금을 내야 했습니다. 지금 생각해보면 뚜렷한 근거 법령도 없는 이런 제도가 어떻게 별 저항도 받지 않고 존속할 수 있었나 하는 생각이 듭니다. 통금은 1945년에 미 군정에 의해 도입되어 간첩, 도둑, 강도, 불법 집회 등을 통제한다는 명목으로 37년간이나 유지되었습니다. 아마도 "휴전 중"이라는 특수 상황 속에서 국민의 암묵적 동의가 있었던 것 같습니다. 통금 제도는 사회에 유익을 끼친 점도 있었겠지만 전체적으로는 국민의 인권과 일상적인 자유를 침해하는 나쁜 제도였습니다.

1981년까지 지속된 이 제도가 지금 다시 시행된다면 사람들은 어떤 반응을 보일까요? 식구들이 집에 빨리 들어와서 좋겠다고 생각하는 사람도 있을 것입니다. 하지만 국민 대다수는 큰 거부감을 보이면서 받아들이지 못할 것입니다. 그런데도 부득이하게 통금을 부활시키려면 어떤 요건이 충족되어야 할까요?

첫 번째로 뚜렷한 근거 법령이 마련되어야 합니다. 우리나라의 법령은 아무나 만들지 못합니다. 입법부인 국회에서 정당한 절차에 따라 발의와 심의, 의결을 거쳐야 하고 정부가 이를 공포해야 합니다. 그리고 이 법령은 헌법에 어긋나지 않아야 유지될 수 있습니다. 통금의 근거 법령 또한 권위자들에 의해, 합법적으로 만들어져야 합니다. 법령에 근거하지 않은 권력자의 일방적인 선포는 그 자체가 불법행위가 되어버립니다.

두 번째로 통금이 사회의 질서 유지 및 국민의 자유와 경제 활동 등에 이익이라는 객관적인 평가가 뒷받침되어야 합니다. 아무리 합법적인 과정을 거쳐 시행되더라도 그 제도가 국민의 자유를 제한하고 경제 활력을 떨어뜨리며 새치기 문화나 "빨리빨리" 문화를 조장하고 사회 부패의 원인이 된다면 국민의 저항을 받아 폐기되고 말 것입니다. 예전에 시행되었던 통금은 실제로 그런 부작용을 낳았습니다. 밤이 깊어지면 도시의 밤거리는 단속을 피하려는 사람들로 혼잡했던 것입니다.

이처럼 어떤 법령의 권위는 누가 어떻게 만들었느냐에 따라, 그리고 그 법령의 실효성에 따라 결정됩니다.

2. 주, 우리의 하나님, 구속자(The Lord, and our God, and Redeemer)

하나님은 모든 생명체를 만들어내셨습니다. 그리고 그 많은 생명체 중에서 오직 사람만을 하나님의 형상대로 만드셨습니다. 사람이 무에서 하나님의 형상을 갖춘 생명체가 된 것은 사람에게 어떤 자격이나 공로가 있어서가 아닙니다. 하나님이 아무 이유 없이 그냥 사랑하셨기 때문입니다.

그런데 하나님의 형상을 따라 지음 받은 아담이 죄를 지었습니다. 그로 인해 아담의 후손인 모든 사람이 죽음에 종노릇하게 되었습니다. 그러나 하나님은 특별히 몇몇 사람들을 선택해 하나님의 자녀로 삼아 주셨습니다. 이 구속 또한 "순전히 하나님의 자유로운 은혜와 사랑으로 인한"(out of his mere free grace and love) 것이지, 절대로 택함을 받은 자들의 "신앙이나 선행이나 견디어냄을 미리 보았기 때문이 아닙니다"(without any foresight of faith, or good works, or perseverance). 사람에게는 하나님의 창조나 선택, 구속을 유도할 수 있는 원인이나 조건이 전혀 없습니다.

율법도 마찬가지입니다. 하나님이 율법을 주신 것은 자녀들을 먼저 사랑하셨기 때문입니다. 십계명의 서문에서 하나님은 "나는 너를 애굽 땅, 종 되었던 집에서 인도하여낸 네 하나님 여호와니라"라고 말씀합니다. 이스라엘 백성을 애굽 땅, 종 되었던 집에서 인도하여내신 하나님은 소요리문답 세44문이 말하는 것처럼 "주와 우리의 하나님과 구속자"입니다. 십계명을 제정하신 분이 바로 우리의 주인이시며 하나님과 구속자시니 그 입법자의 권위는 정당합니다. 하나님께는 십계명을 제정할 수 있는 정당한 권위와 자격이 있습니다.

하나님은 종 되었던 이스라엘 백성을 인도해내신 후 십계명을 주신 것이므로 십계명에는 하나님의 사랑이 나타납니다. "하나님은 존재와 지혜와 권능과 거룩과 공의와 선함과 진실에 있어 무한하시며 영원하시며 불변하신 영이십니다"(소요리문답 제4문). 하나님이 주신 율법에는 그러한 지혜와 권능과 거룩과 공의와 선함과 진실 등이 배어 있습니다.

과거 통금 제도는 소수의 장점과 함께 많은 부작용이 있었지만, 십계명에는 하나님의 지혜와 권능과 거룩과 공의와 선함과 진실 등이 배어 있어 단점이나 부작용은 없고 장점만 있습니다. 더 나아가 그것을 지키는 사람에게 지혜와 권능과 거룩과 공의와 선함과 진실을 선사합니다. 십계명을 즐거워하며 주야로 묵상하는 자는 "시냇가에 심은 나무가 철을 따라 열매를 맺으며 그 잎사귀가 마르지 아니함 같으니 그가 하는 모든 일이 다 형통"하게 됩니다(시 1:2-3).

또한 십계명은 실효성의 측면에서 옳고 유익합니다. 하나님이 십계명을 주신 것은 자녀들을 사랑하시기 때문입니다. 절대로 자녀들을 괴롭게 하거나 자유를 제한하기 위해서가 아닙니다. 십계명을 지키며 사는 사람은 많은 유익을 누립니다. 십계명을 준수하는 사회 역시 좋은 사회가 됩니다. 우리는 십계명의 각 계명을 살필 때 항상 "나는 너를 애굽 땅, 종 되었던 집에서 인도하여낸 네 하나님 여호와니라"라는 서문의 관점을 잊어버려서는 안 됩니다. 이 서문은 "하나님이 주와 우리의 하나님과 구속자이시므로 우리는 그의 모든 명령을 지켜야 한다는 것을 우리에게 가르쳐줍니다."

1. 자신의 기도 생활에 관해 이야기해봅시다. 기도가 친숙하고 자연스럽습니까, 어색하고 낯섭니까? 따로 시간을 내 기도한 적이 있습니까? 기도에 깊이 뿌리 내린 삶을 살기 위해서 어떤 노력과 지혜가 필요한지 나누어봅시다.

2. 소요리문답 제41-44문을 서로 묻고 답해봅시다. 관련 성구도 함께 살펴봅시다.

3. 영어 "섬"(sum)은 무슨 뜻입니까? 도덕법은 십계명에 요약되어(summarily) 내포되어 있는데, 십계명이 의식법이나 시민법이 아니라 도덕법이라는 것은 어떤 의미입니까?

4. 십계명의 강령(sum)은 무엇입니까? 어떤 사람이 율법을 제대로 알고 잘 지키는지 알려면 무엇을 확인하면 됩니까?

5. 고린도전서 13:1-7을 함께 읽고 성경이 말하는 참된 사랑과 세상이 말하는 사랑이 어떻게 다른지 이야기해봅시다.

6. 서문(序文, preface)과 서시(序詩)는 무슨 뜻입니까? 십계명의 서문은 무엇
입니까?

7. 통금 제도에 대하여 아는 바를 이야기해봅시다. 법령의 권위를 결정하는 두
가지 요소는 무엇입니까?

8. 신자에게 십계명은 어떤 권위를 갖는지 생각해보고, 각자에게 십계명이 가지
는 의미에 관해 이야기해봅시다.

제23과
제1계명의 요구와 금지

제45문. 제1계명은 무엇입니까?

Which is the First Commandment?

답. 제1계명은 "너는 나 외에는 다른 신들을 네게 두지 말라"입니다(출 20:3).

The First Commandment is, "thou shalt have no other gods before Me."

제46문. 무엇이 제1계명에서 요구됩니까?

What is required in the First Commandment?

답. 제1계명은 우리로 하나님이 유일하게 참된 하나님과 우리의 하나님이시라는 것을 알고 인정하라는 것을(대상 28:9; 신 26:17), 그리고 거기에 맞게 그분을 경배하고 영화롭게 해야 한다는 것을 요구합니다(마 4:10; 시 29:2).

The First Commandment requires us to know and acknowledge God to be only true God, and our God; and to worship and glorify Him accordingly.

---

acknowledge 인정하다, 동의하다, 감사를 표하다
accordingly 일치하게, 따르게, 그것에 알맞게, 그러므로, 따라서

제47문. 무엇이 제1계명에서 금지됩니까?

답. 제1계명은 참된 하나님을 하나님으로서 부인하거나(시 14:1) 경배하지 않고 영화롭게 하지 않는 것을 금지하고(롬 1:21) 오직 그분에게만 합당한 경배와 영광을 다른 어떤 것에게 주는 것을 금지합니다(롬 1:25-26).

The First Commandment forbids the denying, or not worshiping and glorifying the true God, as God, and the giving of that worship and glory to any other which is due to Him alone.

---

deny 부정(부인)하다, 취소하다, 응하지 않다
due 마땅히 주어져야 할, 당연한, …하기로 되어 있는

제48문. 제1계명에서 "내 앞에"라는 말은 특별히 무엇을 우리
에게 가르칩니까?

What are we specially taught by these words, "before
me" in the First Commandment?

답. 제1계명에서 "내 앞에"라는 말은 모든 것을 보시는 하
나님은 다른 신을 갖는 죄를 주목하시고 매우 불쾌해
하신다는 것을 우리에게 가르칩니다(겔 8:5-6; 시 44:20-21).

These words "before me" in the First Commandment,
teach us, That God who sees all things, takes notice of,
and is much displeased with, the sin of having any other
God.

---

notice 주목, 주의, 통지, 통보　　　　　　**take notice of** 주목하다, 알아차리다
displease (남을) 불쾌하게 하다, 화나게 하다

내 아들 솔로몬아, 너는 네 아버지의 하나님을 알고 온전한 마음과 기쁜 뜻으로 섬길지어다. 여호와께서는 모든 마음을 감찰하사 모든 의도를 아시나니 네가 만일 그를 찾으면 만날 것이요, 만일 네가 그를 버리면 그가 너를 영원히 버리시리라(대상 28:9).

네가 오늘 여호와를 네 하나님으로 인정하고 또 그 도를 행하고 그의 규례와 명령과 법도를 지키며 그의 소리를 들으라(신 26:17).

이에 예수께서 말씀하시되 "사탄아, 물러가라. 기록되었으되 '주 너의 하나님께 경배하고 다만 그를 섬기라' 하였느니라"(마 4:10).

여호와께 그의 이름에 합당한 영광을 돌리며 거룩한 옷을 입고 여호와께 예배할지어다(시 29:2).

어리석은 자는 그의 마음에 이르기를 "하나님이 없다" 하는도다. 그들은 부패하고 그 행실이 가증하니 선을 행하는 자가 없도다(시 14:1).

하나님을 알되 하나님을 영화롭게도 아니하며 감사하지도 아니하고 오히려 그 생각이 허망하여지며 미련한 마음이 어두워졌나니(롬 1:21).

25이는 그들이 하나님의 진리를 거짓 것으로 바꾸어 피조물을 조물주보다 더 경배하고 섬김이라. 주는 곧 영원히 찬송할 이시로다. 아멘. 26이 때문에 하나님이 그들을 부끄러운 욕심에 내버려두셨으니 곧 그들의 여자들도 순리대로 쓸 것을 바꾸어 역리로 쓰며(롬 1:25-26).

5그가 내게 이르시되 "인자야, 이제 너는 눈을 들어 북쪽을 바라보라" 하시기로 내가 눈을 들어 북쪽을 바라보니 제단 문 어귀 북쪽에 그 질투의 우상이 있더라. 6그가 또 내게 이르시되 "인자야, 이스라엘 족속이 행하는 일을 보느냐? 그들이 여기에서 크게 가증한 일을 행하여 나로 내 성소를 멀리 떠나게 하느니라. 너는 다시 다른 큰 가증한 일을 보리라" 하시더라(겔 8:5-6).

20우리가 우리 하나님의 이름을 잊어버렸거나 우리 손을 이방 신에게 향하여 폈더면 21하나님이 이를 알아내지 아니하셨으리이까? 무릇 주는 마음의 비밀을 아시나이다(시 44:20-21).

다른 신들을 두지 말라

1. 웨스트민스터 소요리문답의 십계명 설명 구조

웨스트민스터 소요리문답은 십계명의 각 계명을 설명할 때 첫째로 각 계명이 무엇인지 소개하고, 둘째로 그 계명이 요구하는 바가 무엇인지를 알아본 후, 셋째로 그 계명이 금지하는 바가 무엇인지를 다룹니다. 그 계명에 부가된 논리가 있을 때는 넷째로 그 논리가 무엇인지 해설합니다.

> 제45문: 제1계명은 무엇인가?
> 제46문: 제1계명에서 요구되는 것
> 제47문: 제1계명에서 금지되는 것
> 제48문: 제1계명에 부가된 논리

〈표8〉 소요리문답 제45-48문의 구성

제1계명 해설에는 이 네 가지 요소가 모두 등장합니다. 그래서 제45문은 제1계명이 무엇인지를, 제46문은 제1계명이 요구하는 바가 무엇인지를, 제47문은 제1계명이 금지하는 바가 무엇인지를, 제48문은 그 제1계명에 있는 "내 앞에"라는 단어가 가르치는 바가 무엇인지를 다룹니다.

2. 제1계명이 요구하는 것

저는 고등학생 때 존재와 인식에 대한 근원적인 고민 가운데 교회를 떠났습니다. 당시 저는 사람과 만물이 왜, 어떻게 존재하는지 그 근원을 알 수 없었습니다. 이 세계와 "나"라는 존재가 처음부터 존재하지 않았다면 지금 "나" 자신과 세계가 존재하는 의미는 무엇일까요? 이 땅 위에 사는 모든 사람과 사물이 시간이 흐르면 쇠하고 결국에는 사라진다는 사실이 짙은 허무감을 안겨주지 않나요? 저는 이런 질문들과 씨름했고 죽음 이후에 무엇이 있는지 너무나 궁금했습니다.

성경은 이러한 질문들에 온전한 답을 주었습니다. 스스로 존재하시며 무한한 지혜와 선이신 하나님은 존재하는 모든 것들의 근원과 주인이 되십니다. 사람을 비롯한 피조물은 제힘으로 존재하거나 살아 있는 것이 아닙니다. 그들은 존재와 생명과 호흡과 삶, 여러 능력과 소질을 모두 하나님께 빚지고 있습니다. 하나님은 사람을 아무 이유 없이 사랑하셔서 존재하게 하셨습니다. 만물 중 오직 사람만을 하나님의 형상대로 만드시어 의와 거룩의 옷을 입히시고 뛰어난 지적 능력을 주시어 찬란한 문화를 이루게 하셨습니다. 또한 사람이 죄를 짓지 않는다면 죽음을 맛보지 않고 영생을 누리게 하셨습니다.

이처럼 좋으신 하나님이 인간에게 명하신 첫 번째 계명은 우리에게 무엇을 요구할까요?

ㄱ. 하나님이 유일하게 참된 우리의 하나님이심을 인정할 것　말씀으로 세상을 창조하시고 아담과 하와에게 에덴동산을 다스리게 하신 여호와 하나님만이 유일하게 참된 우리의 하나님이십니다. 오직 여호와 하나님만이 유일한 자존자(自存者)로서 모든 것의 창조자이시고 지금

이 순간에도 모든 것을 붙들고 계시는 분이십니다. 다른 모든 피조물은 그 존재와 생명과 호흡과 매일의 삶을 하나님께 받습니다. 그러므로 그분만이 유일하게 참된 우리의 하나님이십니다.

그리스도인에게 요구되는 자기 부인의 기본은 바로 이것을 아는 것입니다. 우리는 사람이 피조물임을 알아야 하고 사람이 가진 것 중에 자기 능력으로 얻은 것이 하나도 없음을 알아야 합니다. "너는 나 외에는 다른 신들을 네게 두지 말라"라는 제1계명은 여호와 하나님 이외에 그 무엇도 제일 근원으로 여기지 말라는 명령입니다. 우리는 오직 여호와 하나님만을 유일하게 참된 우리의 하나님으로 인정하여 그에 합당한 경배와 영광을 돌려드려야 합니다. 우리에게는 자랑하거나 뻐길 것이 하나도 없습니다. 예수 그리스도를 아는 지식이 가장 고상하고 다른 모든 것은 배설물에 지나지 않습니다(빌 3:8).

ㄴ. 거기에 맞게 그분을 경배하고 영화롭게 할 것 그리스도인은 하나님의 능력을 빌려 다른 사람들과의 경쟁에서 이기는 사람이 아닙니다. 기독교 신앙의 목표와 원리는 이 땅에서 더 많은 재산이나 높은 신분, 강한 권력을 얻는 데 있지 않습니다. 오히려 참된 신앙은 나의 소유와 신분과 능력이 하나님으로부터 말미암은 줄 알고 겸손한 자가 되는 것입니다. 자신에게 분명한 장점이 있더라도 교만하지 말고 그 장점을 허락하신 하나님께 감사와 찬양을 드려야 합니다.

마귀는 예수님을 지극히 높은 산으로 데리고 가서 천하 만국과 그 영광을 보여주며 "만일 내게 엎드려 경배하면 이 모든 것을 네게 주리라"라고 시험했습니다. 이때 예수님은 "사탄아, 물러가라. 기록되었으되 '주 너의 하나님께 경배하고 다만 그를 섬기라' 하였느니라"라고 말씀하시며 마귀의 시험을 이겨내셨습니다(마 4:8-11).

하나님을 경배하고 영화롭게 하는 것은 뜨거운 찬양이나 특정 문구를 반복하는 것으로 되지 않습니다. 다른 모든 것보다 하나님을 소중하게 여기는 중심이 중요합니다. 기독교를 통해 더 부자가 되고 더 높은 신분과 권력을 얻으려는 것은 "경건을 이익의 방도로" 여기는 것과 다르지 않습니다. 하나님께 대한 참된 경배는 우리가 세상에 아무것도 가지고 오지 않았으며 아무것도 가져가지 못한다는 사실을 알아 "먹을 것과 입을 것이 있은즉" 족하게 여기는 자세에서 시작합니다. "돈을 사랑함이 일만 악의 뿌리"입니다. 참된 경건자는 탐욕을 물리치고 "의와 경건과 믿음과 사랑과 인내와 온유를 따르며 믿음의 선한 싸움을" 싸우며 오직 영생을 취하려고 합니다. 신자는 이것이 아닌 다른 무엇을 위하여 부르심을 받은 것이 아닙니다. 하나님만이 "복되시고 유일하신 주권자이시며 만왕의 왕이시며 만주의 주"이십니다(딤전 6:5-16).

ㄷ. 제1문과의 연관성 소요리문답의 제1문은 사람의 주요한 목적이 "영원토록 하나님을 영화롭게 하고 즐거워하는 것"이라고 말합니다. 그 이유는 무엇입니까? 하나님만이 유일한 자존자이시고 모든 것의 근원과 원리가 되시기 때문입니다. 하나님 없이 존재하는 것은 없습니다. 태양이 없어지면 지구에 도달하는 빛과 열도 사라져 지구 상의 모든 생물은 멸종할뿐더러 태양계의 중력장이 무너지면서 지구 자체가 존립할 수 없을 것입니다. 그런데도 보통 사람들은 태양의 존재를 특별히 인식하거나 고마워하지 않습니다. 마찬가지로 하나님이 없다면 인간의 존재 자체가 불가능한데도 많은 사람이 하나님을 알지 못하는 상태에서 하나님을 영화롭게 하거나 즐거워하지 않습니다. 그러나 믿음으로

특별계시를 인식하는 신자들은 사람의 주요한 목적을 분명히 알고 하나님을 영화롭게 하고 즐거워하는 삶을 살아갈 수 있습니다. 하나님을 영원토록 영화롭게 하고 즐거워하는 사람만이 진정한 삶의 기쁨과 즐거움을 느끼며 하나님이 만드신 유·무형의 대상들을 누립니다.

3. 제1계명이 금지하는 것

제1계명은 "제1계명이 요구하는 바"와 반대되는 것을 금지합니다. 그래서 제1계명은 여호와 하나님이 참된 하나님임을 부인하거나 하나님을 경배하지 않고 영화롭게 하지 않는 것, 그분에게 합당한 경배와 영광을 다른 피조물이나 천사나 성인(聖人)에게 주는 것을 금합니다. 따라서 다른 피조물을 자존자, 창조자, 섭리자로 인정하면 안 됩니다. 어떤 피조물도 존재와 생명의 근원이 될 수는 없습니다. 피조물은 아무리 뛰어나도 피조물에 지나지 않음을 알고 오직 하나님께 합당한 경배와 영광을 드려야 합니다.

4. "내 앞에"라는 단어가 특별히 가르치는 바

소요리문답 제48문은 제1계명에서 "내 앞에"(before Me)라는 단어가 특별히 무엇을 가르치는지 묻습니다. 제1계명은 영어로 "thou shalt have no other gods before Me"인데 개역개정 성경은 이를 "너는 나 외에는 다른 신들을 네게 두지 말라"라고 번역했습니다. "before Me" 에 "나 외에는"이라는 의미를 담은 것인데, 단순히 **"내 앞에"**라고 번역하는 것도 가능합니다.

"내 앞에"라는 단어는 하나님이 모든 것을 보신다는 사실을 가르쳐 줍니다. 엘리야가 바알을 섬기는 선지자들과 대결을 펼친 사건을 기억하십니까? 제단에 불이 내리는 것으로 여호와 하나님과 바알 중 누가 진짜 하나님인지를 가리는 대결에서 바알 선지자들은 미친 듯이 떠들면서 칼과 창으로 자기 몸을 훼손하며 신을 찾았습니다. 그래도 별 응답이 없자 엘리야는 그들의 신이 묵상 중이거나 잠깐 나갔거나 잠들었을 수 있겠다고 조롱했습니다(왕상 18:27). 하지만 여호와 하나님은 광대하시고 영원하시고 전지하셔서 보지 못하거나 놓치시는 것이 없습니다. 그 모든 것을 보시는 하나님이 다른 가짜 신에게 존재와 생명과 영광과 경배를 돌리는 일을 보시면 얼마나 불쾌하시겠습니까?

십계명의 제1계명은 "내 앞에"라는 단어를 집어넣어, 모든 것을 보시는 하나님이 어떤 다른 신을 참된 신으로 여기는 모든 죄를 주목하시고 매우 불쾌하게 여기신다는 사실을 특별하게 가르칩니다. 하나님은 실로 이 땅 위의 모든 피조물이 행하는 바를 전부 보십니다. 우리 신자들은 이 사실에 더욱 주의하면서 하나님이 아닌 다른 것에 자존과 창조와 섭리의 영예를 돌리는 죄를 피해야 합니다. 하나님은 이 죄를 눈여겨보실 뿐 아니라 매우 불쾌해 하십니다.

생각할 거리

대통령과 예배

사울 왕은 제사를 주관할 권한이 없음에도 사무엘 대신 직접 번제를 드렸다. 이에 사무엘은 망령된 행위를 했다고 사울을 꾸짖으며 사울의 왕위가 길지 못할 것이라고 예언했다. 하지만 사울 왕은 이후에도 정신을 차리지 못하고 하나님이 모두 죽이라고 명령하신 아말렉의 왕을 죽이지 않고 살진 소와 양과 함께 살려두었다. 결국 사무엘은 하나님이 명령을 지키지 않는 사울 왕을 버리셨다고 말한다.

권력을 가진 자가 하나님을 무시한 예는 또 있다. 웃시야 왕은 하나님의 기이한 도우심을 받아 강성해졌고 그 이름이 널리 퍼졌다. 그는 머지않아 교만해져 악을 행했고 결정적으로 여호와의 성전에 들어가서 분향하려는 죄를 지었다. 당시 제사장 아사랴가 여호와의 용맹한 제사장 팔십 명을 데리고 그의 뒤를 따라 들어가서 만류했다.

웃시야여, 여호와께 분향하는 일은 왕이 할 바가 아니요 오직 분향하기 위하여 구별함을 받은 아론의 자손 제사장들이 할 바니 성소에서 나가소서. 왕이 범죄하였으니 하나님 여호와에게서 영광을 얻지 못하리이다(대하 26:18).

하지만 웃시야 왕은 손으로 향로를 잡고 분향하면서 제사장에게 화를 내었다. 바로 그때 그의 이마에 나병이 생겨났고 그는 성전에서 쫓겨날 수밖에 없었다. 그리고 죽을 때까지 나병이 낫지 않아 그는 여호와의 전에서 끊어져 별궁에 기거해야 했다.

우리는 여호와를 가볍게 여기는 죄가 얼마나 큰지 깨달아야 한다. 하나님은 모든 권력의 수여자이신데도 불구하고 인간 권력자를 하나님보다 더 높이는 모든 행위는 성경이 말하는 가증한 중범죄에 해당한다.

2013년 10월 25일, 서울의 모 교회에서 10개 교회 공동 주최로 박정희 전 대통령 추모예배가 열려 많은 비판을 받았다. 박정희 전 대통령은 생전에 하나님을 믿는다고 신앙고백을 하지도 않았는데

 제23과 제1계명의 요구와 금지

어찌 그런 이를 위해 교회가 모여 추모예배를 드린다는 말인가? 더 충격적인 사실은 설교와 기도와 추모사에서 하나님 대신 박정희 전 대통령이 찬양되었다는 사실이다. 이것은 십계명의 제1계명에 대한 명백한 위반이다.

한 나라의 대통령은 존중되어야 한다. 하지만 그가 하나님보다 더 높을 수는 없다. 대통령이 예배에 참석한다면 그 시간에 그는 한 명의 성도나 사람일 뿐이다. 그런데 서울의 어느 교회는 새벽기도회 예배 시간에 "지금 대통령께서 입장하고 계십니다"라고 선언하며 국가조찬기도회 연습을 했다고 한다. 또 경기도의 어느 교회는 담임 목사 출판 감사 예배 때 10분 늦게 도착한 전직 대통령을 환영하며 기립 박수를 유도했다고 한다. 제아무리 전직 대통령일지라도 예배 시간에 늦었으면 자중해야지 기립박수가 웬 말인가?

사울 왕과 웃시야 왕의 이야기는 권력에 취한 사람이 자신에게 권력을 주신 하나님까지도 가볍게 여길 수 있음을 잘 보여준다. 마찬가지로 예배 시간에 대통령을 높이는 죄는 하나님이 얼마나 높은 분이신지를 제대로 모르기 때문에 발생한다. 대통령이라는 권력의 후광 때문에 하나님의 영광이 가려질 수는 없다. 대통령도 하나님 앞에서는 일개 피조물에 지나지 않음을 분명히 기억해야 한다.

Tip 이어지는 "함께 나누기"에서는 십계명의 각 계명을 따로 다루는데, 1개 계명의 분량이 적당하지 않으면 2개의 계명을 동시에 다루면 된다.

1. 나에게 하나님은 어떤 분이신지, 나의 신앙 여정은 어떠했는지 나누는 시간을 가집시다.

2. 소요리문답 제45-48문을 서로 묻고 답해봅시다. 관련 성구도 함께 살펴봅시다.

3. 소요리문답은 십계명의 각 계명을 어떤 순서로 해설합니까?

4. 제1계명이 요구하는 바를 마태복음 4:8-11을 통해 살펴보고 나누어봅시다.

5. 제1계명에 있는 "나 외에는"(before me)이라는 단어는 특별히 무엇을 가르쳐줍니까?

6. 우리가 드리는 예배에 대통령이나 유력자가 참석한다면 어떤 태도로 임해야 할까요?

제24과
제2계명의 요구와 금지

제49문. 제2계명은 무엇입니까?

Which is the Second Commandment?

답. 제2계명은 "너를 위하여 새긴 우상을 만들지 말고 또 위로 하늘에 있는 것이나 아래로 땅에 있는 것이나 땅 아래 물속에 있는 것의 어떤 형상도 만들지 말며 그것들에게 절하지 말며 그것들을 섬기지 말라. 나, 네 하나님 여호와는 질투하는 하나님인즉 나를 미워하는 자의 죄를 갚되 아버지로부터 아들에게로 삼사 대까지 이르게 하거니와 나를 사랑하고 내 계명을 지키는 자에게는 천 대까지 은혜를 베푸느니라"(출 20:4-6)입니다.

The Second Commandment is, "thou shalt not make unto thee any graven image, or any likeness of any thing that is in heaven above, or that is in the earth beneath, or that is in the water under the earth, thou shalt not bow down thyself to them, nor serve them: for I the

Lord thy God am a jealous God, visiting the iniquity of the fathers upon the children, unto the third and fourth generation of them that hate Me; and showing mercy unto thousands of them that love Me, and keep my commandments."

제50문. 무엇이 제2계명에서 요구됩니까?

What is required in the Second Commandment?

답. 제2계명은 하나님이 자신의 말씀에서 정하신 모든 종교적 예배와 규례를 순수하고 완전하게 받아들이고 지키며 유지할 것을 요구합니다(신 32:46; 마 28:20; 행 2:42).

The Second Commandment requires the receiving, observing, and keeping pure and entire, all such religious worship and ordinances as God hath appointed in His Word.

# 제51문. 무엇이 제2계명에서 금지됩니까?

What is forbidden in the Second Commandment?

답. 제2계명은 하나님을 우상이나(신 4:15-19; 출 32:5, 8) 그분의 말씀에 정해지지 않은 다른 어떤 방식으로 경배하는 것을 금합니다(신 12:31-32).

The Second Commandment forbids the worshiping of God by images, or any other way not appointed in His Word.

---

graven 조각된, 감명을 받은 ← **grave** 새기다, 조각하다

likeness 화상(畫像), 사진, 초상, 닮음

beneath 밑에, 낮은 곳에, 지하에

bow 허리를 굽히다, 고개를 숙이다, 절하다, …에 굴종(굴복)하다

iniquity 심한 부정(불법), 사악, 무도, 죄

entire 전체의, 흠이 없는, 그대로의

observe 보다, 알아채다, 감시하다, 주목하다, (법률 등을) 지키다, (행동, 상태 등을) 유지하다

ordinance 법령, 조례, 규정

제52문. 제2계명에 부가된 논리는 무엇입니까?

What are the reasons annexed to the Second
Commandment?

답. 제2계명에 부가된 논리는 우리에 대한 하나님의 주권
(시 45:11; 95:2-3, 6)과 하나님이 자기 자신의 경배에 대해
갖는 열심입니다(출 34:13-14).

The reasons annexed to the Second Commandment are,
God's sovereignty over us, and the zeal He hath to His
own worship.

---

annex 덧붙이다, 첨부하다, 병합하다
sovereignty 주권, 통치권, 주권국
zeal 열심, 열의

그들에게 이르되 내가 오늘 너희에게 증언한 모든 말을 너희의 마음에 두고 너희의 자녀에게 명령하여 이 율법의 모든 말씀을 지켜 행하게 하라(신 32:46).

"내가 너희에게 분부한 모든 것을 가르쳐 지키게 하라. 볼지어다! 내가 세상 끝날까지 너희와 항상 함께 있으리라" 하시니라(마 28:20).

그들이 사도의 가르침을 받아 서로 교제하고 떡을 떼며 오로지 기도하기를 힘쓰니라(행 2:42).

15여호와께서 호렙 산 불길 중에서 너희에게 말씀하시던 날에 너희가 어떤 형상도 보지 못하였은즉 너희는 깊이 삼가라. 16그리하여 스스로 부패하여 자기를 위해 어떤 형상대로든지 우상을 새겨 만들지 말라. 남자의 형상이든지, 여자의 형상이든지, 17땅 위에 있는 어떤 짐승의 형상이든지, 하늘을 나는 날개 가진 어떤 새의 형상이든지, 18땅 위에 기는 어떤 곤충의 형상이든지, 땅 아래 물속에 있는 어떤 어족의 형상이든지 만들지 말라. 19또 그리하여 네가 하늘을 향하여 눈을 들어 해와 달과 별들, 하늘 위의 모든 천체 곧 너희의 하나님 여호와께서 천하 만민을 위하여 배정하신 것을 보고 미혹하여 그것에 경배하며 섬기지 말라(신 4:15-19).

아론이 보고 그 앞에 제단을 쌓고 이에 아론이 공포하여 이르되 "내일은 여호와의 절일이니라" 하니(출 32:5).

그들이 내가 그들에게 명령한 길을 속히 떠나 자기를 위하여 송아지를 부어 만들고 그것을 예배하며 그것에게 제물을 드리며 말하기를 "이스라엘아, 이는 너희를 애굽 땅에서 인도하여낸 너희 신이라" 하였도다(출 32:8).

31네 하나님 여호와께는 네가 그와 같이 행하지 못할 것이라. 그들은 여호와께서 꺼리시며 가증히 여기시는 일을 그들의 신들에게 행하여 심지어 자기들의 자녀를 불살라 그들의 신들에게 드렸느니라. 32내가 너희에게 명령하는 이 모든 말을 너희는 지켜 행하고 그것에 가감하지 말지니라(신 12:31-32).

2우리가 감사함으로 그 앞에 나아가며 시를 지어 즐거이 그를 노래하자. 3여호와는 크신 하나님이시요 모든 신들보다 크신 왕이시기 때문이로다(시 95:2-3).

오라! 우리가 굽혀 경배하며 우리를 지으신 여호와 앞에 무릎을 꿇자(시 95:6).

그리하면 왕이 네 아름다움을 사모하실지라. 그는 네 주인이시니 너는 그를 경배할지어다(시 45:11).

[13]너희는 도리어 그들의 제단들을 헐고 그들의 주상을 깨뜨리고 그들의 아세라 상을 찍을지어다. [14]너는 다른 신에게 절하지 말라. 여호와는 질투라 이름하는 질투의 하나님임이니라(출 34:13-14).

우상을 만들지 말고

웨스트민스터 총회에 참여한 151명의 교직자(divines)들은 교리에 관한 신앙고백(1646년)과 대·소요리문답(1648, 1647년)만 만든 것이 아니었습니다. 예배 모범(1645년)이 신앙고백보다 먼저 만들어졌습니다. 이는 하나님께 어떻게 예배를 드리고 어떻게 신앙생활을 하느냐가 얼마나 중요한지 보여줍니다. 십계명의 제1계명이 예배의 대상에 관하여 말한다면, 제2계명은 예배의 방법에 관하여 말합니다.

제49문: 제2계명은 무엇인가?
제50문: 제2계명에서 요구되는 것
제51문: 제2계명에서 금지되는 것
제52문: 제2계명에 부가된 논리

〈표9〉 소요리문답 제49-52문의 구성

1. 제2계명이 요구하는 것

ㄱ. 하나님이 자신의 말씀에서 정하신 예배와 규례 제1계명에서 살펴보았듯이 여호와 하나님만이 자존자와 창조자로서 다른 모든 피조물의 존재와 생명의 근원이시며 보존자이십니다. 다른 동물들과 다르게 찬란한 문화와 과학을 발전시키는 사람의 위대한 능력도 하나님의 능력에 비하면 아무것도 아닙니다. 인간의 능력은 하나님이 지정해놓으신 세계의 존재 방식과 운행 법칙을 아주 조금 아는 수준에 지나지 않습니다.

예를 들어 인간의 눈은 흑백이 아닌 총천연색으로 대상을 인식합니다. 하지만 결정적으로 눈은 눈 자체를 보지 못합니다. 사람의 마음도 많은 것들을 궁리하여 원인과 결과를 찾아내고 동물들이 꿈도 못 꾸는 예술적 아름다움을 찾아내 발전시킵니다. 수학과 과학, 철학과 예술, 문화와 제도가 모두 사람의 마음에서 나왔습니다. 그런데 사람의 마음도 마음 자체를 인식하지는 못합니다.

제2계명은 하나님이 사람의 헤아림에서 벗어나는 불가해(不可解, incomprehensible)한 분이라는 사실을 전제합니다. 사람은 하나님이 특별하게 알려주시지 않으면 절대로 진리를 알 수 없습니다. 또 하나님이 믿음을 주시지 않으면 절대로 주어진 진리를 수용하지 못합니다. 따라서 사람은 여호와 하나님이 주신 말씀을 자신의 관찰과 판단으로 재단하면 안 됩니다. 하나님을 경배하는 것도 하나님이 알려주신 대로 해야지 자신의 소견에 옳은 대로 하면 안 됩니다.

어떤 우상과 형상을 하나님으로 받드는 것은 대표적으로 잘못된 예배 방식입니다. 하지만 인류는 끊임없이 피조물을 하나님인 양 섬겨왔습니다. 애니미즘(animism)과 토테미즘(totemism)은 특정한 동식물이

TIP incomprehensible: 이해할 수 없는

나 거대한 자연물이 신을 나타낸다고 여겨 숭배하는 양태입니다. 예를 들어 툰드라 지역에 사는 어떤 사람들은 그 지역의 최상위 포식자에 해당하는 불곰을 신으로 숭배합니다. 그런데도 그들은 불곰을 사냥하여 먹거리와 옷감을 얻습니다. 이처럼 사람은 자기가 잡아먹는 불곰을 숭배할 정도로 어리석습니다. 이에 대해 바울은 다음과 같이 말합니다.

> 21하나님을 알되 하나님을 영화롭게도 아니하며 감사하지도 아니하고 오히려 그 생각이 허망하여지며 미련한 마음이 어두워졌나니 22스스로 지혜 있다 하나 어리석게 되어 23썩어지지 아니하는 하나님의 영광을 썩어질 사람과 새와 짐승과 기어 다니는 동물 모양의 우상으로 바꾸었느니라(롬 1:21-23).

사람은 번갯불이 비치듯 순간적으로 하나님을 알고 느끼는 경험을 합니다. 하지만 하나님을 향해 올바른 감사와 영광을 돌리는 경우는 매우 드뭅니다. 오히려 허망한 생각과 미련한 마음을 가지고 영원히 존속하시는 하나님의 영광을 우상으로 바꾸어버리는 경우가 많습니다. 하지만 도대체 어떻게 불곰이나 사자 같은 짐승이 신이 될 수 있겠습니까?

> 사람마다 어리석고 무식하도다. 은장이마다 자기의 조각한 신상으로 말미암아 수치를 당하나니 이는 그가 부어 만든 우상은 거짓 것이요 그 속에 생기가 없음이라(렘 1:14).

장로교단의 예배 모범

대다수 장로교단의 헌법은 "교리"와 "교회 정치"와 "권징 조례"와 "예배 모범"으로 구성된다. 이 중 "교리"에는 대부분 웨스트민스터 신앙고백과 대·소요리문답이 반영되어 있다. 그리고 "예배 모범"은 예배순서와 신앙생활을 다루는데 대부분 교단이 비슷한 내용을 수록해놓았다.

총 18장으로 구성된 "예배 모범"의 차례는 아래 표와 같다. 각 장은 해당 항목에 대한 자세한 내용을 담고 있는데, 이를 통해 우리는 신앙의 선배들이 성경을 기준으로 구체적인 신앙생활에 대한 지침을 마련하기 위해 얼마나 심혈을 기울였는지 알 수 있다.

제1장 주일을 거룩히 지킬 것	제2장 교회의 예배 의식
제3장 예배 때 성경 봉독	제4장 시와 찬송
제5장 공식 기도	제6장 강도(설교)
제7장 주일학교	제8장 기도회
제9장 유아세례	제10장 입교 예식
제11장 성찬 예식	제12장 혼례식
제13장 장례식	제14장 금식일과 감사일
제15장 은밀 기도와 가정 예배	제16장 시벌
제17장 해벌	제18장 헌금

〈장로교단의 예배 모범 차례〉

 영어 "인타이어"(entire)는 원래 "전체"를 뜻합니다. 그리고 "흠이 없는", "그대로의"를 뜻하기도 합니다. 전체가 존재한다는 것은 각 부분이 흠 없이 그대로 있다는 의미를 내포하기 때문입니다. 따라서 신자들은 하나님께 예배를 드릴 때 하나님이 말씀으로 정하신 방법을 모두 반영해야지, 일부분만 반영한다거나 아예 다른 방법을 사용하면 안 됩니다. 각 교회의 주일 예배도 성경 전체가 말하는 내용에 따라야지 감동이 있을 것이라고 여겨지는 대로 함부로 순서를 가감하면 안 됩니다.

성경에 예수님의 용모를 짐작할 수 있는 표현이 전혀 없다는 사실을 아십니까? 예수님의 키, 몸무게, 피부, 머리칼 색, 눈코입의 생김새, 몸집 등을 정확하게 알 수 있는 실마리는 하나도 없습니다. 예수님을 묘사한 그림은 모두 화가가 상상하거나 전작(前作)을 참고한 결과입니다. 서구 사람들이 그린 예수님은 키가 크고 코가 높으며 하얀 피부에 긴 금발일 때가 많습니다. 그러나 이는 인간의 소견에 따른 것으로서 전혀 성경적이지 않습니다. 서구 사람들은 그 형상에 만족할지 모르지만 백인들에게 상처받고 피해를 본 이들에게 그런 예수님의 모습은 불쾌감을 안겨줄 수 있습니다. 이는 인간의 문화와 정서에 따라 예수님을 함부로 형상화하는 일이 얼마나 위험한지를 잘 보여줍니다.

제50문에 관련된 성구들(신 32:46; 마 28:20; 행 2:42)은 모두 하나님이 선지자와 사도들에게 주신 말씀에 따라, 그리고 예수 그리스도가 분부하신 바에 따라 행하라고 권면합니다. 신자들은 성경 전체가 말하는 바에 따라 행하고 성경이 직접 말하지 않는 바에 대해서는 이미 나온 내용에 따라 건전하게 추론하여 행해야 합니다. 이에 대한 충분한 고민이 담긴 웨스트민스터 대요리문답은 제2계명이 요구하는 바를 다음처럼 더 자세히 설명합니다.

특히 그리스도의 이름으로 하는 기도와 감사이고, 말씀을 읽고 전하고 듣는 것이고, 성례의 거행과 받음이고, 교회 정치와 권징 그리고 이것의 집행과 유지이고, 종교적 금식이고, 하나님 이름으로 맹세하고 그분에게 서원하는 것이고, 또한 모든 잘못된 경배를 부인하고 경멸하며 반대하는 것이고, 각자의 위치와 소명에 따라 잘못된 경배와 모든 우상물을 제거하는 것입니다(particularly prayer and thanksgiving in the name of Christ; the reading, preaching, and hearing of the Word; the administration and receiving of the sacraments; church government and discipline; the ministry and maintenance thereof; religious fasting; swearing by the name of God, and vowing unto him: as also the disapproving, detesting, opposing, all false worship; and, according to each one's place and calling, removing it, and all monuments of idolatry).

기도와 감사, 말씀 읽기와 선포, 성례 집행, 교회 정치와 권징, 금식, 맹세와 서원 등에 있어서도 개인적 소견이 아니라 성경이 말하는 바를 따라야 합니다. 결국 제2계명의 요구는, 하나님은 하나님이시고 사람은 유한한 피조물에 지나지 않으니 예배와 신앙생활의 영역에서도 하나님이 계시해주신 성경을 따르라는 것입니다.

ㄷ. 아론과 백성이 만든 송아지 형상 출애굽기에 나오는 금송아지 숭배 사건을 기억하십니까? 하나님의 부르심을 받아 시내 산에 오른 모

세가 수십 일이 지나도 내려오지 않자 백성들은 동요하기 시작했습니다. 그들은 모세에게 어떤 변고가 생겼다고 생각하고는 아론에게 다음과 같이 말했습니다.

> 일어나라. 우리를 위하여 우리를 인도할 신을 만들라. 이 모세 곧 우리를 애굽 땅에서 인도하여낸 사람은 어찌 되었는지 알지 못함이니라(출 32:1).

이 제안을 받은 아론은 백성들에게 금 고리를 모아 오라고 지시한 후 그 금 고리들로 송아지 형상을 만들었습니다. 그러자 그들은 "이스라엘아, 이는 너희를 애굽 땅에서 인도하여낸 너희의 신이로다"라고 말했습니다. 아론은 그에 부응하여 그 앞에 제단을 쌓고 "내일은 여호와의 절일"이라고 공포했습니다. 이튿날에 그들은 일찍이 일어나 번제와 화목제를 드리고 앉아서 먹고 마시며 일어나서 뛰놀았습니다(출 32:1-6).

출애굽한 백성들은 금으로 만든 송아지 형상의 신이 자신들을 애굽에서 인도해내었다고 말했습니다. 그들은 애굽을 탈출할 때 하나님이 일으키신 이적을 두 눈으로 똑똑히 보았습니다. 그래서 애굽에서 자신들을 인도해내신 분이 "여호와"라는 사실을 부인하지 않았습니다. 다만 자신들이 만든 송아지 형상에 이 사실을 대입합니다. 이어서 나름대로 "여호와의 절일(節日)"을 선포하고 번제와 화목제를 드립니다.

이들은 분명 하나님께 경배를 드리고 "여호와의 절일"을 지키며 번제와 화목제를 드렸습니다. 또한 자신들이 애굽에서 나온 것은 자신들의 업적이 아니라 하나님이 인도해내셨기 때문이라고 인정했습니다. 그러나 이들은 하나님이 가르쳐주신 방식을 따르지 않고 자신들이 보기에 적당한 방식을 따랐습니다. 그들이 범한 죄는 다음과 같습니다.

첫째, 하늘과 땅과 그 안의 모든 피조물을 만드신 여호와 하나님을 송아지 형상으로 만드는 죄를 범했습니다. 비록 자신들의 구원 경험을 진심으로 고백했다고 하더라도 구원의 주체이신 하나님을 피조물의 형상으로 표현한 것은 명백한 신성모독입니다.

둘째, "여호와의 절일"을 지켜 번제와 화목제를 드린다고 했지만 앉아서 먹고 마시며 일어나서 뛰노는 죄를 범했습니다. 물론 먹고 마시며 뛰논 자체가 문제는 아닙니다. 그보다는 하나님이 아니라 자신들의 만족을 목적으로 삼은 자세가 문제입니다. 번제와 화목제를 드리는 외적 의식으로 여호와의 절일을 지킬 수 있다고 생각하면 안 됩니다. 외적으로는 훌륭한 제사를 드리는 것 같지만 영과 진리의 측면에서는 자기중심적 우상숭배의 죄를 범하는 경우가 비일비재합니다.

"여호와", "애굽 땅에서 인도하여낸" 등의 표현을 사용하며 "절일", "번제", "화목제" 등을 행할지라도 성경이 말하는 대로 온전하게 여호와 하나님을 경배하지 않으면 제2계명을 범하게 됩니다. 오늘날 교회에도 이러한 죄가 얼마나 넘치는지 모릅니다. 분명히 성경에 나오는 단어와 표현을 사용하며 나름대로 예배 형식도 갖추지만 그 근본 자세와 목적이 하나님의 지시와는 다른 경우가 얼마나 많습니까? 아론과 이스라엘 백성들처럼 성경에 근거하지 않은, 먹고 마시며 뛰노는 행위에 치중하는 경우가 많습니다. 우리는 인간의 감정을 충족시키고 인간적 위로와 흥분이 중심이 되는 예배를 경계해야 합니다.

진정한 예배와 경배는 어떤 단어를 사용하느냐가 아니라 온전히 성경이 말하는 하나님을 받아들이느냐로 결정됩니다. 어떤 교회는 "아멘", "할렐루야", "하나님께 영광", "믿습니다", "하나님을 찬양합니다", "하나님 홀로 영광을 받으소서"라는 등의 표현을 쉴 새 없이 사용합니다. 하지만 한 걸음 떨어져 살펴보면 하나님의 뜻과 하나님의 일에는 관심이 없고 사람을 높이며 자기만족에 빠진 경우가 많습니다.

아론과 백성이 범한 죄는 너무나 심각했습니다. 그래서 하나님은 "목이 뻣뻣한" 이 백성을 진멸하려 하셨습니다. 모세의 간절한 기도 때문에 하나님은 뜻을 돌이키셨지만 레위 자손의 헌신을 통해 백성 중 3천 명가량이 죽어야 했습니다. 이 죄는 매우 심각했기 때문에 다음 날에도 모세는 다시 시내 산에 올라 속죄를 간구했습니다.

> 31모세가 여호와께로 다시 나아가 여짜오되 "슬프도소이다. 이 백성이 자기들을 위하여 금 신을 만들었사오니 큰 죄를 범하였나이다. 32그러나 이제 그들의 죄를 사하시옵소서. 그렇지 아니하시오면 원하건대 주께서 기록하신 책에서 내 이름을 지워버려 주옵소서"(출 32:31-32).

이에 하나님은 사자를 앞서 보내어 백성을 인도하시겠다고 약속하셨지만 때가 되면 그들의 죄를 보응할 것이라고도 말씀하셨습니다. 우리는 이 사건을 통해 하나님을 형상화하는 것이 얼마나 큰 죄인지 깨달아 우리 소견에 옳은 대로 하나님을 경배하는 죄를 범하지 말아야 할 것입니다.

2. 제2계명이 금지하는 것

제2계명이 금지하는 것은 제2계명이 요구하는 바를 하지 않는 것입니다. 제2계명은 하나님이 말씀으로 정하신 모든 종교적 예배와 규례를 순수하고 완전하게 받아들이고 지키며 유지할 것을 요구합니다. 따라서 제2계명은 하나님을 형상화하거나(출 32:5, 8; 신 4:15-19) 다른 우상을 섬기는 것을 금지합니다. 또한 하나님이 말씀으로 정하시지 않은 방식으로 하나님을 경배하는 것도 금지합니다. 신명기에서 모세는 우상을 만들어 섬기지 말라고 재차 강조하면서 다음과 같이 말합니다.

> 또 그리하여 네가 하늘을 향하여 눈을 들어 해와 달과 별들, 하늘 위의 모든 천체 곧 너희의 하나님 여호와께서 천하 만민을 위하여 배정하신 것을 보고 미혹하여 그것에 경배하며 섬기지 말라(신 4:19).

역사적으로 얼마나 많은 민족이 해와 달과 별들을 섬겨왔는지 모릅니다. 하늘의 천체들은 하나님이 사람들을 위하여 배정하신 피조물에 지나지 않는데도 사람들은 이것들을 숭배하면서 정작 그 모든 것을 지으신 여호와 하나님은 섬기지 않습니다. 이는 경배의 대상이 하나님이 아니라는 측면에서 죄를 범하는 것입니다.

인간의 죄는 신을 섬기는 방법에서도 드러납니다. 이스라엘이 진멸해야 할 가나안 족속은 자기의 자녀를 불살라 제물로 바치는 악습을 가지고 있었습니다(신 12:31). 이는 하나님이 가증히 여기시는 일이었습니다. 그러나 이처럼 우상을 섬기다 보면 자식을 불살라 신에게 바치는 꼴이 되기 쉽습니다. 우리나라 사람이라면 누구나 아는 고전소설 『심청전』에도 사람을 산 제물로 바쳐도 된다는 생각이 짙게 배어 있습니다. 이런 생각은 신에 대한 개념과 정서를 왜곡시킵니다. 그러므로 오랜 역사와 다양한 종교가 어우러진 전통을 가진 우리 민족은 더더욱 성경이 말하는 대로 하나님을 경배하기 위해 힘써야 합니다. 다른 신들을 섬기듯 여호와를 섬기기 쉬우므로 "내가 너희에게 명령하는 이 모든 말을 너희는 지켜 행하고 그것에 가감하지 말지니라"(신 12:32)라는 말씀을 명심해야 할 것입니다.

3. 제2계명에 부가된 논리

십계명의 제2계명에는 "나, 네 하나님 여호와는 질투하는 하나님인즉 나를 미워하는 자의 죄를 갚되 아버지로부터 아들에게로 삼사 대까지 이르게 하거니와 나를 사랑하고 내 계명을 지키는 자에게는 천 대까지 은혜를 베푸느니라"라는 논리가 부가되어 있습니다. 소요리문답 제52문은 이를 "우리에 대한 하나님의 주권과 하나님이 자기 자신의 경배에 대해 갖는 열심"이라고 정리해줍니다.

여기서 하나님이 "질투"하신다는 것은 나보다 나은 다른 경쟁자에 대해서 느끼는 인간적 감정이 아니라 최고의 선과 영광과 진리를 지니신 분이 부정되는 것에 대한 의분을 말합니다. 이는 거짓과 불의를 기뻐하지 않음에서 나오는 성정입니다. 고린도전서 13:6도 "불의를 기뻐하지 아니하며 진리와 함께 기뻐하는 것"이라고 사랑을 정의합니다.

하나님은 당신 자신이 바로 진리이고 생명이기 때문에 당신 자신을 사랑하는 열심으로 우상숭배를 미워하십니다. 곧 이기적인 목적으로 자기 자신의 경배에 대해 열심을 갖는 것이 아니라 진리를 기뻐하는 차원에서 열심을 가지십니다. 그러한 "열심"으로 삼사 대까지 죄를 갚으시고 천 대까지 은혜를 베푸십니다. 아무리 막강한 권력을 휘두르는 지독한 독재자라도 국민의 비난과 비판을 모두 감시할 수는 없습니다. 그러나 한없이 의로우신 통치자 하나님은 모든 것을 보시고 아시는 감찰자이십니다. 우리는 그 하나님 앞에서 그분의 말씀을 가감하지 말고 액면 그대로 경배해야 합니다.

    제24과 제2계명의 요구와 금지

십자가를 무서워하는 드라큘라?

공포 영화에서 드라큘라는 피를 빨아 먹으려고 덤비다가도 십자가를 꺼내 내밀면 도망치기 바쁘다. 이런 십자가의 능력(?)을 믿기 때문인지 어떤 기도원에서는 귀신을 내쫓는다며 십자가를 들이밀고 호통을 치기도 한다. 그런데 과연 십자가 자체에 그런 신비한 능력이 있을까? 이와 관련하여 살펴보아야 할 성경 이야기가 있다.

6여호와께서 불뱀들을 백성 중에 보내어 백성을 물게 하시므로 이스라엘 백성 중에 죽은 자가 많은지라. 7백성이 모세에게 이르러 말하되 "우리가 여호와와 당신을 향하여 원망함으로 범죄하였사오니 여호와께 기도하여 이 뱀들을 우리에게서 떠나게 하소서." 모세가 백성을 위하여 기도하매 8여호와께서 모세에게 이르시되 "불뱀을 만들어 장대 위에 매달아라. 물린 자마다 그것을 보면 살리라"(민 21:6-8).

이스라엘 백성이 광야에서 애굽을 그리워하며 원망을 쏟아놓자 하나님이 불뱀을 보내셔서 많은 사람이 죽게 되었다. 사태의 심각성을 깨달은 백성들은 죄를 인정하며 불뱀들이 떠나게 해달라고 간청했다. 이에 대해 하나님은 놋으로 불뱀을 만들어 장대에 매달라고 명하셨고 그 불뱀을 쳐다보는 사람은 살 수 있게 해주셨다. 그런데 이로 인해 또 다른 문제가 많은 시간이 지난 뒤에 불거졌다.

3히스기야가 그의 조상 다윗의 모든 행위와 같이 여호와께서 보시기에 정직하게 행하여 4그가 여러 산당들을 제거하며 주상을 깨뜨리며 아세라 목상을 찍으며 모세가 만들었던 놋뱀을 이스라엘 자손이 이때까지 향하여 분향하므로 그것을 부수고 느후스단이라 일컬었더라(왕하 18:3-4).

남 유다의 왕 히스기야는 개혁을 단행하며 산당들과 우상들을 없앴는데 이때 모세의 놋뱀도 부숴버려야 했다. 이스라엘 백성이 이 놋뱀을 섬기며 그 앞에서 분향했기 때문이다. 아마도 가나안 족속의 우상 숭배 문화에 물든 이스라엘의 후손들이 신앙 교육용 기념품인 이 놋뱀 자체를 신령한 물건으로 여긴 듯하다. 하지만 놋뱀에게 분향하는 것은 하나님이 엄격하게 금지하신 우상 숭배에 해당했다.

모세의 놋뱀 자체에는 결코 어떤 능력도 없다. 놋뱀은 광야에서 불뱀에 물린 자들을 구원하기 위한 수단으로 사용되었을 뿐이다. 그 사건이 종료되고 상황이 달라졌을 때 놋뱀은 그냥 놋 덩어리에 지나지 않는다.

십자가도 마찬가지다. 십자가는 예수님이 우리를 죄에서 구원하시려고 피 흘려 죽으신 형틀이다. 모세의 놋뱀이 그 자체로 아무런 효력이 없듯이 십자가도 그 자체로는 아무런 효력이 없다. 중요한 것은 예수님이 죽으신 일과 그것을 사실로 알고 받아들이는 우리의 믿음이다. 십자가는 그 일이 일어나는 데 사용된 도구에 지나지 않는다. 십자가 자체에 어떤 능력과 효력이 있는 것처럼 여겨서는 안 된다.

어떤 형식이나 사물 자체가 신령한 성질을 갖는 경우는 없다. 우상도 마찬가지다. 아무리 값비싼 재료를 사용하더라도 우상은 단지 사물일 뿐이다. 사람이 만든 사물에 어떤 능력이 갑자기 생길 수 있을까? 성경은 하나님을 형상화하려는 모든 시도를 거부한다.

18그런즉 너희가 하나님을 누구와 같다 하겠으며 무슨 형상을 그에게 비기겠느냐? 19우상은 장인이 부어 만들었고 장색이 금으로 입혔고 또 은 사슬을 만든 것이니라. 20궁핍한 자는 거제를 드릴 때에 썩지 아니하는 나무를 택하고 지혜로운 장인을 구하여 우상을 만들어 흔들리지 아니하도록 세우느니라(사 40:18-20).

우리는 감각에 속지 말고 본질을 붙잡아야 한다. 그래서 십자가 자체를 신성시하기보다는 십자가가 상징하는 그리스도의 대속을 마음에 새겨야 한다. 이러한 인식과 분별을 갖게 되면 결국에는 하나님의 온전하심에 대한 더 깊은 이해로 나아가 하나님이 주신 구원으로 인한 자유로움을 더욱 누릴 수 있다. 또한 우리는 어떠한 우상도 두려워하지 않게 된다. 이사한 집에 북어 대가리가 있으면 기꺼이 그것을 없애버리고 그 입에 들어 있는 돈은 지갑에 넣길 바란다. 이것은 큰 믿음을 요구하는 과감한 행위가 아니라 아주 기초적인 신앙의 표현에 해당한다.

1. 신앙생활을 "열심히" 하는 것도 중요하지만 "올바르게" 하는 것은 더 중요합니다(눅 9:54-55; 요 16:2; 롬 10:2). 자신의 성격과 신앙생활을 "열심"과 "올바름"이란 두 축을 기준으로 평가해봅시다.

2. 소요리문답 제49-52문을 서로 묻고 답해봅시다. 근거 성구도 함께 살펴봅시다.

3. 사람은 스스로 하나님을 경배하는 법을 알 수 있습니까? 제2계명을 제대로 이해하려면 왜 제2-3문에서 살펴본 내적 인식 원리(믿음)와 외적 인식 원리(성경)에 대한 이해가 있어야 합니까?

4. 성경에 예수님의 정확한 용모를 짐작할 만한 내용이 있습니까? 사람들이 보통 사용하는 예수님을 그린 그림은 성경을 반영한 것입니까, 아니면 자기 소견에 옳은 대로 표현한 것입니까?

5. 여러분은 교단 헌법에 예배 모범이 있는 것을 알고 있었습니까? 예배 모범에 있는 항목들에 대하여 성경적인 가르침이 무엇인지 생각해보는 일은 왜 중요합니까?

6. 아론이 금으로 만든 송아지를 하나님이라고 한 죄가 얼마나 큰지, 관련 성구
(신 4:15-19; 12:31-32)를 살펴보고 나누어봅시다.

7. 십자가 자체에 어떤 능력이 있다고 말할 수 있습니까? 십자가를 올바로 다루
려면 어떻게 해야 할까요?

제25과
제3계명의 요구와 금지

제53문. 제3계명은 무엇입니까?

Which is the Third Commandment?

답. 제3계명은 "너는 네 하나님 여호와의 이름을 망령되게 부르지 말라. 여호와는 그의 이름을 망령되게 부르는 자를 죄 없다 하지 아니하리라"입니다(출 20:7).

The Third Commandment is, "thou shalt not take the name of the Lord thy God in vain: for the Lord will not hold him guiltless that taketh His name in vain."

---

vain 실질적인 뜻이 없는, 공허한, 허영심이 강한, 헛된

제54문. 무엇이 제3계명에서 요구됩니까?

답. 제3계명은 하나님의 이름들^(마 6:9; 신 28:58), 칭호들^(시 68:4), 속성들^(계 15:3-4), 규례들^(말 1:11, 14), 말씀^(시 138:1-2), 사역들^(욥 36:24)을 거룩하고 공경하는 자세로 사용할 것을 요구합니다.

The Third Commandment requires the holy and reverent use of God's names, titles, attributes, ordinances, Word, and works.

---

reverent 공경하는, 경외(숭배)하는
attribute 특질, 특성, 속성
ordinance 법령, 조례

제55문. 무엇이 제3계명에서 금지됩니까?

답. 제3계명은 하나님이 자신을 알리려 하신 것을 모독하거나 악용하는 모든 것을 금지합니다(말 1:6-7, 12; 2:2; 3:14).

The Third Commandment forbids all profaning or abusing anything whereby God makes Himself known.

---

profane 남용(악용)하다, 천하게 하다, 신성모독하다, 신을 욕되게 하는, 세속적인, 야비한
abuse 악용(남용, 오용)하다, 학대하다, 모욕하다

제56문. 제3계명에 부가된 논리는 무엇입니까?

What is the reason annexed to the Third Commandment?

답. 제3계명에 부가된 논리는 이 계명을 깨뜨리는 자들은 비록 사람들로부터 징계를 피할 수 있지만, 주 우리의 하나님은 그들로 그분의 의로운 심판을 피하지 못하게 하신다는 것입니다 (삼상 2:12, 17, 22, 29; 3:13; 신 28:58-59).

The reason annexed to the Third Commandment is, That however the breakers of this commandment may escape punishment from men, yet the Lord our God will not suffer them to escape His righteous judgement.

---

escape 도망치다, …에서 자유로워지다

suffer 괴로워하다, 경험하다, 당하다, 참다, 견디다, (남에게) …을 허락하다

judgement 판단, 판정, 심판, 벌; (미) **judgment**

그러므로 너희는 이렇게 기도하라. "하늘에 계신 우리 아버지여. 이름이 거룩히 여김을 받으시오며"(마 6:9).

네가 만일 이 책에 기록한 이 율법의 모든 말씀을 지켜 행하지 아니하고 네 하나님 여호와라 하는 영화롭고 두려운 이름을 경외하지 아니하면(신 28:58).

하나님께 노래하며 그의 이름을 찬양하라. 하늘을 타고 광야에 행하시던 이를 위하여 대로를 수축하라. 그의 이름은 여호와이시니 그의 앞에서 뛰놀지어다(시 68:4).

3하나님의 종 모세의 노래, 어린 양의 노래를 불러 이르되 "주 하나님 곧 전능하신 이시여, 하시는 일이 크고 놀라우시도다. 만국의 왕이시여, 주의 길이 의롭고 참되시도다. 4주여, 누가 주의 이름을 두려워하지 아니하며 영화롭게 하지 아니하오리이까? 오직 주만 거룩하시니이다. 주의 의로우신 일이 나타났으매 만국이 와서 주께 경배하리이다" 하더라(계 15:3-4).

만군의 여호와가 이르노라. 해 뜨는 곳에서부터 해 지는 곳까지의 이방 민족 중에서 내 이름이 크게 될 것이라. 각처에서 내 이름을 위하여 분향하며 깨끗한 제물을 드리리니 이는 내 이름이 이방 민족 중에서 크게 될 것임이니라(말 1:11).

짐승 떼 가운데에 수컷이 있거늘 그 서원하는 일에 흠 있는 것으로 속여 내게 드리는 자는 저주를 받으리니 나는 큰 임금이요, 내 이름은 이방 민족 중에서 두려워하는 것이 됨이니라. 만군의 여호와의 말이니라(말 1:14).

1내가 전심으로 주께 감사하며 신들 앞에서 주께 찬송하리이다. 2내가 주의 성전을 향하여 예배하며 주의 인자하심과 성실하심으로 말미암아 주의 이름에 감사하오리니 이는 주께서 주의 말씀을 주의 모든 이름보다 높게 하셨음이라(시 138:1-2).

그대는 하나님이 하신 일을 기억하고 높이라. 잊지 말지니라. 인생이 그의 일을 찬송하였느니라(욥 36:24).

6내 이름을 멸시하는 제사장들아, 나 만군의 여호와가 너희에게 이르기를 "아들은 그 아버지를, 종은 그 주인을 공경하나니 내가 아버지일진대 나를 공경함이 어디 있느냐? 내가 주인일진대 나를 두려워함이 어디 있느냐?" 하나, 너희는 이르기를 "우리가 어떻게 주의 이름을 멸시하였나이까?" 하는도다. 7너희가 더러운 떡을 나의 제단에 드리고도 말하기를 "우리가 어떻게 주를 더럽게 하였나이까?" 하는도다. 이는 너희가 "여호와의 식탁은 경멸히 여길 것이라" 말하기 때문이라(말 1:6-7).

그러나 너희는 말하기를 "여호와의 식탁은 더러워졌고 그 위에 있는 과일 곧 먹을 것은 경멸히 여길 것이라" 하여 내 이름을 더럽히는도다(말 1:12).

만군의 여호와가 이르노라. 너희가 만일 듣지 아니하며 마음에 두지 아니하여 내 이름을 영화롭게 하지 아니하면 내가 너희에게 저주를 내려 너희의 복을 저주하리라. 내가 이미 저주하였나니 이는 너희가 그것을 마음에 두지 아니하였음이라(말 2:2).

이는 너희가 말하기를 "하나님을 섬기는 것이 헛되니 만군의 여호와 앞에서 그 명령을 지키며 슬프게 행하는 것이 무엇이 유익하리요"(말 3:14).

엘리의 아들들은 행실이 나빠 여호와를 알지 못하더라(삼상 2:12).

이 소년들의 죄가 여호와 앞에 심히 큼은 그들이 여호와의 제사를 멸시함이었더라(삼상 2:17).

엘리가 매우 늙었더니 그의 아들들이 온 이스라엘에게 행한 모든 일과 회막 문에서 수종 드는 여인들과 동침하였음을 듣고(삼상 2:22).

너희는 어찌하여 내가 내 처소에서 명령한 내 제물과 예물을 밟으며 네 아들들을 나보다 더 중히 여겨 내 백성 이스라엘이 드리는 가장 좋은 것으로 너희들을 살지게 하느냐?(삼상 2:29)

내가 그의 집을 영원토록 심판하겠다고 그에게 말한 것은 그가 아는 죄악 때문이니 이는 그가 자기의 아들들이 저주를 자청하되 금하지 아니하였음이니라(삼상 3:13).

여호와의 이름을 망령되게 부르지 말라

제1계명은 예배의 대상에 관하여, 제2계명은 예배의 방법에 관하여, 제3계명은 하나님께 대한 자세에 관하여 말합니다. 제1계명은 여호와 하나님이 유일하게 참된 하나님이시라는 것을 거부하거나 다른 신을 두는 것을 금지합니다. 제2계명은 무한하시고 영원하신 참된 하나님을 유한한 우상과 형상으로 만들어 참된 하나님을 왜곡하는 것을 금지합니다. 제3계명은 그 참된 여호와 하나님의 이름을 인간적인 수준으로 생각하여 가볍게 부르는 것을 금지합니다.

제53문: 제3계명은 무엇인가?
제54문: 제3계명에서 요구되는 것
제55문: 제3계명에서 금지되는 것
제56문: 제3계명에 부가된 논리

〈표10〉 소요리문답 제53-56문의 구성

1. 제3계명이 요구하는 것

제3계명이 말하는 "여호와 하나님의 이름"은 단순히 하나님의 이름만이 아니라 하나님의 칭호들과 속성들과 규례들과 말씀과 사역들을 포함합니다. 하나님께 직접 속하는 것 모두가 여기에 해당한다고 할 수 있습니다.

우리는 제2계명을 다루면서 아론과 이스라엘 백성이 금송아지를 숭배한 사건을 살펴보았습니다. 그들은 "여호와"란 어휘를 사용했지만 그들을 구원하신 하나님을 지칭하지 않고 금송아지를 가리키는 데 사용했습니다. 이처럼 하나님과 관련된 어휘를 쓰면서 참된 의미를 부여하지 않으면 제3계명을 어기게 됩니다.

이와 관련해 사도행전 19장에도 아주 좋은 예가 나옵니다. 하나님은 에베소에서 전도에 힘쓰는 바울과 함께하심으로 놀라운 능력을 행하게 하셨습니다. 심지어 바울의 손수건이나 앞치마를 가져다가 병든 사람에게 얹으면 병이 낫고 악귀도 나갈 정도였습니다. 그러자 어떤 사람들이 바울을 흉내 내기 시작했습니다.

> 이에 돌아다니며 마술하는 어떤 유대인들이 시험 삼아 악귀 들린 자들에게 주 예수의 이름을 불러 말하되 "내가 바울이 전파하는 예수를 의지하여 너희에게 명하노라" 하더라(행 19:13).

그런 일을 했던 사람들의 대표격이 제사장 스게와의 일곱 아들이었습니다. 하지만 그들은 낭패를 보았습니다. 악귀 들린 사람이 "내가 예수도 알고 바울도 알거니와 너희는 누구냐?"라고 말하며 그들을 힘으로 제압했기 때문입니다.

예수 그리스도에게는 모든 영광과 권세가 있지만 "예수"라는 이름 자체가 어떤 주문처럼 작용하는 것은 아닙니다. 예수님에 대한 참된 신앙 없이 "예수"라는 단어를 활용하는 행태 역시 하나님의 이름을 망령되게 부르는 것에 해당합니다.

신자들은 어려운 일을 당할 때 하나님의 감찰과 도움을 구하며 "(하나님) 아버지", "주님"을 부릅니다. 이 경우에도 진실한 마음을 담아 말해야 합니다. 진실한 마음 없이 습관적으로 가볍게 말하는 것은 위험합니다. 실제로 영어에서는 "예수 그리스도"(Jesus Christ)라는 어휘가 감탄사로 쓰여서 놀라움과 실망, 공포와 충격을 나타냅니다. 이를 우리말로 번역하면 "제기랄!", "세상에, 이럴 수가!" 정도에 해당할 것입니다. 참 안타까운 일입니다.

우리에게도 그런 위험이 도사리고 있습니다. 기쁜 일이나 감사한 일 앞에서 "할렐루야"로 하나님을 찬양하는 것은 좋습니다. 하지만 이 역시 진심으로 하나님을 찬양한다는 의미를 담지 않고 감탄사처럼 가볍게 사용해서는 안 될 것입니다. 진지한 마음가짐 없이 말하다 보면 점차 별것도 아닌 일에 "할렐루야"를 남발하게 됩니다. 그래서 나중에는 감탄사나 기합처럼 아무 때나 할렐루야가 나올 수 있습니다. 기도 전에 "주여 삼창"을 하는 것도 진지한 태도가 아니라면 감탄사나 구호 혹은 기합에 지나지 않음을 명심해야 합니다. 신자들은 절대로 하나님에 관한 호칭을 감탄사처럼 함부로 남용하면 안 됩니다. 이는 제3계명이 금지하는 바입니다.

민수기 22장에는 모압과 미디안의 장로들이 복채(卜債)를 가지고 발람에게 와서 이스라엘 백성을 저주해달라고 부탁한 사건이 기록되어 있습니다. 발람은 그들에게 "이 밤에 여기서 유숙하라. 여호와께서 내게 이르시는 대로 너희에게 대답하리라"(민 22:8)라고 말했습니다. 이는 얼핏 들으면 참 신앙적인 말입니다. 시간을 두고 하나님의 뜻을 분별해서 그대로 시행하겠다는 내용이기 때문입니다. 하지만 성경은 발람을 "불의의 삯을 사랑"한 자라고 규정합니다(벧후 2:15).

하나님의 선지자라면 하나님 편에 서는 게 당연합니다. 어떻게 하나님이 택하신 이스라엘을 저주할 수 있겠습니까? 발람은 모압과 미디안 장로들이 처음 왔을 때부터 자리를 피하거나 제안을 거절했어야 합니다. 하나님께 이스라엘을 저주해도 되냐고 물어볼 필요가 없었습니다. 즉 발람은 외형적으로만 신앙이 훌륭한 것처럼 보였을 뿐, 사실은 하나님의 이름을 망령되게 부르고 이스라엘을 향한 하나님의 사랑을 가볍게 취급하는 죄를 범한 것이었습니다.

다른 한편 하나님이 명하신 의식과 규례를 가볍게 여기는 것도 여호와의 이름을 망령되게 부르는 것에 속합니다. 제사장 엘리의 두 아들 홉니와 비느하스가 저지른 만행을 기억하십니까? 그들은 제사의 절차를 무시하고 제물(祭物)을 탈취하거나 제사장에게 배정된 고기를 미리 달라고 해서 억지로 빼앗았습니다. 또 회막 문에서 수종 드는 여인들과 동침하기도 했습니다. 그들은 제사장의 지위에 있으면서도 여호와를 알지 못하고 여호와의 제사를 멸시했습니다(삼상 2:12, 17). 계속되는 하나님의 경고를 무시한 그들은 결국에는 벌을 받아 전쟁터에서 죽임을 당했고 패전의 소식을 들은 엘리도 의자에 앉아 있다가 뒤로 넘어가 목이 부러져 죽었습니다. 하나님이 명하신 의식과 규례 자체가 하나님의 이름과 직결되기 때문에 제사장들의 업무 태만이나 월권은 곧바로 제3계명을 위반한 것이 되어 심판을 피할 수 없었던 것입니다. 따라서 하나님의 이름과 직결되는 직분을 맡은 사람들은 더욱 더 몸가짐을 바르게 해야 할 것입니다.

아론에게는 나답, 아비후, 엘르아살, 이다말이라는 네 아들이 있었습니다. 그런데 나답과 아비후는 하나님이 "명령하시지 아니하신 다른 불"을 사용해 분향(焚香)하다가 죽임을 당했습니다(레 10:1-2). 사람은 불을 구분할 수 없습니다. 하지만 하나님은 사람이 알지 못하는 것까지 모두 아시고 사람이 구분하지 못하는 진가(眞假)도 능히 구분하십니다. 제3계명을 지킨다는 것은 하나님이 창조주이시고 우리가 피조물이라는 사실을 철저히 인정하며 그분의 명령을 그대로 따르는 것을 말합니다.

모세는 이스라엘 백성을 40년간 이끌었습니다. 하지만 그는 가나안 땅을 바로 목전에 두고 요단 강을 건너지 못한 채 죽어야 했습니다. 그 이유 역시 하나님이 정하신 방식대로 하지 않고 혈기를 부리며 임의대로 일을 처리했기 때문이었습니다. 신 광야에서 출애굽 백성들이 물이 없어 불평했을 때 하나님은 모세에게 "지팡이를 가지고 네 형 아론과 함께 회중을 모으고 그들의 목전에서 너희는 반석에게 명령하여 물을 내라 하라. 네가 그 반석이 물을 내게 하여 회중과 그들의 짐승에게 마시게 할지니라"(민 20:8)라고 말씀하셨습니다. 그런데 모세는 "반역한 너희여, 들으라! 우리가 너희를 위하여 이 반석에서 물을 내랴?"라고 말한 뒤에 손을 들어 자신의 지팡이로 반석을 두 번 쳤습니다. 비록 반석에서 물이 솟아 나오긴 했지만 하나님은 반석에게 명령하는 대신 지팡이로 내리친 모세와 아론에게 "너희가 나를 믿지 아니하고 이스라엘 자손의 목전에서 내 거룩함을 나타내지 아니한 고로 너희는 이 회중을 내가 그들에게 준 땅으로 인도하여 들이지 못하리라"(민 20:12)라고 말씀하셨습니다.

반석에게 명령만 하지 않고 두 번 친 것이 뭐 그리 큰 죄라고 모세가 그런 벌을 받았을까요? 그러나 우리는 이 문제에 대해 의문을 품을 것이 아니라 하나님 앞에서 겸손하게 들어야 합니다. 모든 피조물이 생명을 얻어 존재하며 숨 한 번 내쉴 수 있는 것도 전적으로 하나님의 은혜 때문입니다. 우리는 어느 것 하나 우리 자신의 것이라고 주장할 수 없고 무엇 하나 옳다고 스스로 규정할 수 없습니다. 그 모든 것의 기준은 하나님이십니다.

물론 하나님이 삶의 모든 측면을 세세하게 규정해놓으신 것은 아닙니다. 그래서 특정하게 지시한 것에 대해서는 철저하게 따라야 하고 특별히 지시하신 것이 없는 사항은 전체 성경의 내용에 따라 합리적으로 추론해 바른 선택을 해야 합니다. 그것이 하나님을 가감 없이 온전히 믿는 것이고 하나님의 거룩함을 나타내는 것이며 그의 이름을 망령되게 부르지 않는 것입니다. 하나님이 대면하여 말씀하셨던 모세도 이 부분에서 책망을 받았다면 우리는 얼마나 더 조심하고 마음을 쏟아야 하겠습니까?

2. 제3계명이 금지하는 것

소요리문답 제54문은 제3계명이 "하나님의 이름들, 칭호들, 속성들, 규례들, 말씀, 사역들을 거룩하고 공경하는 자세로 사용하는 것"을 요구한다고 말합니다. 그리고 제55문은 제3계명이 "하나님이 자신을 알리려 하신 것을 모독하거나 악용하는 모든 것"을 금지한다고 말합니다. 제54문을 빌려 다시 표현하면 제3계명은 "하나님의 이름들, 칭호들, 속성들, 규례들, 말씀, 사역들을 모독하거나 악용하는 모든 것"을 금지한다고 말할 수 있습니다.

앞서 우리는 이에 대한 실제적인 예들을 살펴보았습니다. 다시 한 번 정리하자면 첫째, 아론과 백성이 금송아지를 만들어놓고 그것이 자신들을 애굽 땅에서 인도하여낸 신이라고 말한 것입니다. 둘째, 제사장 스게와의 일곱 아들이 악귀 들린 자들에게 "내가 바울이 전파하는 예수를 의지하여 너희에게 명하노라"라고 한 것입니다. 셋째, "(하나님) 아버지", "주님", "예수 그리스도"(Jesus Christ), "할렐루야", "주여 삼창"을 감탄사나 기합처럼 남발하는 것입니다. 넷째, 발람이 모압과 미디안 장로들에게 복채를 받고 이스라엘 백성을 저주해도 되는지 하나님께 물어본 것입니다. 다섯째, 엘리의 두 아들 홉니와 비느하스가 여호와의 제사를 멸시한 것입니다. 여섯째, 아론의 아들인 나답과 아비후가 하나님이 명령하시지 않은 다른 불을 향로에 담아 분향한 것입니다. 일곱째, 모세가 하나님이 가르쳐주신 방식대로 하지 않고 지팡이로 반석을 두 번 친 것입니다.

여기에 한 가지 예만 추가하겠습니다. 바로 제55문이 근거 성구로 삼는 말라기의 내용입니다. 예언자 말라기는 당대의 타락한 성전 제의를 통렬하게 비판합니다. 당시 제사장들과 이스라엘 백성들이 마치 하나님은 아무것도 모르시는 것처럼 제단에 더러운 떡을 올리거나 병들고 문제가 있는 짐승들을 제물로 선택해서 드렸기 때문입니다. 심지어 훔친 물건을 제물로 삼는 경우도 있었습니다. 그들은 그러면서도 하나님께 드리는 제사가 번거로운 일이라고 투덜댔습니다. 이에 하나님은 차라리 누가 성전 문을 닫아서 이런 악행을 막아주면 좋겠다고 말씀하셨습니다. 그리고 이방 민족들이 참된 제사를 드리는 날이 올 것이라고 말씀하시며 신약 시대를 예고하셨습니다.

우리는 여기 제시된 여덟 가지 예를 반면교사 삼아 하나님 앞에서 이런 잘못을 범하지 않도록 조심해야 합니다. 신앙생활에 열심을 내려다가 오히려 하나님의 이름을 망령되게 부를 수도 있습니다. 하나님이 자신을 알리려 하신 것을 우습게 여기며 함부로 다루면 안 됩니다. 우리는 구체적인 신앙 행위에서까지 하나님이 성경을 통하여 가르쳐주신 방식을 겸손하게 따라야 합니다.

3. 제3계명에 부가된 논리

제3계명에는 "여호와는 그의 이름을 망령되게 부르는 자를 죄 없다 하지 아니하리라"라는 말씀이 부가되어 있습니다. 하나님은 당신의 이름을 망령되게 부르는 자들을 심판하십니다. 그들은 사람의 징계는 피할 수도 있겠지만 모든 것을 감찰하시고 모든 것에 능하신 하나님의 징계를 피할 수는 없습니다. 하나님은 금송아지를 만든 이스라엘 백성을 징계하셨습니다. 스게와의 일곱 아들은 악귀 들린 사람을 감당하지 못하고 벗은 몸으로 도망쳤습니다. 발람은 칼로 죽임을 당했고 엘리의 두 아들 홉니와 비느하스는 전쟁통에 목숨을 잃었습니다. 아론의 두 아들 나답과 아비후는 성전 일을 하던 중 불에 삼킴을 당해 죽었습니다. 모세 역시 눈앞에 있는 가나안 땅을 밟아보지 못했습니다.

성경에는 이 외에도 여호와를 업신여기다가 엄중한 응징을 받은 예들이 많습니다. 그중 하나를 살펴보겠습니다. 북 이스라엘의 왕들 중 가장 악했던 아합은 하나님을 업신여겼습니다. 그는 전쟁터에 나갔다가 우연히 날아온 화살에 맞아 죽었고, 그의 아내 이세벨은 창밖으로 내던져져 담과 말에 피를 튀기며 죽었습니다. 아합의 아들 70명은 모두 목이 잘렸고 아합의 집에 속한 자들도 예후에게 모두 죽임을 당했습니다. 아합과 더불어 여호와를 멸시하는 데 앞장선 아합의 귀족들과 신뢰

TIP 예후: 엘리사가 보낸 사람에게 기름 부음을 받고 쿠데타를 일으켜 아합 일족을 멸하고 이스라엘의 왕이 되었다.

받는 자들과 제사장들도 모두 죽임을 당했습니다(왕하 10:11).

아합은 22년 동안이나 왕위에 있었습니다. 백성들은 여호와를 멸시하고 악행을 일삼는 아합 왕의 계속되는 통치하에서 하나님이 살아계시는지 의문을 가졌을 수 있습니다. 하지만 하나님은 분명히 살아계셔서 때가 되자 아합과 이세벨은 물론 그의 악행과 관련된 모든 자를 심판하셨습니다. 악인들의 통치는 끝나지 않을 듯이 보입니다. 하지만 악인의 득세는 잠깐이며 때가 되면 반드시 하나님의 엄정한 응징이 이루어집니다. 우리는 이 사실을 굳게 붙들고 더욱 하나님을, 그분이 지시하신 방식대로 바르게 섬기기 위해 힘써야 합니다.

1. 여러분은 성경을 통독해본 적이 있습니까? 성경 통독의 장점은 무엇입니까? 성경을 통독하는 데 도움이 되는 노하우나 팁을 나누어봅시다.

2. 소요리문답 제53-56문을 서로 묻고 답해봅시다. 근거 성구도 함께 살펴봅시다.

3. 제3계명을 어긴 것에 해당하는 여러 가지 예시 중 무엇이 가장 인상적었는지, 그 이유는 무엇인지 이야기해봅시다.

4. 일상생활에서 하나님과 관련된 어떤 말을 습관처럼 사용하지는 않는지, 혹시 그것이 하나님의 영광을 훼손할 위험은 없는지 점검해봅시다.

5. 제3계명에 부가된 논리는 무엇입니까? 아합 가문이 심판받은 이야기(왕상 22:34; 왕하 9:30-33; 10:1-11)를 곱씹어보고 여호와를 멸시하는 자들의 결국에 관해 이야기해봅시다.

제26과
제4계명의 요구와 금지

제57문. 제4계명은 무엇입니까?

Which is the Fourth Commandment?

답. 제4계명은 "안식일을 기억하여 거룩하게 지키라. 엿새
동안은 힘써 네 모든 일을 행할 것이나 일곱째 날은 네
하나님 여호와의 안식일인즉 너나 네 아들이나 네 딸이
나 네 남종이나 네 여종이나 네 가축이나 네 문안에 머무
는 객이라도 아무 일도 하지 말라. 이는 엿새 동안에 나
여호와가 하늘과 땅과 바다와 그 가운데 모든 것을 만들
고 일곱째 날에 쉬었음이라. 그러므로 나 여호와가 안식
일을 복되게 하여 그날을 거룩하게 하였느니라"입니다.

The Fourth Commandment is, "Remember the Sabbath-
day, to keep it holy. Six days shalt thou labour, and do
all thy work: But the seventh day is the sabbath of the
LORD thy God: in it thou shalt not do any work, thou,
nor thy son, nor thy daughter, thy manservant, nor thy

maidservant, nor thy cattle, nor thy stranger that is within thy gates: For in six days the LORD made heaven and earth, the sea, and all that in them is, and rested the seventh day: wherefore the LORD blessed the sabbath day, and hallowed it."

제58문. 무엇이 제4계명에서 요구됩니까?

What is required in the Fourth Commandment?

답. 제4계명은 하나님이 그의 말씀에서 지시하신 대로 정한 때를 하나님께 거룩하게 지킬 것을, 특별히 7일 중 하루가 종일토록 그분에게 거룩한 안식일이 될 것을 요구합니다(신 5:12-14).

The Fourth Commandment requires the keeping holy to God such set times as He appointed in His Word; expressly one whole day in seven to be a holy Sabbath to Himself.

제59문. 하나님은 7일 중 어떤 날을 매주 안식일로 정하셨습니까?

Which day of the seven hath God appointed to be the weekly Sabbath?

답. 하나님은 세상 처음부터 그리스도의 부활까지는 한 주간 중 일곱 번째 날을 안식일로, 그리고 그 이후로는 계속하여 세상 끝까지 한 주간 중 첫째 날을 기독교 안식일로 정하셨습니다(창 2:2-3; 행 20:7; 고전 16:1-2).

From the beginning of the world to the resurrection of Christ, God appointed the seventh day of the week to be the weekly Sabbath; and the first day of the week ever since, to continue to the end of the world, which is the Christian Sabbath.

---

remember …을 상기하다, 생각해내다, 기억하다

sabbath 안식일, 안식(휴식)의 한때   **labour** 노동, 노력, 일; (미) **labor**

servant 하인, 종, 부하, 종업원, 봉사자   **manservant** 남종

maidservant 여종

set (동사) 놓다, …을 어떤 상태로 하다, (형용사) 고정된, 단호한, 정해진, 일정한

제60문. 안식일은 어떻게 거룩하게 되어야 합니까?

How is the Sabbath to be sanctified?

답. 안식일은 온종일 거룩한 휴식을 취함으로써 거룩하게 되어야 하는데(출 16:25-28; 20:8, 10), 다른 날에는 적법한 세속의 직업과 오락도 쉬어야 합니다(느 13:15-19, 21-22). 그리고 불가피한 일들과 자비의 일들에 사용되는 시간을 제외하고는(마 12:1-12) 전 시간을 하나님에 대한 공적·사적 예배에 사용함으로써 거룩하게 되어야 합니다(사 66:23; 눅 4:16; 행 20:7).

The Sabbath is to be sanctified by a holy resting all that day, even from such worldly employments and recreations as are lawful on other days; and spending the whole time in the public and private exercises of God's worship, except so much as is to be taken up in the works of necessity and mercy.

---

be to …을 해야 한다, …하기로 되어 있다   **sanctify** …을 신성하게 하다, 깨끗이 하다

public 공공의, 공적인, 대중의, 공무의, 국사의, 공공연한

private 개인적인, 사용(私用)의, 사립의, 개인에 속하는, 비밀의, 은밀한

제61문. 무엇이 제4계명에서 금지됩니까?

What is forbidden in the Fourth Commandment?

답. 제4계명은 요구된 의무를 이행하지 않거나 부주의하게 행하는 것을 금하고(겔 22:26; 암 8:5; 말 1:13), 그날을 게으름으로 모독하거나(행 20:7, 9) 그 자체로 죄가 되는 일을 행함으로 모독하고(겔 23:38) 우리의 세속 직업과 오락에 대한 불필요한 생각과 말과 행동으로 모독하는 것을 금합니다(사 58:13; 렘 17:24-26).

The Fourth Commandment forbids the omission or careless performance of the duties required, and the profaning the day by idleness, or doing that which is in itself sinful, or by unnecessary thoughts, words, or works, about our worldly employments or recreations.

---

employment 사용, 이용, 근무, 직업, 직, 일　**recreation** 레크리에이션, 기분 전환, 오락, 휴양

necessity 필요물, 필수품, 필요, 필요성, 필연, 가난

mercy 자비, 연민, 인정　　　　　**omission** 생략, 탈락, 실수, 소홀

idle 놀고 있는, 한가한; 게으른, 나태한　　**idleness** 나태, 무위

worldly 이 세상의, 속세의, 세속적인, 속된

제62문. 제4계명에 부가된 논리는 무엇입니까?

What are the reasons annexed to the Fourth
Commandment?

답. 제4계명에 부가된 논리는 하나님이 일주일 중 엿새를
우리 자신의 일을 위해 허락하신 것(출 20:9), 일곱째 날
에 대해서는 특별한 정당성을 요구하신 것, 하나님이
몸소 본을 보이신 것, 하나님이 안식일을 축복하신 것
입니다(출 20:11).

The reasons annexed to the Fourth Commandment
are, God's allowing us six days of the week for our own
employments, His challenging a special propriety in
the seventh, His own example, and His blessing the
Sabbath-day.

---

challenge 도전하다, 이의를 제기하다, 의심하다
propriety 예의 바름, 단정, 적절함, 타당성, 정당성
allow 허용하다, 허락하다, …할 수 있게 하다

12네 하나님 여호와가 네게 명령한 대로 안식일을 지켜 거룩하게 하라. 13엿새 동안은 힘써 네 모든 일을 행할 것이나 14일곱째 날은 네 하나님 여호와의 안식일인즉 너나 네 아들이나 네 딸이나 네 남종이나 네 여종이나 네 소나 네 나귀나 네 모든 가축이나 네 문 안에 유하는 객이라도 아무 일도 하지 못하게 하고 네 남종이나 네 여종에게 너 같이 안식하게 할지니라(신 5:12-14).

2하나님이 그가 하시던 일을 일곱째 날에 마치시니 그가 하시던 모든 일을 그치고 일곱째 날에 안식하시니라. 3하나님이 그 일곱째 날을 복되게 하사 거룩하게 하셨으니 이는 하나님이 그 창조하시며 만드시던 모든 일을 마치시고 그날에 안식하셨음이니라(창 2:2-3).

1성도를 위하는 연보에 관하여는 내가 갈라디아 교회들에게 명한 것 같이 너희도 그렇게 하라. 2매주 첫날에 너희 각 사람이 수입에 따라 모아 두어서 내가 갈 때에 연보를 하지 않게 하라(고전 16:1-2).

그 주간의 첫날에 우리가 떡을 떼려 하여 모였더니 바울이 이튿날 떠나고자 하여 그들에게 강론할새 말을 밤중까지 계속하매(행 20:7).

안식일을 기억하여 거룩하게 지키라(출 20:8).

25모세가 이르되 "오늘은 그것을 먹으라. 오늘은 여호와의 안식일인즉 오늘은 너희가 들에서 그것을 얻지 못하리라. 26엿새 동안은 너희가 그것을 거두되 일곱째 날은 안식일인즉 그날에는 없으리라" 하였으나 27일곱째 날에 백성 중 어떤 사람들이 거두러 나갔다가 얻지 못하니라. 28여호와께서 모세에게 이르시되 "어느 때까지 너희가 내 계명과 내 율법을 지키지 아니하려느냐?"(출 16:25-28)

15그때에 내가 본즉 유다에서 어떤 사람이 안식일에 술 틀을 밟고 곡식단을 나귀에 실어 운반하며 포도주와 포도와 무화과와 여러 가지 짐을 지고 안식일에 예루살렘에 들어와서 음식물을 팔기로 그날에 내가 경계하였고 16또 두로 사람이 예루살렘에 살며 물고기와 각양 물건을 가져다가 안식일에 예루살렘에서도 유다 자손에게 팔기로 17내가 유다의 모든 귀인들을 꾸짖어 그들에게 이르기를 "너희가 어찌 이 악을 행하여 안식일을 범하느냐? 18너희 조상들이 이같이 행하지 아니하였느냐? 그래서 우리 하나님이 이 모든 재앙을 우리와 이 성읍에 내리신 것이 아니냐? 그럼에도 불구하고 너희가 안식일을 범하여 진노가 이스라엘에게 더욱 심하게 임하도록 하는도다" 하고 19안식일 전 예루살렘 성문이 어두워갈 때에 내가 성문을 닫고 "안식일이 지나기 전에는 열지 말라" 하고 나를 따르는 종자 몇을 성문마다 세워 안식일에는 아무 짐도 들어오지 못하게 하였으므로(느 13:15-19).

21내가 그들에게 경계하여 이르기를 "너희가 어찌하여 성 밑에서 자느냐? 다시 이같이 하면 내가 잡으리라" 하였더니 그 후부터는 안식일에 그들이 다시 오지 아니하였느니라. 22내가 또 레위 사람들에게 "몸을 정결하게 하고 와서 성문을 지켜서 안식일을 거룩하게 하라" 하였느니라. 내 하나님이여, 나를 위하여 이 일도 기억하시옵고 주의 크신 은혜대로 나를 아끼시옵소서(느 13:21-22).

예수께서 그 자라나신 곳 나사렛에 이르사 안식일에 늘 하시던 대로 회당에 들어가사 성경을 읽으려고 서시매(눅 4:16).

여호와가 말하노라. 매월 초하루와 매 안식일에 모든 혈육이 내 앞에 나아와 예배하리라(사 66:23).

11예수께서 이르시되 "너희 중에 어떤 사람이 양 한 마리가 있어 안식일에 구덩이에 빠졌으면 끌어내지 않겠느냐? 12사람이 양보다 얼마나 더 귀하냐? 그러므로 안식일에 선을 행하는 것이 옳으니라" 하시고(마 12:11-12).

그 제사장들은 내 율법을 범하였으며 나의 성물을 더럽혔으며 거룩함과 속된 것을 구별하지 아니하였으며 부정함과 정한 것을 사람이 구별하게 하지 아니하였으며 그의 눈을 가리어 나의 안식일을 보지 아니하였으므로 내가 그들 가운데에서 더럽힘을 받았느니라(겔 22:26).

너희가 이르기를 "월삭이 언제 지나서 우리가 곡식을 팔며 안식일이 언제 지나서 우리가 밀을 내게 할꼬? 에바를 작게 하고 세겔을 크게 하여 거짓 저울로 속이며"(암 8:5).

만군의 여호와가 이르노라. 너희가 또 말하기를 "이 일이 얼마나 번거로운고?" 하며 코웃음 치고 훔친 물건과 저는 것, 병든 것을 가져왔느니라. 너희가 이같이 봉헌물을 가져오니 내가 그것을 너희 손에서 받겠느냐? 이는 여호와의 말이니라(말 1:13).

이 외에도 그들이 내게 행한 것이 있나니 당일에 내 성소를 더럽히며 내 안식일을 범하였도다(겔 23:38).

24여호와의 말씀이니라. 너희가 만일 삼가 나를 순종하여 안식일에 짐을 지고 이 성문으로 들어오지 아니하며 안식일을 거룩히 하여 어떤 일이라도 하지 아니하면 25다윗의 왕위에 앉아 있는 왕들과 고관들이 병거와 말을 타고 이 성문으로 들어오되 그들과 유다 모든 백성과 예루살렘 주민들이 함께 그리할 것이요, 이 성은 영원히 있을 것이며 26사람들이 유다 성읍들과 예루살렘에 둘린 곳들과 베냐민 땅과 평지와 산지와 네겝으로부터 와서 번제와 희생과 소제와 유향과 감사 제물을 여호와의 성전에 가져오려니와(렘 17:24-26).

만일 안식일에 네 발을 금하여 내 성일에 오락을 행하지 아니하고 안식일을 일컬어 즐거운 날이라, 여호와의 성일을 존귀한 날이라 하여 이를 존귀하게 여기고 네 길로 행하지 아니하며 네 오락을 구하지 아니하며 사사로운 말을 하지 아니하면(사 58:13).

엿새 동안은 힘써 네 모든 일을 행할 것이나(출 20:9).

이는 엿새 동안에 나 여호와가 하늘과 땅과 바다와 그 가운데 모든 것을 만들고 일곱째 날에 쉬었음이라. 그러므로 나 여호와가 안식일을 복되게 하여 그 날을 거룩하게 하였느니라(출 20:11).

안식일을 기억하여 거룩하게 지키라

제1계명은 여호와 하나님이 유일하게 참된 하나님이시라는 것을 거부하고 다른 신을 두는 행위를 금지합니다. 제2계명은 그 무한하시고 영원하신 참된 하나님을 유한한 우상과 형상으로 만들어 왜곡하는 것을 금지합니다. 제3계명은 참된 여호와 하나님의 이름을 인간적인 수준으로 격하시켜 가볍게 부르는 것을 금지합니다. 그리고 이제 제4계명은 만물을 만드시고 붙드시는 그 참된 하나님이 모든 시간의 주관자이심을 인정하며 안식일을 지키라고 요구합니다.

제1계명은 예배의 대상에 관하여, 제2계명은 예배의 방법에 관하여, 제3계명은 하나님에 대한 자세에 관하여, 제4계명은 예배의 시간에 관하여 말한다고 할 수 있습니다. 안식일 계명을 다루는 소요리문답 제57-62문의 구성은 다음과 같습니다.

> 제57문: 제4계명은 무엇인가?
>
> 제58문: 제4계명에서 요구되는 것
>
> 제59문: 7일 중 어떤 날이 안식일인가?
>
> 제60문: 안식일은 어떻게 거룩하게 되어야만 하는가?
>
> 제61문: 제4계명에서 금지되는 것
>
> 제62문: 제4계명에 부가된 논리

〈표11〉 소요리문답 제57-62문의 구성

1. 안식일의 의미

하나님은 태초에 무에서 천지 만물을 창조하셨습니다. 그냥 대충 창조하신 것이 아니라 보기에 심히 좋게 만드셨습니다. 완전하신 하나님이 보시기에 심히 좋았으니 정말 대단히 좋았을 것입니다.

성경은 "하나님이 지으신 그 모든 것을 보시니 보시기에 심히 좋았더라"라고 말한 후에 이어서 "천지와 만물이 다 이루어지니라"(창 2:1)라고 말합니다. "다 이루었다"라는 말은 오직 하나님만이 하실 수 있습니다. 사람이 만든 모든 것에는 오류와 하자가 있기 마련입니다. 당장은 아무 흠이 없어 보여도 시간이 지나면 문제가 하나둘씩 드러나게 됩니다. 그 어느 영역에서도 사람은 "다 이루었다"라고 말할 수 없습니다.

하나님이 일곱째 날에 안식하신 것은 모든 일을 다 이루셨기 때문에 안식하신 것이지, 할 일이 아직 남아 있거나 제대로 마무리가 안 된 상태에서 손을 놓으신 것이 아닙니다. 또한 엿새 동안 쉬지 않고 일한 탓에 피곤하셨던 것도 아닙니다. 모든 것을 완벽하게 만드신 하나님은 "일곱째 날을 복되게 하사 거룩하게" 하셨습니다(창 2:3). 하나님의 안식은 창조 세계가 하나님의 관리와 섭리를 통해 완벽하게 작동했음을 알게 해줍니다.

해결해야 할 성가신 문제가 있으면 쉬려고 해도 휴식이 되지 않습니다. 저는 학창 시절에 시험 전날 공부를 하지 않은 채 잠을 자면 문제를 다 풀기도 전에 시험 시간이 끝났다는 종이 울리는 꿈을 꾸곤 했습니다. 시험공부를 마무리하지 않으면 비록 잠을 자도 안식하지 못합니다. 잘 쉬고 잘 먹으면서 육체만 편하다고 안식이 이뤄지는 것이 아니라 곤란한 상황이나 불편한 관계가 없어야 안식할 수 있습니다.

하나님이 보시기에 심히 좋게 만드신 천지와 만물이 누리던 안식은 아담과 하와의 죄로 인해 깨졌습니다. 땅은 저주를 받아 가시덤불과 엉 경퀴를 내었습니다. 사람은 평생에 걸쳐 수고하고 얼굴에 땀을 흘려야 그 소산을 먹고 살아갈 수 있게 되었습니다. 타락 이후 인간이 행하는 모든 일에는 실제로 가시덤불과 엉경퀴가 생겨납니다. 아무리 좋은 음 식을 먹는 사람도 그 음식을 100퍼센트 다 소화하지는 못합니다. 인간 이 만든 자동차도 연료를 100퍼센트 연소하지 못해 환경을 오염시킵니 다. 인간이 만든 모임과 조직도 마찬가지입니다. 완벽한 모임과 조직은 없으며 사람이 서로 만나다 보면 가시덤불과 엉경퀴 같은 부담스러운 존재가 적어도 한 명씩은 있기 마련입니다.

그러나 그 모든 문제를 해결하기 위해서 예수님이 오셨습니다. 예 수님은 성도들을 위하여 모든 율법에 순종하시고 죽을 때는 성도들의 모든 죄를 대신 지셨습니다. 그래서 예수님은 십자가에서 "다 이루었 다"라고 말씀하셨습니다(요 19:30). 예수님은 아담의 죄로 일그러진 인 류와 세상을 회복하는 모든 일을 하신 분입니다. 하나님은 단순히 세상 을 보기에 심히 좋게 창조하신 것만이 아니라 창조하신 세상이 일그러 지자 그것을 회복하는 일까지 감당하신 참된 구속자이십니다. "다 이루 었다"라는 말은 이처럼 하나님만이 하실 수 있습니다.

그래서 사람은 하나님 안에서 안식할 수 있습니다. 하나님이 세상 을 보시기에 심히 좋게 만드셨기 때문에 안식할 수 있고, 그 세상이 아 담의 죄로 일그러졌을 때 예수님이 모든 율법에 순종하시고 자기 몸 을 드려 죄를 대속하셨기 때문에 안식할 수 있습니다. 우리는 죄 많은 이 세상에서 새 하늘과 새 땅이 이루어지기 전에는 안식할 수 없을 것 처럼 느낄 때도 있습니다. 하지만 하나님은 이 세상과 인류를 이미 구 속하셨습니다. 그래서 새 하늘과 새 땅이 이루어지기 전이라고 해도 이 세상은 하나님의 보호와 관리와 섭리 속에 있습니다. 모든 사람은 그 안에서 안식을 맛보며 살아갈 수 있습니다.

특히 하나님의 자녀로 택함을 받은 신자들은 더욱 온전한 안식을 맛볼 수 있습니다. 우리는 모든 것이 합력하여 하나님의 뜻을 이룬다는 믿음으로 안식합니다. 무슨 일을 하든지 하나님의 보호와 섭리하에 있음을 확신하고 궁극적으로 하나님이 선한 것을 주실 줄 믿고 평안한 마음을 가질 수 있습니다. 당장 눈앞에 성가신 일, 힘든 관계가 있어도 하나님의 도우심과 깨우침으로 해결될 것을 소망하며 이 세상이 줄 수 없는 평안을 누릴 수 있습니다.

이러한 하나님의 보호와 섭리와 평안을 더욱 분명하게 드러내는 것이 바로 안식일입니다. 7일 중 하루를 일하지 않고 하나님을 높이는 안식일은 하나님이 창조자와 구원자와 섭리자라는 사실을 아주 선명하게 부각하는 의미가 있습니다.

2. 안식일을 지키는 이유: 십계명의 서문과 제4계명에 부가된 논리

십계명은 출애굽기 20장과 신명기 5장에 기록되어 있습니다. 출애굽기 20장은 안식일의 근거로 하나님의 창조 사역을 말합니다. 즉 하나님이 하늘과 땅과 바다와 그 가운데 모든 것을 만들고 일곱째 날에 쉬심으로써 안식의 본을 보이셨다는 것입니다. 그런데 신명기는 제4계명에 대해 다음과 같이 말합니다.

> 너는 기억하라. 네가 애굽 땅에서 종이 되었더니 네 하나님 여호와가 강한 손과 편 팔로 거기서 너를 인도하여내었나니 그러므로 네 하나님 여호와가 네게 명령하여 "안식일을 지키라" 하느니라(신 5:15).

여기서 안식일은 좀 더 직접적인 명령으로 주어집니다. 하나님은 종살이하던 이스라엘을 애굽 땅에서 강한 손과 편 팔로 인도하여내신 분으로서 안식일을 지키라고 명하십니다. 이는 십계명의 서문에 나타난 논리와 비슷합니다.

이처럼 안식일은 창조의 섭리 속에서 의미를 가질 뿐 아니라 구속사적으로도 큰 의미가 있습니다. 쉼 없는 노동력 착취로 대제국이 된 애굽의 압제에서 해방된 하나님의 백성들은 자유민으로서 열심히 일하되 하나님이 정하신 대로 안식함으로써 하나님을 인정하고 하나님께 의탁하는 삶을 살아야 합니다.

안식일에 쉬지 않고 일을 한다고 해서 더 많은 성취와 부를 획득할 수 있을까요? 주일에도 일을 하면 처음에는 더 많은 성과를 내고 돈도 더 버는 것처럼 보입니다. 하지만 쉬지 않고 5년, 10년 일하면 건강이 유지되지 않습니다. 사람의 육체와 정신에는 한계가 있어서 그렇게 무리하면 반드시 탈이 나고 맙니다. 병에 걸리거나 탈진해서 그간 수고하여 모은 돈을 허비하고 심지어 목숨을 잃어 그 돈이 누구에게 가는지도 모르는 경우가 얼마나 많습니까? 또 10년, 20년 열심히 일해도 그 사이에 안 좋은 사건이나 사고가 없어야 합니다. 갑자기 어려운 사건이나 사고가 발생하면 그간 열심히 일한 것이 아무 소용이 없습니다.

신자는 하나님 말씀대로 한 주의 엿새는 열심히 일하고 하루는 안식을 누려야 합니다. 그래야 장기적으로 가정 경제를 안정시키고 가족의 건강과 행복과 화목을 지킬 수 있습니다. 주일에도 일하는 사람들은 좋은 부부 관계를 유지하거나 자녀 교육에 신경을 쓸 가능성이 상대적으로 적습니다. 부부 관계가 깨지거나 자식 농사에 실패하면 그 모든 수고가 무슨 소용이 있겠습니까?

우리는 만나를 둘러싼 사건을 통해 하나님이 안식일을 어떻게 거룩하게 하시고 복을 주시는지 알 수 있습니다. 하나님은 출애굽한 이스라엘 백성에게 만나를 주시면서 매일 아침 들에 나가 한 오멜씩 취하고 다음 아침까지 남겨두지 말라고 명령하셨습니다. 그런데 어떤 사람들은 만나를 다음날까지 남겨두었습니다. 아마도 다음날에 만나를 모으러 나가는 수고를 덜려고 한 것 같습니다. 하지만 남겨둔 만나는 벌레가 끼고 냄새가 나서 먹을 수가 없었습니다(출 16:20).

그런데 하나님은 안식일 전날에는 만나를 두 오멜씩 취하라고 명하셨습니다. 다음날인 안식일에 먹을 분량까지 거두라는 것입니다. 그럼 안식일 아침까지 남겨둔 만나는 어떻게 되었을까요? 다른 날 아침에는 벌레가 끓고 냄새가 났지만 안식일 전날에 거두어둔 만나는 냄새가 나거나 벌레가 생기지 않아 백성들이 휴식을 취할 수 있었습니다. 이 명령을 지키지 않고 안식일 아침에도 들판에 나가 허탕을 친 사람들은 어떻게 되었을까요? 하나님은 이런 이들을 향하여 하나님의 계명과 율법을 지키지 않는다고 진노하셨습니다.

안식일에 들에 나가는 것은 하나님이 전능하신 창조자와 구원자이심을 믿지 않은 결과이고 하나님이 주신 계명과 율법이 얼마나 엄위한지 모르는 무지의 표출입니다. 하나님은 안식일에 일하지 않아도 살 수 있도록 안식일 전날에 두 배의 양식을 주셨습니다. 하나님은 안식일을 명령하실 때 다른 날에만 일해도 먹고살 수 있는 복도 함께 주셨습니다.

사실 십계명(출 20장)은 만나 사건(출 16장) 이후에 주어졌습니다. 이것은 안식일 준수 계명이 십계명이 주어지기 이전부터 효력이 있었다는 사실을 알려줍니다. 모세와 이스라엘 백성은 십계명을 받기 전부터 안식일을 지켜야 한다는 사실을 알고 있었습니다. 그래서 하나님은 만나와 관련된 말씀을 지키지 않는 자들에게 "어느 때까지 너희가 내 계명과 내 율법을 지키지 아니하려느냐?"(출 16:28)라고 노여워하셨습니다.

하나님은 아담을 성인으로 창조하시어 에덴동산을 경작하며 지키게 하셨습니다. 아담의 지식과 능력은 경험과 교육을 통해 형성된 것이 아니라 처음부터 하나님이 그 마음에 심어주신 것입니다. 하나님은 사람을 지으실 때 당신의 형상에 따라 지식과 의와 진정한 거룩함을 입히시고(창 1:26; 엡 4:24; 골 3:10), 그 마음에 하나님의 법을 기록하시고(롬 2:14, 15), 그 법을 행할 능력을 주셨습니다(전 7:29). 그래서 안식일을 포함한 하나님의 율법이 아담과 그의 후손의 마음에 기록되어 있습니다(롬 2:14-15). 하나님은 아담에게 선악과를 따 먹으면 죽는다는 하나의 조건만 제시하신 것이 아니라 하나님의 존재와 속성과 율법에 대해서도 충분히 알려주신 것입니다.

십계명도 마찬가지입니다. 십계명은 아담 때부터 있었던 하나님의 율법을 하나님이 열 가지로 축약해서 주신 것이지 이스라엘 백성이 전혀 듣거나 보지도 못한 생소한 율법을 새삼스럽게 강요한 것이 아닙니다. 아담은 물론이고 셋의 계열로 이어지는 아담의 후손들도 안식일에 대해서 알고 있었습니다. 출애굽기 20장에서 하나님은 십계명을 통해 이를 다시금 확인시켜주셨을 뿐입니다.

이스라엘 백성의 입장에서 안식일 준수는 하나님에 대한 믿음을 표현하는 것이며 하나님의 모든 말씀이 길과 진리와 생명임을 적극적으로 인정하는 것입니다. 그래서 안식일을 지키는 자들은 이방인과 같이 중언부언하며 구할 필요가 없습니다. 하나님이 우리에게 정말로 필요한 것을 적당한 때 주시는 분이심을 인정하는 사람은 안식일을 지키기 때문입니다.

오늘날 우리는 주일을 지킴에 있어서 이 의미를 더욱 분명하게 해야 합니다. 우리는 주일을 지킴으로써 공중의 새와 들의 백합화도 돌보시는 하나님이 당신의 자녀인 우리를 신실하게 먹이고 입히신다는 사실을 깊이 새겨야 합니다. 그래서 이방인들이 구하는 먹을 것, 입을 것이 아니라 하나님의 나라와 의를 먼저 구하는 삶을 살아야 합니다. 또한 갈수록 염려와 불안이 커져가는 세상 속에서도 내일(來日)이 하나님의 영역인 줄을 알고 염려를 내려놓아야 합니다. 오늘 일만 적당히 염려하고 안식일에는 무조건 쉬어도 모든 것이 합력하여 선을 이룬다는 것을 믿어야 합니다. 안식일 법은 우리를 귀찮게 하고 자유를 제한하는 악법이 아니라 우리를 자유롭게 하고 쉼을 주는 좋은 율법입니다.

3. 제4계명은 도덕법인가, 의식법인가?

앞서 소요리문답 제40문을 통해서 살펴보았듯이 율법은 도덕법, 의식법, 시민법으로 나뉩니다. 도덕법은 하나님의 속성이 반영된 하나님의 영원한 율법으로 시간과 장소에 상관없이 유효합니다. 의식법은 실체이신 예수 그리스도가 이 땅에 오셨으므로 폐지되었고, 시민법은 모든 국민이 신자인 경우가 없으므로 시행하기는 어렵지만 그 정당성은 인정되어야 합니다.

그렇다면 안식일 준수를 명하는 제4계명은 도덕법, 의식법, 시민법 중 어디에 속할까요? 이 구분에 따라서 안식일이 오늘날 갖는 의미가 달라질 것입니다. 그런데 앞서 우리는 도덕법이 십계명에 요약되어 있음을 살펴보았습니다. 십계명은 구약 시대에만 유효한 의식법이 아니라 지금도 신자들이 지켜야 하는 도덕법입니다. 그런데도 십계명의 다른 계명들은 모두 도덕법이라고 생각하면서 제4계명만은 의식법으로 생각하는 사람들이 있습니다. 제1-3계명과 뒤에 나오는 다른 계명들은 보편적으로 지켜야 하는 법들임이 틀림없지만 안식일 준수는 제사나 할례, 유월절처럼 구약 시대에만 유효한 것처럼 보이기 때문입니다.

여기서 다시 한번 짚어야 할 사실은 제4계명이 우리가 하고 싶은 일들을 가로막으면서 우리의 자유와 권리를 제한하는 법이 아니라는 점입니다. 오히려 안식일 계명은 일주일 중 하루를 푹 쉬어도 먹고사는 데 지장이 없음을 알게 해 우리의 자유와 권리를 보장해줍니다. 만약 제4계명이 구약에만 유효하다면 신약 시대의 신자들은 이러한 혜택을 누리지 못하게 됩니다.

십계명의 서문과 제4계명에 부가된 논리가 말하듯이 하나님은 창조자와 구속자이십니다. 하나님이 창조자와 구속자라는 사실은 구약 시대만이 아니라 신약 시대에도 유효하고 앞으로도 영원히 유효합니다. 제4계명을 지켜야 하는 이유는 하나님이 창조자와 구속자이시기 때문입니다. 이 사실에 근거한 제4계명은 분명히 도덕법에 속하고 신약 시대의 신자들도 이를 지켜야 할 의무가 있습니다.

ㄱ. 지금도 안식일에 나무하는 사람은 죽여야 하는가? 민수기 15장에는 이스라엘 자손이 광야에 거류할 때 안식일에 나무한 사람을 처벌한 사건이 기록되었습니다. 모세와 아론과 온 회중은 그 사람을 어떻게 처치해야 하는지 지시를 받지 못해 일단 가두었습니다. 하지만 하나님은 곧 "그 사람을 반드시 죽일지니 온 회중이 진영 밖에서 돌로 그를 칠지

니라"라고 명령하셨습니다. 온 회중은 명령에 따라 그를 진영 밖으로 끌어내 돌로 쳐 죽였습니다(민 15:32-36).

사실 하나님은 십계명을 주실 때 이미 안식일에 일하는 자를 죽이라고 말씀하셨습니다.

> 14너희는 안식일을 지킬지니 이는 너희에게 거룩한 날이 됨이니라. 그날을 더럽히는 자는 모두 죽일지며 그날에 일하는 자는 모두 그 백성 중에서 그 생명이 끊어지리라. 15엿새 동안은 일할 것이나 일곱째 날은 큰 안식일이니 여호와께 거룩한 것이라. 안식일에 일하는 자는 누구든지 반드시 죽일지니라(출 31:14-15).

즉 민수기 15장에서 하나님이 모세에게 안식일에 나무한 자를 죽이라고 명령하신 것은 출애굽기 31장 말씀을 재확인시켜주신 것입니다.

그렇다면 신약 시대에 안식일에 나무를 하는 자는 어떻게 해야 할까요? 안식일이 도덕법이므로 현재에도 유효하니 죽여야 할까요? 안식일에 일할 수밖에 없는 사람도 많고 우리 자신도 상황에 따라 주일에 일하게 되는 경우가 적지 않습니다. 이 모두가 사형에 해당한다면 안식일은 공포의 날이 될 것입니다.

하지만 두려워하지 않아도 됩니다. 일주일에 하루를 안식일로 삼아 거룩하게 지키는 것은 도덕법에 속하고 안식일에 일하는 자를 죽이라는 명령은 시민법에 속하기 때문입니다. 출애굽기에 나오는 남종과 여종에 대한 법, 사형 집행법, 배상법과 인간관계에 대한 법 등은 모두 시민법에 속합니다(출 21, 22장).

예를 들어 "자기 아버지나 어머니를 치는 자는 반드시 죽일지니라"(출 21:15)라는 말씀을 살펴보겠습니다. 우리 사회에는 자식에게 학대를 받아 고생하는 부모들이 꽤 있고 심지어 그 자식이 그리스도인인 경우도 있습니다. 이럴 때 말씀을 지킨다며 부모를 학대하는 사람을 곧바로 죽이면 어떻게 될까요? 살인죄로 잡혀갈 것입니다. 이 말씀은 신약 시대를 사는 우리에게 자기 부모를 학대해서는 안 된다는 상식적인 윤리의 엄중함을 말해줍니다. 이 상식적인 윤리의 정당성은 거의 모든 나라에서 인정받습니다. 단 그에 대한 처벌은 다양하며 대개 사형보다는 가볍게 다루고 있다는 점을 무시하면 안 됩니다.

안식일 법도 마찬가지입니다. 신자들은 안식일에 일하면 안 된다는 계명의 정당성을 분명히 인식해야 하지만 안식일의 개념조차 없는 비신자들을 고려해야 합니다. 교회가 주일에 일하는 신자들을 죽이거나 구타 혹은 감금한다면 교회는 광신도 집단으로 여겨질 것입니다. 교회의 가르침은 강제적이 아니라 설득적이어야 합니다. 교회는 주일 성수의 일반적 정당성을 가르치고 각인시키며 권면해야 합니다. 교회는 고의적으로 주일을 어기는 세례 교인이나 임직자에게 경고, 견책(딤전 5:20), 정직, 면직, 수찬 정지(살후 3:14), 제명, 출교(마 18:17) 등의 징계를 함으로써 권면할 수 있습니다. 이런 징계들은 모두 영적인 것들로서 구금이나 벌금, 체벌 등의 세속적인 방법과는 차이가 있습니다.

ㄴ. 무엇이 안식일에 해서는 안 되는 일에 속하는가? 우리는 안식일에 일하는 것이 구약 시대에는 사형에 해당하고 신약 시대에는 교회의 경고, 견책, 정직, 면직, 수찬 정지, 제명, 출교 등의 징계가 따르는 죄임을 살펴보았습니다. 이제 안식일에 해서는 안 되는 일들이 무엇인지 살펴보겠습니다.

우선 바로 앞서 살펴본 것처럼 안식일에 나무를 하는 행위가 대표적입니다. 요리와는 달리 나무를 하는 일은 꼭 당일에 하지 않아도 큰 문제가 없는 일입니다. 꼭 주일에 하지 않아도 되는 일을 별다른 이유 없이 주일에 하는 것은 하나님의 말씀을 우습게 여긴다는 증거입니다. 하나님은 나무를 한 행위 자체보다는 하나님의 말씀과 규례를 우습게 본 태도를 보고 사형을 명하셨습니다.

안식일에 하면 안 되는 또 다른 일은 느헤미야 13장에 나옵니다. 느헤미야가 예루살렘에 와서 살펴보니 안식일 개념이 너무나 희미해져 사람들이 평일과 다름없이 여러 가지 노동과 상거래를 하고 있었습니다. 이에 느헤미야는 관련자들에게 반성을 촉구하는 동시에 행정력을 동원하여 주일에 매매하는 행위를 금지했습니다. 이를 통해 우리는 물건을 사고파는 행위가 안식일에 해서는 안 되는 일에 속한다는 사실을 알 수 있습니다.

다음으로는 이사야에게 임한 하나님의 말씀을 살펴보아야 합니다. 예언자 이사야가 활동하던 시기는 국가적 불안이 증폭되던 국제 사회의 격변기였습니다. 하지만 유대의 상류 계급 사회는 강탈과 가렴주구(苛斂誅求)를 통해 경제적 번영을 누렸습니다. 이들에게 안식일은 하나님을 기억하고 그 계명을 상고하는 날이 아니라 여흥을 즐기는 날일 뿐이었습니다. 이사야는 이를 강하게 비판하며 안식일에 오락을 행하는 것과 사사로운 말을 하는 것이 하나님의 뜻에 맞지 않는다는 사실을 분명히 했습니다.

13만일 안식일에 네 발을 금하여 내 성일에 오락을 행하지 아니하고 안식일을 일컬어 즐거운 날이라, 여호와의 성일을 존귀한 날이라 하여 이를 존

귀하게 여기고 네 길로 행하지 아니하며 네 오락을 구하지 아니하며 사사
로운 말을 하지 아니하면 14네가 여호와 안에서 즐거움을 얻을 것이라. 내
가 너를 땅의 높은 곳에 올리고 네 조상 야곱의 기업으로 기르리라. 여호와
의 입의 말씀이니라(사 58:13-14).

ㄷ. 안식일에 모든 일이 금지되는가? 소요리문답 제60문은 안식일에
불가피한 일들과 자비의 일들은 할 수 있다고 알려줍니다. 근거 성구인
마태복음 12장에는 예수님이 안식일에 밀밭 사이로 가실 때 제자들이
이삭을 잘라 먹은 사건이 기록되었습니다. 바리새인들은 예수님께 제자
들이 "안식일에 하지 못할 일"을 한다고 비난했습니다. 하지만 예수님은
다윗이 부하들과 진설병을 먹은 예와 안식일에도 일하는 제사장들의
경우를 들어 제자들의 행동이 문제없다고 말씀하셨습니다(마 12:1-7).
　나아가 예수님은 회당에 들어가셔서 한쪽 손 마른 사람을 고쳐주셨
습니다. 유대인들은 예수님의 잘못을 들추어내려고 안식일에 병 고치
는 것이 옳은지 따졌지만 예수님은 안식일에 선을 행하는 것이 옳다고
분명히 말씀하셨습니다.

11예수께서 이르시되 "너희 중에 어떤 사람이 양 한 마리가 있어 안식일에
구덩이에 빠졌으면 끌어내지 않겠느냐? 12사람이 양보다 얼마나 더 귀하
냐? 그러므로 안식일에 선을 행하는 것이 옳으니라" 하시고 13이에 그 사
람에게 이르시되 "손을 내밀라" 하시니 그가 내밀매 다른 손과 같이 회복
되어 성하더라(마 12:11-13).

바리새인들은 이 사건 때문에 예수님을 죽이려고 마음먹었습니다.

하지만 우리는 이러한 예수님의 모습을 통해 안식일에 주린 배를 채우고 사람을 살리는 선한 일을 할 수 있음을 알게 됩니다. 소요리문답 제60문은 이런 경우를 두고 "불가피한 일들과 자비의 일들"이라고 말합니다. 즉 우리는 주일날 식사를 비롯해 생리 현상에 속하는 불가피한 일들을 할 수 있습니다. 또 예배와 관련된 일을 하거나 교회에서 식사 준비, 안내, 청소, 교육 등의 봉사를 할 수 있습니다. 나아가 병을 치료받거나 치료할 수 있고 환자를 병문안하여 위로할 수 있습니다. 여기서 병의 범주에는 우울증이나 공황장애와 같은 마음의 병도 포함됩니다.

민수기 15장에서 안식일에 나무를 하다 죽은 이도 불가피한 사정이 있었다면 죽임을 당하지 않았을 것입니다. 하나님은 안식일을 통해 하나님이 창조자, 구원자이심을 확인시키기 원하십니다. 단지 관습적으로 안식일을 지키는 것은 하나님의 뜻과 관련이 없습니다. 그래서 예수님은 바리새인들을 책망하시면서 하나님이 제사가 아니라 자비를 원하신다고 말씀하셨습니다(마 12:7).

신약 시대를 사는 우리는 예수 그리스도의 생애와 죽으심을 통하여 구약 시대의 백성보다 더 많은 자유를 누립니다. 우선 구약 시대의 의식법을 지키지 않아도 되는데 의식법에 해당해 폐지된 율법이 얼마나 많은지 모릅니다. 우리는 안식일도 구약 시대의 백성보다 더 풍성하고 자유롭게 지킬 수 있습니다. 사랑으로 율법을 완성하신 예수님의 모범을 따라 우리는 안식일에 자비에 속하는 일을 마음껏 할 수 있습니다. 단지 그 자유를 남용하거나 오용함으로써 안식일의 본질을 흐리지 않도록 조심하면 됩니다.

저는 브라질 상파울루의 한인 교회에 말씀을 전하러 2주 정도 방문한 적이 있습니다. 그곳에는 뜻밖에도 많은 유대인이 살고 있었는데 검은 복장에 검은 모자를 쓰고 다녀서 어디서도 쉽게 눈에 띄었습니다. 그들은 안식일이 되면 아무 일도 하지 않습니다. 심지어는 엘리베이터 버튼도 누르지 않고 다른 사람에게 대신 눌러달라고 말했습니다. 버튼 누르는 일을 안식일에 해서는 안 되는 일로 여긴 것입니다. 예수님 당시의 바리새인처럼 이 얼마나 문자적 해석에 얽매인 모습입니까? 우리는 안식일을 잘 지키되 유대인처럼 원래 의미는 잊은 채 문자적으로나 율법적으로만 지켜서는 안 됩니다. 안식일은 우리에게 무거운 짐이 아니라 자유하게 하는 가벼운 짐이 되어야 합니다.

4. 제4계명이 요구하는 것

소요리문답 제58문은 제4계명이 요구하는 것을 다룹니다. 제4계명은 하나님이 그의 말씀에서 지시하신 대로 정한 때를 하나님께 거룩하게 지킬 것과, 특별히 7일 중 하루가 종일토록 그분에게 거룩한 안식일이 될 것을 요구합니다. 그렇다면 우리는 하나님이 어떤 날을 안식일로 정하셨는지, 그리고 안식일을 종일토록 어떻게 거룩하게 지킬 수 있는지를 알아야 합니다.

ㄱ. 7일 중 어떤 날이 안식일인가? 하나님은 창조 사역을 마치시고 일곱째 날에 안식하시며 그날을 거룩하게 하셨습니다(창 2:2-3). 그래서 세상 처음부터 그리스도의 부활까지는 일곱째 날이 안식일이 됩니다. 원래 안식일은 우리가 보통 쓰는 달력에서 토요일에 해당합니다. 한 주의 순서는 "일월화수목금토"로서 첫째 날이 일요일이고 일곱째 날이 토요일입니다. 그래서 유대교에서는 금요일 저녁부터 토요일 저녁때까지를 안식일로 지킵니다.

하지만 소요리문답 제59문은 그리스도의 부활을 기준으로 "한 주
간 중 첫째 날"이 세상 끝까지 기독교 안식일이 되었다고 말합니다. 예
수님은 금요일에 성도들의 죄를 짊어지고 십자가에서 죽으신 후 사흘
째 되는 일요일에 부활하셨습니다. 그래서 초대교회 성도들은 일주일
중 첫째 날인 일요일을 안식일로 지키며 이날을 특별히 "주일"(主日, the
Lord's day)로 불렀습니다.

일	월	화	수	목	금	토
1	2	3	4	5	6	7
주일(主日)						안식일
예수님이 부활하신 날				예수님이 죽으신 날		

〈표12〉 안식일과 주일

"매주 첫날"에 연보를 모아두라는 고린도전서 16:2 말씀은 당시에
그리스도인들이 매주 첫날에 함께 모였다는 사실을 알려줍니다. 또 "주
간의 첫날에" 성도들이 모여 떡을 떼려 했다는 사도행전 20:7 말씀은
그들이 일요일을 주일로 여기고 함께 예배드리며 가르침을 받았다는
것을 말해줍니다.

사실 안식일은 7일 중 하루를 구분한다는 의미가 중요하지 어느 특
정 요일이 중요한 것은 아닙니다. 그래서 구약 시대에는 하나님이 지정
하신 토요일을 안식일로 지켰지만 신약 시대에는 예수님의 부활을 기
념하며 일요일을 안식일로 지킵니다. 루터(Martin Luther)에 이어 종교
개혁을 완성한 칼뱅(Jean Calvin)은 신약 시대의 안식일은 꼭 일요일이
아니어도 된다고 보았습니다. 어떤 신자가 일요일에 반드시 출근해야
하는 직장에 다닌다면 그는 일요일이 아닌 다른 요일을 안식일로 지킬

수 있습니다. 그런데 그렇게 되면 실제로 교회의 공적 예배에 참여하기가 어렵고 온전히 안식일을 지키기가 힘들어집니다. 신자는 한 교회에 속해야 하며 자신에게 편리한 날을 혼자서만 주일로 지키는 것은 덕이 되지 않습니다.

> 23모든 것이 가하나 모든 것이 유익한 것은 아니요 모든 것이 가하나 모든 것이 덕을 세우는 것은 아니니 24누구든지 자기의 유익을 구하지 말고 남의 유익을 구하라(고전 10:23-24).

성숙한 신자는 단지 무엇이 옳은가만 따지기보다 교회의 질서와 덕까지 생각하며 종합적으로 결정해야 합니다. 즉 교회의 다른 신자들과 함께 예배드릴 수 있는 일요일을 특정해 안식일로 지키기 위해 힘써야 할 것입니다.

ㄴ. 안식일은 어떻게 거룩하게 지키는가?　안식일은 우리가 하고 싶은 일을 하지 못하는 짜증 나고 귀찮은 날이 아니라 세상의 일들로부터 자유롭게 푹 쉴 수 있는 복된 날입니다. 이런 관점에서 안식일을 바라보기 시작하면 안식일이 기다려지기 시작합니다. 주일날 푹 쉬는 것의 가치와 맛을 알면 주 중에 누구보다 활력 있게 일하고 주일에는 만사를 하나님께 맡기고 푹 쉴 수 있습니다. 주일에 푹 쉬어도 창조자이자 구원자이신 하나님이 우리 신자들의 삶을 책임지십니다.

사람은 아무 일도 하지 않고 무조건 쉰다고 저절로 휴식이 되지 않습니다. 개나 고양이나 소라면 모르겠지만 지식과 의와 거룩의 속성을 가진 사람은 그 속성이 충족될 때야 비로소 안식할 수 있습니다. 신자는 주일에 하나님께 예배를 드려야 깊은 쉼에 이를 수 있습니다. 예배를 통해 하나님의 존재와 본질과 속성을 확인하며 자신들이 하나님의 귀한 자녀임을 느낄 때야 비로소 참된 휴식에 이르는 것입니다.

그러므로 신자들이 안식일에 해야 할 첫 번째 일은 하나님께 드리는 예배입니다. 여기에는 성도들과 함께 드리는 공적 예배는 물론이고 집이나 들의 조용한 장소에서 개인적으로 드리는 사적 예배도 포함됩니다. 또 가족들과 함께 드리는 가정 예배일 수도 있습니다.

물론 교회당에서 예배를 드렸다고 해서 주일을 거룩하게 지킨 것은 아닙니다. 주일 성수란 단순히 교회당에서 예배드리는 것만을 의미하지 않고 교회의 회원으로서 교회의 여러 일에 참여하는 것을 포함하기 때문입니다. 주일날 교회에는 식사 준비와 청소, 교사와 성가대 봉사 등 여러 가지 손길이 필요합니다. 은사에 따라 자신에게 맞는 일을 적절히 감당해야 교회가 유지됩니다. 구약 시대에 안식일에 성전에서 일하는 것이 일에 포함되지 않듯이 주일날 교회에서 감당하는 적절한 봉사는 안식을 위반하는 것이 아닙니다.

교회는 성도들의 모임이지 건물이 아닙니다. 교회 성도들과 교제를 나누며 서로 격려하고 권면하는 일은 주일날 해야 할 가장 중요한 일 중 하나입니다. 같이 식사하거나 차를 마시면서 한 주간 있었던 일을 나누고 기쁨과 슬픔을 공감하는 일은 매우 중요합니다. 성도 중 아픈 이를 병문안하여 격려하고 마음이 울적한 이와 수다를 떨어 마음을 밝게 해주는 일도 하나님이 무척 기뻐하십니다.

하지만 너무 많은 봉사와 활동에 치여 주일이 "피곤한 날"이 되지 않게 해야 합니다. 주일은 기본적으로 거룩한 휴식을 취하는 날이므로 몸과 마음이 과도하게 지쳐서는 안 됩니다. 남을 도우려는 선한 마음이 오히려 무리가 되지 않도록 조심해야 합니다. 좋은 일을 하는 데도 절제와 지혜가 필요합니다.

ㄷ. 개인적인 사례 저는 주일날 영월에 거주하시는 장인을 방문하는 경우를 빼고는 멀리 여행을 가지 않습니다. 장인을 찾아뵙는 것은 일이 아니라 가족의 교제에 해당한다고 판단했습니다. 또 저는 주일에 매매 행위를 최대한 안 하려고 노력합니다. 필요한 것은 토요일에 미리 사놓아 주일에는 그런 것에 시간을 빼앗기지 않으려고 합니다. 개인적으로 좋아하는 탁구도 주일에는 치지 않습니다. 이런 행위를 안 하는 것은 죄이기 때문이 아니라 좀 더 주일을 편하고 안정되게 보내기 위해서입니다.

이렇게 한다고 해서 주일을 매우 거룩하게 보내는 것이냐면 꼭 그렇지는 않습니다. 유혹은 다양한 방식으로 오기 때문입니다. 저의 경우에는 인터넷에 대한 유혹이 큰 편입니다. 여행이나 취미활동, 매매를 하지 않아도 인터넷에 많은 시간을 빼앗긴다면 주일을 의미 있게 보냈다고 할 수 있을까요? 단순히 여행이나 취미활동, 매매 행위의 여부로 주일 성수를 판단할 수 없습니다. 오히려 여행과 운동과 매매를 유쾌하게 한 사람이 자신의 즐거움을 억제하며 스트레스를 받은 신자들보다 나을 수 있습니다.

그런데도 시간을 외적으로 어떻게 사용하는지는 무시할 수 없는 문제입니다. 결국 시간을 외적으로 잘 보내고 내적으로도 거룩하게 보내는 것이 온전한 주일 성수입니다. 저는 제 자녀들이 외적으로는 주일을 잘 보내는 것처럼 보이지만 내적으로는 별 의미 없이 보내는 사람이 되지 않기를 바랍니다. 아무래도 지금은 아이들이 자발적이기보다는 아버지가 원하는 대로 하는 측면이 있습니다. 그래서 저는 감시하는 것이 아니라 잘 알려주고 모범을 보이려고 노력합니다.

우리 부부는 토요일에 주일을 준비하며 과일과 아이스크림과 맛있는 과자 등을 풍성하게 마련해놓습니다. 다섯 자녀에게 주일은 기쁘고 행복한 날이란 느낌을 주기 위해서입니다. 그리고 주일에는 자녀들을 좀 더 너그럽게 대하고 아내와도 웬만한 일로는 다투지 않습니다.

주일에는 아이들에게 공부도 시키지 않습니다. 월요일에 시험이 있어도 주일에는 푹 쉬게 합니다. 주일에는 공부를 하고 싶어도 할 수 없다는 사실을 알기 때문에 아이들은 시험이 있는 주간에는 토요일을 비롯한 다른 요일에 열심히 시험 준비를 하곤 합니다. 어떤 때는 월요일 아침 일찍 일어나 공부하기도 합니다.

그렇다면 아이들은 주일날 무엇을 하며 시간을 보낼까요? 우리 아이들도 또래들처럼 텔레비전과 컴퓨터, 스마트폰을 좋아합니다. 우선 이런 것들은 1시간 정도는 허락해주어 과도하게 빠져들지 않고 다른 식구들과 소통이 단절되지 않는 선에서 사용하게 합니다. 그 대신 주일의 본래 의미를 알려주어 자녀들이 주님 안에서 쉰다는 것의 의미를 생각하고 스스로 주일에 무엇을 하고 무엇을 하지 말아야 하는지 종합적으로 판단하게 합니다. 이런 과정을 통해 주일만이 아니라 인생의 여러 일에 대해서 성경에 근거해 판단하고 대처하는 법을 알려주고 싶습니다.

또한 우리 가정은 일주일에 한 번, 주일날 저녁에 가정 예배를 드립니다. 이것은 중요한 약속으로서 자녀들이 모두 이 약속을 지켜야 한다는 사실을 잘 알고 있습니다. 예배 순서는 구약성경과 신약성경을 한 장씩 돌아가며 읽고 간단하게 설명한 후, 한 명씩 일주일간 있었던 중요한 일들을 이야기합니다. 이 시간을 통해 부모는 자녀들에게 어떤 일들이 있었는지 알게 되고 고민이나 어려운 일에 대해 조언 혹은 도움을 줄 수 있습니다. 또 자녀들은 가정의 상황과 부모에게 발생한 일들에 대해 파악하게 됩니다.

요즘 아이들은 초등학교 고학년만 되어도 친구들을 더 좋아하고 부모와는 잘 어울리지 않습니다. 그런데 주일 가정 예배를 통해 온 가족이 함께할 수 있으니 얼마나 좋은지 모릅니다. 예배 전에는 함께 저녁 식사를 하고 예배 후에는 다 같이 산책을 하며 대화와 정을 나눕니다. 산책 시간은 제 삶의 큰 즐거움 중 하나입니다. 부부가 자녀들을 데리고 즐겁게 대화하며 산책하는 것처럼 기쁘고 감사한 일도 별로 없습니다. 그래서 저는 목회와 저술 등으로 바쁘지만 주일 저녁은 최대한 집에서 자녀들과 같이 식사하고 산책하고 가정 예배를 드리며 보내려고 노력합니다. 아마 아이들도 커서 이 시절을 무척 그리워할 것 같습니다.

저는 자녀들이 어른으로 성장해도 이 전통을 계속 지켜가고 싶습니다. 자녀들이 결혼하여 분가를 해도 물리적 상황만 허락된다면 최대한 주일 저녁은 우리 집에 모여서 같이 예배를 드리고 산책도 하려고 합니다. 이를 통해 신앙도 유지되고 가정의 화목과 소통도 유지될 것입니다. 사실 이 전통은 자녀들이 어릴 때부터 자리를 잡아서 아이들은 당연히 그렇게 하는 것으로 생각합니다. 가정의 습관이나 전통을 만들려고 할 때 자녀들이 초등학생 고학년이라면 이미 늦은 감이 있습니다. 자녀들이 고집을 부리지 않는 어린아이 때부터 좋은 습관과 전통이 만들어져야 자녀들이 장성해도 군말하지 않고 따라옵니다.

유대인들은 안식일을 철저히 지키는 것으로 유명합니다. 그리고 "안식일도 유대인들을 지켰다"는 말이 있을 정도로 유대인들은 안식일 준수로 많은 유익을 누렸습니다. 우리가 주일을 잘 지키면 역으로 주일은 우리를 더 잘 지켜줍니다. 주일 성수는 우리가 하나님의 말씀을 얼마나 진리로 대하며 그에 따라 생각하고 행동하는지를 보여주는 영적 온도계입니다. 여러 구약성경 말씀도 이스라엘 백성의 영적 상태가 안식일 준수 여부로 판가름난다고 이야기합니다. 이 책을 읽는 여러분도 주일 성수의 의미를 다시 한번 생각하고 그 유익을 깊이 누리시기 바랍니다.

5. 제4계명이 금지하는 것

제4계명이 금지하는 것은 첫째, "요구된 의무를 이행하지 않거나 부주의하게 행하는 것"입니다. 이는 소요리문답 제58문과 제60문의 내용을 참고하여 이해해야 합니다.

둘째, 안식일을 게으름으로 모독하는 것(the profaning the day by idleness)을 금지합니다. 주일 예배에 빠지거나 늦는 사람 중 상당수가 주일 아침에 게으름을 피웁니다. 토요일 저녁 늦게까지 친구들과 어울리거나 영화를 보거나 인터넷 게임과 오락 등을 하며 늦게 자기 때문에 아침에 제대로 일어나지 못하는 것입니다. 주일 성수의 중요함과 즐거움을 제대로 모르거나, 알더라도 나쁜 습관이 몸에 배어 있으면 제4계명을 범하기 쉽습니다.

게으름과 나쁜 습관에서 벗어나려면 일주일 중 하루 저녁만이 아니라 매일매일의 생활 습관이 중요합니다. 보통 사람들은 주말과 공휴일을 즐기기 위해 한 주를 살아갑니다. 하지만 신자들은 주일에 더 집중하며 매일의 삶을 감사와 기쁨으로 살아갑니다. 따라서 신자의 평상시 삶도 부지런함과 좋은 생활 습관으로 이루어져야 합니다. 주일 성수는 다른 엿새간의 삶과 긴밀하게 연결되어 있습니다. 평일에는 아무렇게나 살면서 주일에만 올바로 살 수는 없습니다.

셋째, 그 자체로 죄가 되는 것을 행하는 것(doing that which is in itself sinful)을 금지합니다. 소요리문답 제83문은 모든 죄가 똑같은 정도로 가증스러운 것이 아니라 몇몇 악화의 요인 때문에 다른 죄들보다 하나님 보시기에 더 가증스러운 죄가 있다고 말합니다. 이에 대해 대요리문답 제151문은 구체적 예를 들어 같은 죄라도 주일이나(겔 23:37-39) 다른 신성한 예배 때, 혹은 예배 직전이나(사 58:3-5; 민 25:6, 7) 직후에(고전 11:20-21) 범죄하는 것은 더 가증스럽다고 말합니다. 따라서 신자는 주일이 특별히 거룩한 날이라는 사실을 기억하고 주일에는 죄를 짓지 않도록 더욱 주의해야 합니다.

넷째, 우리의 세속 직업과 오락에 대한 불필요한 생각과 말과 행동으로 안식일을 모독하면 안 됩니다. 대형 마트나 백화점이 주일에 문을 닫으면 매출에 큰 손실이 있을까요? 처음 몇 주간은 그렇게 보이지만 6개월이나 1년 단위의 총매출액에는 큰 변화가 없다고 합니다. 우리 동네에는 "웰빙 마트"라는 중소형 상점이 있습니다. 이 "웰빙 마트"는 주일에 문을 열지 않고 술과 담배도 팔지 않습니다. 그런데도 얼마나 장사가 잘 되는지 모릅니다. 매장이 점점 늘어 지금은 대여섯 개를 운영할 정도입니다.

주일에 일을 하지 않고 푹 쉬면 장기적으로 건강에 좋고 정서적으로 여유가 생깁니다. 경제적으로도 결코 손실이 없습니다. 직원들은 휴식이 보장되므로 계획적으로 살면서 안정감을 느끼게 되고 여유를 가지고 손님들을 잘 맞을 수 있습니다. 신자들은 7일 중 하루를 푹 쉬면서 하나님께 예배드리고 성도들과 교제를 나누며 연약한 자를 돌보고 격려합니다. 또 성경을 깊이 묵상하며 인생을 관조함으로써 삶에 대한 영감과 통찰을 얻어 더 풍성한 삶을 살아갈 수 있습니다.

주일에는 일하면 안 될 뿐 아니라 과다한 오락에 빠져서도 안 됩니다. 대형 교회에는 주일 아침 7시에 예배가 있어서 어떤 성도들은 그때 예배를 드리고 여행을 가거나 골프를 치러 갑니다. 예배를 드리지 않고 골프를 치러 가면 골프공이 자기에게 날아올 것 같은 불안감이 들어서 예배를 드리고 간다고 합니다. 예배를 드리지 않고 곧장 가는 것보다야 낫겠지만, 더 바람직한 주일 성수는 주일 예배를 드리는 것에 그치지 않고 성도들과의 교제, 교회의 여러 일에 참여하는 것까지 포함합니다. 우리는 하나님을 섬길 때 최소한의 행위로 겨우 해내는 것이 아니라 최대한의 즐거움으로 능히 감당해야 합니다.

불필요한 생각과 말과 행동을 하면 안 된다는 관점에서 주일을 보면 마치 우리의 자유가 크게 제한받고 틀에 얽매이는 느낌이 듭니다. 하지만 그런 관점 대신 "필요한" 생각과 말과 행동을 적절하게 하여 하나님께 예배드리고 하나님을 즐거워하며 성도들과 교제를 나누고 연약한 성도들을 돌본다고 생각해보십시오. 죄 덩어리인 우리를 구속해주신 하나님이 교회와 성도들을 섬길 기회까지 주시니 얼마나 감사한 일입니까? 이러한 일에 집중할 수 있는 주일은 우리의 자유를 극대화하여 우리에게 주신 성향과 능력과 정서를 올바르게 마음껏 펼칠 수 있는 축복의 날임이 틀림없습니다.

6. 제4계명에 부가된 논리

제4계명에 부가된 내용은 다음과 같습니다.

9엿새 동안은 힘써 네 모든 일을 행할 것이나 10일곱째 날은 네 하나님 여호와의 안식일인즉 너나 네 아들이나 네 딸이나 네 남종이나 네 여종이나 네 가축이나 네 문안에 머무는 객이라도 아무 일도 하지 말라. 11이는 엿새 동안에 나 여호와가 하늘과 땅과 바다와 그 가운데 모든 것을 만들고 일곱째 날에 쉬었음이라. 그러므로 나 여호와가 안식일을 복되게 하여 그날을 거룩하게 하였느니라(출 20:9-11).

이 내용에 깔린 논리는 다음과 같습니다. 첫째, 하나님이 일주일 중 엿새를 우리 자신의 일을 위해 허락하신 것입니다. 하나님은 우리의 모든 일을 엿새 동안 힘써 행하라고 말씀하십니다(출 20:9). 우리는 엿새 동안 부지런히 힘써 일해야 합니다. 그 엿새 동안 우리는 "우리 자신의 일"을 행할 수 있는데 이는 불법적이거나 퇴폐적인 일을 해도 된다는 말은 아닙니다. "우리 자신의 일"이란 하나님께 예배드리는 일과 직접적인 연관이 없는 일을 말하는 것으로서 직업이나 취미가 여기에 해당합니다. 우리는 엿새 동안 예배와 직접적인 연관이 없는 일에 집중하고 그렇게 열심히 일한 만큼 주일에는 안식할 수 있습니다. 엿새 동안 자신의 일을 힘써 행한 이는 주일을 기다리지 않을 수 없습니다.

둘째, 하나님이 일곱째 날에 대해서 특별한 정당성을 요구하신 것입니다. 일곱째 날에 대해 성경은 다음과 같이 말합니다.

1천지와 만물이 다 이루어지니라. 2하나님이 그가 하시던 일을 일곱째 날에 마치시니 그가 하시던 모든 일을 그치고 일곱째 날에 안식하시니라. 3하나님이 그 일곱째 날을 복되게 하사 거룩하게 하셨으니 이는 하나님이 그 창조하시며 만드시던 모든 일을 마치시고 그날에 안식하셨음이

     제26과 제4계명의 요구와 금지

니라(창 2:1-3).

공간과 시간을 모두 창조하신 하나님이 안식일을 특별하게 구별하셨습니다. 그 누구도 이에 대해 이의를 제기할 수 없습니다.

셋째, 하나님이 몸소 본을 보이신 것입니다. 천지를 창조하실 때 하나님은 모든 일을 완성하고 일곱째 날에 안식하셨습니다. 하나님의 형상대로 지어진 우리도 엿새 동안 힘써 일하고 하루는 안식하는 것이 마땅합니다.

넷째, 하나님이 안식일을 축복하신 것입니다. 하나님이 안식일에 대해 특별한 정당성을 요구하시고 몸소 본을 보이셨더라도 거기에 불이익과 불편이 따른다면 안식일을 지키기가 힘들 것입니다. 그런데 하나님은 그날을 축복하셨습니다. 우리가 안식일에 온종일 거룩하게 쉬어도 우리의 삶과 안위에는 아무 손해와 불편이 없고 오히려 놀라운 회복과 축복이 뒤따릅니다. 우리는 하나님이 주신 선물을 마다하면 안 됩니다. 정상적인 사람이라면 그 누구도 하나님이 주신 햇빛과 공기를 거부하지 않을 것입니다. 마찬가지로 하나님이 우리를 위해 정해주신 주일의 안식을 거부하지 말아야 합니다.

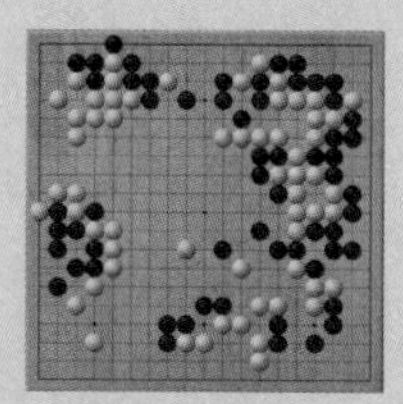

조혜연 기사의 주일 성수

2005년 바둑 마스터즈 결승에 오른 조혜연 기사(1985년생, 9단)는 돌연 기권을 선언했다. 경기 일정이 일요일이었기 때문이다. 이 대회는 바둑인들이 자발적으로 기획하고 재능을 기부하는 등 나름대로 의미가 있었기 때문에 조혜연 기사의 결정에 대한 논쟁이 온라인을 뜨겁게 달구었었다. 당시 상황에 대한 조혜연 기사의 글을 통해 성도들이 주일을 지킨다는 의미가 무엇인지 다시 한번 생각해 보자.

안녕하세요? 조혜연 6단입니다. 저에 관한 많은 글을 읽어보았고 저는 행동으로 제 생각을 나타냈으므로 마지막까지 아무 글도 남기지 않을 결심이었으나 오늘 귀하의 글을 읽고 처음으로 대답하려는 마음을 갖습니다. 처음 마스터즈 결승을 기권할 때는 제가 "프바사"[프로바둑기사사랑회]에 심경을 밝힌 대로 마스터즈를 준비하신 선배님, 동료기사에 대한 예의가 아니었기에 무척이나 곤혹스러웠습니다. 또한 결승전을 기다려오신 팬들께도 송구스러움을 나타냈습니다.

어릴 때는 신앙 교육에 의해서 연구생에 참가하지 못했고 주일에 겪어야 하는 시합에 대해 괴로움을 느꼈다고 털어놓았습니다. 그러나 지금의 결정은 어느 누구도 개입하지 않았습니다. 저에게는 주일 예배보다 귀한 것이 없습니다. 저는 아직 세례를 받은 정식 교인도 아니며 믿음이 있다고 고백할 만한 처지도 아니지만 제가 오랫동안 들어온 하나님 말씀에는 진리가 있었고 세상에서는 감히 흉내도 낼 수 없는 삶이 있다는 것을 깨달았습니다. 제 생각은 6일간 힘써 자신의 일을 하고 주일엔 쉬는 것이지만 마스터즈 결승과 같이 타인에게 피해를 주는 경우가 발생하였기에 정관장배 국가 대표 시드는 미리 포기를 선언한 것입니다. 부안에서 열리는 여류기사 대회도 대국일이 토, 일요일인 관계로 기권 선언을 하였습니다. 그리고 미리 일정이 주일로 잡힌 모든 대회는 기권한다고 한국기원에 알려 놓았습니다.

세계대회 결승에서도 기권을 할 것인가 물으셨지요? 제가 그런 시합을 할 만한 실력이 아니어서 대답하기도 민망하지만 굳이 대답하라고 하시면 "예"입니다. ○○님뿐만이 아니라 다른 여러 분들도 같은 물음을 적어놓은 것을 본 적이 있습니다. 저는 어리석은지 아직 세상을 모르는 건지 평범한 예선대회 한 판이나 여자 세계대회 결승이나 늘 같은 마음으로 임했습니다. 저에게 바둑은 대국료의 액수나 다른 무엇에 의해서 결코 차별화되지 않는 그야말로 저의 삶입니다.

바둑을 처음 만난 날 저는 운명처럼 바둑에 매료되었습니다. 음악을 전공시키고 싶어 하셨던 엄마의 바람을 뒤로하고 저는 바둑을 택했습니다. 바둑은 저의 사랑이며 꿈이며 미래며 전부였습니다. 그러나 제 영혼이 하나님의 말씀을 만나게 되자 바둑은 제 삶의 한 부분이 되고 말았습니다. 저는 앞으로 제 삶이 어떻게 될지 알지 못합니다. 마스터즈 결승을 포기하던 날 저는 단순히 한 대국을 제 삶에서 내려놓은 것이 아니고 제 삶의 방향을 새롭게 확인했습니다.

개혜연이란 소리도 들었고, 미친년이란 글도 보았으며, 니가 프로냐고 수없이 질타하는 목소리들을 들었습니다. 기사회에서 부적격자라고 판단하여 제명을 결정하면 저는 순순히 따를 것입니다. 저는 한 번도 대국일을 조정해달라고 요청해본 적도 없고, 꿈에서도 그런 일은 상상하지 않습니다. 다른 그리스도인들이 주일에 대국한다고 해서 이상하게 생각해본 적도 없습니다. 모두 자신의 신앙 양심에 따라서 살 뿐이지요. 저는 성경에 관해 여전히 무지하며 남들이 생각하는 것처럼 투철한 종교적인 신념이 있는 것이 아닙니다. 오직 주님을 사랑하기를 원할 뿐이며 제가 먼저 받은 주님의 사랑이 저를 바꿔놓은 것뿐입니다.

　　모두가 조롱과 경멸하는 마음으로 제게 물어왔을 때 전 대답하지 않았지만 진심으로 묻고자 하셨으니 대답하였습니다. 제게는 모든 시합이 동일하게 귀하며 내국료나 시합의 경중에 따라서 이랬다저랬다 하지 않습니다. 평일로 일정이 짜인 대국에만 임할 것입니다. 바둑이 없는 삶은 고통스러우며 상상하기도 싫지만 저는 그 모든 것을 감내할 것입니다. 제게 단 몇 개만의 기전이 남겨진다 하더라도 저는 여전히 제 마음을 다해서 대국할 것이며 제게 주어진 일을 성실히 할 것입니다. 제가 표현하는 재주가 부족해서 잘 설명이 되었을지 걱정이 됩니다. 안녕히 계십시오.

1. 여러분은 매일 성경을 읽고 있습니까? 큐티(Quiet Time)의 장단점은 무엇입니까? 매일 성경을 읽는 다양한 방법에 대해 나누어봅시다. 그리고 매일 성경을 읽는 데 도움이 되는 노하우나 팁을 나누어봅시다.

2. 소요리문답 제57-62문을 서로 묻고 답해봅시다. 근거 성구도 살펴봅시다.

3. "다 이루었다"라는 말의 의미가 무엇인지 창세기 2:1과 요한복음 19:30을 통해서 나누어봅시다.

4. 십계명의 서문(구원자 하나님)과 제4계명에 부가된 논리(창조자 하나님)를 통해 안식일을 지키는 이유가 무엇인지 이야기해봅시다.

5. 제4계명은 도덕법입니까, 의식법입니까?

6. 지금도 안식일에 나무를 하면 죽여야 합니까? 안식일에 해서는 안 되는 일과 해도 되는 일을 구분해봅시다.

7. 안식일은 어떻게 거룩하게 지킵니까? 각자 자신이 이상적으로 생각하는 주일 성수의 모습을 나누어봅시다.

8. 제4계명이 금지하는 것은 무엇입니까?

9. 제4계명에 부가된 논리는 무엇인지 정리해봅시다.

10. 자신이 조혜연 기사가 처한 상황에 있었다면 어떻게 했을지 생각해보고 주일을 지키는 자세가 어떠해야 하는시 나누어봅시다.

제27과
제5계명의 요구와 금지

제63문. 제5계명은 무엇입니까?

Which is the Fifth Commandment?

답. 제5계명은 "네 부모를 공경하라. 그리하면 네 하나님
여호와가 네게 준 땅에서 네 생명이 길리라"입니다.

The Fifth Commandment is, "honour thy father and thy
mother, that thy days may be long upon the land which
the Lord thy God giveth thee."

---

honour 존경, 공경, 영광, 명예, 명망, 영예(榮譽); (미) **honor**

제64문. 무엇이 제5계명에서 요구됩니까?

What is required in the Fifth Commandment?

답. 제5계명은 상급자, 하급자(엡 5:21; 벧전 2:17) 그리고 동급자로서(롬 12:10) 갖는 지위와 관계 속에서 각자에게 속하는 그 영예를 유지하고 그 의무를 수행할 것을 요구합니다.

The Fifth Commandment requires the preserving the honour, and performing the duties, belonging to every one in their several places and relations, as superiors, inferiors, or equals.

---

perform (일, 과제, 의무 등을) 행하다, 수행하다, 공연하다

belong …에 소속하다, 속하다(to), (어떤 위치나 상태에) 알맞다, 있어야 하다

superior 윗사람, 선배, 상급자

inferior (…보다) 못한 사람, 아랫사람, 후배, 하급자

제65문. 무엇이 제5계명에서 금지됩니까?

What is the forbidden in the Fifth Commandment?

답. 제5계명은 각 사람의 지위와 신분에 속하는 영예와 의무를 무시하거나 역행하는 것을 금합니다(마 15:4-6; 겔 34:2-4; 롬 13:8).

The Fifth Commandment forbids the neglecting of, or doing anything against, the honour and duty which belongs to every one in their several places and relations.

---

neglect 방치하다, 도외시하다, (해야 할 일을) 하지 않다
duty 의무, 임무, 직무, 세금
relation 관계, 관련, 친척

제66문. 제5계명에 부가된 논리는 무엇입니까?

What is the reason annexed to the Fifth Commandment?

답. 제5계명에 부가된 논리는 이 계명을 지키는 모든 자에게 (하나님의 영광과 그들 자신의 선을 위한 것에 한정하여) 장수와 번영이 약속된다는 것입니다(신 5:16; 엡 6:2-3).

The reason annexed to the Fifth Commandment is a promise of long life and prosperity (as far as it shall serve for God's glory and their own good) to all such as keep this commandment.

---

prosperity 번영, 번성, 번창

그리스도를 경외함으로 피차 복종하라
(엡 5:21).

뭇 사람을 공경하며 형제를 사랑하며
하나님을 두려워하며 왕을 존대하라
(벧전 2:17).

형제를 사랑하여 서로 우애하고 존경
하기를 서로 먼저 하며(롬 12:10).

4하나님이 이르셨으되 "네 부모를 공
경하라" 하시고 또 "아버지나 어머니
를 비방하는 자는 반드시 죽임을 당하
리라" 하셨거늘 5너희는 이르되 "누구
든지 아버지에게나 어머니에게 말하기
를 '내가 드려 유익하게 할 것이 하나님
께 드림이 되었다'고 하기만 하면 6그
부모를 공경할 것이 없다" 하여 너희의
전통으로 하나님의 말씀을 폐하는도다
(마 15:4-6).

2인자야, 너는 이스라엘 목자들에게 예
언하라. 그들 곧 목자들에게 예언하여
이르기를 "주 여호와께서 이같이 말씀

하시되 '자기만 먹는 이스라엘 목자들
은 화 있을진저. 목자들이 양 떼를 먹이
는 것이 마땅하지 아니하냐? 3너희가
살진 양을 잡아 그 기름을 먹으며 그
털을 입되 양 떼는 먹이지 아니하는도
다. 4너희가 그 연약한 자를 강하게 아
니하며 병든 자를 고치지 아니하며 상
한 자를 싸매주지 아니하며 쫓기는 자
를 돌아오게 하지 아니하며 잃어버린
자를 찾지 아니하고 다만 포악으로 그
것들을 다스렸도다'"(겔 34:2-4).

피차 사랑의 빚 외에는 아무에게든지
아무 빚도 지지 말라. 남을 사랑하는 자
는 율법을 다 이루었느니라(롬 13:8).

너는 네 하나님 여호와께서 명령한 대
로 네 부모를 공경하라. 그리하면 네 하
나님 여호와가 네게 준 땅에서 네 생명
이 길고 복을 누리리라(신 5:16).

2네 아버지와 어머니를 공경하라. 이
것은 약속이 있는 첫 계명이니 3이로
써 네가 잘되고 땅에서 장수하리라(엡
6:2-3).

네 부모를 공경하라

제1계명은 여호와 하나님이 유일하게 참된 하나님이시라는 것을 거부하거나 다른 신을 두는 것을 금지합니다. 제2계명은 무한하고 영원하신 참된 하나님을 물리적인 형상으로 만들어 참된 하나님을 왜곡하는 것을 금지합니다. 제3계명은 참된 여호와 하나님의 이름을 인간적인 수준으로 생각하여 가볍게 부르는 것을 금지합니다. 제4계명은 만물을 만드시고 붙드시는 참된 하나님이 모든 시간의 주관자이심을 인정하며 안식일을 지킬 것을 요구합니다.

하나님에 대한 우리의 의무를 담고 있는 이 네 계명의 강령은 우리의 마음을 다하고 목숨을 다하고 힘을 다하고 뜻을 다하여 주 하나님을 사랑하는 것입니다(눅 10:27). 이 강령에 근거하여 네 가지 계명을 살피면 그 뜻을 더 깊이 알 수 있습니다.

사람에 대한 우리의 의무를 담고 있는 나머지 여섯 계명의 강령은 우리 이웃을 자기 몸 같이 사랑하고, 남에게 대접을 받고자 하는 대로 우리도 남을 대접하는 것입니다(마 7:12; 22:39). 역시 이 강령에 근거하여 여섯 계명을 살피면 그 뜻을 더 깊이 쉽게 이해할 수 있습니다. 그 중 첫 번째인 제5계명은 하나님의 형상으로 만들어진 사람에게 생명을 전달하고 양육하는 부모를 공경하는 것과 관련됩니다.

  제63문: 제5계명은 무엇인가?

  제64문: 제5계명에서 요구되는 것

  제65문: 제5계명에서 금지되는 것

  제66문: 제5계명에 부가된 논리

〈표13〉 소요리문답 제63-66문의 구성

1. 제5계명이 요구하는 것

ㄱ. 부모는 어떤 범주를 포함하는가? 소요리문답은 부모를 공경하라는 제5계명을 통해 하나님이 사람들 간에 세우신 질서와 권위를 인정할 것을 가르칩니다. 이는 성경 전체의 내용을 반영합니다.

에베소서는 여러 가지 관계 속에서 신자가 취해야 할 태도를 논합니다. 아내들은 "자기 남편에게 복종하기를 주께 하듯" 해야 합니다(엡 5:22). 반대로 남편들은 "아내 사랑하기를 그리스도께서 교회를 사랑하시고 그 교회를 위하여 자신을 주심 같이" 해야 합니다(엡 5:25). 또 자녀들은 주 안에서 부모에게 순종해야 하고(엡 6:1), 부모는 "자녀를 노엽게 하지 말고 오직 주의 교훈과 훈계로 양육"해야 합니다(엡 6:4). 종들은 "두려워하고 떨며 성실한 마음으로 육체의 상전에게 순종하기를 그리스도께 하듯" 해야 하고(엡 6:5), 상전들은 "너희도 그들에게 이와 같이 하고 위협을 그치라. 이는 그들과 너희의 상전이 하늘에 계시고 그에게는 사람을 외모로 취하는 일이 없는 줄 너희가 앎이라"라는 권면을 받습니다(엡 6:9). 에베소서는 이처럼 중요한 세 가지 인간관계에 대해 가르침으로써 시대와 지역을 초월해 사람들이 어떤 자세로 다른 사람을 대해야 하는지 알게 해줍니다.

그런데 에베소서는 이 세 가지 관계에 대해 말하기 전에 더 근본적인 태도에 대한 가르침을 줍니다.

그리스도를 경외함으로 피차 복종하라(엡 5:21).

남편과 아내, 아비와 자녀, 상전과 종을 막론하고 모든 사람은 그리스도를 경외함으로 피차 복종해야 합니다. 이 자세가 기본이고 이 기본에서부터 각 관계의 마땅한 자세가 나옵니다. 베드로전서 2:17도 "뭇사람을 공경하며 형제를 사랑하며 하나님을 두려워하며 왕을 존대하라"라고 말하고, 로마서 12:10도 "형제를 사랑하여 서로 우애하고 존경하기를 서로 먼저 하며"라고 말합니다.

이런 관점에서 제5계명이 말하는 부모 공경은 단순히 부모와 자식 간의 관계에 국한되지 않고 다른 인간관계들까지 포함합니다. 대요리문답 제126문도 같은 관점에서 "제5계명의 일반적 범위는 아랫사람이나 윗사람이나 동급자로서 각각의 관계 속에서 서로 간에 행해야 할 의무를 수행하는 것입니다"라고 말합니다.

하나님 앞에서 모든 사람은 평등하고 동등합니다. 모든 사람의 기본적 가치는 무(無)에서 하나님의 형상으로 지음을 받았다는 데 있습니다. 이 면에서 다른 사람들보다 우월하거나 열등한 자가 없습니다. 그러므로 모든 사람은 그리스도를 경외함으로 피차 복종해야 합니다.

하나님은 이러한 기본 가치 아래에서 각 사람을 다른 사람들과의 관계 속에서 태어나게 하십니다. 아담과 하와는 부모로서 가인과 아벨을 낳았습니다. 가인과 아벨의 입장에서 임의로 부모를 선택할 수는 없습니다. 일단 이렇게 관계가 설정되면 그 관계 유지를 위한 질서

     제27과 제5계명의 요구와 금지

가 있어야 합니다. 이 질서에 대해 성경은 남편과 아내, 아비와 자녀, 상전과 종 등의 예를 들어 각자가 취해야 할 태도가 어떤 것인지 가르쳐줍니다.

우리는 이것을 "동등 속의 질서"라고 말할 수 있습니다. 성부와 성자와 성령이 그 본질에서는 동등하지만 위격들의 관계에서는 질서가 있듯이, 사람들도 그 본질에서 동등하지만 그 관계에는 질서가 있습니다. 그리고 그 질서에 맞는 태도가 있습니다. 우리는 사람이 모두 동등하지만 질서가 있다는 사실을 인정하고 그 전제 위에서 행동해야 합니다.

ㄴ. 하급자(inferiors)의 자세　저는 가정에서 다섯 자녀의 아빠이자 아내의 남편이고, 교회에서는 목사이며 신학교에서는 교수, 탁구장에서는 고수입니다. 나이가 들어갈수록 상급자의 위치에 서게 됩니다. 또한 상급자로서 하급자들을 많이 접하면서 올바른 하급자의 자세에 대해 생각하게 됩니다. 하급자가 어떤 자세를 취해야 본인에게 유익이 되는지, 상급자가 원하는 하급자의 모습은 어떤지를 알게 되는 것입니다.

부모와 어린 자녀가 논쟁할 때는 대부분 부모의 말이 옳고, 교수와 학생들이 교과 내용에 대해 논쟁할 때는 대부분 교수의 말이 옳습니다. 또 탁구 1부의 고수와 7부의 하수가 탁구 기술에 대해 논할 때는 대부분 고수의 말이 옳습니다. 많은 시간과 경험과 노력이 쌓여야 상급자가 될 수 있기 때문입니다. 하급자가 상급자의 위치와 실력을 존경하는 마음과 언행으로 대하면 상급자는 뿌듯함과 기쁨을 느끼며 더 많은 것을 하급자에게 주고 싶어집니다. 결국 하급자에게 더 큰 유익이 돌아갑니다.

부모는 자신의 인생 경험과 지혜를 총동원해 자녀를 도우려고 합니다. 부모가 무언가를 제안한다면 필경 자녀를 위하기 때문입니다. 하지만 자녀는 부모의 말이 틀리게 여겨지거나, 옳다고 생각되더라도 다른 것에 마음을 빼앗겨 그 제안을 거부하기 쉽습니다. 그런데 제4계명을 받아들이는 자는 부모의 권위를 인정해 그 제안을 따를 수 있습니다. 그리고 몇 달 혹은 몇 년의 시간이 흐른 후에 그 조언과 제안이 얼마나 합리적이고 지혜로웠는가를 확인하게 됩니다.

물론 상급자가 틀릴 때도 있습니다. 상급자의 욕심과 상처와 편견 등으로 잘못된 것을 요구할 수 있습니다. 그때는 하급자가 지혜롭게 대처하되 마음으로 하나님과 상급자를 원망하거나 미워하면 안 됩니다. 기본적으로 상급자를 존경하는 자세를 유지하면서 그의 연약함과 부족함을 사랑으로 감싸겠다는 마음을 가져야 합니다. 저는 부족함이 많은데도 여러 곳에서 상급자가 되어버렸습니다. 그런 저의 연약함과 부족함을 드러내고 공격하는 것이 아니라 사랑으로 감싸며 인내하는 하급자를 만나면 저의 마음이 얼마나 고마움과 미안함으로 가득 차는지 모릅니다.

> 18사환들아, 범사에 두려워함으로 주인들에게 순종하되 선하고 관용하는 자들에게만 아니라 또한 까다로운 자들에게도 그리하라. 19부당하게 고난을 받아도 하나님을 생각함으로 슬픔을 참으면 이는 아름다우나 20죄가 있어 매를 맞고 참으면 무슨 칭찬이 있으리요? 그러나 선을 행함으로 고난을 받고 참으면 이는 하나님 앞에 아름다우니라(벧전 2:18-20).

이 말씀은 부당한 고난을 무조건 참으라는 뜻이 아닙니다. 까다로운 상급자에 대한 기본적인 자세는 무엇이며 부당한 고난을 해결하는 과정에서 취해야 할 순종적 자세는 무엇인지 알려주는 것입니다.

저도 다른 곳에서는 여전히 상급자에 대한 불만을 가진 하급자입니다. 예전에는 그 불만을 직접 표현하기도 했습니다. 하지만 시간이 흐를수록 인간의 어쩔 수 없는 한계를 이해하면서 긍휼한 마음으로 살피게 되고 비난하거나 불평하기 전에 기도하게 됩니다. 그리고 상급자의 부족함을 반면교사로 삼아 저 자신에게는 그러한 면이 없는지 돌아보게 됩니다.

"칭찬은 고래도 춤추게 합니다." 상급자들은 칭찬에 목말라 있습니다. 하급자가 진심으로 해주는 격려와 칭찬을 들으면 상급자는 매우 기뻐합니다. 물론 상급자가 칭찬할 만한 인격과 실력을 갖추어야 하겠지만, 설령 그렇지 않더라도 신자들은 하나님의 주권을 인정하며 순종하고 따르려는 마음을 가져야 합니다. 더 나아가 상급자로 자신감 있게 리더십을 펼칠 수 있도록 격려하고 칭찬해야 합니다.

ㄷ. 상급자(superiors)의 자세 제가 중학생일 때는 한 반의 학생 수가 70명이 넘었습니다. 그때는 선생님이 이름만 기억해줘도 얼마나 신났는지 모릅니다. 실제로 선생님이 한 반에 끼치는 영향력은 학생 70명의 힘을 합친 것보다 작지 않습니다. 초등학교 교사는 학생들과 많은 시간을 함께하니 그 영향력이 더합니다. 담임선생님이 좋은 리더십으로 학생들을 사랑하며 이끈다면 아이들이 얼마나 큰 기쁨과 평안을 누리며 학교에 다니겠습니까?

요즘에는 중고생으로 보이는 아이들이 담배를 피우거나 이성끼리 팔짱을 끼고 가는 모습을 어렵지 않게 봅니다. 어른들이 나서서 부드럽고 지혜롭게 잘못을 지적하고 훈계한다면 학생들이 좀 더 조심할 텐데 어른들 대다수는 그냥 모른 체하는 분위기입니다. 개인주의가 만연하면서 자신이 피해 보는 일이 아니면 간섭하지 않는 분위기가 점점 더 강해지고 있습니다. 자라가는 아이들에게는 적절한 권고와 훈계가 필요한데 학교에서도, 가정에서도, 교회에서도 그런 조언을 해주는 사람이 없습니다. 쓸데없는 잡음을 만들지 않기 위해 최대한 하급자에게 간섭하지 않는 상급자들이 많아지는 것입니다. 하지만 상급자의 가르침과 권고와 훈계가 없으면 우리 가정과 사회, 교회와 학교는 점차 부패와 무질서에 빠질 수밖에 없습니다.

상급자가 잊지 말아야 할 지침 중 하나는 "신상필벌"(信賞必罰)입니다. 잘하는 자들에게는 격려와 포상을, 잘못하는 자들에게는 책망과 벌을 줌으로써 하급자들에게 무엇이 옳고 무엇이 그른지 가르치며 분별력을 길러주어야 합니다. 신상필벌을 통해 배운 분별력이 하급자들을 얼마나 높은 수준으로 이끄는지 모릅니다.

신자가 상급자의 자리에 있다면 일반 상급자보다 더 모범을 보여야 합니다. 예수 그리스도께서 모든 율법을 지키며 본을 보이셨듯이, 일방적 지시를 내리는 것이 아니라 먼저 실천하며 본을 보여야 합니다. 그래야만 권위를 인정받고 진정으로 존경받을 수 있습니다. 상급자의 직위만 내세울 것이 아니라 그 직위에 걸맞은 인격과 실력을 갖추어야 합니다. 나아가 성경의 기준과 가르침에 따라 영육에 필요한 바를 하급자들에게 공급하기 위해 더욱 노력해야 합니다.

성경은 "너희는 선생 된 우리가 더 큰 심판을 받을 줄 알고 선생이 많이 되지 말라"(약 3:1)라고 권합니다. 우리는 상급자의 권리를 누리기 전에 상급자의 책무를 깨달아 그 무게를 온전히 느껴야 합니다. 하나님이 섬기라고 주신 힘을 갖고 지배하거나 군림해서는 안 됩니다. 예수

님이 본을 보이신 대로 사명을 따르되 맡겨진 자들을 끝까지 책임지며
사랑하는 삶을 살아야 합니다.

성경으로 읽는 문학

윤흥길의 『완장』

윤흥길의 『완장』은 권력을 둘러싼 인간 본성을 풍자와 해학으로 그
려낸 소설이다. 특별한 기술도 없고 부르는 곳도 없어서 백수건달
로 사는 주인공은 어느 날 동네의 저수지를 지켜달라는 청을 받는
다. 폼도 나지 않고 보수도 마땅치 않은 일이지만 주인공은 딱히 할
일도 없는 처지였기에 그 제안을 받아들인다. 처음에 저수지 지키는
일을 대충 하던 주인공은 어느 날 완장을 차게 되는데 그때부터 사
람들이 그의 권위를 인정하기 시작하는 것이 아닌가? 그는 거기서
권력의 맛을 느끼며 점점 안하무인이 되어간다. 별 볼 일 없던 그는
처음에 주눅이 든 표정으로 저수지기 일을 했지만 완장은 신기하게
도 사람들을 굴복시키고 권위를 높여주는 힘이 있었다.

사회 질서를 강조하는 유교 문화 속에서 수백 년을 지내온 우리
나라 사람들은 그 어느 민족보다도 직위를 중시한다. 동네 배드민턴
동호회에 한번 가보라. 배드민턴장 한쪽 벽에는 회원들의 명단이 게
시되어 있고 각종 직책이 큰 글씨로 표시되어 있다. 고문, 자문, 회
장, 부회장, 총무, 회계 등의 직위가 나오는데 고문, 자문, 부회장 등
은 몇 명씩 있다. 직책 없는 회원이 별로 없지만 나는 자문이라는 직
책이 무슨 일을 담당하는지 여전히 잘 모르겠다. 그런데 안타깝게도

교회마저 이러한 직분의 남용과 남발에서 자유롭지 않은 듯하다.

많은 이들이 기억하겠지만 1996년에 북한 잠수함이 강원도 해안에 좌초한 사건이 있었다. 승조원과 공작원을 비롯한 북한군 26명은 잠수함에서 나와 육로로 도망쳤고 국군은 49일에 걸친 대대적인 추격전을 펼쳤다. 당시 북한군 26명 중 11명은 자살했고 13명은 사살되었으며 1명은 생포, 1명은 도주했다. 아군도 13명이 전사하고 27명이 부상했는데 피해 분석 결과 멀리서도 눈에 띄는 계급장 색깔이 큰 문제였다고 한다. 전투복은 적의 눈을 피하려고 위장 색으로 만들면서 계급장은 왜 눈에 잘 띄는 노란색, 빨간색으로 만들었을까? 군인의 본 임무인 전투보다는 누가 더 높은 완장을 찼는지 분명히 하여 지위고하를 가리는 일을 더 중요시했기 때문이었다.

20각 사람은 부르심을 받은 그 부르심 그대로 지내라. 21네가 종으로 있을 때에 부르심을 받았느냐? 염려하지 말라. 그러나 네가 자유롭게 될 수 있거든 그것을 이용하라. 22주 안에서 부르심을 받은 자는 종이라도 주께 속한 자유인이요, 또 그와 같이 자유인으로 있을 때에 부르심을 받은 자는 그리스도의 종이니라. 23너희는 값으로 사신 것이니 사람들의 종이 되지 말라(고전 7:20-23).

기복주의 신앙에 물든 많은 신자가 사회적으로 인정받는 자리를 통해 하나님께 영광을 돌릴 수 있다고 생각한다. 하지만 성경은 신자들이 어떤 상태로 부름을 받았든 그 부르심 그대로 지내라고 권면한다. 종으로 있을 때 부르심을 받아도 주눅 들 필요가 없다.

우리는 사회적 지위 상승 욕구를 강요하는 시대에 살고 있다. 심지어 기독교 신앙이 하나님의 도우심으로 현재의 상태보다 훨씬 좋은 상태가 되는 것이라고 생각하는 사람도 많다. 하지만 성경은 그렇게 말하지 않는다. 신자는 하나님께 일방적으로 은혜를 받아 구원에 이른다. 하나님으로부터 받은 은혜를 감사로 하나님께 되돌려드리는 일이 성도가 해야 할 가장 중요한 일이다. 사람이 하나님의 허락하심으로 이 땅에서 획득한 완장 때문에 우쭐대고 "갑질"하는 것은 불충(不忠)이며 은혜를 배신하는 행위다.

사탄은 시시때때로 천하만국과 그 영광을 보여주면서 우리의 시선을 빼앗아 우리가 누구에게 엎드려 경배해야 하는지 잊어버리게 한다. 사탄은 우리가 완장에만 관심을 두기를 바란다. 그뿐 아니라 더 크고 화려한 완장을 쟁취하도록 우리를 몰아간다. 사람들은 이런 사탄의 계략에 빠져 무언가 이상하다고 느끼면서도 본질을 깨닫지 못하고 그 흐름에 밀려다니기 쉽다. 대다수는 그렇게 살다가 죽는다. 이러한 인생은 허공을 치는 주먹질이고 향방 없는 달음질이다. 사탄은 쓸모없는 완장을 쟁취, 도전, 성취감 등의 단어로 포장해 사람들의 관심을 끌고 결국에는 삶의 궁극적 의미를 빼앗아버린다.

"권력은 부패하기 마련이고 절대적인 권력은 절대적으로 부패한다"(Power tends to corrupt. Absolute power corrupts absolutely)라는 말이 다시 한번 떠오른다. 지금 우리 사회는 "갑질"로 몸살을 앓고 있다. 전 대한항공 부사장 조현아 씨의 "땅콩 회항 사건"을 통해 통제되지 않은 갑의 위력과 횡포가 얼마나 무서운지가 세상에 드러났다. 어떤 대기업 상무는 기내에서 컵라면을 끓이는 문제로 승무원을 모독해 "라면 상무"라는 별명이 붙었다. 남양유업은 불합리한 요구로 대리점 점주들을 힘들게 했고, 어떤 백화점의 VIP 고객은 주차장 근무 직원의 무릎을 꿇리고 폭언을 했다.

그러나 그리스도인은 달라야 한다. 그리스도인은 자족하는 법을 통해 하나님 안에서 삶의 궁극적 의미를 발견한다. 그래서 참된 신자는 자신에게 주어진 신분으로 다른 사람들을 섬기기 위해 애쓸 뿐, "갑질"은 하지 않는다. 우리는 중력처럼 어디에서든 작용하는 권력의 부패성에 맞서며 섬기는 자세를 유지하기 위해 힘써야 한다. 얼마나 높은 권력을 가졌느냐가 아니라 주어진 신분과 권력을 가지고 얼마나 사람들을 섬겼느냐가 하나님을 영화롭게 하는 기준이다.

ㄹ. 동급자(equals)의 자세　우리나라는 또래 문화가 발달하여 상급자나 하급자보다 동급자와 어울리는 시간이 많습니다. 특히 학생들은 동급자들과 많은 시간을 보냅니다. 그런데 동급자들 사이에서는 질투와 경쟁심이 생겨나기 쉽습니다. 또래 중에서 누가 더 인기가 많고 공부를 잘하는지, 누가 더 먼저 승진하고 성공하는지에 마음을 빼앗기는 것입니다.

성경은 이에 대해 동급자의 존엄과 가치를 존중하라고 가르칩니다. 동급자를 과대평가하면서 질투할 것도 없고 과소평가하면서 무시할 것도 없습니다. 동급자를 있는 그대로 바라보며 배울 것은 배우고 부족한 점은 도와주면서 함께 성장하면 됩니다. 물론 이는 말처럼 쉬운 일은 아닙니다. 동급자를 경쟁 상대가 아닌 자기 몸처럼 여겨야 가능합니다. 어떤 면에서 경쟁심과 질투심은 능력이 뛰어난 사람일수록 빠지기 쉬운 죄입니다. 신자들은 본인이 아니라 동급자가 1등이 되어도 괜찮다는 마음을 가져야 합니다. 어쩌다가 자신이 1등이 되었을 때는 2등이 느낄지도 모르는 아쉬움과 좌절을 이해할 줄 알아야 합니다.

　제27과 제5계명의 요구와 금지

성경은 이렇게 말합니다.

> 15즐거워하는 자들과 함께 즐거워하고 우는 자들과 함께 울라. 16서로 마음을 같이하며 높은 데 마음을 두지 말고 도리어 낮은 데 처하며 스스로 지혜 있는 체하지 말라(롬 12:15-16).

성경에는 시기심에 빠져 범죄한 사람들이 많이 등장합니다. 가인은 동생 아벨을 시기해 죽였고(창 4장), 요셉의 형들은 요셉을 시기해 노예로 팔아넘겼습니다(창 37장). 하만은 모르드개를 시샘하여 유대인들을 모두 죽이려고 했지만 도리어 비참한 죽임을 당했습니다(에 7장). 예수님의 열두 제자는 서로 누가 큰지를 따지며 심하게 다퉜습니다(눅 22:24). 으뜸 되기를 좋아하는 디오드레베는 장로 요한의 일행을 맞아들이지 않았습니다(요삼 9). 미리암은 모세에 대한 시기심으로 "여호와께서 모세와만 말씀하셨느냐? 우리와도 말씀하지 아니하셨느냐?"라고 항의하다 나병이 생기는 벌을 받았습니다(민 12장). 신자들은 이러한 시기심과 질투를 멀리해야 하고 이것이 바로 신앙의 성숙임을 알아야 합니다.

2. 제5계명이 금지하는 것

제5계명은 "각 사람의 지위와 신분에 속하는 영예와 의무를 무시하거나 역행하는 것"을 금지합니다. 소요리문답 제65문은 마태복음 15:4-6을 그에 대한 첫 번째 근거로 제시합니다. 예수님 당시 바리새인과 서기관들은 제5계명을 가르치기는 했지만 부모에게 드려야 할 것을 하나님께 드리면 아무 문제가 없다고 단서를 달았습니다. 이는 논리로만 하나님의 율법을 지키는 외식입니다. 오늘날에도 "입술로는 하나님을 공경하지만 마음은 하나님에게서 먼"(마 15:8) 신자들이 있지는 않은지 경계해야 합니다.

두 번째 근거는 에스겔 34:2-4입니다. 하나님은 양 떼는 먹이지 않으면서 양을 잡아먹고 그 양털로 옷을 만들어 입는 목자의 모습을 통해 이스라엘의 지도층을 책망하셨습니다. 상급자로서의 책무를 포기하고 하급자를 이익의 재료로 삼는 자는 하나님의 심판을 피할 수 없을 것입니다. 오늘날 우리 사회는 그 어느 때보다도 약한 자를 품어주고 병든 자를 치료하며, 상한 자를 싸매주고 쫓기는 자에게 자유를 주며 소외된 자의 자리를 찾아줄 상급자들이 필요합니다(겔 34:4). 그리스도인들부터 그런 책임감을 가지고 살아야 합니다.

세 번째 근거는 로마서 13:8입니다. 신자들 사이에서는 "사랑의 빚 외에" 다른 빚이 있으면 안 됩니다. 남을 사랑하는 자는 성경이 말하는 율법을 다 이룬 것입니다. 예수님은 십자가에 못 박혀 죽으시며 "다 이루었다"(요 19:30)라고 말씀하셨습니다. 우리도 예수님처럼 남을 사랑할 때 율법을 다 이루게 됩니다. 우리는 오직 사랑의 빚만을 피차 져야 할 것입니다.

3. 제5계명에 부가된 논리

제5계명에는 "그리하면 네 하나님 여호와가 네게 준 땅에서 네 생명이 길리라"라는 약속이 뒤따릅니다. 이에 대해 에베소서 6:2-3은 "네 아버지와 어머니를 공경하라. 이것은 약속이 있는 첫 계명이니 이로써 네가 잘되고 땅에서 장수하리라"라고 말씀합니다. 하나님은 제5계명을 지키는 모든 자에게 장수와 번영을 약속해주셨습니다.

　　현실적으로도 상급자와 하급자와 동급자를 포함한 이웃을 자기 몸 같이 사랑하고, 남에게 대접을 받고자 하는 대로 남을 대접하면 덕을 쌓고 사람들의 인정을 받게 됩니다. 이렇게 주변에서 인정해주는 자는 하는 일이 형통할 수밖에 없습니다. 하나님은 이러한 자를 축복하셔서 긴 수명도 주십니다. 우리는 이 약속을 믿으며 더욱 부모를 공경해야 합니다.

생각할 거리

시어머니와 며느리

　　나는 결혼할 때 따로 신혼집을 차렸지만 전셋값이 갑자기 크게 오르는 바람에 1년 반 만에 부모님 집으로 들어와서 지금까지 16년 넘게 살고 있다. 나는 늦은 나이인 37살에 장가를 들어서 두 살 터울로 아이를 다섯이나 낳았다. 아이 한 명 키우기도 벅차다고 하는 시대에 어떻게 다섯을 키우느냐고 묻는 사람들이 있다. 나는 그 비결 중 하나가 바로 부모님과 같이 사는 것이라고 대답한다.

　　80대 초반이신 우리 어머니는 여느 할머니들처럼 자식 사랑, 손주 사랑이 극진하시다. 누구보다 정성 들여 음식을 만드시고 청소는 물론 빨래와 설거지, 정리정돈을 비롯한 살림을 매일같이 부지런히 하신다. 절기에 맞춰 호박죽, 팥죽을 쑤는 감각도 여전하시다. 거기다 손주들의 공부도 돌봐주신다. 우리 부부가 심방과 수련회 등으로 집을 비워도 할머니가 아이들을 지극 정성으로 먹이고 공부까지 시켜주시니 마음을 놓을 수 있다. 우리 부부는 할머니 덕분에 밤늦게까지 교회 일을 마음 놓고 할 수 있다.

또 할머니가 손주들을 공부시키는 악역(?)을 맡아주시니 우리 부부는 자식들에게 쉬어가면서 공부하라는 선한 말만 할 수 있다. 우리 어머니는 손주들의 시험 결과가 좋으면 누구보다 기뻐하고 나쁘면 무슨 큰일이라도 난 듯이 낙담하신다. 그래서 아이들의 공부를 독려하고자 시험에서 백 점을 맞으면 무조건 천 원씩 주기 시작하셨다. 우리 부부에게도 천 원씩 주라고 하셨기 때문에 아이들이 돈을 벌기 위해 공부하는 이상한(?) 분위기가 집안에 형성되었다. 초등학교 저학년 때 거의 매일 보는 받아쓰기도 시험에 해당하는 통에 초등학교에 입학한 막내는 "앗싸! 나도 이제 돈 벌 수 있다!"라고 말할 정도였다.

나도 개인적으로 큰 도움을 받는다. 어머니는 내가 담임목사이기 때문에 쉽게 듣지 못하는 책망과 훈계를 해주신다. 어머니는 백발노인이 되셨지만 여전히 어리고 미숙해 보이는 아들을 바른길로 이끌려고 최선을 다하신다. 화끈한 성격의 어머니가 가끔 치시는 불호령으로 나는 더욱 사람이 되어간다. 반면 어머니는 자식 손주들과 함께 외롭지 않은 노년을 보내신다. 자신이 맡은 역할을 통해 뚜렷한 존재감을 확인하면서 풍성한 삶을 살아가고 계신다.

그런데 이런 이야기는 선순환의 예일 뿐이다. 며느리가 시편도 읽지 않는다거나 시금치도 먹지 않는다는 문제로 고부간 갈등이 발생하면 우리가 함께하는 모든 순간이 고통스럽게 느껴진다. 고부간 갈등이 있을 때면 나는 완충지대 역할을 하려고 나름대로 최선을 다한다. 청소 때문에 보이지 않는 신경전이 있을 때는 바지를 걷고—안 걷으면 닳는다고 아내가 싫어한다—열심히 바닥을 닦는다. 내 무릎은 기도가 아니라 걸레질로 낙타 무릎이 되었다. 지금도 종종 내

제27과 제5계명의 요구와 금지

몫이 되는 청소는 내가 가장 잘하는 집안일이다. 물론 어떤 때는 설거지와 다른 일도 해야 한다. 또 어떤 때는 아내에게 일부러 큰소리를 쳐서 어머니를 달래고 어떤 때는 아내 앞에서 어머니와 언쟁을 벌여 문제를 해결하기도 한다.

내가 경험을 통해 터득한 "고부간 문제 해결 요령" 중 하나는 갈등이 최고조에 이르려고 할 때 어떻게든 민감함을 완화시켜야 한다는 것이다. 저녁에 외식을 함으로써 집안일로 인한 스트레스를 줄이거나, 사정이 되는 대로 여행을 가서 이삼일 잘 쉬거나, 아니면 아내를 친정에 잠시 보내야 한다.

그래도 고부간 갈등은 발생하기 마련이고 대부분 최고조의 긴장점을 향하여 치닫는다. 사람은 서로 다르다. 샤워하는 방법에 관해 이야기를 해보면 놀랄 정도로 순서가 같은 사람이 하나도 없다. 그러니 한집에 살면서 수많은 살림과 집안의 대소사에서 호흡을 맞춰야 하는 시어머니와 며느리가 겪는 불편함을 어떻게 다 말할 수 있을까? 게다가 우리 집은 아이가 다섯이니 오죽할까.

고부간의 갈등은 단순히 신앙과 윤리의 차원만이 아니라 성향과 습관의 문제다. 그리스도인 가정이라고 해서 고부간의 갈등을 피할 수 있는 것은 아니다. 신자나 목사의 가정에도 일반인 가정 비율만큼 고부간의 문제가 있다. 그렇게 은혜 충만한 모습으로 신앙을 고백하다가도 고부간의 문제가 불거지면 한숨만 내쉬는 존재가 우리다.

고부간의 문제는 단 몇 문장으로 설명할 수 없이 복잡하며 단순히 선악으로 가를 수 없는 미묘한 특징이 있다. 그래서 그 문제를 해결하려면 피차 합리적으로 대화할 수 있는 성숙한 인격과 삶의 지혜가 필요하다. 글과 머리로만 배운 신앙은 이런 실제적인 문제 앞에서 무용지물에 가깝다. 우리의 삶은 정말 간단치가 않다.

우리 식구가 그래도 지금까지 함께 살 수 있었던 가장 중요한 요인은 바로 우리 어머니의 성품과 기질 때문이다. 우리 어머니는 자손에 대한 깊은 사랑과 집안의 웬만한 일은 자신이 감당해야 한다는 책임감으로 기쁘게 생활하신다. 며느리가 밖에서 자유롭게 시간을 보내도록 때로—항상은 아니다—허용하는 아량도 지니셨고, 불만이 있으면 밖으로 표현하며 화끈하게 해결하시기 때문에 문제가 안으로 곪지 않는다. 그리고 무엇보다 더불어 사는 것을 큰 기쁨으로 여기고 당연시할 정도로 정이 많으시다.

아내의 수용적인 태도도 큰 몫을 차지한다. 아내는 수차례에 걸친 갈등 끝에 적절한 양보와 게으름으로 시어머니에게 살림의 주도권을 넘겨주는 지혜와 절제를 발휘했다. 아내가 지쳐서 친정에 갔을 때 은퇴 목회자인 장인어른과 장모님이 아내에게 하신 정신교육도 도움이 되었다. 그분들은 목사의 아내가 시부모님을 제대로 모시지 못하면 무엇을 할 수 있겠느냐며 아내를 권면하고 격려해주셨다. 아내는 친정을 다녀오면 고맙게도 더 넓은 마음과 여유를 가지고 시어머니를 대하곤 했다. 나는 제5계명을 중요하게 여기고 삶의 원리로 여기는 성도의 가정이 얼마나 아름다운지를 처가를 통해 여러 번 확인할 수 있었다.

다소 말이 적은 아내는 처음에 시어머니와 대화하는 것을 힘들어했다. 하지만 지금은 시어머니가 듣기 좋아하시는 말이 무엇인지를 알아 시어머니와 곧잘 대화를 나누며 자기 뜻대로 시어머니를 조종(?)하기도 한다. 나와 부부싸움을 할 때도 시어머니를 자기편으로 만들어 지지를 얻어낼 정도다. 나로서는 그렇게 아내에게 지는 것은 기분 좋은 1패다.

아내나 나나 부모님과 같이 살면서 자주 넘어지고 실패했지만 지금까지 견디어오는 과정에서 더불어 산다는 것이 무엇인지 많이 배웠다. 2000년에 돌아가신 아버지의 임종을 지키며 늙음과 병듦과 죽음에 대해 깊이 생각했었는데, 곁에서 늙어가시는 어머니의 내려놓는 모습을 보면서도 사람과 인생에 대해서 많이 배우게 된다. 이런 경험과 지혜는 성경을 더 깊이 바라보고 성도를 더 세밀하게 목양하는 밑거름이 되었다.

내가 부모님과 살면서 배운 가장 큰 미덕은 오래 참음이다. 부모님과 갈라서는 문제로 몇 번을 고민했었는데 그때마다 한 번 더 참고, 한 번 더 기다리는 과정에서 문제가 작아지거나 해결되는 경험을 했다. 그리고 우리 부부에게 어느새 그런 문제를 이해하고 해결하는 능력이 생긴 것을 알게 되었다. 성질을 부리거나 시비를 가리지 않아도 해결되는 문제들이 많다는 사실을 체득하며 적절한 관조와 개입의 타이밍이 중요함을 배웠고, 나 자신의 부족한 점을 돌아보며 지혜를 얻었다.

지금까지 나의 부족함에도 불구하고 어머니와 같이 살 수 있어서 기쁘고, 아내와 여전히 한 침대에서 팔베개를 해주며 잠들 수 있어서 감사하고, 교인들과 만나면 반가운 마음으로 대화를 나눌 수 있어서 감사하다. 아무리 골치 아픈 관계도 애정 어린 시선을 견지하며 해결될 수 있다는 생각을 버리지 않는 것이 중요하다. 고린도전서 13장은 사랑이 무엇보다 먼저 "오래 참는 것"이라고 말한다. 배우자나 가족, 교회와 갈라서는 이들 중 상당수가 자기 확신이 강한 사람들이다. 본인은 오래 참고 사랑하지 못하면서 자기 확신 속에서 상대의 문제를 들추어내고 사랑이 적다고 지적하는 사람은 다른 사람과 함께하기 힘들다. 그러나 한번 갈라섬으로 문제를 해결한 사람은 다른 곳에서도 습관적으로 그렇게 하기가 쉽다는 사실을 명심해야 한다.

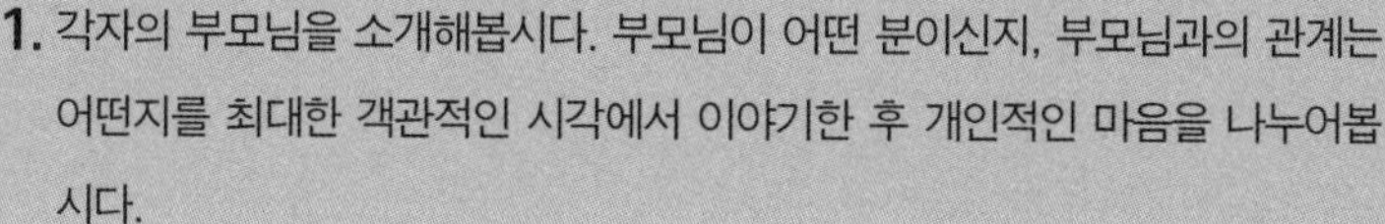

1. 각자의 부모님을 소개해봅시다. 부모님이 어떤 분이신지, 부모님과의 관계는 어떤지를 최대한 객관적인 시각에서 이야기한 후 개인적인 마음을 나누어봅시다.

2. 소요리문답 제63-66문을 서로 묻고 답해봅시다. 근거 성구도 함께 살펴봅시다.

3. 제5계명의 부모는 어떤 범주를 포함하는지 제64문을 참고하여 살펴봅시다. 사람들 간의 관계에서 기본자세는 무엇인지 관련 성구(롬 12:10; 엡 5:21; 벧전 2:17)를 통해 살펴봅시다.

4. 베드로전서 2:18-21을 읽고 하급자의 자세에 대해 이야기해봅시다.

5. 에베소서 6:4과 야고보서 3:1을 읽고 상급자의 자세에 대해 이야기해봅시다.

6. 로마서 12:15-16을 읽고 동급자의 자세에 대하여 이야기해봅시다.

7. 윤흥길의 『완장』이라는 소설을 읽어본 적이 있나요? 이 소설이 풍자하는 우리 사회의 모습은 어떤가요?

8. 가족이나 가까운 사람과 갈등 관계에 있다면 어떻게 하는 것이 지혜로운 해결 방법인지 나누어봅시다.

제27과 함께 나누기

제28과
제6계명의 요구와 금지

제67문. 제6계명은 무엇입니까?

Which is the Sixth Commandment?

답. 제6계명은 "살인하지 말라"입니다.

The Sixth Commandment is, "thou shalt not kill."

---

kill 죽이다, 살해하다, 사망하다

제68문. 무엇이 제6계명에서 요구됩니까?

What is required in the Sixth Commandment?

답. 제6계명은 우리 자신의 생명과^(엡 5:28-29) 다른 이들의
생명을^(왕상 18:4) 유지하기 위한 모든 합법적인 노력을
요구합니다.

The Sixth Commandment requires all lawful endeavours
to preserve our own life, and the life of others.

---

endeavour 노력, 시도, 애씀; (미) **endeavor**
lawful 합법적인, 법이 허용하는; **law**의 형용사형

제69문. 무엇이 제6계명에서 금지됩니까?

What is forbidden in the Sixth Commandment?

답. 제6계명은 우리 자신이나 이웃의 생명을 불의하게 빼앗거나 거기에 이르게 하는 것은 무엇이든지 금합니다 (행 16:28; 창 9:6).

The Sixth Commandment forbids the taking away of our own life, or the life of our neighbour unjustly, or whatsoever tends thereunto.

---

take away of 제거하다, 치우다, 죽이다
unjustly 불공평하게, 불법적으로; **unjust**의 부사형
neighbour 이웃, 이웃 나라; (미) **neighbor**
thereunto 거기에, 거기에 덧붙여, 더욱이; **thereto**의 고어

28이와 같이 남편들도 자기 아내 사랑하기를 자기 자신과 같이 할지니 자기 아내를 사랑하는 자는 자기를 사랑하는 것이라. 29누구든지 언제나 자기 육체를 미워하지 않고 오직 양육하여 보호하기를 그리스도께서 교회에게 함과 같이 하나니(엡 5:28-29).

이세벨이 여호와의 선지자들을 멸할 때에 오바댜가 선지자 백 명을 가지고 오십 명씩 굴에 숨기고 떡과 물을 먹였더라(왕상 18:4).

바울이 크게 소리 질러 이르되 "네 몸을 상하지 말라. 우리가 다 여기 있노라" 하니(행 16:28).

다른 사람의 피를 흘리면 그 사람의 피도 흘릴 것이니 이는 하나님이 자기 형상대로 사람을 지으셨음이니라(창 9:6).

살인하지 말라

십계명 중 사람에 대한 우리의 의무를 다루는 여섯 계명(제5-10계명)의 강령은 우리 이웃을 자기 몸 같이 사랑하고 남에게 대접을 받고자 하는 대로 남을 대접하라는 것입니다(마 22:39; 7:12). 그중 첫 번째인 제5계명은 하나님의 형상으로 만들어진 사람에게 생명을 전달하고 양육하는 부모에 대한 공경을 명하여 하나님이 사람들 간에 세우신 질서와 권위를 인정하라고 가르칩니다. 이어서 두 번째인 제6계명은 하나님의 형상으로 만들어진 사람의 생명을 존귀하게 여기라고 가르칩니다.

〈표14〉 소요리문답 제67-69문의 구성

1. 제6계명이 요구하는 것

창세기 9:6은 "다른 사람의 피를 흘리면 그 사람의 피도 흘릴 것이니 이는 하나님이 자기 형상대로 사람을 지으셨음이니라"라고 말합니다. 하나님은 십계명을 주시기 이전부터 사람이 하나님의 형상대로 지음을 받았기 때문에 고귀하다는 사실을 말씀하셨습니다. 사람은 능력이나 소유에 따라 가치가 다르지 않습니다. 모든 사람은 하나님의 형상대로 지음 받았다는 사실 때문에 그 자체로 엄청난 가치가 있습니다. 노인이나 장애인이나 노숙인이나 가난한 자를 포함한 모든 사람은 존엄합니다.

따라서 모든 사람은 기본적인 대우를 받아야 합니다. 사람의 기본적인 존귀함이 손상되지 않도록, 특히 도움이 필요한 노인과 환자와 장애인과 약한 이들이 존중받아야 합니다. 무엇보다 생명 자체는 매우 소중하게 다뤄져야 합니다. 성경은 사람이 만일 온 천하를 얻고도 제 목숨을 잃으면 아무것도 유익하지 않다고 말합니다(마 16:26). 그렇게 귀한 것이 사람의 목숨입니다.

그래서 제6계명은 "살인하지 말라"고 명합니다. 이는 먼저 자기 자신의 생명을 미워하지 말고 양육하며 보호하라는 요구입니다. 우리 몸은 하나님께로부터 받은 선물이며 성령이 거하시는 성령의 전입니다. 더군다나 신자인 우리의 생명은 자기 자신의 것이 아닙니다. 예수님이 값으로 사셨기 때문입니다. 그러므로 우리 몸으로 하나님께 영광을 돌려야지(고전 6:19-20), 열등감을 갖고 미워하거나 혹사시키면 안 됩니다. 우리는 육체적으로나 심리적으로, 또 영적으로 우리의 몸을 잘 돌보아 하나님께 영광을 돌려야 합니다

자살도 안 됩니다. 자살은 자기 목숨을 본인 뜻대로 처분한 것이기에 죄가 안 될까요? 그렇지 않습니다. 자신의 돈이나 시간을 마음대로 쓰듯 자신의 목숨도 제 마음대로 쓸 수 있다고 말하는 것은 옳지 않습니다. 돈이나 시간도 남용하거나 오용하면 안 되는데 목숨은 얼마나 더 하겠습니까? 자살은 하나님이 주신 목숨을 함부로 다루는 명백한 죄입니다.

나아가 자기 자신을 미워하거나 돌보지 않는 것도 죄입니다. 우리는 우리 자신을 미워할 권리가 없습니다. 나 자신은 나의 소유가 아니라 하나님의 소유이기 때문입니다. 우리는 하나님이 주신 목숨을 잘 관리하여 다시 하나님께 드려야 합니다. 우리는 사나 죽으나 주의 것입니다. 죽은 자와 산 자의 주가 되시려고 그리스도께서 죽었다가 다시 살아나셨습니다(롬 14:8-9). 이와 관련해 하이델베르크 요리문답 제1문은 "사나 죽으나 당신의 유일한 위안은 무엇입니까?"라고 묻고 다음과 같이 대답합니다.

사나 죽으나 나는 나의 것이 아니고 몸과 영혼이 모두 미쁘신 구주 예수 그리스도의 것입니다. 주께서 보배로운 피로 나의 모든 죗값을 치러주셨고 마귀의 권세로부터 나를 자유롭게 하셨습니다.

더 나아가 우리는 다른 사람의 생명을 소중하게 여기며 그 생명을

 제28과 제6계명의 요구와 금지

유지하기 위해 모든 합법적인 노력을 다해야 합니다. 생명 경시 풍조가 만연한 현재의 풍토 속에서 "네 이웃을 네 몸 같이 사랑하라"는 강령에 따라 우리 자신의 생명만이 아니라 다른 이들의 생명을 지켜내기 위해 애써야 합니다. 그리스도인은 나이와 성별, 나라와 민족, 장애와 병에 의한 차별에 철저히 반대해야 합니다. 생명의 경중을 따지는 모든 기준을 거부하며 생명을 생명 자체로 보고 자기 생명만큼 남의 생명도 귀하다는 사실을 삶 속에서 드러내야 합니다.

2. 제6계명이 금지하는 것

소요리문답 제69문은 제6계명이 "우리 자신이나 이웃의 생명을 불의하게 빼앗거나 거기에 이르게 하는 것은 무엇이든지" 금한다고 말합니다. 여기서 생명을 불의하게 빼앗는 것은 구체적으로 무엇을 말할까요? 신자의 살인관은 일반인보다 더 엄격하고 포괄적이어야 합니다. 이에 대해 상세한 설명을 시도하는 웨스트민스터 대요리문답의 내용을 살펴보겠습니다.

첫째, 예수님은 살인에 대해 말씀하시면서 "형제에게 노하는 자마다 심판을 받게 되고, 형제를 대하여 라가라 하는 자는 공회에 잡혀가게 되고, 미련한 놈이라 하는 자는 지옥 불에 들어가게 되리라"(마 5:22)고 하셨습니다. 물리적 살인만 살인이 아닙니다. 형제에게 화를 내는 것, 라가라는 경멸적 단어를 쓰는 것, 미련한 놈이라고 멸시하는 것이 전부 살인에 속합니다. 성경은 물리적 타격에 의한 실제적 살인과 정신적·심리적 타격에 의한 인격 살인을 모두 금지합니다.

둘째, 분을 다스리지 못하는 것도 금해야 합니다. 성경은 "분을 내어도 죄를 짓지 말며 해가 지도록 분을 품지 말고 마귀에게 틈을 주지 말라"(엡 4:26-27)라고 명령합니다. 구원받은 신자도 여전히 남아 있는 부패성 때문에 분이 날 때가 있습니다. 하지만 이조차도 적정선을 넘으면 안 됩니다. 분이 다른 죄를 추동(推動)하도록 내버려두거나 마음속에 분을 품고 있으면 안 됩니다. 해가 지도록 분을 풀지 않으면 시험에 듭니다. 마음속으로 형제를 몇 번이나 죽이게 됩니다. 마귀에게 틈을 주어 날카로운 말로 형제의 마음 깊숙이 비수를 꽂거나 폭력을 사용해 돌이킬 수 없는 실수를 저지를 수도 있습니다. 분을 전혀 안 낼 수는 없겠지만 신앙이 성숙할수록 분을 다스려 다른 죄를 짓기 전에 분을 풀어버릴 수 있어야 합니다.

셋째, 사람의 추락을 방지하는 건축 시설의 미비도 피해야 합니다. 성경은 "네가 새 집을 지을 때 지붕에 난간을 만들어 사람이 떨어지지 않게 하라. 그 피가 네 집에 돌아갈까 하노라"(신 22:8)라고 말합니다. 이는 사고를 방지하기 위해 안전시설을 철저히 하라는 의미입니다. 우리 사회는 "안전불감증"이란 말이 낯설지 않을 정도로 안전시설에 투자하거나 제대로 관리하는 일에 소홀합니다. 2014년 4월 16일 304명의 안타까운 목숨을 앗아간 세월호 침몰 사고의 원인 중 하나는 운영사인 청해진해운의 무리한 설계 변경이었고 이를 제대로 관리·감독하지 못한 행정당국도 비난을 피하기 힘들었습니다.

제6계명을 제대로 이해하는 그리스도인이 담당 공무원이었다면 무리한 설계 변경을 저지하고 안전 대책이 제대로 수립되도록 신경을 썼을 것입니다. 십계명을 제대로 이해하고 순종하는 그리스도인이 많아질수록 우리 사회는 더 안전하고 살기 좋게 변할 수 있습니다. 하나님의 율법을 제대로 받아들이고 실행하는 자들이 많으면 많을수록 그 사회와 나라는 안전하고 투명하며 올바른 나라가 됩니다.

넷째, 제6계명은 무절제한 식사와 음주, 노동과 오락도 금지합니다.

너는 꿀을 보거든 족하리만큼 먹으라. 과식함으로 토할까 두려우니라(잠 25:16).

너희는 스스로 조심하라. 그렇지 않으면 방탕함과 술취함과 생활의 염려로 마음이 둔하여지고 뜻밖에 그날이 덫과 같이 너희에게 임하리라(눅 21:34).

낮에와 같이 단정히 행하고 방탕하거나 술 취하지 말며 음란하거나 호색하지 말며 다투거나 시기하지 말고(롬 13:13).

신자는 무엇을 하든 절제할 줄 알아야 합니다. 식사도 적당하게 해서 적절한 체형과 몸무게를 유지해야 합니다. 노동도 적당하게 하면서 과로로 몸을 망치지 말아야 하고 오락도 절제하여 중독되지 말아야 합니다. 여유와 안식이 없는 우리 사회에는 게임, 인터넷, 도박, 담배, 술, 약물, 마약, 성, 미디어 등에 중독되어 생업을 제쳐놓고 극단으로 내달리는 사람이 적지 않습니다. 중독은 당사자만이 아니라 가족과 주변 사람들까지 피폐하게 만듭니다. 우리는 이런 문화에 저항하며 중독을 피하고 하나님이 우리 삶 속에 허락하신 자유가 훼손되지 않게 해야 합니다. 신자는 물리적인 면, 심리적인 면, 영적인 면 모두에서 자유를 누려야 합니다.

다섯째, 소나 애완동물을 키울 때 다른 사람에게 해가 되지 않게 해야 합니다. 하나님은 출애굽기에서 다음과 같이 명령하셨습니다.

²⁸소가 남자나 여자를 받아서 죽이면 그 소는 반드시 돌로 쳐서 죽일 것이요, 그 고기는 먹지 말 것이며 임자는 형벌을 면하려니와 ²⁹소가 본래 받는 버릇이 있고 그 임자는 그로 말미암아 경고를 받았으되 단속하지 아니하여 남녀를 막론하고 받아 죽이면 그 소는 돌로 쳐 죽일 것이고 임자도 죽일 것이며(출 21:28-29).

실제로 오늘날에도 사나운 개를 잘못 관리해 사람이 다치거나 죽는 경우가 있습니다. 개가 그럴 만한 위험이 있는데도 신경을 쓰지 않은 개 주인은 사람을 죽인 죄를 지은 것입니다. 음주운전, 난폭운전, 보복운전도 같은 연장선 위에 있습니다. 특히 자신이 음주운전과 난폭운전의 경향이 있는 줄을 알면서도 대리운전이나 대중교통을 이용하지 않는 사람은 정죄받아 마땅합니다. 신자는 이런 일에도 조심하면서 본을 보여야 합니다. 조심하는 것은 소심한 것이 아니라 생명을 보호하는 책임 있는 행동입니다.

여섯째, 도둑을 쳐 죽이는 것도 상황에 따라서 살인이 됩니다.

²도둑이 뚫고 들어오는 것을 보고 그를 쳐 죽이면 피 흘린 죄가 없으나 ³해 돋은 후에는 피 흘린 죄가 있으리라(출 22:2-3).

범죄자라고 해도 가능하면 생명을 해치지 않는 것이 옳습니다. 해가 돋은 후에는 소리를 지르거나 도움을 요청해 도둑을 물리칠 수 있고 자리를 피할 수도 있기 때문에 죽을 정도로 도둑을 때리면 안 됩니다. 물론 불가피하게 자신을 보호하는 정당방위는 죄가 아니지만 정당방위를 악용해 고의적이고 과도한 보복을 정당화해서도 안 됩니다.

일곱째, 부상과 곤궁에 처한 자를 돕지 않는 것도 금지됩니다. 예수님은 선한 사마리아인의 비유를 통해 종교적 지위나 명성을 떠나 실제로 어려움을 당한 자를 돕는 사람이 하나님의 뜻에 부합한다고 말씀하셨습니다.

33어떤 사마리아 사람은 여행하는 중 거기 이르러 그를 보고 불쌍히 여겨 34가까이 가서 기름과 포도주를 그 상처에 붓고 싸매고 자기 짐승에 태워 주막으로 데리고 가서 돌보아주니라. 35그 이튿날 그가 주막 주인에게 데나리온 둘을 내어주며 이르되 "이 사람을 돌보아주라. 비용이 더 들면 내가 돌아올 때에 갚으리라" 하였으니 36네 생각에는 이 세 사람 중에 누가 강도 만난 자의 이웃이 되겠느냐?"(눅 10:33-36)

야고보서 2장은 헐벗고 일용할 양식이 없는 형제나 자매에게 말로만 "평안히 가라, 덥게 하라, 배부르게 하라" 하고 그 몸에 쓸 것을 주지 아니하면 아무 유익이 없다고 말합니다(약 2:15-16). 신자는 형제와 자매가 어려움을 당할 때 도와야 합니다. 주는 것이 받는 것보다 복이 있다고(행 20:35) 하신 예수님의 말씀을 진실로 믿어야 합니다. 먹을 것과 입을 것이 있으면 족한 줄로 알아야 합니다.

여덟째, 남이 흥분했을 때 거기에 맞장구치며 부추기는 것도 금지됩니다. 르우벤은 동생들이 요셉을 시기하여 죽이고자 할 때 "그의 생명은 해치지 말자", "피를 흘리지 말라. 그를 광야 그 구덩이에 던지고 손을 그에게 대지 말라"(창 37:21-22)라고 말하며 말렸습니다. 그는 다른 형제들의 불타는 질투심과 폭력성을 통제해 요셉을 죽이지 않고 구덩이에 던지게 했습니다. 우리가 잘 아는 것처럼 르우벤의 이런 애씀을 통해 요셉은 물론이고 온 집안이 안전하게 살아남을 수 있었습니다.

신자는 르우벤과 같은 자가 되어야지 "말리는 시누이"나 "불난 집에 부채질"하는 자가 되어서는 안 됩니다. 또한 하나님의 말씀에 근거해 자신의 타오르는 감정을 억누를 줄 알고 주변의 흥분하는 이들을 달랠 줄도 알아야 합니다. 하나님은 신자의 이러한 시도를 통해 귀한 생명을 구하고 사람들이 살아갈 길을 열어주십니다. 이렇게 그리스도인이 하나님의 말씀대로 살아가는 삶 자체가 세상 사람들에게 소중한 선물이 됩니다. 하나님의 말씀에 근거한 정서와 문화와 제도가 퍼져나갈수록 생명과 평화의 열매는 더욱 풍성해집니다.

> **제6계명이 금지하는 것**
>
> ① 육체적 살인과 정신적·심리적 살인
> ② 절제하지 못하는 것
> ③ 추락 방지 시설 미비
> ④ 무절제한 식사와 음주와 노동과 오락
> ⑤ 위험한 동물의 방치
> ⑥ 과도한 정당방위
> ⑦ 부상자와 곤궁한 자의 방치
> ⑧ 흥분한 자를 부추기는 것

　　제28과 제6계명의 요구와 금지

세월호와 하나님의 경고

미국의 트래블러스 보험사(Travelers Insurance Company)에 근무했던 허버트 하인리히(Herbert Heinrich)는 업무 성격상 수많은 사고 통계를 접하며 하나의 법칙을 발견했다. 그는 어떤 대형 사고가 발생하기 전에 반드시 나타나는 사건과 조짐의 비율을 수치화했다. 보통 1:29:300이라는 비율로 알려진 "하인리히 법칙"은 재해로 중상자 한 명이 나오면 그전에 비슷한 상황과 이유로 29명의 경상자가 발생했고 또 운 좋게 사고로 이어지지는 않았지만 비슷한 이유로 사고가 날 뻔한 상황이 300번 발생했음을 알려준다.

수백 명의 고등학생과 승객들이 탄 세월호가 진도 앞바다에서 침몰했으나 제대로 된 구조 활동조차 이루어지지 않아 많은 사람이 엄청난 절망감을 맛보았다. 이 참사를 사전에 막을 수는 없었을까? 우리는 이런 대형 사고를 예고하는 300번의 분명한 신호와 29번의 강력한 경고가 이미 우리 사회에 있었음을 알아야 한다. 세월호 침몰 두 달 전인 2월 17일, 경주 마우나오션리조트가 붕괴해 대학교 신입생 10명이 목숨을 잃는 끔찍한 사고가 있었다. 이미 건축물이 지어질 때부터 시공사와 행정 당국은 법규를 준수하지 않았고, 행사를 주관한 총학생회도 안전보다는 행사에 대한 흥분으로 들떠 있었다.

이때 많은 사람이 우리 사회에 만연한 안전불감증을 문제시하며 우리 사회가 이런 어이없는 사고를 막을 수 있어야 한다고 목소리를 높였다. 그런데 봄이 와 날씨가 풀리자 안전에 대한 경계심도 같이 풀렸고 결국에는 세월호 침몰이란 비극마저 겪게 되었다.

우리나라 해군은 천안함 침몰 때 적절하게 대처하지 못한 것을 반성하며 수상구조함인 통영함을 2012년 9월 4일에 진수했다. 통영함은 우리나라의 빠른 조류에도 버틸 수 있고 수심 3,000미터까지 탐색 가능한 수중 무인탐사기와 수심 90미터에서 구조 활동을 펼칠 수 있는 장비를 갖춘 최첨단 구조함이다. 국방일보(2013. 9)는 통영함이 "1만 4,500톤급 독도함을 예인하는 데 성공했다. 해군의 모든 함정을 구조할 수 있다"고 자랑하기도 했다. 하지만 통영함은 세월호 사고 당시에는 전혀 투입되지 못했다. 진수한 지 1년 7개월이 지나도록 장비 검증을 마치지 못했기 때문이었다.

세월호 참사에 대해 선주와 선장과 선원, 관련 공무원들은 일차적 책임을 져야 한다. 하지만 나머지 사람들도 책임을 통감하며 정신을 바짝 차려야 한다. 세월호 참사에서 우리 사회 전체의 구조적·도덕적 문제가 총체적으로 드러났기 때문이다. 도덕적 불감증은 무수한 살인을 저지르는 것과 같은 재앙을 불러온다.

사람들은 세월호 참사처럼 눈에 명백하게 드러난 사건에 온통 관심을 쏟는다. 하지만 내가 보기에 더 심각한 문제는 그런 사건의 토양이 되는 정치와 경제, 사법과 종교 영역의 부패다. 사람들은 점점 더 악 앞에서 무감각해지고 힘이 곧 정의라고 생각하면서 냉소주의, 패배주의, 배금주의에 물들어가고 있다. 이것이 더 심각하다. 그 폐해는 우리 사회의 전 영역을 마비시키며 어린아이들과 학생들, 부녀자들과 노인들 같은 약자들이 겪는 고통으로 나타나기 시작했다. 그러나 세월호 침몰과 같은 큰 재앙이 사회 각 분야에서 우리 가까이 있는데도 많은 사람이 인식조차 하지 못한다.

성경의 여러 사건을 살펴보면 하나님의 심판은 예고 없이 곧바로 임하는 것이 아니라는 사실을 알 수 있다. 엘리의 두 아들 홉니와 비느하스가 전쟁에서 죽임을 당한 것은 우연이 아니었다. 그들에게는 이미 29번의 분명한 경고가 주어졌고 수많은 징후를 통해 심판이 예견되었다. 하지만 그들은 깨닫지도 못했고 돌이키지도 않았다. 그들은 아버지 엘리의 꾸짖음도 듣지 않았는데 이에 대해 성경은 "이는 여호와께서 그들을 죽이기로 뜻하셨음이더라"(삼상 2:25)라고 말한다.

우리는 어떨까? 우리 사회가 수많은 악행과 죄에도 불구하고 그나마 이만큼 건재한 것은 하나님이 오래 참으시기 때문이다. 하나님이 우리 민족을 끝까지 긍휼히 여기셔서 참된 회개로 이끌어주시기를 간구한다. 부디 하나님의 경고에 귀를 기울이고 신속하게 돌이키는 신앙인이 많아지기를 바란다. 지금 우리는 경고를 분명히 인식하며 민감하게 깨어 있는 자들이 예언자적 사명을 감당해야 하는 시대에 살고 있다.

1. 무조건 화를 내지 않는 것이 좋다고 이야기하는 사람이 있는 반면, 적절하게 화를 내는 것이 유익하다고 이야기하는 사람들도 있습니다. 어느 쪽이 옳다고 보십니까? 분노와 관련해서 각자의 성격을 평가해보고 개선점에 관해 이야기 해봅시다.

2. 소요리문답 제67-69문을 서로 묻고 답해봅시다. 관련 성구도 함께 살펴봅 시다.

3. 살인하면 안 되는 이유를 창세기 9:6을 통해 살펴봅시다. 사람은 왜 그 자체 로 존귀합니까?

4. 자살하면 안 되는 이유를 관련 성구(롬 14:8-9; 고전 6:19-20)를 통해 살펴 봅시다.

5. 살인에는 육체적 살인뿐만 아니라 정신적·심리적 살인도 있습니다. 관련 성 구(마 5:22; 엡 4:26-27)를 살펴보고 살인에 대한 성경적 기준이 무엇인지 이야기해봅시다.

6. 제6계명이 금지하는 것이 무엇인지 다시 한번 살펴보고 그중에서 자신이 특별히 조심해야 할 것이 있다면 나누어봅시다.

7. 우리 사회에서 "하인리히 법칙"이 드러난 경우가 있다면 이야기해보고 각자가 귀 기울여야 하는 하나님의 경고가 무엇인지 나눠봅시다.

제29과
제7계명의 요구와 금지

제70문. 제7계명은 무엇입니까?

Which is the Seventh Commandment?

답. 제7계명은 "간음하지 말라"입니다 (출 20:14).

The Seventh Commandment is, "You shall not commit adultery."

---

commit 저지르다, 범하다, 약속하다

adultery 간통, 부정, 간음

제71문. 무엇이 제7계명에서 요구됩니까?

What is required in the Seventh Commandment?

답. 제7계명은 우리 자신과 이웃의 순결을 마음과 말과 행동에서 지킬 것을 요구합니다(고전 7:2-3, 5, 34, 36; 골 4:6; 벧전 3:2).

The Seventh Commandment requires the preservation of our own and our neighbour's chastity, in heart, speech, and behaviour.

---

preservation 보존, 보호, 보전
chastity 순결, 고상함, 정숙함
speech 말, 말하기, 연설, 발언

제72문. 무엇이 제7계명에서 금지됩니까?

What is forbidden in the Seventh Commandment?

답. 제7계명은 모든 정결하지 않은 생각과 말과 행동을 금합니다(마 15:19; 5:28; 엡 5:3-4).

The Seventh Commandment forbids all unchaste thoughts, words, and actions.

---

unchaste 정숙하지 않은, 부정한, 행실이 나쁜
thought 생각, 예상, 고려, 의견
action 행동, 전투, 효과, 결정

2음행을 피하기 위하여 남자마다 자기 아내를 두고 여자마다 자기 남편을 두라. 3남편은 그 아내에 대한 의무를 다하고 아내도 그 남편에게 그렇게 할지라(고전 7:2-3).

서로 분방하지 말라. 다만 기도할 틈을 얻기 위하여 합의상 얼마 동안은 하되 다시 합하라. 이는 너희가 절제 못함으로 말미암아 사탄이 너희를 시험하지 못하게 하려 함이라(고전 7:5).

…시집가시 않은 사와 처녀는 주의 일을 염려하여 몸과 영을 다 거룩하게 하려 하되 시집간 자는 세상일을 염려하여 "어찌하여야 남편을 기쁘게 할까?" 하느니라(고전 7:34).

그러므로 만일 누가 자기의 약혼녀에 대한 행동이 합당하지 못한 줄로 생각할 때에 그 약혼녀의 혼기도 지나고 그같이 할 필요가 있거든 원하는 대로 하라. 그것은 죄짓는 것이 아니니 그들로 결혼하게 하라(고전 7:36).

너희 말을 항상 은혜 가운데서 소금으로 맛을 냄과 같이 하라. 그리하면 각 사람에게 마땅히 대답할 것을 알리라(골 4:6).

너희의 두려워하며 정결한 행실을 봄이라(벧전 3:2).

마음에서 나오는 것은 악한 생각과 살인과 간음과 음란과 도둑질과 거짓 증언과 비방이니(마 15:19).

나는 너희에게 이르노니 음욕을 품고 여자를 보는 자마다 마음에 이미 간음하였느니라(마 5:28).

3음행과 온갖 더러운 것과 탐욕은 너희 중에서 그 이름조차도 부르지 말라. 이는 성도에게 마땅한 바니라. 4누추함과 어리석은 말이나 희롱의 말이 마땅치 아니하니 오히려 감사하는 말을 하라(엡 5:3-4).

간음하지 말라

사람에 대한 우리의 의무를 담고 있는 여섯 가지 계명 중 첫 번째인 제 5계명은 하나님의 형상으로 만들어진 사람에게 생명을 전달하고 양육하는 부모에 대한 공경을 통해 하나님이 사람들 간에 세우신 질서와 권위를 인정하라고 말합니다. 두 번째 제6계명은 하나님의 형상으로 만들어진 사람의 생명을 존귀하게 여길 것을 가르칩니다. 이번 장에서 다룰 세 번째 제7계명은 하나님의 형상으로 만들어진 사람의 순결을 지키라고 말합니다.

> 제70문: 제7계명은 무엇인가?
> 제71문: 제7계명에서 요구되는 것
> 제72문: 제7계명에서 금지되는 것

〈표15〉 소요리문답 제70-72문의 구성

1. 제7계명이 요구하는 것

예수님은 적절하지 않은 상대와 몸으로 직접 관계를 갖는 것만이 아니라 음욕을 품고 여자를 보는 것도 간음이라고 말씀하셨습니다(마 5:27-28). 직접 관계를 갖지 않지만 마음에 음욕을 품고 이성을 바라보며 별의별 생각을 다 하고 야한 동영상을 보며 정욕이 불같이 타는 마음 자체가 이미 간음의 죄 가운데 있다고 지적하신 것입니다.

야한 그림과 동영상과 글로 마음을 불태우는 것은 그 자체로 옳지 못할 뿐 아니라 더 음란한 행동으로 이어지기 쉽습니다. 공공장소에서의 음란행위, 다른 사람에 대한 도촬(盜撮), 성매매 등의 범법 행위도 모두 그런 마음에서 비롯됩니다. 그러므로 마음속에 음욕이 일어나는 것도 간음인 줄 알고 맞서 싸워야 합니다.

그렇다면 이것을 어떻게 막을 수 있을까요? 이런저런 심리적 처방과 약을 통한 생리적 처방 등이 있겠지만 무엇보다 마음에 음욕을 품지 않겠다는 굳은 결단이 필요합니다. 성령님의 도우심을 받아 악한 정욕을 이기겠다는 굳은 결심이야말로 그 어떤 수단보다 근본적이며 강력합니다. 이 결심이 있을 때 다른 심리적·생리적 처방도 효과가 있습니다.

그런데 사람은 죄와의 싸움에서 백전백승할 수 없습니다. 그래서 성경은 "절제할 수 없거든 결혼하라. 정욕이 불같이 타는 것보다 결혼하는 것이 나으니라"(고전 7:9)라고 말합니다. 성경은 이런 면에서 매우 현실적입니다. 결연한 의지를 갖고 죄와 싸우되 시험에 들 기회 자체를 가능한 한 없애라고 말합니다. 결혼함으로써 남자마다 자기 아내를 두고 여자마다 자기 남편을 두는 데에는 음행을 피하기 위한 목적도 있다고 말합니다. 바울은 다음과 같이 권면하기도 합니다.

> 서로 분방하지 말라. 다만 기도할 틈을 얻기 위하여 합의상 얼마 동안은 하되 다시 합하라. 이는 너희가 절제 못함으로 말미암아 사탄이 너희를 시험하지 못하게 하려 함이라(고전 7:5).

자기 자신을 과신(過信)하여 음행과의 싸움에서 승리할 수 있다고 오판하지 말고 시험에 들 만한 환경을 통제하라는 것입니다. 우리는 위대한 신앙의 선조인 다윗이 전쟁에 나가지 않고 왕궁에 홀로 남았다가 정욕을 이기지 못해 간음한 사건을 잊지 말아야 합니다. 칼과 창으로는 모든 싸움에서 이긴 천하의 다윗도 자신의 정욕과 죄와의 싸움에서는 무너져내렸습니다.

우리 사회의 결혼 연령이 늦어지는 현상은 바람직하지 않습니다. 음행을 피하기 위해서라도 결혼 적령기의 사람들은 결혼하는 것이 좋습니다. 신자는 결혼이 음행을 피하게 해준다는 면을 경시해서는 안 됩니다. 모든 것을 다 갖추고 시작하려다가 결혼이 너무 늦어지지 않도록 조심해야 합니다. 또 결혼 후에는 부부가 서로에 대한 의무를 다해야 합니다. 아내는 자기 몸을 주장하지 못하고 오직 그 남편이 하며, 남편도 그와 같이 자기 몸을 주장하지 못하고 오직 그 아내가 합니다(고전 7:4).

요사이 국회의원이나 군 장성, 사장이나 교장과 같은 사회적 "갑"들이 아랫사람들을 성희롱, 성추행했다는 소식이 자주 들립니다. 이 또한 명백한 간음입니다. 자신의 우월한 지위를 이용해 다른 사람을 성적 대상으로 삼거나 추행하면 안 됩니다. 신자는 친구들끼리 있더라도 음담패설이나 왜곡된 성적 표현을 하지 말고 성에 대한 올바른 생각을 정확하게 표현해 덕을 쌓고 거룩을 추구해야 합니다.

2. 제7계명이 금지하는 것

제7계명은 "모든 정결하지 않은 생각과 말과 행동을 금합니다." 이에 대해 자세히 다루는 웨스트민스터 대요리문답의 내용을 정리하면 다음과 같습니다.

첫째, 기혼자가 자신의 배우자가 아닌 다른 이와 관계 갖는 것을 금합니다(히 13:4).

둘째, 근친상간을 금합니다(레 18:6). 고린도 교회의 교인 중에는 자기 아버지의 아내와 성관계를 맺은 자가 있었습니다. 신자이면서도 일반인보다 못한 행위를 한 것입니다(고전 5:1). 이에 대해 바울은 그 사람을 출교시켜 엄하게 징계하라고 명령했습니다(고전 5:2).

셋째, 동성애를 금합니다(레 20:13).

넷째, 수간(獸姦)을 금합니다(레 20:15-16). 레위기 18장은 가나안 족속들이 동성애와 수간과 근친상간 같은 죄로 더러워져 하나님의 심판을 받고 그 땅도 스스로 주민을 토하여내었다고 기록합니다(레 18:24-25).

다섯째, 야한 옷차림과 색기 어린 눈을 금합니다(딤전 2:9; 벧후 2:14). 남자들은 시각적인 자극에 약해서 야한 몸차림과 정욕 어린 눈길에 쉽게 흔들립니다. 여성 신자들은 이런 남성들의 연약함을 불쌍히 여기고 옷차림을 단정하게 하여 도움을 주어야 합니다.

참고 성구

모든 사람은 결혼을 귀히 여기고 침소를 더럽히지 않게 하라. 음행하는 자들과 간음하는 자들을 하나님이 심판하시리라(히 13:4).

각 사람은 자기의 살붙이를 가까이하여 그의 하체를 범하지 말라. 나는 여호와이니라(레 18:6).

누구든지 여인과 동침하듯 남자와 동침하면 둘 다 가증한 일을 행함인즉 반드시 죽일지니 자기의 피가 자기에게로 돌아가리라(레 20:13).

15남자가 짐승과 교합하면 반드시 죽이고 너희는 그 짐승도 죽일 것이며 16여자가 짐승에게 가까이하여 교합하면 너는 여자와 짐승을 죽이되 그들을 반드시 죽일지니 그들의 피가 자기들에게로 돌아가리라(레 20:15-16).

여자들도 단정하게 옷을 입으며 소박함과 정절로써 자기를 단장하고 땋은 머리와 금이나 진주나 값진 옷으로 하지 말고(딤전 2:9).

음심이 가득한 눈을 가지고 범죄하기를 그치지 아니하고 굳세지 못한 영혼들을 유혹하며 탐욕에 연단된 마음을 가진 자들이니 저주의 자식이라(벧후 2:14).

여섯째, 감정에 따라 성적인 판단을 하고 행동하는 것을 금합니다. 연애할 때 느끼는 달콤한 감정은 그 자체로 나쁘지 않지만 이성적 판단을 무시한 채 감정만 따르는 것은 옳지 않습니다. 감정에 따라 판단하고 실행하기 전에 하나님 말씀에 비추어 그렇게 해도 되는지를 따져보아야 합니다. 누군가가 좋다고 해서 무조건 연애를 시작하거나 배우자가 아닌 사람과 동침하면 안 됩니다. 암논이 다말을 욕보인 사건은 연애 감정이 얼마나 부질없는 것인지 알려줍니다(삼하 13장). 지금 우리 문화는 감정에 충실한 것이 사랑의 전부인 것처럼 호도하지만, 진짜 사랑은 온전한 감정과 이성, 의지와 책임, 관계와 생활이 모두 어우러진 것입니다.

일곱째, 음행한 연고 없이 배우자를 버리는 것을 금합니다(마 19:9; 막 10:11-12). 결혼은 두 당사자가 하나 되는 사건입니다. 음행은 이 하나 됨에 대한 거부로서 성경도 그에 대해서는 이혼을 허락합니다. 단 그런 상황에서도 회개를 통해 관계를 회복할 수만 있다면 결혼을 유지하는 것이 하나님의 사랑에 더 가깝습니다. 사실 하나님이 우리를 버리시지 않고 계속 사랑하시는 것은 바로 음행한 배우자를 계속 참고 사랑하는 것과 같기 때문입니다. 또 부부 중 한 사람이 고의적으로 배우자를 버려서 교회와 정부의 간섭에도 해결이 안 된다면 이혼이 허락됩니다(고전 7:15). 이런 경우들을 제외하고 이혼하면 간음에 해당합니다.

여덟째, 무엇보다 영적 간음을 금합니다. 하나님은 예언자 호세아에게 "너는 가서 음란한 여자를 맞이하여 음란한 자식들을 낳으라. 이 나라가 여호와를 떠나 크게 음란함이니라"(호 1:2)라고 말씀하셨습니다. 예언자 호세아는 이스라엘 백성이 하나님을 떠나 다른 신을 섬기는 현실의 상징으로서 음란한 여자와 결혼해야 했습니다. 그 여자는 자녀 셋을 낳은 후 다른 남자를 찾아 호세아를 떠났는데 하나님은 호세아에게 타인의 사랑을 받아 음녀가 된 그 여자를 사랑하라고 하셨습니다. 이것은 "이스라엘 자손이 다른 신을 섬기고 건포도 과자를 즐길지라도 여호와가 그들을 사랑하시는" 것을 나타냅니다(호 3:1-3).

배우자가 다른 사람과 간음을 한다면 얼마나 힘들겠습니까? 간음을 저지른 배우자와 다시 살기란 얼마나 고통스럽겠습니까? 그런데 지금 우리를 향한 하나님의 사랑이 바로 그런 어려움을 이겨낸 사랑입니다. 우리는 하나님의 사랑을 기억하며 영적 간음을 저지르지 않도록 각별히 주의해야 합니다. 영적 간음에 둔감한 자들은 실제 음행을 범하기도 쉽습니다. 우리는 늘 겸손한 마음으로 성령 하나님께 간구하며 우리의 잘못된 욕구와 죄성을 다스려야 할 것입니다.

제7계명이 금지하는 것

① 타인과 관계 갖는 것
② 근친상간
③ 동성애
④ 수간
⑤ 야한 옷차림과 색기 어린 눈
⑥ 감정에 따른 성적인 행동
⑦ 배우자를 버리는 것
⑧ 영적 간음

현진건의 「B 사감과 러브레터」

모파상의 「진주 목걸이」는 결말에서 독자의 의표를 찌르는 기법으로 유명하다. 현진건도 「운수 좋은 날」에서 그런 기법을 사용했는데, 여기서 소개할 「B 사감과 러브레터」에서도 같은 기법을 사용한다. 소설의 내용을 간략하게 소개하면 다음과 같다.

C 학교에서 교원 겸 기숙사 사감(舍監)으로 일하는 B 여사는 사십에 가까운 노처녀다. 그녀는 "딱장대"이자 독신주의자이고 차진 "야소꾼"으로 유명하다. 특히 기숙사 여학생들에게 오는 러브레터를 질겁하다시피 싫어해 달짝지근한 사연을 보면 얼굴이 붉으락푸르락해지고 편지 든 손이 발발 떨리도록 성을 내었다. B 여사는 누가 편지를 보냈는지 영문도 모를 여학생을 2시간이 넘도록 문초한 후에, 사내란 믿지 못할 것이며 여성을 잡아먹으려는 마귀이고 연애의 자유라는 것도 모두 악마가 지어낸 소리라고 설교했다. 그 후에는 방바닥에 그대로 무릎을 꿇고 눈물까지 글썽거리면서 말끝마다 하나님 아버지를 찾으며 악마의 유혹에 떨어지려는 어린 양을 구해달라고 기도했다. 또한 그녀는 남자가 기숙사에 오는 것을 너무 싫어해 친부모, 친동기간이라도 갖은 핑계를 대 따돌려 보내기가 일쑤였다. 학생들이 동맹휴학을 하고 교장이 나서서 설득해도 그 버릇을 고치려 들지 않았다.

그런데 언젠가부터 기숙사에 이상한 일이 발생했다. 모든 기숙생이 곤한 잠에 떨어지는 새벽 한 시에 난데없이 깔깔대는 웃음

TIP 모파상(Guy de Maupassant, 1850-1893): 프랑스의 대표적인 자연주의 작가

TIP 딱장대: 성질 따위가 사납고 억센 사람
야소꾼: 야소교(耶蘇敎)를 믿는 사람을 얕잡아 이르는 말, 야소는 예수의 음역어임

과 속살거리는 말소리가 들리는 것이 아닌가? 하루 이틀이 아니라 며칠을 계속하니 잠귀 밝은 기숙생들이 먼저 듣고 어떤 날에는 한방을 쓰던 학생 셋이 한꺼번에 잠이 깨어 그 소리를 들었다.

"인제 고만 놓아요. 키스가 너무 길지 않아요? 행여 남이 보면 어떡해요?"라는 아양 떠는 여자 말씨가 들렸다. 이어서 "길수록 더욱 좋지 않아요? 나는 내 목숨이 끊어질 때까지 키스를 하여도 길다고는 못하겠다"라는 사내의 피를 뿜는 듯한 말이 들렸다. 학생 셋은 소리를 따라갔다. 그런데 놀랍게도 소리가 들리는 곳은 사감실이었다.

문틈으로 보니 침대 위에는 기숙생에게 온 러브레터가 너저분하게 흩어져 있었다. B 사감은 침대 위에 누워 누구를 끌어당길 듯이 두 팔을 벌리고 애원하는 표정을 짓고는 키스를 기다리는 것 같이 입을 쫑긋이 내민 채 사내의 목소리를 내었다. 그러다 급작스레 앵돌아지는 시늉을 하며 똑똑 쏘는 계집의 음성을 지어 "난 싫어요. 당신 같은 사내는 난 싫어요"라고 제물에 자지러지게 웃는 것이 아닌가.

그 꼴을 본 학생 하나는 "에구머니, 저게 웬일이야!"라고 소곤거렸고, 둘째 학생은 "아마 미쳤나 보아. 밤중에 혼자 일어나서 왜 저러고 있을꼬"라고 맞장구를 쳤다. 셋째 학생은 "에그 불쌍해!"라며 손으로 괸 때 모르는 눈물을 씻었다.

현진건은 1925년에 발표한 이 소설에서 B 사감을 "차진 야소꾼"이라고 소개했다. 아마도 현진건의 눈에는 당시 그리스도인들의 왜곡된 모습이 그렇게 비쳤던 것 같다. 상권에서 살펴본 「비」라는 소설에서 서머셋 모옴(William Somerset Maugham)도 선교사의 왜곡된 심리와 욕구를 조롱하듯 그린 것을 보면 비그리스도인들은 신자들에게서 종종 이런 느낌을 받는 듯하다.

하지만 정상적인 그리스도인은 절대로 B 사감처럼 겉과 속이 다르거나 욕구불만에 지배받지 않는다. 소설에서 야소꾼인 B 사감은 표면적으로는 연애와 성에 대한 욕구를 완강하게 부인하면서도 속으로는 그것을 사모하는 변태적 모습이지만 기독교는 연애와 성의 가치와 아름다움을 충분히 인정하며 올바르게 추구한다. 기독교는 절대로 금욕주의가 아니다. 아가서를 보라. 남녀가 누리는 사랑의 기쁨이 얼마나 아름답게 표현되었는가?

바울은 고린도전서 11장에서 미혼자들과 과부들에게 결혼하지 말고 독신으로 지내라고 권면한다. 독신으로 지내면 하나님을 기쁘게 하는 일에 더 집중할 수 있기 때문이다. 하지만 바울은 독신의 은사가 아무에게나 주어지지 않는다는 사실을 분명히 알고 있다. 하나님이 그런 능력을 주시지 않았는데 인간적인 힘으로 그것을 감당하려고 하면 부작용만 발생할 수도 있다. 그래서 바울은 최종적으로 "만일 절제할 수 없거든 결혼하라. 정욕이 불같이 타는 것보다 결혼하는 것이 나으니라"(고전 7:9)라고 말한다. 사람의 정욕은 정말 불같이 탄다. 이것은 생육하고 번성하라는 명령을 받은 사람에게서 일어나는 정상적인 현상이다. 신자는 이를 그대로 인정하는 대신 하나님이 허락하신 건전한 방법으로 풀어야 한다. 즉 특별한 이유가 없으면 결혼을 해서 가정을 꾸려야 한다.

이는 성욕만이 아니라 식욕과 수면욕에도 적용된다. 과도한 절제나 금욕주의는 사람의 내면을 상하게 한다. 신자는 신앙이 성숙하는 만큼 건전하고 건강하게 내면의 욕구를 해소할 줄 알아야 한다. 사람에게는 자기과시나 친교의 욕구도 있다. 이러한 욕구가 이는 것 자체를 부인하며 이런 욕구가 일 때마다 자신을 과도하게 정죄하고 금욕하는 것은 절대로 옳은 방법이 아니다. 부인하고 금욕할수록 욕구는 점점 더 높은 파고를 형성하며 올바른 해결책을 가로막을 수도 있다.

신앙이 성숙할수록 마음에 욕구가 일지 않는 것이 아니라 마음에 이는 욕구를 건전하게 풀 수 있게 된다. 하나님의 영원하신 능력과 신성이 그가 만드신 만물에 분명히 보여 알려졌으므로 우리는 하나님을 찬양하고 감사하는 마음으로 그 만물을 즐기고 누릴 수 있다. 자기과시의 욕구를 인정하되 자신의 소질과 특기를 개발하는 데 정열과 시간을 들임으로써 선용해야 한다. 휴식과 유흥의 욕구를 인정하되 일할 때는 집중하고 쉴 때는 충분히 쉬면서 건전하고 창의적인 놀이 문화를 만들어가야 한다.

나이가 들면 육신이 약해지며 식욕, 성욕, 명예욕 등의 욕망도 점차 약해진다. 죽음이 가까울수록 욕구 자체가 감소하는 것이 창조세계의 섭리다. 욕구가 인다는 것은 우리가 건강하게 살아 있다는 증거이며 그 욕구를 하나님의 말씀에 맞게 즐기고 누리는 것이 인생에 허락된 복이다. 하나님은 자녀들에게 그 기쁨을 허락하셨다.

사람이 먹고 마시며 수고하는 것보다 그의 마음을 더 기쁘게 하는 것은 없나니 내가 이것도 본즉 하나님의 손에서 나오는 것이로다(전 2:24).

또한 어떤 사람에게든지 하나님이 재물과 부요를 그에게 주사 능히 누리게 하시며 제 몫을 받아 수고함으로 즐거워하게 하신 것은 하나님의 선물이라(전 5:19).

　　　　제29과　제7계명의 요구와 금지

1. 하루에 인터넷을 얼마나 사용합니까? 즐겨찾기에는 주로 어떤 항목들이 등록되어 있습니까? 인터넷을 더 유용하게 사용하기 위해서 자신이 바꾸어야 할 습관이 있다면 나누어봅시다.

2. 소요리문답 제70-72문을 서로 묻고 답해봅시다. 근거 성구도 함께 살펴봅시다.

3. 음욕을 품고 이성을 보는 것도 간음에 속합니까?(마 5:27-28) 왜 그렇습니까?

4. 간음을 피하기 위하여 신자들이 취해야 할 현실적인 태도에 대하여 고린도전서 7:1-9을 통하여 살펴봅시다.

5. 제7계명이 금지하는 것을 살펴보고 자신이 특별히 조심해야 할 것이 있다면 어떤 것인지 나누어봅시다.

6. 우리 사회에서 결혼이 점점 힘들어지는 이유는 무엇인 것 같습니까? 결혼에 대한 성경의 가르침을 곱씹으면서 생각해봅시다.

7. 「B 사감과 러브레터」가 묘사하는 그리스도인의 모습과 참된 그리스도인의 모습은 어떤 차이가 있습니까?

8. 하나님이 인생에 허락하신 복을 누리기 위해서 우리의 욕망을 어떻게 다루어야 하는지 나누어봅시다.

제30과
제8계명의 요구와 금지

제73문. 제8계명은 무엇입니까?

Which is the Eighth Commandment?

답. 제8계명은 "도둑질하지 말라"입니다.

The Eighth Commandment is, "thou shalt not steal."

---

steal 훔치다, 몰래 손에 넣다

제74문. 무엇이 제8계명에서 요구됩니까?

What is required in the Eighth Commandment?

답. 제8계명은 우리 자신과 타인의 부와 재산을 합법적으로 획득하고 증식시킬 것을 요구합니다(창 30:30; 47:14, 20; 출 23:4-5; 레 25:35; 신 22:1-5; 딤전 5:8).

The Eighth Commandment requires the lawful procuring and furthering the wealth and outward estate of ourselves and others.

---

procure 얻다, 손에 넣다
further 추진하다, 촉진하다, 발전(성공)시키다
wealth 부, 재산, 부자
outward 외면적인, 표면에 나타난, 외부에 있는
estate 토지, 땅, 대농장, 재산, 상태, 상황, 계급, 신분   **real estate** 부동산

제75문. 무엇이 제8계명에서 금지됩니까?

What is forbidden in the Eighth Commandment?

답. 제8계명은 우리 자신과 이웃의 부와 재산을 부당하게
방해하거나 방해할 수 있는 것은 무엇이든지 금합니다
(잠 21:17; 23:20-21; 28:19; 엡 4:28).

The Eighth Commandment forbids whatsoever does or
may unjustly hinder our own or our neighbour's wealth
or outward estate.

---

hinder 방해하다, 훼방하다, 가로막다

내가 오기 전에는 외삼촌의 소유가 적더니 번성하여 떼를 이루었으니 내 발이 이르는 곳마다 여호와께서 외삼촌에게 복을 주셨나이다. 그러나 나는 언제나 내 집을 세우리이까?(창 30:30)

요셉이 곡식을 팔아 애굽 땅과 가나안 땅에 있는 돈을 모두 거두어들이고 그 돈을 바로의 궁으로 가져가니(창 47:14).

그러므로 요셉이 애굽의 모든 토지를 다 사서 바로에게 바지니 애굽의 모든 사람들이 기근에 시달려 각기 토지를 팔았음이라. 땅이 바로의 소유가 되니라(창 47:20).

4네가 만일 네 원수의 길 잃은 소나 나귀를 보거든 반드시 그 사람에게로 돌릴지며 5네가 만일 너를 미워하는 자의 나귀가 짐을 싣고 엎드러짐을 보거든 그것을 버려두지 말고 그것을 도와 그 짐을 부릴지니라(출 23:4-5).

네 형제가 가난하게 되어 빈손으로 네 곁에 있거든 너는 그를 도와 거류민이나 동거인처럼 너와 함께 생활하게 하되(레 25:35).

1네 형제의 소나 양이 길 잃은 것을 보거든 못 본 체하지 말고 너는 반드시 그것들을 끌어다가 네 형제에게 돌릴 것이요 2네 형제가 네게서 멀거나 또는 네가 그를 알지 못하거든 그 짐승을 네 집으로 끌고 가서 네 형제가 찾기까지 네게 두었다가 그에게 돌려줄지니 3나귀라도 그리하고 의복이라도 그리하고 형제가 잃어버린 어떤 것이든지 네가 얻거든 다 그리하고 못 본 체하지 말 것이며 4네 형제의 나귀나 소가 길에 넘어진 것을 보거든 못 본 체하지 말고 너는 반드시 형제를 도와 그것들을 일으킬지니라. 5여자는 남자의 의복을 입지 말 것이요, 남자는 여자의 의복을 입지 말 것이라. 이같이 하는 자는 네 하나님 여호와께 가증한 자이니라(신 22:1-5).

누구든지 자기 친족 특히 자기 가족을 돌보지 아니하면 믿음을 배반한 자요 불신자보다 더 악한 자니라(딤전 5:8).

연락을 좋아하는 자는 가난하게 되고 술과 기름을 좋아하는 자는 부하게 되지 못하느니라(잠 21:17).

[20]술을 즐겨 하는 자들과 고기를 탐하는 자들과도 더불어 사귀지 말라. [21]술 취하고 음식을 탐하는 자는 가난하여질 것이요, 잠자기를 즐겨 하는 자는 해어진 옷을 입을 것임이니라(잠 23:20-21).

자기의 토지를 경작하는 자는 먹을 것이 많으려니와 방탕을 따르는 자는 궁핍함이 많으리라(잠 28:19).

도둑질하는 자는 다시 도둑질하지 말고 돌이켜 가난한 자에게 구제할 수 있도록 자기 손으로 수고하여 선한 일을 하라(엡 4:28).

도둑질하지 말라

지금까지 우리는 사람에 대한 의무를 다루는 여섯 계명 중 세 가지를 살펴보았습니다. 제5계명은 부모에 대한 공경을 통해 하나님이 인간 사회에 세우신 질서와 권위를 인정하라고 가르칩니다. 제6계명은 살인하지 말라는 명령으로서 사람의 존재 자체를 존귀하게 여길 것을 가르칩니다. 제7계명은 간음하지 말라는 명령으로서 순결에 대한 기준을 제시합니다. 그리고 이번에 살펴볼 제8계명은 하나님의 형상으로 만들어진 사람의 소유권을 존중하라고 가르칩니다.

제73문: 제8계명은 무엇인가?
제74문: 제8계명에서 요구되는 것
제75문: 제8계명에서 금지되는 것

〈표16〉 소요리문답 제73-75문의 구성

1. 제8계명이 요구하는 것

제8계명은 신자에게 무엇을 요구할까요? 웨스트민스터 대요리문답은
제8계명의 요구를 열 가지로 나누어 자세히 다룹니다.

첫째, 계약이나 거래를 할 때 진실과 신실과 공의로 해야 합니다(슥
8:16, 17).

둘째, 각자에게 마땅한 몫을 주어야 합니다(롬 13:7). 세금이나 과태
료 등을 제대로 납부하지 않는 것도 제8계명에 저촉(抵觸)됩니다.

셋째, 불법으로 점유한 물건은 배상해
야 합니다(레 6:2-5). 이웃의 물건을 속여
빼앗는 것은 물론이고 주운 물건의 주인
을 찾으려 하지 않는 것도 제8계명을 어
기는 것입니다. 남이 잃어버린 물건을 그
대로 두어 주인이 찾아가게 하거나 관공
서에 맡기는 분위기가 형성된 사회에서
는 긴장감이 줄어들고 안정감이 커집니
다. 남의 것을 빼앗은 사람은 누구보다 자
기 자신이 그 사실을 잘 압니다. 예수님
을 깊이 만나 회개한 삭개오는 자기 소유
의 절반을 가난한 자들에게 나누어주고
누구의 것을 속여 빼앗은 일이 있으면 네
배로 갚겠다고 했습니다(눅 19:8). 마찬가
지로 참된 신자는 남들이 눈치채지 못해
도 속여 빼앗은 것이 있다면 그것을 갚으
려고 노력해야 합니다.

참고 성구

16너희가 행할 일은 이러하니라. 너희는 이웃과 더
불어 진리를 말하며 너희 성문에서 진실하고 화평
한 재판을 베풀고 17마음에 서로 해하기를 도모하지
말며 거짓 맹세를 좋아하지 말라. 이 모든 일은 내가
미워하는 것이니라. 여호와의 말이니라(슥 8:16-17).

모든 자에게 줄 것을 주되 조세를 받을 자에게 조세
를 바치고 관세를 받을 자에게 관세를 바치고 두려워
할 자를 두려워하며 존경할 자를 존경하라(롬 13:7).

2이웃이 맡긴 물건이나 전당물을 속이거나 도둑질하
거나 착취하고도 사실을 부인하거나 3남의 잃은 물
건을 줍고도 사실을 부인하여 거짓 맹세하는 등 사
람이 이 모든 일 중의 하나라도 행하여 범죄하면 4이
는 죄를 범하였고 죄가 있는 자니 그 훔친 것이나 착
취한 것이나 맡은 것이나 잃은 물건을 주운 것이나 5
그 거짓 맹세한 모든 물건을 돌려보내되 곧 그 본래
물건에 오분의 일을 더하여 돌려보낼 것이니 그 죄가
드러나는 날에 그 임자에게 줄 것이요(레 6:2-5).

넷째, 타인의 필요를 살펴 우리의 것을 나누거나 빌려주어야 합니다(눅 6:30; 요일 3:17). 남의 것을 몰래 훔치는 것만이 아니라 자신의 여유분을 도움이 필요한 사람과 나누지 않는 것도 도둑질에 해당합니다. 신자는 도움이 필요한 사람이 정당한 도움을 요청할 때 자신의 것을 내줄 줄 알아야 합니다. 신자는 기회가 닿는 대로 모든 이에게 착한 일을 해야 하고 특히 함께 신앙생활을 하는 교인들에게는 더욱 그렇게 해야 합니다(갈 6:10).

다섯째, 세상 재물에 대한 우리의 판단과 의지와 애정을 절제해야 합니다(딤전 5:8). 성경은 재물에 대해 절제하지 않으면 경건을 이익의 방도로 생각하게 된다고 경고합니다. 참된 경건의 이익은 자족하는 마음에서 비롯합니다. 우리는 세상에 올 때 아무것도 가져오지 않았고 갈 때도 아무것도 가져가지 못한다는 사실을 염두에 두고 먹을 것과 입을 것이 있으면 족한 줄로 알아야 합니다(딤전 6:5-9). 재물에 대해 이처럼 확실한 가치관을 가지고 자기 친족과 이웃을 돌보는 자가 제8계명을 온전히 지키는 자입니다.

여섯째, 우리의 생명을 유지하는 데 필요한 물건들과 우리의 삶에 유용한 물건들을 취득하고 사용하고 처리하기 위해 주의 깊게 연구하고 보호해야 합니다(잠 27:23-27). 기독교는 물질을 악하거나 열등하다고 여기지 않습니다. 오히려 이 땅에서의 물리적 삶을 소중히 여기며 인간이 노동을 통해 하나님의 대리인 역할을 해야 한다고 믿습니다. 물리, 화학, 생물학, 지질학, 천문학 등의 분야도 기독교 신앙과 배치되지 않습니다. 살림과 각종 직업도 더 연구하고 발전시켜서 많은 사람이 유익을 누리도록 노력해야 합니다.

일곱째, 하나님이 적법하게 주신 직업(부르심)에 근면하게 임해야 합니다(고전 7:20; 엡 4:28). 게으름은 신자에게 어울리지 않습니다. 많은 이들이 게으름과 나태함으로 하나님이 주신 소질과 재능을 제대로 발휘하지 못하고 옹색하게 살아갑니다. 참된 신자는 하나님이 주신 소질과 재능을 열심히 갈고닦는 일에도 사명감을 가지고 진지하게 임해야 합니다.

여덟째, 검소해야 합니다(잠 21:20). 예수님은 보리 떡 다섯 개와 물고기 두 마리로 5천 명을 먹이신 후에 제자들에게 "남은 조각을 거두고 버리는 것이 없게 하라"(요 6:12)라고 말씀하셨습니다. 여기서 거둔 열두 바구니의 음식은 5천 명이 먹은 음식에 비하면 아무것도 아니지만 낭비가 없게 하신 것입니다. 참된 신자는 과소비와 낭비, 사치와 향락을 경계하고 검소함을 지향합니다.

아홉째, 불필요한 소송을 삼가고 보증이나 그와 유사한 약속을 피해야 합니다(고전 6:1-2; 잠 6:1-2; 11:15). 우리 사회

1너희 중에 누가 다른 이와 더불어 다툼이 있는데 구태여 불의한 자들 앞에서 고발하고 성도 앞에서 하지 아니하느냐? 2성도가 세상을 판단할 것을 너희가 알지 못하느냐? 세상도 너희에게 판단을 받겠거든 지극히 작은 일 판단하기를 감당하지 못하겠느냐?(고전 6:1-2)

1내 아들아, 네가 만일 이웃을 위하여 담보하며 타인을 위하여 보증하였으면 2네 입의 말로 네가 얽혔으며 네 입의 말로 인하여 잡히게 되었느니라(잠 6:1-2).

타인을 위하여 보증이 되는 자는 손해를 당하여도 보증이 되기를 싫어하는 자는 평안하니라(잠 11:15).

1네 형제의 소나 양이 길 잃은 것을 보거든 못 본 체하지 말고 너는 반드시 그것들을 끌어다가 네 형제에게 돌릴 것이요, 2네 형제가 네게서 멀거나 또는 네가 그를 알지 못하거든 그 짐승을 네 집으로 끌고 가서 네 형제가 찾기까지 네게 두었다가 그에게 돌려줄지니(신 22:1-2).

는 날이 갈수록 소송이 난무하는 분위기입니다. 이에 반해 신자는 온화하고 질서 있는 삶을 살아가면서 불필요한 소송을 피해야 합니다. 교회 내에서 불거진 신앙의 문제를 소송으로 해결하는 것도 부끄러운 모습입니다(고전 6:5).

교인들 간에 돈거래는 최대한 하지 않는 것이 좋습니다. 친구에게 돈을 빌려주면 돈도 잃고 친구도 잃는다는 속담처럼 상대가 서운하게 생각하더라도 돈을 빌려주지 않는 것이 건전한 관계를 유지하는 비결입니다. 생계가 어려워 돈을 빌리는 경우라면 차라리 적당한 금액을 기부하는 것이 좋습니다. 이때도 "일하기 싫어하거든 먹지도 말게 하라"(살후 3:10)는 말씀을 염두에 두어야 합니다. 게을러서 일하지 않는 자가 돈이나 도움을 요청할 때 진짜 도와주는 것이 어떤 것인지 종합적으로 판단해 지혜롭게 대해야지 무조건 도와서는 안 됩니다.

열째, 우리 자신과 타인의 부와 재산을 합법적으로 획득하고 증식할 것을 요구합니다. 신자는 하나님이 각 사람에게 허락하신 부와 재산에 부당한 손해가 생기지 않도록 해야 합니다(신 22:1-2). 형제는 물론이고 원수에게도 손해가 발생하지 않도록 도움을 주어야 합니다(출 23:4-

5). 하나님은 우리의 원수를 친히 갚으시
겠다고 말씀하십니다(롬 12:19-21). 그러므
로 우리는 원수를 갚기 위해 악을 도모하
지 않아도 되고 단지 하나님의 계명을 지
키는 일에 힘쓰면 됩니다.

지금까지 살펴본 대로 우리가 제8계
명을 제대로 지키려면 제8계명과 연결된
성경 전체의 내용을 알아야 합니다. 우리
는 성경 전체의 내용을 통해 하나님이 모
든 것을 감찰하는 분이시며 선한 자에게
상을 주고 악한 자를 벌하시는 분임을 제대로 알아야 십계명의 넓이와
깊이를 이해하고 그대로 지킬 수 있습니다.

2. 제8계명이 금지하는 것

제8계명이 금지하는 내용은 제8계명의 요구와 반대되는 내용입니다. 이에 대해서도 웨스트민스터 대요리문답이 자세히 다룹니다.

첫째, 제8계명은 인신매매를 금합니다(딤전 1:10). 인신매매는 하나님의 형상인 사람을 사물화하고 피해자들에게 상상하기 어려운 고통을 안겨주는 극악한 죄입니다.

둘째, 장물(贓物)의 소유를 금합니다(잠 29:24). 도둑이 훔친 물건을 사주거나 맡아주는 것은 도둑질을 격려하고 권장하는 것과 같습니다.

셋째, 속이는 저울과 치수를 금합니다(잠 20:10). 저울을 속이면 속인 만큼 도둑질을 하게 됩니다. 신자는 계량, 계측, 평가와 관계된 일에 정직하게 임해야 합니다.

넷째, 지계표(地界表) 제거를 금합니다(신 19:14; 잠 23:10). 이스라엘 백성은 제비를 뽑아 하나님으로부터 땅을 분배받았습니다. 더 넓은 땅을 차지할 목적으로 하나님이 정해주신 경계를 무너뜨리는 것은 동족의 생계를 위협하는 일이었습니다.

다섯째, 고리대를 금합니다(시 15:5). 고리대는 가난한 자들을 궁지로 몰아넣습니다. 신자는 돈을 빌려주더라도 감당하기 힘든 높은 이자를 받아서는 안 됩니다.

여섯째, 뇌물을 금합니다(욥 15:34). 뇌물은 뇌물 수수자의 판단을 흐리게 하여

참고 성구

도둑과 짝하는 자는 자기의 영혼을 미워하는 자라. 그는 저주를 들어도 진술하지 아니하느니라(잠 29:24).

한결같지 않은 저울추와 한결같지 않은 되는 다 여호와께서 미워하시느니라(잠 20:10).

네 하나님 여호와께서 네게 주어 차지하게 하시는 땅 곧 네 소유가 된 기업의 땅에서 조상이 정한 네 이웃의 경계표를 옮기지 말지니라(신 19:14).

옛 지계석을 옮기지 말며 고아들의 밭을 침범하지 말지어다(잠 23:10).

이자를 받으려고 돈을 꾸어주지 아니하며 뇌물을 받고 무죄한 자를 해하지 아니하는 자이니 이런 일을 행하는 자는 영원히 흔들리지 아니하리이다(시 15:5).

공여자의 편중된 이익을 조장함으로써 타인의 것을 도둑질하게 합니다.

일곱째, 소송 남용을 금합니다(잠 3:29-30). 소송을 남발하여 부당하게 다른 사람의 시간과 정력을 빼앗으면 안 됩니다.

여덟째, 불법적 봉쇄와 추방을 금합니다(사 5:8; 미 2:2). 성경은 그 옛날부터 부당한 방법으로 집과 토지와 논과 밭을 대량으로 획득하여 거주자를 몰아내고 혼자서만 잘사는 자들을 정죄했습니다. 그런 자들에게는 화가 있습니다.

아홉째, 매점(買占)을 통해 지나친 수익을 추구하는 것을 금합니다. 특히 생필품을 매점매석(買占賣惜)하면 안 됩니다(잠 11:26).

열째, 임금을 부당하게 주지 않는 것을 금합니다(약 5:4). 임금을 부당하게 깎거나 주지 않는 만큼 도둑질한 셈입니다. 하나님은 품삯을 받지 못한 자들의 단원을 들으십니다.

열한째, 세상 재물을 과도하게 소중히 여기고 좋아하는 것을 금합니다(잠 23:5; 시 62:10). 재물은 꼭 필요하지만 그렇다고 가장 중요한 것은 아닙니다. 재물을 무시해도 안 되지만 집착해서도 안 됩니다. 자기 수중에 있는 재물을 감사함으로 즐기고 누릴 줄 알아야 합니다.

열둘째, 재물을 얻어 보존하고 사용하

참고 성구

경건하지 못한 무리는 자식을 낳지 못할 것이며 뇌물을 받는 자의 장막은 불탈 것이라(욥 15:34).

29네 이웃이 네 곁에서 평안히 살거든 그를 해하려고 꾀하지 말며 30사람이 네게 악을 행하지 아니하였거든 까닭 없이 더불어 다투지 말며(잠 3:29-30).

가옥에 가옥을 이으며 전토에 전토를 더하여 빈틈이 없도록 하고 이 땅 가운데에서 홀로 거주하려 하는 자들은 화 있을진저(사 5:8).

밭들을 탐하여 빼앗고 집들을 탐하여 차지하니 그들이 남자와 그의 집과 사람과 그의 산업을 강탈하도다(미 2:2).

곡식을 내놓지 아니하는 자는 백성에게 저주를 받을 것이나 파는 자는 그의 머리에 복이 임하리라(잠 11:26).

보라. 너희 밭에서 추수한 품꾼에게 주지 아니한 삯이 소리 지르며 그 추수한 자의 우는 소리가 만군의 주의 귀에 들렸느니라(약 5:4).

네가 어찌 허무한 것에 주목하겠느냐? 정녕히 재물은 스스로 날개를 내어 하늘을 나는 독수리처럼 날아가리라(잠 23:5).

포악을 의지하지 말며 탈취한 것으로 허망하여지지 말며 재물이 늘어도 거기에 마음을 두지 말지어다(시 62:10).

11재산이 많아지면 먹는 자들도 많아지나니 그 소유주들은 눈으로 보는 것 외에 무엇이 유익하랴? 12노동자는 먹는 것이 많든지 적든지 잠을 달게 자거니와 부자는 그 부요함 때문에 자지 못하느니라(전 5:11-12).

여호와 앞에 잠잠하고 참고 기다리라. 자기 길이 형통하며 악한 꾀를 이루는 자 때문에 불평하지 말지어다(시 37:7).

자기의 일을 게을리하는 자는 패가하는 자의 형제니라(잠 18:9).

연락을 좋아하는 자는 가난하게 되고 술과 기름을 좋아하는 자는 부하게 되지 못하느니라(잠 21:17).

는 데 있어 믿음 없이 산만하게 염려하고 애쓰는 것을 금합니다(전 5:11-12). 재산이 많은 부자는 살아생전 그 재산을 모두 누릴 수 없다는 사실을 알아야 합니다. 아무리 재산이 많아도 하루에 네 끼를 먹을 수 없습니다. 오히려 어느 선을 넘는 재산은 근심을 낳아 단잠을 빼앗아갑니다.

열셋째, 타인의 번영에 대한 질투를 금합니다(시 37:7). 자신은 그렇지 못한데 타인이 번영을 누리더라도 하나님의 섭리와 인도하심을 인정하며 타인의 번영을 같이 기뻐할 줄 알아야 합니다.

열넷째, 게으름과 방탕을 금합니다(잠 18:9; 21:17; 23:20-21; 28:19). 잔치와 술과 노는 것을 좋아하는 자는 가난해지고 건강을 해칩니다. 신자일지라도 게으르고 방탕한 자는 망할 수밖에 없습니다. 하나님은 그러한 자들을 깨우치기 위해 파산을 허락하십니다. 신자일수록 잔치와 술과 노는 것을 멀리하고 자기 가업을 열심히 경영할 줄 알아야 합니다. 신자에게는 주일 예배뿐 아니라 반복되는 일상생활의 가치와 소중함을 알고 즐기며 성실하게 임하는 것이 매우 중요합니다.

열다섯째, 표절을 금합니다. 표절은 저자의 지적 재산을 도둑질하는 것입니다. 논문이나 책을 쓸 때 다른 사람이 먼저 쓴 내용은 정확하게 출처를 밝혀야 합니다. 회의나 일상 대화에서도 남의 아이디어를 빌려 씀으로써 이득을 보았다면 출처를 명확하게 하는 것이 좋습니다. 그리스도인은 이런 영역에서도 하나님이 감찰하시는 줄 알고 신중해야 합니다.

> **참고 성구**
>
> 20술을 즐겨 하는 자들과 고기를 탐하는 자들과도 더불어 사귀지 말라. 21술 취하고 음식을 탐하는 자는 가난하여질 것이요 잠자기를 즐겨 하는 자는 해어진 옷을 입을 것임이니라(잠 23:20-21).
>
> 자기의 토지를 경작하는 자는 먹을 것이 많으려니와 방탕을 따르는 자는 궁핍함이 많으리라(잠 28:19).

열여섯째, 커닝(cunning)을 금합니다. 시험을 볼 때 부당한 행위를 하면 열심히 공부한 사람의 명예와 상을 도둑질하게 됩니다. 우리나라는 이상하리만큼 커닝에 대하여 관대합니다. 커닝이 범죄라고 생각하지 않기 때문에 신고도 잘 안 합니다. 심지어 신학교에서도 커닝하는 학생들이 있습니다. 교회의 좋은 문화와 정신이 사회에 영향을 미쳐야 하는데 거꾸로 사회의 커닝 문화가 교회와 신학교에까지 파고든 경우입니다. 신자는 낮은 점수를 감수할지언정 커닝에 연루되지 말아야 할 것입니다.

열일곱째, 불법 복제를 금합니다. 컴퓨터와 휴대기기를 사용할 때 각별히 주의하지 않으면 남들이 공들여 만든 프로그램이나 콘텐츠에 정당하지 않은 방법으로 접근하기 쉽습니다. 이 또한 다른 사람의 지적 재산을 도둑질하는 행위이므로 신자는 이런 일에도 조심해야 합니다.

① 인신매매

② 장물 소유

③ 속이는 저울

④ 지계표 제거

⑤ 고리대

⑥ 뇌물 공여 및 수수

⑦ 소송 남용

⑧ 불법적 봉쇄와 추방

⑨ 매점매석

⑩ 임금 미지급

⑪ 재물에 대한 과도한 사랑

⑫ 재물에 대한 산만한 염려와 노력

⑬ 타인의 번영에 대한 질투

⑭ 게으름과 방탕

⑮ 표절

⑯ 커닝

⑰ 불법 복제

1. 미혼자는 배우자의 이상형에 대해서 나누고, 기혼자는 자신이 바라는 노년의
모습에 대해서 나누어봅시다.

2. 소요리문답 제73-75문을 서로 묻고 답해봅시다. 근거 성구도 살펴봅시다.

3. 다른 사람이 잃어버린 물건을 주운 경우 어떻게 하는 것이 제8계명에 부합합
니까?

4. 나에게 여유가 있는 것을 다른 사람과 나누지 않는 것도 도둑질에 해당합니
까? 자신이 다른 사람과 나눌 만한 것이 있는지 생각해봅시다.

5. 기독교는 물질을 어떻게 바라봅니까? 물질 세계를 연구하고 기술을 발전시키
는 분야는 기독교 신앙과 어떤 관계에 있습니까?

6. 각자의 삶을 돌아보고 과소비하거나 낭비하는 습관이 없는지 이야기해봅시
다. 예수님은 남은 음식 조각을 모으라고 말씀하셨습니다. 신자가 검소한 생
활 방식을 지향해야 하는 이유는 무엇입니까?

7. 하나님이 적법하게 주신 직업 활동에 근면하게 임하고 있습니까?(고전 7:20; 엡 4:28) 각자의 직장 생활을 평가해보고 부족한 점이 있다면 그 개선 방법에 대해 나누어봅시다.

8. 제8계명이 금지하는 것을 정리해보고 그중에서 각자가 특히 명심해야 할 사항이 있으면 나누어봅시다.

제31과
제9계명의 요구와 금지

제76문. 제9계명은 무엇입니까?

What is the Ninth Commandment?

답. 제9계명은 "네 이웃에 대하여 거짓 증거하지 말라"입
니다.

The Ninth Commandment is, "You shall not give false
testimony against your neighbour."

---

testimony 증언, 증명, 증거, 신앙고백

제77문. 무엇이 제9계명에서 요구됩니까?

What is required in the Ninth Commandment?

답. 제9계명은 특히 증거할 때(잠 14:5, 25) 사람과 사람 간의 진실을 보존하고 증진하며(슥 8:16) 우리 자신과 이웃의 선한 이름을 보존하고 증진할 것을 요구합니다 (요삼 1:12).

The Ninth Commandment requires the maintaining and promoting of truth between man and man, and of our own and our neighbour's good name, especially in witness-bearing.

---

maintain 계속하다, 유지하다, 보존하다, 주장하다
promote 촉진하다, 조성하다, 승진시키다
witness 목격자, 증거, 증언, 증인,
witness-bearing 증언하기

제78문. 무엇이 제9계명에서 금지됩니까?

What is forbidden in the Ninth Commandment?

답. 제9계명은 진실에 위배되는 것이나 우리 자신과 이웃의 선한 이름을 손상하는 것은 무엇이든지 금합니다(레 19:16; 삼상 17:28; 시 15:3).

The Ninth Commandment forbids whatsoever is prejudicial to truth, or injurious to our own or our neighbour's good name.

---

prejudicial 불리한, 손해를 주는

injurious 해로운, 유해한

너희가 행할 일은 이러하니라. 너희는 이웃과 더불어 진리를 말하며 너희 성문에서 진실하고 화평한 재판을 베풀고(슥 8:16).

신실한 증인은 거짓말을 아니하여도 거짓 증인은 거짓말을 뱉느니라(잠 14:5).

진실한 증인은 사람의 생명을 구원하여도 거짓말을 뱉는 사람은 속이느니라(잠 14:25).

데메드리오는 뭇 사람에게도, 진리에게서도 증거를 받았으매 우리도 증언하노니 너는 우리의 증언이 참된 줄을 아느니라(요삼 1:12).

큰형 엘리압이 다윗이 사람들에게 하는 말을 들은지라. 그가 다윗에게 노를 발하여 이르되 "네가 어찌하여 이리로 내려왔느냐? 들에 있는 양들을 누구에게 맡겼느냐? 나는 네 교만과 네 마음의 완악함을 아노니 네가 전쟁을 구경하러 왔도다"(삼상 17:28).

너는 네 백성 중에 돌아다니며 사람을 비방하지 말며 네 이웃의 피를 흘려 이익을 도모하지 말라. 나는 여호와이니라(레 19:16).

그의 혀로 남을 허물하지 아니하고 그의 이웃에게 악을 행하지 아니하며 그의 이웃을 비방하지 아니하며(시 15:3).

거짓 증거하지 말라

사람에 대한 의무를 담고 있는 여섯 계명의 "강령"은 우리 이웃을 자기 몸 같이 사랑하고, 남에게 대접을 받고자 하는 대로 남을 대접하는 것입니다(마 22:39; 7:12). 그중 첫 번째인 제5계명은 하나님의 형상으로 만들어진 사람에게 생명을 전달하고 양육하는 부모에 대한 공경을 명하여 하나님이 사람들 간에 세우신 질서와 권위를 인정하라고 말씀합니다. 제6계명은 하나님의 형상으로 만들어진 사람의 생명을 존귀하게 여기라고 말씀합니다. 제7계명은 하나님의 형상으로 만들어진 남녀가 순결을 지켜야 한다고 말씀합니다. 제8계명은 하나님의 형상으로 만들어진 사람의 소유물을 존중하라고 말씀합니다. 그리고 제9계명은 하나님의 형상으로 만들어진 사람을 해치는 거짓 증거를 하지 말라고 말씀합니다.

> 제76문: 제9계명은 무엇인가?
> 제77문: 제9계명에서 요구되는 것
> 제78문: 제9계명에서 금지되는 것

〈표17〉 소요리문답 제76-78문의 구성

1. 제9계명이 요구하는 것

웨스트민스터 대요리문답은 제9계명이 요구하는 것에 대해 다음과 같이 상세하게 설명해줍니다.

첫째, 사람들 간에 존재하는 진실을 보존하고 증진해야 합니다(슥 8:16). 사람이 살다 보면 언쟁이나 시시비비에 휘말릴 때가 있습니다. 이때 일의 자초지종(自初至終)을 아는 사람들이 진실의 편에 서야 상황이 올바르게 정리됩니다. 진실이 은폐되거나 왜곡될수록 많은 사람이 화병과 피해 의식에 빠지게 됩니다. 신자는 자신에게 이득이 되느냐를 떠나서 무엇이 옳으냐를 기준으로 생각하고 말해야 합니다.

둘째, 우리와 우리 이웃의 명성을 보존하고 증진하는 것입니다(요삼 1:12). 이는 첫째 항목의 연장 선상에서 신자가 자신과 이웃의 명성이 훼손되지 않도록 옳은 편에 서야 함을 말해줍니다.

셋째, 진실을 위해 나타나 옹호해야(appearing and standing for the truth) 합니다(잠 31:8-9). 특히 성경은 말 못하는 자와 고아와 과부와 이방인 같은 약자를 위하여 옳은 말을 하라고 명합니다. 하나님은 진실을 통해 약자들이 위로받고 보호받는 것을 무척 기뻐하십니다.

넷째, 판결과 공의와 관련된 일에서 오직 진실만을 말하는 것은 물론이고 다른 일에서도 충분히 진실을 말해야 합니다(레 19:15; 잠 14:5; 엡 4:25). 사울 왕의 아들 요나단은 부친이 다윗을 미워하는 것을 알면서도 다윗에 대한 정직한 평가를 내리면서 다윗을 옹호했습니다(삼상 19:4-5). 다윗이 없어야 자신이 왕이 될 수 있음에도 사적 욕심을 버리고 진실을 말한 것입니다. 참된 신자 역시 사적 이익에 반하더라도 옳은 편에 서서 진실을 말해야 합니다.

다섯째, 우리의 이웃을 너그럽게 대해야 합니다(고전 13:7). 성경이 요구하는 진실은 기계적인 진실이 아닙니다. 이웃의 잘못을 까발리듯이 널리 알리는 행위는 사랑에 근거하지 않습니다. 궁극적으로는 이웃이 올바로 서기를 바라는 것이 사랑이기에 경우에 따라서는 허물을 덮어주어 그냥 넘어가는 것도 필요합니다.

여섯째, 이웃의 명성을 존중하고 기뻐해야 합니다(요삼 1:3-4). 우리 속담에 "사촌이 땅을 사면 배가 아프다"라는 말이 있듯이 보통 사람들은 남의 진보와 번영을 질시(嫉視)합니다. 하지만 신자들은 다른 사람이 훌륭한 인격과 삶으로 인정받고 명성을 얻으면 같이 기뻐해야 합니다.

일곱째, 이웃의 연약함을 슬퍼하고 덮어주어야 합니다(고후 12:21). 바울은 성도들이 죄를 회개하지 않는 것을 슬퍼했습니다. 보통 사람들은 남들의 실패와 불행을 고소해 하는 성향이 있습니다. 하지만 신자는 이웃의 실패와 불행을 슬퍼하고 그들을 위해 기도합니다.

신자는 허물을 덮어주되 진정으로 덮어줍니다(잠 17:9). 어떤 사람은 자신이 이웃의 허물을 덮어주었다고 자랑하면서 결과적으로 그 허물을 더 크게 폭로하기도 합니다. 사랑으로 허물을 덮어주는 것은 그 허물이 최대한 드러나지 않도록 배려하는 것입니다. 우리가 이웃을 사랑한다면 그의 허물 앞에서도 노하기를 더디 하고 오래 참으며 감쌀 수 있습니다. 진실한 사랑은 허다한 죄와 허물을 덮습니다(벧전 4:8).

여덟째, 이웃이 무죄한 것이 확실할 경우 그들의 결백을 변호해야 합니다(딤후 1:4-5). 신자는 항상 하나님 앞에서 무엇이 옳은가를 생각하며 질투와 이기적 감정에 맞서야 합니다.

아홉째, 이웃에 관한 좋은 이야기를 쾌히 받아들이고 나쁜 이야기는 부득이하게 시인해야 합니다(시 15:3; 고전 13:6-7). 가장 흥미롭고 긴장감 넘치는 이야깃거리 중 하나가 바로 다른 사람 이야기입니다. 하지만 신자는 자리에 없는 사람에 대한 이야기는 최대한 피해야 합니다. 어쩔 수 없이 다른 사람 이야기를 할 때도 그에 대한 좋은 이야기는 흔쾌히 받아들이고 나쁜 이야기는 부득이하게 시인해야 합니다. 보통 사람들은 남의 좋은 점은 깎아내리고 나쁜 점은 부각하지만 신자는 반대로 해야 합니다.

열째, 고자질과 아첨과 중상(中傷)하는 자들을 멀리해야 합니다(잠 25:23; 26:24). 고자질의 내용은 정상적인 방법으로는 알기 힘든 고급(?) 정보일 때가 많습니다. 하지만 고자질에 의존해 판단을 내리면 관련자 간에 긴장감이 증폭하고 불의의 피해자가 발생할 수 있습니다.

다들 아첨이 나쁘다는 것은 알지만 자신을 향한 아첨을 싫어하는 사람은 별로 없습니다. 실제로 심리학 실험 결과를 보면 많은 사람이 아첨인 줄 알아도 칭찬을 들으면 기분이 좋다고 합니다. 하물며 티 안 나게 아첨하는 사람은 얼마나 사랑을 받겠습니까? 하지만 아첨은 부당한 호의를 끌어내 정확한 판단을 가로막습니다. 그러므로 신자는 아첨을 거부해야 합니다.

한편 드러나지 않게 은근하고 교묘하게 이웃을 헐뜯는 자가 있습니다. 하나님이 그러한 자를 멸하신다고 하셨으므로 신자들도 그러한 자들을 배격해야 합니다(시 101:5).

열한째, 필요시에는 우리의 명성을 사랑하고 보호해야 합니다(잠 22:1; 요 8:49). 사람은 당장 눈앞에 좋은 것을 선택하기 쉽습니다. 이것이 많은 사람이 명예보다 재물을 선택하는 이유입니다. 하지만 돈을 사랑하는 것은 일만 악의 뿌리가 되어 거짓말과 도둑질, 간음과 살인을 불러옵니다. 신자는 "배부른 돼지"보다 진실을 찾아 의에 "주리고 목마른 자"가 되어야 합니다. 예수님은 사람들의 거부감과 반항에도 불구하고 당신의 인격을 정확하게 드러내고 보호하셨습니다.

열둘째, 합법적 약속을 지켜야 합니다(시 15:4). 합법적으로 약속한 것은 자신에게 손해가 될지라도 지켜야 합니다. 이런 책임감이 있어야 약속을 함부로 하지 않고 약속에 무게가 실립니다. 이렇게 책임감이 강한 사람들이 많아지면 많아질수록 그 사회는 더욱 신뢰가 넘쳐나게 되고 진위 판별에 필요한 사회적 비용도 줄일 수 있게 됩니다.

열셋째, 무엇이든지 참되고, 정직하고, 사랑스럽고, 좋은 평이 있는 것들을 살피고 실천해야 합니다(빌 4:8). 참된 신자는 무슨 일을 할 때 자신에게 이득이 되는지보다 먼저 이것이 참되고 경건하고 옳고 정결한지를 생각해야 합니다.

 제31과 제9계명의 요구와 금지

우리나라 학교들은 입학 지원자들에게 학력 증명서를 요구합니다. 우리에게는 아주 당연한 절차인데 다른 나라에서는 그렇지 않습니다. 저는 신대원 입학 전형에 필요한 서류 때문에 영국의 모교에 연락을 취했었습니다. 그런데 그쪽 담당자는 졸업증명서를 보내달라는 저의 요구를 잘 이해하지 못했습니다. 학력 위조가 거의 없는 그들의 사회에서는 졸업증명서를 요구하는 경우가 매우 드물기 때문이었습니다. 목사가 되겠다고 지원하는 자들에게 졸업증명서를 요구하는 것은 신학교가 의심이 많아서가 아니라 그만큼 기독교계를 포함한 우리 사회가 거짓에 익숙하기 때문입니다.

은행이나 관공서에서 일을 볼 때 거짓인지 진실인지를 확인하고 검증하기 위한 서류들이 얼마나 많습니까? 우리 사회는 거짓말과 사기를 막기 위해 엄청난 사회적 비용을 지불하고 있습니다. 이러한 사회 분위기 속에서 기독교인들마저 거짓말하는 것을 크게 꺼리지 않는 것 같습니다. 시인 윤동주는 "잎새에 이는 바람에도" 괴로워했는데 지금 우리 사회는 정직과 진실에 대해 너무나도 둔감합니다.

기독교인은 사소한 일에서도 거짓을 말하지 않으려고 노력해야 합니다. 주일날 늦게 일어나서 교사 모임이나 성가대 연습 시간에 늦었으면 그냥 늦게 일어나서 늦었다고 해야지 괜히 차가 밀렸다거나 모임이 없는 줄로 알았다는 등 다른 핑계를 대면 안 됩니다. 그리스도인이 이 사회에 줄 수 있는 큰 선물 중 하나는 십계명으로 대표되는 도덕법의 정신과 가치를 보여주는 것입니다. 하나님의 영원한 도덕법은 그 자체로 옳고 아름다울 뿐만 아니라 현실적으로도 좋은 결과들을 가져옵니다. 도덕법의 준수야말로 사회를 투명하게 만들어 경제적 효율성을 높이고 많은 일자리를 창출합니다.

제9계명이 요구하는 것

① 진실의 보존과 증진

② 자신과 이웃의 명성을 보존하고 증진하는 것

③ 진실의 옹호

④ 오직 진실만을 말하는 것

⑤ 이웃에 대한 너그러운 존중

⑥ 이웃의 명성을 사랑하는 것

⑦ 이웃의 연약함을 슬퍼하고 덮어주는 것

⑧ 이웃의 은사를 인정하고 결백을 변호하는 것

⑨ 이웃에 대한 좋은 이야기는 쾌히 받아들이고
　 나쁜 이야기는 부득이하게 시인하는 것

⑩ 고자질과 아첨과 중상을 좌절시키는 것

⑪ 우리의 명성을 사랑하고 보호하는 것

⑫ 합법적 약속을 지키는 것

⑬ 참된 것을 살피고 실천하는 것

2. 제9계명이 금지하는 것

제9계명이 요구하는 내용을 잘 살펴보면 금지하는 내용도 짐작할 수 있습니다. 여기서는 웨스트민스터 대요리문답을 통해 좀 더 자세한 내용을 살펴보겠습니다.

첫째, 제9계명은 우리와 이웃의 진실과 명성에, 특히 공적 재판에서 이해 당사자에게 해를 끼치는 모든 일을 금지합니다(레 19:15). 재판의 결과는 당사자의 명예와 재산에 큰 손실을 끼칠 수 있으므로 공적 재판에서 거짓을 말하는 것은 더욱 금지됩니다.

둘째, 거짓 증거를 제공하는 것을 금합니다(잠 6:16, 19). 거짓 증거는 판단에 착오를 일으켜 누군가에게 피해를 줄 수 있습니다.

셋째, 위증 교사(敎唆)를 금합니다(행 6:13). 증인은 재판에 상당한 영향을 끼칩니다. 왜곡된 증언은 잘못된 재판 결과를 초래합니다. 따라서 성경은 거짓 증언은 물론이고 증인을 매수하거나 협박하는 것도 금지합니다. 우리 사회에서 "갑"의 위치에 있는 많은 이들이 자신의 이익을 위해 거짓 증인을 세우는 일을 꺼리지 않는데 그리스도인은 이를 거부해야 합니다.

넷째, 고의적으로 진실을 외면하고 억압하면서 악한 주장을 변호하는 것을 금합니다(시 52:2-4). 진실을 외면하고 악한 말을 하는 것은 날카로운 칼로 살을 헤집는 것과 같습니다. 손과 발로 때리는 것보다 간사한 혀로 해치는 것이 더 아픕니다. 신자의 혀는 오직 진실을 말해야 합니다.

다섯째, 불의한 판결을 승인하고 악을 선하다, 선을 악하다 하는 것을 금합니다(잠 17:15; 왕상 21:13). 불량한 자가 일부러 거짓으로 증언하는 줄 알면서도 그 증언에 따라 판정하면 나봇과 같은 무고한 사람이 죽게 됩니다. 거짓 증인은 의인을 악인으로 몰아 죽음에까지 이르게 하므로

참고 성구

너희는 재판할 때에 불의를 행하지 말며 가난한 자의 편을 들지 말며 세력 있는 자라고 두둔하지 말고 공의로 사람을 재판할지며(레 19:15).

16여호와께서 미워하시는 것 곧 그의 마음에 싫어하시는 것이 예닐곱 가지이니…19거짓을 말하는 망령된 증인과 및 형제 사이를 이간하는 자이니라 (잠 6:16-19).

거짓 증인들을 세우니 이르되 "이 사람이 이 거룩한 곳과 율법을 거슬러 말하기를 마지아니하는도다"(행 6:13).

2네 혀가 심한 악을 꾀하여 날카로운 삭도 같이 간사를 행하는도다. 3네가 선보다 악을 사랑하며 의를 말함보다 거짓을 사랑하는도다. (셀라) 4간사한 혀여, 너는 남을 해치는 모든 말을 좋아하는도다(시 52:2-4).

신자는 이를 가로막아야 합니다.

여섯째, 악인에게 보상하기를 의인에게 하듯이 하고, 의인에게 보상하기를 악인에게 하듯이 하는 것을 금합니다(사 5:23). 거짓 증언과 뇌물에 휘둘려 의인에게 돌아갈 보상을 악인에게 주면 안 됩니다.

일곱째, 위조(僞造)를 금합니다(눅 19:8). 삭개오는 은혜를 받고 회개하면서 누구의 것을 위조하여(속여) 빼앗은 일이 있으면 네 배로 갚겠다고 말합니다. 신자는 다른 사람이 위조해놓은 것까지 옳게 고쳐나가야 합니다.

여덟째, 진실을 은폐하거나 정당한 소송에서 부당하게 침묵하는 것을 금합니다(레 5:1). 자기가 본 것이나 알고 있는 것을 제때에 알리지 않고 침묵하면 누군가 심각한 피해를 볼 수 있습니다. 하나님은 이에 대해 죄를 물으십니다. 따라서 자기가 무엇을 보거나 알게 된 것은 하나님이 그 일에 대한 증인으로 삼으시기 위함임을 알고, 부당하게 침묵하면 안 됩니다.

아홉째, 부당함에 대해 책망하거나 남을 꾸짖어야 할 때 침묵을 유지하는 것을 금합니다(레 19:17). 잘못한 이들을 적절하게 꾸짖으면 그 잘못을 바로잡아줄 수 있고 주변 사람들에게도 무엇이 옳고 무엇이 그른지 알릴 수 있습니다. 자신에게 득이 되지 않고 괜한

참고 성구

악인을 의롭다 하고 의인을 악하다 하는 이 두 사람은 다 여호와께 미움을 받느니라(잠 17:15).

때에 불량자 두 사람이 들어와 그의 앞에 앉고 백성 앞에서 나봇에게 대하여 증언을 하여 이르기를 "나봇이 하나님과 왕을 저주하였다" 하매 무리가 그를 성읍 밖으로 끌고 나가서 돌로 쳐 죽이고(왕상 21:13).

그들은 뇌물로 말미암아 악인을 의롭다 하고 의인에게서 그 공의를 빼앗는도다(사 5:23).

삭개오가 서서 주께 여짜오되 "주여, 보시옵소서. 내 소유의 절반을 가난한 자들에게 주겠사오며 만일 누구의 것을 속여 빼앗은 일이 있으면 네 갑절이나 갚겠나이다"(눅 19:8).

만일 누구든지 저주하는 소리를 듣고서도 증인이 되어 그가 본 것이나 알고 있는 것을 알리지 아니하면 그는 자기의 죄를 져야 할 것이요 그 허물이 그에게로 돌아갈 것이며(레 5:1).

너는 네 형제를 마음으로 미워하지 말며 네 이웃을 반드시 견책하라. 그러면 네가 그에 대하여 죄를 담당하지 아니하리라(레 19:17).

어리석은 자는 자기의 노를 다 드러내어도 지혜로운 자는 그것을 억제하느니라(잠 29:11).

거짓 증인이 많이 왔으나 얻지 못하더니 후에 두 사람이 와서 이르되 "이 사람의 말이 내가 하나님의 성전을 헐고 사흘 동안에 지을 수 있다 하더라" 하니(마 26:60-61).

너희가 그것을 먹는 날에는 너희 눈이 밝아져 하나님과 같이 되어 선악을 알 줄 하나님이 아심이니라(창 3:5).

시비에 얽힐까 염려하여 잘못에 대한 책망을 회피하면 그 모든 기회를 상실하게 됩니다.

열째, 진실을 잘못된 목적으로 때에 맞지 않게 말하거나 악의적으로 말하는 것을 금합니다(잠 29:11). 우리 삶에서 진실을 상황에 맞게 잘 표현하는 것은 매우 중요합니다. 지혜로운 자는 노를 억제하며 적당한 때에 무언가를 드러냅니다. 진실을 말한다고 하면서 다른 사람을 절망으로 몰아가거나 분쟁을 조장하는 행위는 올바르지 않습니다.

열한째, 진실을 그릇된 의미로 왜곡하는 것을 금합니다(마 26:60-61). 예수님은 분명히 "너희가 이 성전을 헐라. 내가 사흘 동안에 일으키리라"(요 2:19)라고 말씀하셨는데 사실 이것은 참된 성전인 예수님의 몸에 대한 말씀이었습니다. 하지만 예수님을 죽이려고 혈안이 된 자들은 이 말씀을 문자적으로 악용해 예수님을 고발했습니다. 말의 원래 의도를 무시한 채 사욕을 좇아 왜곡하는 것은 참으로 비열한 짓입니다.

열둘째, 진리나 공의에 대해 편견을 갖도록 의혹을 부추기거나 애매하게 왜곡하는 것을 금합니다(창 3:5). 에덴동산에서 뱀은 아담과 하와를 유혹하며 하나님이 선악을 알게 하는 나무의 열매를 먹지 말라고 하신 것은 아담과 하와의 눈이 밝아져 하나님과 같이 될까 봐 염려했기 때문이라고 말했습니다. 하나님의 참된 말씀에 대한 편견과 의심을 심어준 것입니다. 얼마나 많은 이들이 이런 식으로 옳은 이들에 대한 편견과 의심을 부추기는지 모릅니다.

열셋째, 진실이 아닌 것(untruth), 거짓(lying), 중상, 험담, 훼방, 고자질, 수군수군, 냉소, 욕설, 조급하고 가혹하고 편파적으로 비난하는 것을 금합니다.

열넷째, 의향과 말과 행동을 잘못되게 구성하는 것(misconstructing)을 금합니다(시 12:2-3).

열다섯째, 아첨, 헛된 영광의 자랑, 우리나 타인들을 과대평가 혹은 과소평가하고 말하는 것을 금합니다. 사도행전에 보면 교회를 박해한 헤롯 왕은 어느 날 왕복을 입고 나와 연설을 했습니다. 이때 그에게 잘 보이려는 백성들이 그의 소리가 사람의 소리가 아닌 신의 소리라고 아첨했습니다. 헤롯은 겸손하게 자신이 사람에 지나지 않음을 인정하고 영광을 하나님께 돌려야 했지만 교만한 마음으로 백성의 아첨을 즐겼습니다. 이에 주의 사자가 헤롯을 쳤고 그는 벌레에게 먹혀 죽었습니다(행 12장).

웨스트민스터 대요리문답은 이 외에도 많은 금지 사항에 대하여 말하는데, 여기서 소개한 내용과 크게 다르지 않습니다. 더 자세하게 알고 싶으신 분들은 대요리문답을 참고하시기 바랍니다.

3. 거짓 증거하는 선지자들

아합 왕은 아람과의 전쟁을 시작하기 전에 선지자들을 불러 모았습니다. 동맹을 맺은 유다 왕 여호사밧이 하나님의 뜻이 어떤지 물어볼 것을 요청했기 때문이었습니다. 왕이 부르면 언제든지 예언할 준비가 되어 있는 400여 명의 선지자는 한목소리로 아합의 승리를 예견했습니다.

> 이스라엘의 왕이 이에 선지자 사백 명쯤 모으고 그들에게 이르되 "내가 길르앗 라못에 가서 싸우랴, 말랴?" 그들이 이르되 "올라가소서. 주께서 그 성읍을 왕의 손에 넘기시리이다"(왕상 22:6).

하지만 그들이 왕의 영향력 아래 있다는 것을 눈치챈 여호사밧은 다른 선지자에게 물어보자고 제안합니다. 이에 아합은 솔직하게 이야기합니다.

> 이스라엘의 왕이 여호사밧 왕에게 이르되 "아직도 이믈라의 아들 미가야한 사람이 있으니 그로 말미암아 여호와께 물을 수 있으나 그는 내게 대하여 길한 일은 예언하지 아니하고 흉한 일만 예언하기로 내가 그를 미워하나이다." 여호사밧이 이르되 "왕은 그런 말씀을 마소서"(왕상 22:8).

이에 불려 온 미가야는 처음에는 승리를 예언하지만, 아합이 진실을 말하라고 다그치자 그제야 이스라엘의 패배와 왕이 죽는 모습을 예언합니다. 다른 선지자들과는 전혀 다른 예언을 한 것입니다. 게다가 미가야는 하나님이 다른 모든 선지자의 입에 "거짓말하는 영"을 넣으셨다고 말하며 다른 선지자들을 고발했습니다. 그러자 철로 된 뿔을 만들어서까지 가짜 예언을 하던 시드기야는 미가야의 뺨을 치면서 "여호와의 영이 나를 떠나 어디로 가서 네게 말씀하시더냐?"라고 비난했습니다.

우리가 상권에서 제24문을 통해 살펴본 것처럼 선지자는 預言者(예언자, forthteller)이지, 豫言者(예언자, foreteller)가 아닙니다. 즉 하나님이 주시는 말씀을 맡아서 그대로 전하는 자가 참된 선지자입니다. 하지만 권력에 빌붙어 사는 어용(御用) 선지자들은 하나님이 주시는 말씀이 아니라 권력자가 기분 좋아할 말만 하게 됩니다.

TIP 예언자의 의미에 대해서는 상권 306-307쪽을 보라.

현대 사회에서 언론은 매우 중요한 역할을 합니다. 언론은 많은 사람에게 진실을 전달해주고 옳은 관점을 제공해야 합니다. 언론이 진실을 외면한 채 기득권자들의 입맛을 맞추기에 급급하다면 사회는 급격히 후퇴할 수밖에 없습니다. 교회도 마찬가지입니다. 목사는 더욱 깨어서 성경이 말하는 내용만을 전해야 합니다. 그는 성경을 왜곡해 성도의 입맛에 맞거나 자신의 이익에 맞는 내용만 전하면 안 됩니다.

바른말을 하는 언론인을 박해하고 언론을 통제하는 사회에서는 진실이 힘을 잃기 쉽습니다. 그리고 진실이 힘을 잃은 사회에서 우리는 올바른 생각과 선택을 하지 못해 죄를 지을 가능성이 커집니다. 교회도 마찬가지입니다. 선지자들을 손에 넣고 흔드는 사람은 하나님의 참된 말씀을 듣기 힘듭니다. 목사와 교사들이 바른 것을 가르치고 소신껏 목회 활동을 할 수 있도록 도와주는 성도가 많은 교회가 좋은 교회입니다.

① 이웃의 진실과 명성을 해치는 모든 일

② 거짓 증거의 제공

③ 위증 교사

④ 진실을 외면하고 억압하면서 악한 주장을 변호하는 것

⑤ 불의한 판결의 승인

⑥ 악인에게 후하게 보상하고 의인에게 잘못 보상하는 것

⑦ 위조

⑧ 진실 은폐와 부당한 침묵

⑨ 부당함에 대한 침묵

⑩ 진실을 때에 맞지 않게 말하거나 악의적으로 말하는 것

⑪ 진실을 그릇된 의미로 왜곡하는 것

⑫ 진리와 공의에 대해 편견을 갖도록 애매하게 왜곡하는 것

⑬ 진실이 아닌 것, 거짓, 중상, 험담, 훼방, 고자질, 수군수군, 냉소, 욕설, 조급하고 가혹하고 편파적으로 비난하는 것

⑭ 의향과 말과 행동을 잘못되게 구성하는 것

⑮ 아첨, 헛된 영광의 자랑, 과대·과소 평가

주례사 비평

비평(평론)은 시, 소설, 수필, 희곡과 함께 문학의 5대 장르에 속한다. 비평에 대한 사전적 정의는 "예술 작품이나 문화 현상에 대하여 그 가치, 우열, 미추(美醜) 따위를 논하여 평가함, 또는 그런 글"이다. 그러므로 비평가가 갖추어야 할 가장 중요한 덕목은 비평 대상의 가치와 미추를 정확하게 평가할 수 있는 분별력이다.

그런데 우리 사회에는 언젠가부터 "주례사 비평"이란 말이 회자하고 있다. 청춘 남녀의 결혼 주례를 맡은 이는 대개 축하를 위해 신랑과 신부의 장점을 말하지 단점을 지적하며 날카로운 훈계를 하지 않는다. 즉 "주례사 비평"이란 비평가가 작품이나 작가의 한계와 과제에 대해서는 말하지 않는 칭찬 일색의 비평을 일컫는다. 주례사 비평을 하면 그 순간에는 분위기가 좋을 것이다. 하지만 길게 보면 비평가나 작가를 포함한 그 누구에게도 도움이 되지 않는다. 드러나야 할 문제를 덮어버리면서 상호 발전과 성장의 기회를 가로막기 때문이다.

나는 몇 년 전에 어떤 학회에서 조나단 에드워즈의 삼위일체 신학에 관한 논문을 발표했었다. 두 분의 교수가 논평을 맡았는데 그중 한 분이 날카로운 비평을 해주었다. 1년 반 후에는 처지가 바뀌었다. 이번에는 그분이 논문을 발표하고 내가 논평을 맡게 된 것이다. 나도 주례사 비평을 좋아하지 않기에 칭찬만 하지 않고 학자의 양심에 따라 부족한 부분과 개선 방향까지 논평했다.

사실 그런 학회에서 소신껏 비평을 펼친다는 것이 쉽지만은 않다. 신학계 자체가 그리 넓지 않은 데다가 조나단 에드워즈를 전공한 신학자는 손가락으로 꼽을 정도이기 때문이다. 몇 번 학회에 참여하면 이런저런 인맥으로 서로가 깊이 관계되어 있음을 확인하게 되는데, 이런 현실에서 상대 신학자의 논문을 논평하게 될 때 주례사 비평을 벗어나려면 다소 용기가 필요한 것이다.

교회에서도 마찬가지다. 나는 몇 년 전에 노회장을 역임했다. 노회는 오직 하나님의 말씀에 근거하여 무엇이 옳은지를 판단해야 한다. 하지만 이것 역시 쉽지 않다. 노회원들은 보통 십 년, 이십 년씩 같은 노회에서 친하게 지낸 동료들이다. 우선 그 동료들이 불편해할 만한 발언과 결정을 하기가 쉽지 않고, 나와 똑같은 처지에 있는 동료가 겪는 일은 바로 나 자신이 겪을 수도 있기에 망설이게 되는 것이다. 그래서 명백한 잘못임에도 하나님의 말씀과 노회 규칙을 엄격하게 적용하지 않고 대강 얼버무려 처리하고 싶은 유혹을 강하게 받는다.

설교 요청을 받을 때도 상황은 비슷하다. 임직식이나 헌신 예배의 설교자로 초청을 받으면 그 교회의 장점을 부각하고 담임목사를 칭찬해야 할 것 같은 무언의 압력을 느끼게 된다. 물론 대다수 교회와 목회자에게는 격려와 칭찬이 어울린다. 하지만 과도한 주례사 비평은 그 교회와 목사에게 잘못된 환상을 심어주고 왜곡된 판단 기준을 제공해 근본적으로는 악영향을 끼칠 것이 분명하다.

이제 우리 사회도 주례사 비평을 넘어서야 한다. 개그맨 심형래 씨가 "디워"라는 SF 영화를 기획한 적이 있었다. 한 평론가는 "'디워'를 3D로 만든다나? 재래식 변소에 대리석 까는 격"이라며 쓴소리를 아끼지 않았지만 전반적인 여론은 칭찬 일색이었다. 또 황우석 박사의 연구 결과가 조작으로 드러나기 전까지 우리 사회는 그를 자랑스러워하며 그의 연구 방향과 야욕에 대해 전혀 문제 삼지 않았다. 오히려 그의 비양심적인 행위가 드러난 것을 아쉬워하는 사람이 많을 정도였다. 우리나라의 대표적 소설가인 신경숙 씨의 표절 문제도 어떻게 보면 우리 사회에 만연한 주례사 비평의 결과라고 할 수 있다.

날카로운 비평은 우리의 심기를 불편하게 하며 효율성을 떨어뜨리기도 한다. 하지만 시간이 흐른 뒤에는 누구의 말이 옳았는지가 분명하게 드러나며 그런 비평에 귀를 기울였어야 한다는 사실을 깨닫게 된다. 그래서 올바른 비평가가 되기 위해서는 낭만적인 감정에서 벗어나야 한다. 오직 진리가 무엇인지, 오직 하나님이 무엇을 기뻐하시는지를 생각하며 때로 외롭고 거친 길을 걸어가야 한다.

훌륭한 비평가는 돈과 권력의 유혹으로부터도 자유로워야 한다. 현대의 비평가들은 자본과 떼려야 뗄 수 없는 관계에 있다. 대중의 사랑을 받고 부가가치를 생산할 가능성이 있는 콘텐츠라면 비평가들은 발 벗고 나서서 그것을 띄우고, 언론은 그것을 이어받아 시장을 형성하는 역할을 한다. 아름다움과 옳음과 숭고함이 평가의 기준이 아니라 상업성이 가장 근본적인 기준이 되어버린 것이다.

요즘에는 교회에서도 자본의 영향력을 무시할 수 없는 듯하다. 교회의 설교, 프로그램, 사역의 방향이 결정될 때 무엇보다 중요한 것은 하나님의 뜻이다. 하지만 실제로는 많은 사람이 경제성을 타진하며 더 많은 사람이 매력을 느낄 만한 방향으로 나아간다. 물론 교회를 운영할 때 경제적인 여건도 충분히 고려해야겠지만 하나님의 뜻보다 돈과 효율을 기준으로 삼는 모습은 분명히 경계해야 할 것이다.

특히 목사는 하나님의 말씀을 전할 때 주례사 비평을 삼가야 한다. 말씀을 받아들이든지 못 받아들이든지 상관없이 모두에게 가감

없이 말씀을 선포해야 한다. 그들에게서 얻을 이익에 따라 말을 바꾸면 안 된다. 사람은 본래 바른 교훈을 받기 싫어하고 귀가 가려워 자기의 사욕을 채워줄 스승을 두고자 하는 법이다. 목사는 그런 사람들을 향하여 고난을 받을 각오를 하고 전도자의 직무를 수행해야 한다. 오래 참으며 경책하고 경계하고 권해야 한다.

그렇다고 병적인 비판자가 되어 날 선 비판만 하라는 말은 아니다. 100미터 밖의 잔디밭에 있는 잡초까지 찾아내는 깐깐한 검사가 될 필요는 없다. 골로새서 4:6은 "너희 말을 항상 은혜 가운데서 소금으로 맛을 냄과 같이 하라. 그리하면 각 사람에게 마땅히 대답할 것을 알리라"라고 말한다. 날 선 배추에 소금을 뿌려놓으면 풀이 죽으며 김치를 만들기에 적합하게 푹 늘어지고 짠맛도 밴다. 신자의 말은 날 선 말이 아니라 소금 같은 말이 되어야 한다. 우리의 비평 역시 주례사 비평이나 잔혹하고 신랄한 비평이 아니라 소금 같은 비평이 되어야 한다. 옳음과 배려와 사랑이 소금처럼 깃드는 말로 제9계명을 잘 지키는 그리스도인들이 되자.

1. 각자 하루에 스마트폰을 얼마나 사용하는지 이야기해봅시다. 스마트폰의 장단점을 생각해본 후 스마트폰에 중독되지 않고 유용하게 사용하는 법에 대해 나누어봅시다.

2. 소요리문답 제76-78문을 서로 묻고 답해봅시다. 근거 성구도 함께 살펴봅시다.

3. 다윗이 왕이 되면 자신은 왕이 될 수 없었지만, 요나단은 아버지의 심기를 건드리면서까지 다윗을 변호해주었습니다(삼상 19:4-5). 요나단처럼 진실만을 말하려면 어떤 믿음이 필요한지 이야기해봅시다.

4. 이웃의 연약함을 발견했을 때 어떻게 하는 것이 신자다운 모습일까요?(잠 17:9; 고후 12:21) 또 이웃의 은사와 은혜를 발견했을 때 어떻게 하는 것이 신자다운 모습일까요?(딤후 1:4-5)

5. 우리나라의 각종 기관에서 이런저런 증명서를 요구하는 것에 대해 어떻게 생각합니까? 신뢰가 넘치는 사회를 만들기 위해 신자들이 할 수 있는 일에는 무엇이 있을까요?

6. 제9계명이 요구하는 것 중 자신이 특별히 힘써야겠다고 생각하는 것에 대해 나누어봅시다.

7. 제9계명이 금지하는 것 중 자신이 특별히 주의해야겠다고 생각하는 것에 대해 나누어봅시다.

8. "주례사 비평"에 대해 어떻게 생각하십니까? 정말 좋은 비평을 하기 위해서는 어떤 마음가짐이 필요할까요?

memo

제32과
제10계명의 요구와 금지

제79문. 제10계명은 무엇입니까?

Which is the Tenth Commandment?

답. 제10계명은 "네 이웃의 집을 탐내지 말라. 네 이웃의
아내나 그의 남종이나 그의 여종이나 그의 소나 그의
나귀나 무릇 네 이웃의 소유를 탐내지 말라"입니다.

The Tenth Commandment is, "You shall not covet your
neighbour's house. You shall not covet your neighbour's
wife, or his manservant or maidservant, his ox or
donkey, or anything that belongs to your neighbour."

---

covet 몹시 (부당하게) 탐내다, 갈망하다

ox 소, 황소

donkey 당나귀

제80문. 무엇이 제10계명에서 요구됩니까?

What is required in the Tenth Commandment?

답. 제10계명은 우리 자신의 상황을 충분히 만족하게 여기고(딤전 6:6; 히 13:5) 우리의 이웃과 그가 가진 모든 것을 향해 바르고 관대한 마음을 품을 것을 요구합니다(욥 31:29; 롬 12:15; 고전 13:4-7; 딤전 1:5).

The Tenth Commandment requires full contentment with our own condition, with a right and charitable frame of spirit toward our neighbour, and all that is his.

---

contentment 만족, 안도
charitable 관대한, 자비로운
frame 액자, 틀, 뼈대, 마음의 상태, 기분

제81문. 무엇이 제10계명에서 금지됩니까?

What is forbidden in the Tenth Commandment?

답. 제10계명은 우리 자신의 상태를 만족하게 여기지 않는 것을(왕상 21:4; 에 5:13; 고전 10:10), 우리 이웃의 물건을 시기하거나 배 아파하는 것을(갈 5:26; 약 3:14, 16), 그리고 이웃이 가진 어떤 물건에 대해서든 과도하게 행동하거나 애착하는 것을 금합니다(롬 7:7-8; 13:9; 신 5:21).

The Tenth Commandment forbids all discontentment with our own estate, envying or grieving at the good of our neighbour, and all inordinate motions and affections to anything that is his.

---

discontentment 불만, 불평
grieve 몹시 슬퍼하다, 비탄에 잠기다
inordinate 지나친, 극단적인, 무질서한, 무절제한
affection 애정, 애착, 정서, 감정

그러나 자족하는 마음이 있으면 경건은 큰 이익이 되느니라(딤전 6:6).

돈을 사랑하지 말고 있는 바를 족한 줄로 알라. 그가 친히 말씀하시기를 "내가 결코 너희를 버리지 아니하고 너희를 떠나지 아니하리라" 하셨느니라(히 13:5).

내가 언제 나를 미워하는 자의 멸망을 기뻐하고 그가 재난을 당함으로 즐거워하였던가(욥 31:29).

이 교훈의 목적은 청결한 마음과 선한 양심과 거짓이 없는 믿음에서 나오는 사랑이거늘(딤전 1:5).

4사랑은 오래 참고 사랑은 온유하며 시기하지 아니하며 사랑은 자랑하지 아니하며 교만하지 아니하며 5무례히 행하지 아니하며 자기의 유익을 구하지 아니하며 성내지 아니하며 악한 것을 생각하지 아니하며 6불의를 기뻐하지 아니하며 진리와 함께 기뻐하고 7모든 것을 참으며 모든 것을 믿으며 모든 것을 바라며 모든 것을 견디느니라(고전 13:4-7).

즐거워하는 자들과 함께 즐거워하고 우는 자들과 함께 울라(롬 12:15).

이스르엘 사람 나봇이 아합에게 대답하여 이르기를 "내 조상의 유업을 왕께 줄 수 없다" 하므로 아합이 근심하고 답답하여 왕궁으로 돌아와 침상에 누워 얼굴을 돌리고 식사를 아니하니(왕상 21:4).

"그러나 유다 사람 모르드개가 대궐 문에 앉은 것을 보는 동안에는 이 모든 일이 만족하지 아니하도다" 하니(에 5:13).

그들 가운데 어떤 사람들이 원망하다가 멸망시키는 자에게 멸망하였나니 너희는 그들과 같이 원망하지 말라(고전 10:10).

헛된 영광을 구하여 서로 노엽게 하거나 서로 투기하지 말지니라(갈 5:26).

그러나 너희 마음속에 독한 시기와 다툼이 있으면 자랑하지 말라. 진리를 거슬러 거짓말하지 말라(약 3:14).

시기와 다툼이 있는 곳에는 혼란과 모

든 악한 일이 있음이라(약 3:16).

7그런즉 우리가 무슨 말을 하리요? 율법이 죄냐? 그럴 수 없느니라. 율법으로 말미암지 않고는 내가 죄를 알지 못하였으니 곧 율법이 "탐내지 말라" 하지 아니하였더라면 내가 탐심을 알지 못하였으리라. 8그러나 죄가 기회를 타서 계명으로 말미암아 내 속에서 온갖 탐심을 이루었나니 이는 율법이 없으면 죄가 죽은 것임이라(롬 7:7-8).

간음하지 말라, 살인하지 말라, 도둑질 하지 말라, 탐내지 말라 한 것과 그 외에 다른 계명이 있을지라도 네 이웃을 네 자신과 같이 사랑하라 하신 그 말씀 가운데 다 들었느니라(롬 13:9).

네 이웃의 아내를 탐내지 말지니라. 네 이웃의 집이나 그의 밭이나 그의 남종이나 그의 여종이나 그의 소나 그의 나귀나 네 이웃의 모든 소유를 탐내지 말지니라(신 5:21).

이웃의 집을 탐내지 말라

사람에 대한 의무를 담고 있는 여섯 계명의 강령은 우리 이웃을 자기 몸 같이 사랑하고, 남에게 대접을 받고자 하는 대로 남을 대접하는 것입니다(마 7:12; 22:39). 그중 마지막 제10계명은 하나님의 형상으로 만들어진 이웃의 집을 탐내지 말라고 명합니다.

제79문: 제10계명은 무엇인가?

제80문: 제10계명에서 요구되는 것

제81문: 제10계명에서 금지되는 것

〈표18〉 소요리문답 제79-81문의 구성

1. 제10계명이 요구하는 것

사람은 부패했기 때문에 경건마저 이익의 방도로 생각합니다. 구약성경을 보면 많은 예언자와 제사장과 왕들이 신앙은 뒤로하고 부귀영화를 추구했다는 사실을 확인할 수 있습니다. 신약성경을 보아도 많은 신자가 경건 자체를 기뻐하지 않고 사욕을 좇음으로 책망받았다는 사실을 알 수 있습니다. 오늘날도 얼마나 많은 이들이 교회를 신분 상승과 재물 획득의 수단으로 이용하는지 모릅니다.

제10계명은 무엇보다 우리 자신의 상황을 충분히 만족하게 여기라고 요구합니다. 먹을 것과 입을 것이 있으면 만족할 줄 아는 마음(딤전 6:8), 돈을 사랑하지 않고 있는 바를 족한 줄로 아는 마음(히 13:5)이 있으면 경건 자체를 큰 이익으로 생각하게 됩니다. 경건은 그것을 통하여 돈이 나오거나 신분이 보장되기 때문이 아니라 하나님을 만나고 즐거워하는 삶의 바탕이기 때문에 소중한 것입니다. 이러한 마음이 있어야 이웃의 집을 탐내지 않게 됩니다.

사람의 수명은 강건해야 팔구십인데 마치 천년만년 살 것처럼 굴어서는 안 됩니다. 우리는 이 세상에 빈손으로 왔습니다. 갈 때도 빈손으로 갑니다. 우리가 하나님 앞에 가지고 갈 수 있는 것은 오직 경건밖에 없습니다. 하나님을 얼마나 진심으로 사랑했는가, 하나님을 얼마나 즐거워하고 누렸는가가 남을 뿐입니다.

"이 세상도 그 정욕도" 모두 지나갑니다(요일 2:16-17). 아무리 식욕이 왕성하고 성욕이 넘치는 사람도 칠팔십이 지나면 어쩔 수 없습니다. 산해진미가 아무런 의미가 없고 10조가 넘는 재산도 마찬가지입니다. 사람이 늙으면 단지 물 한번 시원하게 마시고 소변 한번 시원하게 보는 것이 큰 소원이 됩니다.

마귀는 예수님을 데리고 지극히 높은 산으로 가서 천하 만국과 그 영광을 보여주며 자신에게 엎드려 경배하면 이 모든 것을 주겠다고 유혹했습니다. 그때 예수님은 "사탄아, 물러가라. 기록되었으되 '주 너의 하나님께 경배하고 다만 그를 섬기라' 하였느니라"(마 4:8-10)고 말씀하시며 그를 물리치셨습니다. 사람에게 천하 만국과 그 영광이란 유혹은 매우 자극적입니다. 하지만 우리는 예수님처럼 그 모든 것이 잠시 보이는 신기루에 지나지 않음을 기억하고 오직 하나님께 경배하고 그분만 섬겨야 합니다. 그래야만 영생에 잇대어 모든 것을 생각하며 이 땅에서 이웃의 집을 탐내지 않게 됩니다.

"사촌이 땅을 사면 배가 아프다"라는 속담이 잘 보여주듯이 보통 사람들은 남이 잘되면 배가 아픕니다. 하지만 성경은 "즐거워하는 자들과 함께 즐거워하고 우는 자들과 함께 울라"(롬 12:15; 참조. 욥 31:29)라고 말합니다. 신자는 사람의 일반적인 방향성을 뒤집어 남이 잘되면 함께 기뻐해야 합니다. 물론 동고동락(同苦同樂)은 말처럼 쉽지 않습니다. 마음 깊숙한 데서부터 이웃을 내 형제, 내 지체로 여겨야만 가능합니다.

유대인의 탈무드에는 머리가 두 개이고 몸은 하나인 아이가 태어났을 때 한 사람인지 두 사람인지 묻는 이야기가 있습니다. 이에 대해 랍비들은 한쪽 머리에 뜨거운 물을 부었을 때 다른 머리가 같이 아파하면 한 사람이고 아파하지 않으면 두 사람이라고 답합니다. 가족과 교인, 이웃 사람과 동고동락하는 신자만이 이웃을 자기 몸처럼 사랑하라는 주님의 말씀에 순종하는 것입니다.

현대 사회의 주된 사조인 개인주의에는 분명한 장점이 있지만 요즘에는 장점보다 단점이 더 눈에 띕니다. "소가 닭 보듯, 닭이 소 보듯 한다"는 속담처럼 사람들은 서로에게 신경을 쓰지 않습니다. 지역사회,

학교, 가정, 교회 할 것 없이 모두 자기중심적 문화 속에서 고립된 개인으로 살아가는 사람들이 넘쳐납니다. 하지만 성경은 개인적 관계가 전혀 없는 나그네라도 그가 하나님의 형상을 가진 귀한 존재인 줄 알고 정성껏 대접하라고 가르칩니다. 그리스도인은 이웃의 소유를 탐내지 않을 뿐 아니라 자기중심적 개인주의를 넘어서서 함께 살아가는 문화를 이끌어갈 수 있어야 합니다.

2. 제10계명이 금지하는 것

제10계명은 첫째, 자신의 상태를 만족스럽게 여기지 않는 것을 금합니다. 북 이스라엘의 아합 왕은 왕궁 가까이에 있는 나봇의 포도원을 갖고 싶었습니다. 하지만 나봇은 율법을 따라 가문의 기업인 포도원을 내줄 수 없다고 했습니다. 이에 아합은 자신의 욕심을 반쯤 포기하고 실의에 빠졌으나 곧 아내 이세벨의 계략을 따라 나봇에게 누명을 씌어 그를 돌로 쳐 죽이고 포도원을 빼앗았습니다. 아합은 일국의 왕으로서 얼마나 많은 땅과 재물을 갖고 있었겠습니까? 그런데도 만족하지 않고 이웃의 집을 탐내서 살인까지 저지르고 만 것입니다.

페르시아 제국의 제2인자였던 하만도 마찬가지였습니다. 그는 왕 다음가는 높은 자리에 있었지만 유다 사람 모르드개가 자신에게 절하지 않는 것 때문에 격분했습니다. 그는 감사하고 만족할 것이 많았지만 불만족스러운 단 한 가지에 집중하며 계략을 꾸미다가 오히려 패가망신(敗家亡身)하고 말았습니다. 이처럼 자기 현실에 만족하지 않는 자는 무리한 욕심을 부리게 됩니다. 하지만 욕심은 오히려 있는 것마저도 잃게 하며 파멸을 불러옵니다.

둘째, 우리 이웃의 물건을 시기하거나 배 아파하는 것을 금합니다

(갈 5:26). 다윗은 자기의 부하인 우리아의 아내를 탐하여 간음하고 그
죄를 덮으려고 우리아를 죽음으로 내몰았습니다(삼하 11장). 이에 하나
님은 예언자 나단을 보내어 다윗을 견책(譴責)하셨습니다.

> 1…한 성읍에 두 사람이 있는데 한 사람은 부하고 한 사람은 가난하니 2그
> 부한 사람은 양과 소가 심히 많으나 3가난한 사람은 아무것도 없고 자기가
> 사서 기르는 작은 암양 새끼 한 마리뿐이라. 그 암양 새끼는 그와 그의 자식
> 과 함께 자라며 그가 먹는 것을 먹으며 그의 잔으로 마시며 그의 품에 누우
> 므로 그에게는 딸처럼 되었거늘 4어떤 행인이 그 부자에게 오매 부자가 자기
> 에게 온 행인을 위하여 자기의 양과 소를 아껴 잡지 아니하고 가난한 사람의
> 양 새끼를 빼앗아다가 자기에게 온 사람을 위하여 잡았나이다(삼하 12:1-4).

이 이야기를 들은 다윗은 분을 내면서 그 부한 사람이 죽어 마땅하
다고 말했습니다. 그러자 나단은 다윗이 바로 그 사람임을 지적하며 하
나님의 말씀을 전합니다. 하나님은 다윗에게 놀라운 복을 주셔서 사울
왕의 박해에도 불구하고 살아남아 왕이 되게 하셨고 모든 것을 허락해
주셨습니다. 하지만 다윗은 "여호와의 말씀을 업신여기고" 부하의 아내
를 빼앗았습니다(삼하 12:7-9). 이는 실로 양과 소가 심히 많은 부자가
작은 암양 새끼 한 마리가 전부인 사람에게서 그것을 빼앗는 행위와
같았습니다. 간음과 탈취는 이웃의 어려운 상황을 개의치 않는 자기중
심적 행위이며 헛된 영광에 취해 다른 사람을 시기한 결과입니다. 다윗
은 부하의 아내를 빼앗음으로써 간음하지 말라는 제7계명을 범했고 이
웃의 집을 탐내지 말라는 제10계명까지 범했습니다. 한 계명을 범하면
연관된 다른 계명들까지 범하게 됩니다.

셋째, 이웃이 가진 어떤 물건에 대해서든 과도하게 행동하거나 애착하는 것을 금합니다. 제10계명은 이웃의 집과 밭과 남종과 여종과 소와 나귀를 비롯해 이웃의 모든 소유를 탐내지 말라고 말합니다. 이 목록은 고대 세계의 재산을 대표하는 항목들입니다. 즉 제10계명은 이웃의 어떤 소유나 재산도 탐내지 말라고 말씀하는 것입니다.

이웃의 어떤 소유나 재산에도 영향받지 않으려면 결국 자기 자신이 하나님과 이웃에 대한 사랑으로 충만해야 합니다. 이웃이 잘난 척하고 자기만 아는 사람이라고 해도 그를 탓할 문제가 아닙니다. 아이들은 평소에는 관심이 없다가도 다른 또래가 무엇을 가지고 놀면 그것을 가지고 싶어 합니다. 하지만 이웃을 자기 몸처럼 사랑하는 신자는 "주는 것이 받는 것보다 복이 있다"(행 20:35)는 사실을 마음에 새기고 있습니다.

하나님의 도덕법은 십계명에 요약되어 내포되어 있습니다. 그리고 십계명은 우리의 마음과 목숨과 힘과 뜻을 다하여 하나님을 사랑하는 것과 이웃을 자신처럼 사랑하는 것으로 요약됩니다. 이 강령은 우리의 구체적인 삶에 기준이 되어줍니다. 삶의 다양한 상황 속에서는 하나님의 계명을 외적·형식적으로 적용하기 힘들 때가 많습니다. 그럴 때는 자신에게 진정으로 하나님과 이웃 사랑의 마음이 있는지 생각해보고, 실제 나의 결정이나 행동이 이웃에게 도움이 되는지를 자세히 살펴봄으로써 길을 찾아야 합니다.

제10계명이 금지하는 것
① 자신의 상태를 만족하게 여기지 않는 것
② 이웃의 물건을 시기하거나 배 아파하는 것
③ 이웃의 물건에 대해 과도하게 행동하거나 애착하는 것

1. 각자 자신의 건강에 관해 이야기해봅시다. 체질적으로 건강한 편입니까, 아니면 건강을 위해서 관리를 꾸준히 해야 하는 편입니까? 건강을 유지하기 위해 할 수 있는 일들에 대하여 나누어봅시다.

2. 소요리문답 제79-81문을 서로 묻고 답해봅시다. 근거 성구도 함께 살펴봅시다.

3. 제10계명이 요구하는 바가 무엇인지를 근거 성구(욥 31:29; 롬 12:15; 고전 13:4-7; 딤전 1:5; 6:6; 히 13:5)를 통해 살펴봅시다.

4. "소가 닭 보듯, 닭이 소 보듯 한다"라는 속담과 "동고동락"이라는 사자성어의 의미를 설명해봅시다. 우리 사회에서 개인주의와 자기중심적인 문화는 어떤 모습으로 나타납니까?

5. 성경은 자신의 상태에 만족하지 않는 것에 관하여 무엇이라고 가르칩니까? 관련 성구(왕상 21:4; 에 5:13; 고전 10:10)를 통해 알아봅시다.

6. 각자의 소비 욕구와 소비생활을 전체적으로 평가해보는 시간을 가집시다. 가
진 것에 감사하는 마음보다 자신에게 없는 한 가지 때문에 불만스러운 때는
없습니까? 필요 이상의 소비를 통해 행복을 찾는 성향은 없습니까?

7. 이웃의 소유나 재산에 대한 탐심이 일어날 때는 언제입니까? 외부적인 요인
과 내부적인 요인을 살펴보고 탐심을 이겨내려면 어떻게 해야 할지 생각해봅
시다.

제8부

구원론 II

믿음과 회개

제82-87문

제33-1과
하나님의 계명들을
완벽하게 지킬 수 없는 사람

제82문. 사람은 하나님의 계명들을 완벽하게 지킬 수 있습니까?

Is any man able perfectly to keep the commandments of God?

답. 어떠한 사람도 타락 이래로는 금생에서 하나님의 계명들을 완벽하게 지킬 수 없고(전 7:20; 요일 1:8, 10; 갈 5:17), 매일 생각과 말과 행동으로 계명들을 어깁니다(창 6:5; 8:21; 롬 3:9-21; 약 3:2-13).

No mere man since the fall is able in this life perfectly to keep the commandments of God, but does daily break them in thought, word, and deed.

---

perfectly 완전히, 더할 나위 없이
since … 이후, … 때부터, … 이래
daily 매일의, 일상적인, 날마다
deed 행위, 행동

선을 행하고 전혀 죄를 범하지 아니하는 의인은 세상에 없기 때문이로다(전 7:20).

만일 우리가 죄가 없다고 말하면 스스로 속이고 또 진리가 우리 속에 있지 아니할 것이요(요일 1:8).

만일 우리가 범죄하지 아니하였다 하면 하나님을 거짓말하는 이로 만드는 것이니 또한 그의 말씀이 우리 속에 있지 아니하니라(요일 1:10).

육체의 소욕은 성령을 거스르고 성령의 소욕은 육체를 거스르나니 이 둘이 서로 대적함으로 너희의 원하는 것을 하지 못하게 하려 함이니라(갈 5:17).

여호와께서 사람의 죄악이 세상에 가득함과 그의 마음으로 생각하는 모든 계획이 항상 악할 뿐임을 보시고(창 6:5).

여호와께서 그 향기를 받으시고 그 중심에 이르시되 "내가 다시는 사람으로 말미암아 땅을 저주하지 아니하리니 이는 사람의 마음이 계획하는 바가 어려서부터 악함이라. 내가 전에 행한 것 같이 모든 생물을 멸하지 아니하리니"(창 8:21).

9그러면 어떠하냐? 우리는 나으냐? 결코 아니라. 유대인이나 헬라인이나 다 죄 아래에 있다고 우리가 이미 선언하였느니라. 10기록된 바 "의인은 없나니 하나도 없으며 11깨닫는 자도 없고 하나님을 찾는 자도 없고 12다 치우쳐 함께 무익하게 되고 선을 행하는 자는 없나니 하나도 없도다. 13그들의 목구멍은 열린 무덤이요, 그 혀로는 속임을 일삼으며 그 입술에는 독사의 독이 있고 14그 입에는 저주와 악독이 가득하고 15그 발은 피 흘리는 데 빠른지라. 16파멸과 고생이 그 길에 있어 17평강의 길을 알지 못하였고 18그들의 눈앞에 하나님을 두려워함이 없느니라" 함과 같으니라. 19우리가 알거니와 무릇 율법이 말하는 바는 율법 아래에 있는 자들에게 말하는 것이니 이는 모든 입을 막고 온 세상으로 하나님의 심판 아래에 있게 하려 함이라. 20그러므로 율법의 행위로 그의 앞에 의롭다 하심을 얻을 육체가 없나니 율법으로는 죄를 깨달음이니라. 21이제는 율법 외에 하나님의 한 의가 나타났으니 율법과 선지자들에게 증거를 받은 것이라(롬 3:9-21).

2우리가 다 실수가 많으니 만일 말에 실수가 없는 자라면 곧 온전한 사람이라. 능히 온몸도 굴레 씌우리라. 3우리가 말들의 입에 재갈 물리는 것은 우리에게 순종하게 하려고 그 온몸을 제어하는 것이라. 4또 배를 보라. 그렇게 크고 광풍에 밀려가는 것들을 지극히 작은 키로써 사공의 뜻대로 운행하나니 5이와 같이 혀도 작은 지체로되 큰 것을 자랑하도다. 보라! 얼마나 작은 불이 얼마나 많은 나무를 태우는가? 6혀는 곧 불이요 불의의 세계라. 혀는 우리 지체 중에서 온몸을 더럽히고 삶의 수레바퀴를 불사르나니 그 사르는 것이 지옥 불에서 나느니라. 7여러 종류의 짐승과 새와 벌레와 바다의 생물은 다 사람이 길들일 수 있고 길들여왔거니와 8혀는 능히 길들일 사람이 없나니 쉬지 아니하는 악이요 죽이는 독이 가득한 것이라. 9이것으로 우리가 주 아버지를 찬송하고 또 이것으로 하나님의 형상대로 지음을 받은 사람을 저주하나니 10한 입에서 찬송과 저주가 나오는도다. 내 형제들아, 이것이 마땅하지 아니하니라. 11샘이 한 구멍으로 어찌 단물과 쓴 물을 내겠느냐? 12내 형제들아, 어찌 무화과나무가 감람 열매를, 포도나무가 무화과를 맺겠느냐? 이와 같이 짠물이 단물을 내지 못하느니라. 13너희 중에 지혜와 총명이 있는 자가 누구냐? 그는 선행으로 말미암아 지혜의 온유함으로 그 행함을 보일지니라(약 3:2-13).

하나님의 계명들을 완벽하게 지킬 수 없는 사람

우리는 제7부 "교회론 I: 율법과 십계명"에서 소요리문답 제39-81문을 통하여 하나님이 사람에게 요구하시는 의무에 대하여 살펴보았습니다. 소요리문답은 성경 전체를 아우르며 하나님 사랑과 이웃 사랑으로 요약되는 율법과 십계명이 우리의 삶 속에서 어떻게 구체적으로 적용되는지 보여줍니다. 우리는 그 내용을 통해 성경이 신자에게 요구하는 삶이 포괄적이면서도 매우 구체적이라는 사실을 확인할 수 있었습니다.

그런데 성경은 하나님이 우리에게 무엇을 요구하시는지를 말하는 것으로 끝나지 않습니다. 이 요구에 부응하기 위해 애쓴 사람들의 이야기를 통해 인간의 한계와 노력, 실패와 극복이 어떤 과정을 통해 이루어지는지까지 알려줍니다. 성경의 내용에 따라 구성된 소요리문답 역시 하나님이 사람에게 요구하시는 의무를 다룬 후 사람이 그 의무를 완벽하게 지킬 수 없음을 말합니다. 그리고 그런 인간을 구원의 길로 인도하시기 위해 하나님이 마련해주신 구원의 방법까지 소개합니다.

소요리문답 제82문은 바로 그 전환점에 있습니다. 제39-81문에서 다룬 하나님의 요구를 인간이 완벽하게 충족할 수 없음을 밝힘으로써 이후에 은혜의 수단들이 소개될 수 있도록 길을 열어줍니다.

> 제39-81문: 하나님이 사람에게 요구하시는 의무인 십계명
> **제82문: 하나님의 계명들을 완벽하게 지킬 수 없는 사람**
> 제83-84문: 인간의 죄에 대하여
> 제85-107문: 믿음과 회개와 외적 수단에 대하여

〈표19〉 소요리 82문의 위치

1. 사람은 하나님의 계명을 완벽하게 지킬 수 있는가?

ㄱ. 전 속성의 부패(the corruption of his whole nature) 소요리문답 제18문은 사람의 전 속성이 타락해 들어간 상태의 죄악됨(sinfulness)으로 인해 부패했다고 말합니다. 사람의 전 속성이 부패했다는 것은 사람이 지니는 모든 속성이 부패하여서 죄를 안 짓는 것이 불가능하고 온전한 거룩함이 어디에도 없다는 말입니다. 물론 사람이 착한 일을 전혀

할 수 없는 것은 아니나 그 착한 일도 오염된 상태로 합니다. 즉 타락한 사람은 절대적으로 순수한 의미에서 착한 일은 하지 못합니다(전 7:20).

첫 사람 아담은 처음에는 죄가 없었지만 곧 죄를 지었습니다. 아담 이후의 온 인류는 아담이 지은 죄책과 죄의 부패를 이어받아서 아예 죄인으로 태어나 죄를 짓습니다. 인간은 전 속성이 부패한 죄인이기 때문에 자연스레 죄를 지으며 매일같이 생각과 말과 행동으로 계명들을 어깁니다. 따라서 하나님의 계명들을 완벽하게 지킬 수 있는 사람은 없습니다.

Tip 상권의 198-199쪽을 보라.

소요리문답 제13문에서 살펴보았듯이 사람의 의지는 자유의지가 아니라 노예의지입니다. 또 아우구스티누스가 "사람과 죄의 관계"를 설명했듯이 타락 후의 사람은 죄를 안 짓는 것이 불가능합니다. 육체의 소욕은 성령을 거스르고 성령의 소욕은 육체를 거스르기 때문에 이 둘이 서로 대적하여 사람들이 원하는 것을 하지 못하게 합니다(갈 5:17). 인간의 근본적인 지향이 죄를 향하여 있는 것입니다.

ㄴ. 율법의 용도　앞서 소요리문답 제40문에서 율법에 세 가지 용도가 있음을 살펴보았습니다. 첫째는 세속적 용도로서 율법은 악을 억제하고 선을 권장합니다. 둘째는 몽학선생의 용도로서 율법은 사람들을 예수 그리스도께로 인도합니다. 셋째는 규범으로서의 용도로서 율법은 신자들이 어떻게 살아야 하는지 알려줍니다.

여기서 두 번째 몽학선생으로서의 용도에 대하여 좀 더 살펴보겠습니다. 신자는 율법을 통해 죄의 의미와 인간의 한계를 깨닫습니다. 율법은 몽학선생이 어린아이를 가르치듯 사람이 율법을 완벽하게 지킬 수 없어 죽어야 한다는 사실을 가르칩니다. 그리고 그 가르침을 통하여 사람들이 예수 그리스도를 바라보도록 이끕니다. 사람들은 하나님의 율법대로 살려고 시도해보면서 그 율법을 다 지킬 수 없음을 뼈저리게 깨닫고 그러한 자신들의 죄를 대신하여 십자가에 죽으신 예수 그리스도를 바라보게 됩니다. 자신들을 대신하여 모든 율법을 지키신 예수 그리스도를 구주로 믿게 되는 것입니다.

소요리문답 제39-81문은 십계명을 중심으로 하나님이 사람에게 요구하시는 의무에 대하여 말합니다. 십계명은 우리의 삶이 어떠해야 하는지를 가르쳐줍니다. 분명히 십계명은 우리의 삶을 인도하는 "등불과 길"입니다. 하지만 동시에 어떠어떠한 것을 지켜야만 한다는 부담감과 의무감을 안겨주는 짐이기도 합니다. 만일 사람들이 이 모든 계명을 완벽하게 지켜야만 구원을 받을 수 있다면 십계명에 대한 공부가 깊어질수록 숨이 막힐 것입니다.

그런데 소요리문답 제82문은 사람들이 하나님의 계명들을 완벽하게 지킬 수 없는 존재라고 분명히 말합니다. 그럼으로써 사람들이 모두 예수 그리스도를 바라보아야 할 필요가 있음을 알려줍니다. 이제 앞으로 이어지는 문답들은 예수 그리스도에 대한 믿음과 생명에 이르는 회개, 그리고 은혜의 수단들을 다룰 것입니다.

2. 매일 생각과 말과 행동으로 계명들을 어기는 사람

성경에는 사람들의 범죄로 인한 무서운 심판의 이야기들이 기록되어 있습니다. 하나님이 대홍수를 통하여 숨 쉬는 모든 생물을 심판하기로 작정하셨을 때, 그 이유는 이 세상에 사람의 죄악이 가득하고 사람이 생각하는 모든 계획이 항상 악하기 때문이었습니다(창 6:5-7). 또 하나님은 "소돔과 고모라에 대한 부르짖음이 크고 그 죄악이 심히 무거웠기" 때문에 그 지역의 도시들을 유황과 불로 심판하셨습니다(창 18-19 장). 그리고 가나안으로 진군한 이스라엘은 그 땅에 죄악이 가득 찼기 때문에 하나님으로부터 그 모든 백성을 진멸하라는 명령을 받았습니다(창 15:16).

그러나 하나님은 진노 중에라도 긍휼을 잊지 않으시는 분이십니다(시 78:38; 합 3:2). 대홍수에서 간신히 살아남은 노아가 하나님께 제단을 쌓고 번제를 드렸을 때 하나님은 그 중심에 다음과 같이 이르셨습니다.

> …내가 다시는 사람으로 말미암아 땅을 저주하지 아니하리니 이는 사람의 마음이 계획하는 바가 어려서부터 악함이라. 내가 전에 행한 것 같이 모든 생물을 멸하지 아니하리니(창 8:21).

하나님이 긍휼을 베푸시는 이유는 사람이 착해서가 아닙니다. 하나님은 사람의 마음이 계획하는 바가 어려서부터 악하다는 사실을 너무나 잘 알고 계십니다. 사람은 태어나 자라면서 악을 배우는 것이 아니라 악을 가지고 태어납니다. 그러니 매일 하나님의 계명들을 어길 수밖에 없습니다. 그런데도 "우리의 체질을 아시며 우리가 단지 먼지뿐임을 기억"(시 103:14)하시는 하나님은 사람을 구원하시어 선하게 만드시는 일을 쉬지 않으십니다.

바울은 로마서 3장에서 의인은 하나도 없고 선을 행하는 자도 하나도 없다고 말합니다. 사람의 목구멍은 열린 무덤이고 혀는 속임을 일삼으며 입술에는 독사의 독이 있고 입에는 저주와 악독이 가득하고, 발은 피 흘리는 데 빠릅니다(롬 3:13-15). 율법의 행위로 하나님 앞에서 의롭다 하심을 얻을 육체가 하나도 없습니다. 사람은 율법으로는 죄를 깨달

을 뿐이지 절대로 율법을 다 지킬 수 없습니다. 우리는 율법 외에 나타
난 하나님의 한 의, 즉 "예수 그리스도를 믿음으로 말미암아 모든 믿는
자에게 미치는 하나님의 의"를 바라보아야 합니다(롬 3:20-22). 우리는
매일 생각과 말과 행동으로 죄를 짓기에 날마다 예수 그리스도를 바라
보아야 합니다.

언젠가는 꼭 가보겠다고 생각하는 명산(名山)이 있는가? 나는 아프
리카의 킬리만자로에 가보고 싶다. 만년설(萬年雪)이 덮인 산정에
서서 "나는 표범이고 싶다"라고 외치고 싶은데, 아무래도 조용필 씨
의 "킬리만자로의 표범"이란 노래의 영향 때문일 것이다.

먹이를 찾아 산기슭을 어슬렁거리는 하이에나를 본 일이 있는가
짐승의 썩은 고기만을 찾아다니는 산기슭의 하이에나
나는 하이에나가 아니라 표범이고 싶다
산정 높이 올라가 굶어서 얼어 죽는
눈 덮인 킬리만자로의 그 표범이고 싶다

자고 나면 위대해지고 자고 나면 초라해지는 나는 지금
지구의 어두운 모퉁이에서 잠시 쉬고 있다
야망에 찬 도시의 그 불빛 어디에도 나는 없다

이 큰 도시의 복판에 이렇듯 철저히 혼자 버려진들 무슨 상관이랴
나보다 더 불행하게 살다 간 고흐란 사나이도 있었는데

바람처럼 왔다가 이슬처럼 갈 순 없잖아
내가 산 흔적일랑 남겨둬야지 한 줄기 연기처럼 가뭇없이 사라져도
빛나는 불꽃처럼 타올라야지
묻지 마라 왜냐고 왜 그렇게 높은 곳까지
오르려 애쓰는지 묻지를 마라
고독한 남자의 불타는 영혼을 아는 이 없으면 또 어떠리

살아가는 일이 허전하고 등이 시릴 때
그것을 위안해줄 아무것도 없는 보잘것없는 세상을
그런 세상을 새삼스레 아름답게 보이게 하는 건 사랑 때문이라고
사랑이 사람을 얼마나 고독하게 만드는지 모르고 하는 소리지
사랑만큼 고독해진다는 걸 모르고 하는 소리지
(하략)

이 노래는 헤밍웨이(Ernest Miller Hemingway, 1899-1961)가
쓴 『킬리만자로의 눈』이란 소설의 영향을 받았다. 헤밍웨이는 『무
기여 잘 있거라』, 『누구를 위하여 종은 울리나』, 『노인과 바다』 등의
작품으로 우리에게 친숙하다.
미국인으로서 주로 북아메리카에 살았던 그가 아프리카의 가장
높은 산을 글감으로 소설을 쓴 것은 그의 독특한 경험 때문이었다.
1933년 동아프리카로 사냥 여행을 떠났던 그는 이질에 걸려 소형 수
송기를 타고 킬리만자로를 넘었다. 그때 킬리만자로 산정의 만년설

이 아프리카의 맑은 태양광에 은백색으로 빛나는 모습을 본 것이다. 스와힐리어로 "킬리만자로"는 "빛나는 산"을 의미한다. 헤밍웨이는 킬리만자로를 넘으며 그 광경에 감명을 받았다. 그래서 이 경험 이후 부정적이던 삶의 태도가 다른 색깔로 바뀌었다고 고백하기도 했다.

그렇지만 그는 결국 62세에 엽총을 입에 물고 스스로 생을 마감했다. 1937년에 『킬리만자로의 눈』을 쓴 후에도 그는 오랫동안 생을 유지했지만 자기 삶의 비극적 종국에 대한 직관적 예감은 이 소설의 주인공이 죽는 장면에 이미 배어 있는 듯하다. 그는 왜 자신의 생명이 위협받았던 킬리만자로 산행에서는 살아보려고 비행기로 산을 넘기까지 했으면서 아무런 위협도 없던 말년에는 스스로 죽음을 선택했을까?

『킬리만자로의 눈』(문학동네, 2012)은 다음과 같이 시작한다.

킬리만자로는 6,570미터 높이의 눈 덮인 산으로, 아프리카에서 가장 높은 산이라고들 한다. 그 산의 서쪽 정상은 마사이족의 말로 "누가예 누가이"로 불리는데, 이는 "하나님의 집"이라는 뜻이다. 서쪽 정상 가까이에는 미라의 상태로 얼어붙어 있는 표범의 사체가 있다. 그런 높은 곳에서 그 표범이 무얼 찾고 있었는지 설명할 수 있는 사람이 이제까지 아무도 없었다.

헤밍웨이는 이 소설을 통해 그 표범이 무얼 찾고 있었는지 설명해보고자 했다. 많은 사람이 이 소설을 읽으며 그 답을 생각해보고 자기 인생에서 그것이 무슨 의미인지 진지하게 탐구해보았다.

그런데 헤밍웨이처럼 실존주의자라고 일컬을 수 있는 현대의 많은 작가나 사상가들은 인생의 근본적인 비극적 상황을 탈출하고자

의미를 "만들어내는" 경향이 있다. 예민하고 정직한 사람은 의미 없는 삶을 살아갈 수 없기 때문이다. 그래서 그들은 어느 순간 인생의 의미를 발견했다고 말한다. 하지만 자신들도 모르는 사이에 무의미 극복을 위한 "작위적 의미"에 의존한다. 그 작위적 의미는 보통 인간의 존엄성을 높이며 그것을 지키기 위해 노력하는 것으로 수렴된다. 그리고 그것은 성실, 용기, 도전, 명예, 이상 등의 코드로 어우러져 있다.

『킬리만자로의 눈』도 마찬가지다. 주인공 해리슨은 아프리카로 사냥을 나갔다가 다친 다리에 독이 번져 썩어들어 가는 상황을 맞이한다. 그때까지 그는 여러 여자를 만나며 게으르고 자포자기한 삶을 살아왔다. 그런데 죽음의 순간이 찾아오자 그는 무언가를 깨닫고 "누가예 누가이"로 옮겨지기를 꿈꾼다. 의미를 찾고자 하는 인간의 열망이 이렇게 산정 높이 올라가는 것으로 표현된 것이다.

헤밍웨이는 정직했다. 그의 소설에는 자신의 삶에 대한 후회와 더 고결한 것을 찾고자 하는 몸부림, 그러나 손에 딱 잡히지 않는 삶의 의미에 대한 동경이 드러난다. 하지만 그 이상의 의미에 대해서는 답을 알 수 없기에 주인공이 죽는 것으로 소설을 끝맺는다. 그러면서도 사람에 대한 예의로 썩지 않는 미라 상태의 얼어붙은 표범으로 죽음을 표현하고, 신에 대한 예의로 "하나님의 집"을 이상적인 죽음의 장소로 제시한다. 그 표범이 무얼 찾고 있었는지 설명할 수 있는 사람이 이제까지 아무도 없었다는 말에는 인생에 대한 그의 솔직한 진단이 드러난다. 그러기에 그는 스스로 생을 마감할 수밖에 없었다.

나는 조용필 씨의 "킬리만자로의 표범"을 들으면서 전율을 느꼈다. 이 노래가 발표된 1986년만 해도 나는 그리스도인이 아니었으며 헤밍웨이처럼 스스로 인생의 답을 찾아가던 무신론자였다. 젊었기에 고독은 더욱 치열했고 외로움은 살을 파고들어 뼈를 깎는 듯했다. 허무를 맛보고 그 늪에서 헤어나지 못해 허우적거려본 사람은 이 말이 결코 시적 표현이 아님을 알 것이다. 숨 쉬는 공기만큼이나 항상 따라다니는 것이 허무다. 허무로 숨을 쉰다고 생각해보라! 살아 있다는 자체가 얼마나 큰 짐인지 모른다.

나는 그 허무에서 벗어나기 위해 다양한 시도를 했다. 의미가 있다고 여겨지는 일들을 찾아 전전하며 그런 일들에 정신없이 매달려 몰두했다. 하지만 몰두한 만큼 그것의 실체를 빨리 알아버렸고 아무 의미가 없는 그 일을 내려놓으며 더 허무할 수밖에 없었다. 그런 시간을 보내고 있었기에 조용필 씨의 노래는 큰 위로가 되었다. 나는 최소한 썩은 고기만을 찾아다니는 산기슭의 하이에나는 아님을 확인할 수 있었던 것이다.

하지만 산정 높이 올라간 표범이 그곳에서 얼어 죽어버리면 그 또한 무슨 소용이 있을까? 썩지 않는 미라 상태로 보존된다고는 하지만 근본적인 면에서는 하이에나의 죽음과 아무런 차이가 없다. 눈 덮인 산꼭대기에 올라가 굶어서 얼어 죽는 표범! 이것이 현대의 실존주의자와 같은 이들이 직면한 현실이다. 누구도 부러워할 만큼 높이 오른 삶을 스스로 끝낸 헤밍웨이가 이 점을 잘 보여준다. 노벨 문학상도 그의 삶을 지탱하는 받침대가 되지 못했다.

성경은 이에 대한 정확한 진단과 처방을 제시한다. 그리스도인은 산정 높이 올라가되 굶어서 얼어 죽지 않는다. 그들과 마찬가지로 우리도 이 땅 위의 삶 자체에 대해서는 허무를 느끼고 어쩔 수 없는 한계를 느끼지만 우리는 여기서 그치지 않는다. 우선 전도서는 인생의 허무에 대해서 상세하고 확실하게 말해준다.

13내가 보니 지혜가 우매보다 뛰어남이 빛이 어둠보다 뛰어남 같
도다. 14지혜자는 그의 눈이 그의 머릿속에 있고 우매자는 어둠
속에 다니지만 그들 모두가 당하는 일이 모두 같으리라는 것을
나도 깨달아 알았도다. 15내가 내 마음속으로 이르기를 '우매자
가 당한 것을 나도 당하리니 내게 지혜가 있었다 한들 내게 무슨
유익이 있으리요?' 하였도다. 이에 내가 내 마음속으로 이르기를
'이것도 헛되도다' 하였도다(전 2:13-15).

18내가 내 마음속으로 이르기를 '인생들의 일에 대하여 하나님이
그들을 시험하시리니 그들이 자기가 짐승과 다름이 없는 줄을 깨
닫게 하려 하심이라' 하였노라. 19인생이 당하는 일을 짐승도 당
하나니 그들이 당하는 일이 일반이라. 다 동일한 호흡이 있어서
짐승이 죽음 같이 사람도 죽으니 사람이 짐승보다 뛰어남이 없음
은 모든 것이 헛됨이로다(전 3:18-19).

이 땅 위의 삶은 사람이나 짐승이나 다름이 없다. 썩은 고기만을
탐하는 하이에나나 산정 높이 올라가 굶어서 얼어 죽는 표범이나 차
이가 없다. 표범이 당하는 일을 하이에나도 당한다. 전도서 2장과 3
장의 말씀은 비슷한 구조로 되어 있다. 우매자가 당한 것을 지혜자
도 당하고 인생이 당하는 일을 짐승도 당한다. 지혜로운 전도자의
눈에는 우매자와 지혜자, 짐승과 사람이 차이가 없는 것이다.
성경이 인생의 허무에 대해 지적하는 것은 사람이 짐승보다 나을
게 없는 줄을 깨닫게 하기 위해서다. 사람은 인생을 살며 숱한 좌절
을 겪는다. 넘지 못하는 벽에 부딪히고 부딪히며 무릎을 꿇는다. 이
과정을 통해 사람은 자기가 짐승과 별반 다르지 않은 피조물임을 깨

닫는다. 그리고 결국 예수 그리스도의 존재와 가치를 믿음으로 받아들이게 된다. 사람은 절대로 하나님의 율법을 모두 지킬 수 없고 스스로 하나님의 진리를 알 수 없다. 오직 깨닫게 하시는 하나님의 은혜로 삶의 의미를 발견하고 십자가에 못 박혀 죽으신 예수님을 통해 진리와 생명과 영생을 받을 뿐이다.

구름인가 눈인가 저 높은 곳 킬리만자로
오늘도 나는 가리 배낭을 메고
산에서 만나는 고독과 악수하며
그대로 산이 된들 또 어떠리

조용필 씨 노래의 마지막 부분이다. 이 가사처럼 오늘도 수많은 이들이 홀로 산을 오르고 있다. 인생의 참 의미를 발견하지 못하더라도 그 과정 자체로 만족할 수 있다고 말하면서…. 여러분은 어떤지 궁금하다. 가보고 싶은 산이 있는가? 나는 킬리만자로에 가보고 싶다. 정상을 덮은 하얀 눈 위에 서서 "나는 표범이고 싶다"라고 외치고 싶다. 물론 미라 상태로 얼어붙은 그 표범이 아니라 하나님의 집에서 영원한 생명을 누리며 안식하는 표범 말이다.

제33-2과
하나님 보시기에 더 가증스러운 죄들

제83문. 법을 어긴 모든 죄가 똑같은 정도로 가증스럽습니까?

Are all transgression of the law equally heinous?

답. 어떤 죄들은 그 자체로, 그리고 몇 가지 악화의 요인 때문에 다른 죄들보다 하나님 보시기에 더 가증스럽습니다(겔 8:6, 13, 15; 요일 5:16; 시 78:17, 32, 56).

Some sins in themselves, and by reason of several aggravations are more heinous in the sight of God than others.

---

transgression 위반, 범죄, 죄
several 몇몇의, 각각의
heinous 증오할, 몹시 나쁜
aggravation 악화(시키는 것), 심화

그가 또 내게 이르시되 "인자야, 이스라엘 족속의 행하는 일을 보느냐? 그들이 여기서 크게 가증한 일을 행하여 나로 내 성소를 멀리 떠나게 하느니라. 너는 다시 다른 큰 가증한 일을 보리라" 하시더라(겔 8:6).

또 내게 이르시되 "너는 다시 그들의 행하는 바 다른 큰 가증한 일을 보리라" 하시더라(겔 8:13).

그가 또 내게 이르시되 "인자야, 네가 그것을 보았느냐? 너는 또 이보다 더 큰 가증한 일을 보리라" 하시더라(겔 8:15).

누구든지 형제가 사망에 이르지 아니하는 죄 범하는 것을 보거든 구하라. 그리하면 사망에 이르지 아니하는 범죄자들을 위하여 그에게 생명을 주시리라. 사망에 이르는 죄가 있으니 이에 관하여 나는 구하라 하지 않노라(요일 5:16).

그들은 계속해서 하나님께 범죄하여 메마른 땅에서 지존자를 배반하였도다(시 78:17).

이러함에도 그들은 여전히 범죄하여 그의 기이한 일들을 믿지 아니하였으므로(시 78:32).

그러나 그들은 지존하신 하나님을 시험하고 반항하여 그의 명령을 지키지 아니하며(시 78:56).

더 가증스러운 죄들

사람은 하나님의 계명을 완벽하게 지킬 수 없습니다. 매일 생각과 말과 행동으로 계명들을 어길 수밖에 없는 것이 사람입니다. 하지만 이러한 인간의 한계가 우리를 무기력하게 만들어서는 안 됩니다. 어차피 죄를 짓게 되니 죄와 싸우는 일이 필요 없다고 생각하는 사람은 성경을 전체적으로 알지 못하는 사람입니다. 소요리문답 제83문은 하나님 앞에서 더 가증(可憎)스러운 죄들을 밝힘으로써 신자가 특별히 주의해야 하는 지점을 알게 해줍니다.

제82문: 하나님의 계명들을 완벽하게 지킬 수 없는 사람

제83문: 하나님 보시기에 더 가증스러운 죄들

제84문: 하나님의 진노와 저주를 금생과 내생에서 받는 죄

〈표20〉 소요리문답 제82-84문의 구성

1. 모든 범죄는 똑같은 정도로 가증스러운가?

에스겔서는 "더 큰 가증한 일"이란 표현으로 죄 중에 더 가증한 죄가 있음을 알려줍니다. 요한일서는 "사망에 이르는 죄"와 "사망에 이르지 아니하는 죄"란 표현으로 죄에 차등이 있다고 말합니다. 우리는 이러한 성구들을 통하여 사람이 짓는 모든 죄가 똑같은 정도로 가증스러운 것이 아니라 특별히 더 가증스러운 죄가 있음을 알게 됩니다.

그러므로 신자는 죄를 짓지 않으려고 노력하되 더 가증스러운 죄에 대해서는 특별한 주의를 기울여 피해야 합니다. "이왕 버린 몸 더 버려도 된다"는 생각은 신자에게 어울리지 않습니다. 어쩌다 죄를 한 번 짓더라도 빨리 회개하고 연이어 죄를 짓지 않으려고 경계하는 것이 참된 신자의 자세입니다. 웨스트민스터 대요리문답 제151문은 다른 죄들보다 더 가증스러운 죄가 무엇인지에 대해 네 가지로 나누어 설명합니다. 그 내용을 자세히 알아보겠습니다.

ㄱ. 가해자의 관점에서(from the persons offending) 죄를 짓는 가해자가 어떤 사람이냐에 따라서 죄의 경중이 달라집니다. 하나님께 놀라운 지혜를 선물로 받은 솔로몬 왕은 후일 이방 여인들의 영향을 받아 다른 신들을 따르는 죄를 지었습니다. 이 범죄는 하나님이 보시기에 매우 가증스러웠습니다. 그 이유는 첫째, 그가 연륜이 쌓인 인생 말년에 죄를 지었기 때문입니다. 둘째, 그가 왕이 되는 은혜를 받아 여러 가지 유익을 누렸기 때문입니다. 셋째, 하나님이 일찍이 두 번이나 그에게 나타나셔서 죄에 대해 친히 경고하셨기 때문입니다.

마찬가지로 자신의 간음죄를 덮기 위해 부하를 죽음으로 내몬 다윗 왕의 죄도 매우 가증스럽습니다. 다윗은 하나님의 선택과 도우심으로 왕이 되었습니다. 하지만 하나님께 많은 것을 받았는데 그 말씀을 업신여기고 하나님이 주신 지위를 선이 아닌 악을 행하는 데(삼하 12:7-9) 사용했으니 얼마나 가증스러운 죄를 지은 것입니까?

이러한 평가는 신약에서도 마찬가지입니다. 베드로는 이방인과 함께 먹다가 할례자들을 의식하여 자리를 떠났는데, 이에 대해 바울은 베드로를 공개적으로 책망했습니다. 사도로서 본을 보여야 할 자가 자신의 안위를 염려해 외식하는 모습을 보였으니 베드로의 이 범죄는 더 가증스러웠던 것입니다.

성경은 이처럼 하나님께 큰 은혜를 입은 자들의 죄에 대해서 엄격한 기준을 적용합니다. 예수님은 주인의 집을 맡은 청지기의 비유를 통해 이 사실을 분명히 하셨습니다.

47주인의 뜻을 알고도 준비하지 아니하고 그 뜻대로 행하지 아니한 종은 많이 맞을 것이요, 48알지 못하고 맞을 일을 행한 종은 적게 맞으리라. 무룻 많이 받은 자에게는 많이 요구할 것이요, 많이 맡은 자에게는 많이 달라 할 것이니라(눅 12:47-48).

야고보는 선생 된 자들이 "더 큰 심판을 받을 줄 알고 선생이 많이 되지 말라"(약 3:1)고 말합니다. 또한 "선을 행할 줄 알고도 행하지 아니 하면 죄"(약 4:17)가 된다고 말합니다. 우리는 나이를 먹고 경험이 쌓이 며 신분이 높아지고 능력이 많아져 타인을 지도할 위치에 설수록 더 크게 심판을 받는 줄 알고 더욱 깨어 있어야 합니다. 같은 범죄라도 범 죄자가 어떤 사람이냐에 따라 가증함의 정도가 달라집니다.

ㄴ. 피해자의 관점에서(from the parties offended) 피해자가 누구냐에 따라서도 죄의 가증한 정도가 달라집니다.

첫째, 하나님께 직접 범하는 죄는 사람이나 짐승에게 범죄한 것보 다 더 가증스럽습니다(삼상 2:25).

둘째, 하나님의 속성을 해치는 것도 더 가증스럽습니다(롬 2:4).

셋째, 하나님께 드리는 예배를 경시하고 손상시키는 것도 더 가증 스러운 범죄에 속합니다. 그러므로 하나님께 예배를 드릴 때는 더욱 정 성을 기울여 경건하게 드려야 합니다(말 1:8, 14).

넷째, 그리스도와 그의 은혜에 대한 대적입니다(히 2:2-3).

다섯째, 성령과 그의 증거와 사역에 대한 대적입니다(마 12:31-32; 엡 4:30; 히 6:4-6; 10:29).

여섯째, 윗사람들과 지도자들에 대한 대적입니다. 모세와 같이 하 나님이 세우신 지도자를 질시하는 마음으로 대적하는 것은 일반인을 대적하는 것보다 더 가증스럽습니다(민 12:8-9).

일곱째, 친족과 연고자들에 대한 대적입니다(시 55:12-15; 잠 30:7).

여덟째, 성도들에 대한 대적입니다(습 2:8-10).

아홉째, 연약한 형제들에 대한 대적입니다(롬 14:13, 15, 21).

열째, 자신과 다른 이들의 영혼에 대한 대적입니다(겔 13:19).

열한째, 많은 사람의 공동 복리에 대한 대적입니다(수 22:20). 자신의 범죄가 한두 사람이 아니라 많은 사람의 이익을 손상시키는 것이라면 더 가증한 죄이기에 매우 조심해야 합니다.

"사람이 사람에게 범죄하면 하나님이 심판하시려니와 만일 사람이 여호와께 범죄하면 누가 그를 위하여 간구하겠느냐?" 하되 그들이 자기 아비지의 말을 듣지 아니하였으니 이는 여호와께서 그들을 죽이기로 뜻하셨음이더라(삼상 2:25).

혹 네가 하나님의 인자하심이 너를 인도하여 회개하게 하심을 알지 못하여 그의 인자하심과 용납하심과 길이 참으심이 풍성함을 멸시하느냐?(롬 2:4)

만군의 여호와가 이르노라. "너희가 눈먼 희생제물을 바치는 것이 어찌 악하지 아니하며 저는 것, 병든 것을 드리는 것이 어찌 악하지 아니하냐? 이제 그것을 너희 총독에게 드려보라. 그가 너를 기뻐하겠으며 너를 받아주겠느냐?"(말 1:8)

"짐승 떼 가운데에 수컷이 있거늘 그 서원하는 일에 흠 있는 것으로 속여 내게 드리는 자는 저주를 받으리니 나는 큰 임금이요 내 이름은 이방 민족 중에서 두려워하는 것이 됨이니라." 만군의 여호와의 말이니라(말 1:14).

2천사들을 통하여 하신 말씀이 견고하게 되어 모든 범죄함과 순종하지 아니함이 공정한 보응을 받았거든 3우리가 이같이 큰 구원을 등한히 여기면 어찌 그 보응을 피하리요? 이 구원은 처음에 주로 말씀하신 바요 들은 자들이 우리에게 확증한 바니(히 2:2-3).

31그러므로 내가 너희에게 이르노니 사람에 대한 모든 죄와 모독은 사하심을 얻되 성령을 모독하는 것은 사하심을 얻지 못하겠고 32또 누구든지 말로 인자를 거역하면 사하심을 얻되 누구든지 말로 성령을 거역하면 이 세상과 오는 세상에서도 사하심을 얻지 못하리라(마 12:31-32).

하나님의 성령을 근심하게 하지 말라. 그 안에서 너

희가 구원의 날까지 인치심을 받았느니라(엡 4:30).

4한 번 빛을 받고 하늘의 은사를 맛보고 성령에 참여한 바 되고 5하나님의 선한 말씀과 내세의 능력을 맛보고도 6타락한 자들은 다시 새롭게 하여 회개하게 할 수 없나니 이는 그들이 하나님의 아들을 다시 십자가에 못 박아 드러내놓고 욕되게 함이라(히 6:4-6).

하물며 하나님의 아들을 짓밟고 자기를 거룩하게 한 언약의 피를 부정한 것으로 여기고 은혜의 성령을 욕되게 하는 자가 당연히 받을 형벌은 얼마나 더 무겁겠느냐? 너희는 생각하라(히 10:29).

아비를 조롱하며 어미 순종하기를 싫어하는 자의 눈은 골짜기의 까마귀에게 쪼이고 독수리 새끼에게 먹히리라(잠 30:7).

12나를 책망하는 자는 원수가 아니라. 원수일진대 내가 참았으리라. 나를 대하여 자기를 높이는 자는 나를 미워하는 자가 아니라. 미워하는 자일진대 내가 그를 피하여 숨었으리라. 13그는 곧 너로다. 나의 동료, 나의 친구요 나의 가까운 친우로다. 14우리가 같이 재미있게 의논하며 무리와 함께하여 하나님의 집 안에서 다녔도다. 15사망이 갑자기 그들에게 임하여 산 채로 스올에 내려갈지어다. 이는 악독이 그들의 거처에 있고 그들 가운데에 있음이로다(시 55:12-15).

8내가 모압의 비방과 암몬 자손이 조롱하는 말을 들었나니 그들이 내 백성을 비방하고 자기들의 경계에 대하여 교만하였느니라.…10그들이 이런 일을 당할 것은 그들이 만군의 여호와의 백성을 훼방하고 교만하여졌음이라(습 2:8-10).

그런즉 우리가 다시는 서로 비판하지 말고 도리어 부딪칠 것이나 거칠 것을 형제 앞에 두지 아니하도록 주의하라(롬 14:13).

만일 음식으로 말미암아 네 형제가 근심하게 되면 이는 네가 사랑으로 행하지 아니함이라. 그리스도께서 대신하여 죽으신 형제를 네 음식으로 망하게 하지 말라(롬 14:15).

고기도 먹지 아니하고 포도주도 마시지 아니하고 무엇이든지 네 형제로 거리끼게 하는 일을 아니함이 아름다우니라(롬 14:21).

너희가 두어 움큼 보리와 두어 조각 떡을 위하여 나를 내 백성 가운데에서 욕되게 하여 거짓말을 곧이듣는 내 백성에게 너희가 거짓말을 지어내어 죽지 아니할 영혼을 죽이고 살지 못할 영혼을 살리는도다(겔 13:19).

"세라의 아들 아간이 온전히 바친 물건에 대하여 범죄하므로 이스라엘 온 회중에 진노가 임하지 아니하였느냐? 그의 죄악으로 멸망한 자가 그 한 사람만이 아니었느니라" 하니라(수 22:20).

ㄷ. 범죄의 속성과 질의 관점에서(from the nature and quality of the offense) 범죄의 속성과 질에 따라서 가중함이 달라집니다. 예를 들어 잠언은 도둑이 주렸을 때 배를 채우려고 도둑질하는 경우에는 그를 멸시하지 말라고 가르칩니다(잠 6:30-33). 죄인의 사정을 살피면서 정상(情狀)을 참작(參酌)하라는 것입니다. 물론 정상참작은 죄의 가중함을 감소시키고 형벌을 경감하는 근거가 될 뿐 무죄의 근거가 되지는 않습니다.

그렇다면 범죄의 속성과 질의 관점에서 죄의 가중함이 더해지는 경우는 어떤 것일까요?

첫째, 명백하게 율법 조항에 저촉되는 죄입니다. 솔로몬은 하나님의 직접적인 경고를 무시했습니다(왕상 11:9-10). 에스라 시대의 많은 이스라엘 백성은 이방인과 결혼하지 말라는 명백한 율법을 어겼습니다(스 10:2-3). 이런 경우 그 죄가 더 큽니다.

둘째, 많은 계명을 범하는 죄와 많은 죄악을 내포하는 죄입니다(수 7:21; 잠 6:32-33).

셋째, 마음에 품을 뿐 아니라 말과 행동으로 나타내는 범죄입니다(미 2:1; 약 1:14-15).

넷째, 타인을 분개시키는 범죄입니다

참고 성구

9솔로몬이 마음을 돌려 이스라엘의 하나님 여호와를 떠나므로 여호와께서 그에게 진노하시니라. 여호와께서 일찍이 두 번이나 그에게 나타나시고 10이 일에 대하여 명령하사 "다른 신을 따르지 말라" 하셨으나 그가 여호와의 명령을 지키지 않았으므로(왕상 11:9-10).

"내가 노략한 물건 중에 시날 산의 아름다운 외투 한 벌과 은 이백 세겔과 그 무게가 오십 세겔 되는 금덩이 하나를 보고 탐내어 가졌나이다. 보소서. 이제 그 물건들을 내 장막 가운데 땅속에 감추었는데 은은 그 밑에 있나이다" 하더라(수 7:21).

그들이 침상에서 죄를 꾀하며 악을 꾸미고 날이 밝으면 그 손에 힘이 있으므로 그것을 행하는 자는 화 있을진저(미 2:1)

(마 18:7).

다섯째, 배상을 거부하는 범죄입니다(신 22:28-29).

여섯째, 하나님이 좋은 수단들(means)을 여러 번 베풀었음에도 범죄하는 경우입니다(마 11:23-24).

일곱째, 하나님이 자비(mercy)를 풍성하게 베푸셨음에도 범죄하는 경우입니다(신 32:6).

여덟째, 하나님이 여러 번 심판하셨음에도 범죄하는 경우입니다(암 4:8-11).

아홉째, 하나님이 주신 본성(light of nature)에 역행하는 범죄입니다(롬 1:26-27).

열째, 양심의 확인(conviction of conscience)을 받고도 범죄하는 경우입니다(단 5:22; 롬 1:32).

열한째, 공적·사적 충고(public or private admonition)에도 불구하고 범죄하는 경우입니다(잠 29:1).

열둘째, 교회의 권징(censures of the church)을 받는 범죄입니다(마 18:17).

열셋째, 국가의 징벌(civil punishments)을 받는 범죄입니다(잠 27:22).

열넷째, 우리의 기도, 목적, 약속에 저촉되는 범죄입니다(시

78:34-37).

열다섯째, 서약(vow)한 것을 어기는 것입니다(전 5:4-5).

열여섯째, 언약(covenant)을 어기는 것입니다(레 26:25).

열일곱째, 하나님이나 사람에 대한 계약(engagements to God or men)을 어기는 것입니다(잠 2:17).

열여덟째, 고의로(deliberately), 의지적으로(wilfully), 외람되게(presumptuously), 경솔하게(impudently), 자랑하며(boastingly), 악독하게(maliciously) 행하는 범죄는 가증합니다(민 15:30; 시 52:1).

열아홉째, 자주(frequently), 완고하게(obstinately), 쾌락으로(with delight) 행하는 범죄입니다(잠 2:14; 슥 7:11-12).

스무째, 지속적으로(continuance) 혹은 회개 후에 범하는(relapsing after repentance) 죄입니다(렘 34:8-11: 벧후 2:20-22).

만일 그들의 말도 듣지 않거든 교회에 말하고 교회의 말도 듣지 않거든 이방인과 세리와 같이 여기라(마 18:17).

미련한 자를 곡물과 함께 절구에 넣고 공이로 찧을지라도 그의 미련은 벗겨지지 아니하느니라(잠 27:22).

34하나님이 그들을 죽이실 때에 그들이 그에게 구하며 돌이켜 하나님을 간절히 찾았고 35하나님이 그들의 반석이시며 지존하신 하나님이 그들의 구속자이심을 기억하였도다. 36그러나 그들이 입으로 그에게 아첨하며 자기 혀로 그에게 거짓을 말하였으니 37이는 하나님께 향하는 그들의 마음이 정함이 없으며 그의 언약에 성실하지 아니하였음이로다(시 78:34-37).

4네가 하나님께 서원하였거든 갚기를 더디게 하지 말라. 하나님은 우매한 자들을 기뻐하지 아니하시나니 서원한 것을 갚으라. 5서원하고 갚지 아니하는 것보다 서원하지 아니하는 것이 더 나으니(전 5:4-5).

내가 칼을 너희에게로 가져다가 언약을 어긴 원수를 갚을 것이며 너희가 성읍에 모일지라도 너희 중에 염병을 보내고 너희를 대적의 손에 넘길 것이며(레 26:25).

그는 젊은 시절의 짝을 버리며 그의 하나님의 언약을 잊어버린 자라(잠 2:17).

본토인이든지 타국인이든지 고의로 무엇을 범하면 누구나 여호와를 비방하는 자니 그의 백성 중에서 끊어질 것이라(민 15:30).

포악한 자여, 네가 어찌하여 악한 계획을 스스로 자랑하는가? 하나님의 인자하심은 항상 있도다(시 52:1).

11그들이 듣기를 싫어하여 등을 돌리며 듣지 아니하려고 귀를 막으며 12그 마음을 금강석 같게 하여 율법과 만군의 여호와가 그의 영으로 옛 선지자들을 통하여 전한 말을 듣지 아니하므로 큰 진노가 만군의 여호와께로부터 나왔도다(슥 7:11-12).

10이 계약에 가담한 고관들과 모든 백성이 각기 "노비를 자유롭게 하고 다시는 종을 삼지 말라" 함을 듣고 순복하여 놓았더니 11후에 그들의 뜻이 변하여 자유를 주었던 노비를 끌어다가 복종시켜 다시 노비로 삼았더라(렘 34:10-11).

20만일 그들이 우리 주 되신 구주 예수 그리스도를 앎으로 세상의 더러움을 피한 후에 다시 그중에 얽매이고 지면 그 나중 형편이 처음보다 더 심하리니 21의의 도를 안 후에 받은 거룩한 명령을 저버리는 것보다 알지 못하는 것이 도리어 그들에게 나으니라. 22참된 속담에 이르기를 "개가 그 토하였던 것에 돌아가고 돼지가 씻었다가 더러운 구덩이에 도로 누웠다" 하는 말이 그들에게 응하였도다(벧후 2:20-22).

ㄹ. 때와 장소의 상황이란 관점에서(from circumstances of time and place) 가해자가 언제, 어디에서 범죄를 했느냐에 따라 죄의 가증함이 달라집니다. 엘리사는 사환이 몰래 재물을 받은 행위에 대하여 "지금이 어찌 은을 받으며 옷을 받으며 감람원이나 포도원이나 양이나 소나 남종이나 여종을 받을 때이냐?"(왕하 5:26)라고 책망하며 시기의 중요성을 지적했습니다. 예언자 예레미야는 "내 이름으로 일컬음을 받는 이 집에 들어와서 내 앞에 서서 말하기를 '우리가 구원을 얻었나이다' 하느냐? 이는 이 모든 가증한 일을 행하려 함이로다"(렘 7:10)라고 말하며 장소를 부각했습니다. 그렇다면 때와 장소의 상황이란 관점에서 더 가증한 죄는 어떤 것일까요?

첫째, 주일에 짓는 죄입니다(겔 23:38). 같은 죄라도 주일에 하나님을 경배하지 않고 짓는 죄는 가증함이 더합니다.

둘째, 다른 신성한 경배 때(other times of divine worship)에 범하는 죄입니다(사 58:3-4).

셋째, 경배 직전이나 직후에 범하는 죄입니다(요 13:27-30). 하나님께 경배를 드린 후에 짓는 범죄는 더 가증스럽습니다. 그럴 바에야 아예 경배를 드리지 않는 것이 낫습니다. 하나님께 경배를 드렸으면 하나님을 만난 것이므로 마음을 다잡고 범죄를 그만두어야 합니다.

넷째, 실수를 미리 막거나 바로잡는 도움에도 불구하고 짓는 죄입니다(스 9:13-14). 여러 훈계와 징계를 받고서도 죄를 지으면 더 악독한 범죄에 속하므로 훈계와 징계를 가볍게 여겨서는 안 됩니다.

다섯째, 공적인 자리나 사람들 면전에서 죄를 범하여 사람들을 도발하고 더럽게 하는 경우입니다(삼상 2:22-24; 삼하 16:22).

2. 죄의 기증함을 덜어주는 겸비함

앞서 우리는 이세벨의 계략에 따라 나봇을 죽이고 포도원을 빼앗은 아합 왕의 이야기를 살펴보았습니다. 이스라엘은 주변 국가들과 달리 왕이 아닌 하나님으로부터 각 백성이 땅을 받았다는 사상을 가지고 있었습니다(레 25:23). 이스라엘 백성에게 대대로 내려오는 땅은 자신이 하나님의 택함을 받은 백성임을 말해주는 것이었습니다. 그래서 일개 백성에 지나지 않는 나봇도 왕의 요청과 명령을 무시하고 땅을 줄 수 없다고 거부할 수 있었습니다.

아합은 악한 왕이기는 했지만 이러한 상황을 문화와 역사를 통해 알고 있었기 때문에 어쩌지 못하고 속으로만 앓고 있었습니다. 하지만 아합의 아내 이세벨은 땅의 주인이 왕이라는 사상을 가진 이방인인지라 아합을 이해하지 못했습니다. 그녀는 나봇을 건방진 반역자로 여겨 누명을 씌워 돌로 쳐 죽이고는 포도원을 빼앗아 남편에게 주었습니다.

하나님은 이 사건을 그냥 넘기지 않으셨습니다. 하나님은 예언자 엘리야를 아합에게 보내시어 다음과 같은 저주의 말씀을 전하게 했습니다.

> 21여호와의 말씀이 "내가 재앙을 네게 내려 너를 쓸어버리되 네게 속한 남자는 이스라엘 가운데에 매인 자나 놓인 자를 다 멸할 것이요"…23이세벨에게 대하여도 여호와께서 말씀하여 이르시되 "개들이 이스르엘 성읍 곁에서 이세벨을 먹을지라. 24아합에게 속한 자로서 성읍에서 죽은 자는 개들이 먹고 들에서 죽은 자는 공중의 새가 먹으리라"고 하셨느니라(왕상 21:21-24).

이 말씀을 들은 아합은 어떻게 했을까요? 놀랍게도 아합은 "옷을 찢고 굵은 베로 몸을 동이고 금식하고 굵은 베에 누우며 또 풀이 죽어" 다녔습니다(왕상 21:27). 그러자 여호와의 말씀이 다시 엘리야에게 임했습니다.

> "아합이 내 앞에서 겸비함을 네가 보느냐? 그가 내 앞에서 겸비하므로 내가 재앙을 저의 시대에는 내리지 아니하고 그 아들의 시대에야 그의 집에 재앙을 내리리라" 하셨더라(왕상 21:29).

성경은 아합이 그 이전의 모든 사람보다 악을 더 행했다고 평가합

     제33-2과 하나님 보시기에 더 가증스러운 죄들

니다(왕상 16:30). 그런데도 하나님은 자신을 낮추는 그의 행위를 인정해 심판의 때를 늦추셨습니다. 아합이 그런 겸비함에서 더 나아가 진정으로 회개하고 하나님만 섬기는 삶을 살았다면 더 큰 용서와 은혜도 받았을 것입니다.

우리는 이 사건을 통해 하나님이 사람들의 죄를 용서해주시려고 안달이(?) 나신 분임을 알 수 있습니다. 비록 큰 죄인이라도 조금이나마 겸비하고 회개하면 하나님은 기다렸다는 듯이 벌을 경감해주십니다. 그래서 신자는 죄를 지을 때도 최대한 "선하게" 지으려고 애써야 합니다. 죄를 짓는 그 순간에도 하나님을 생각하며 멈춰야 하고 설령 참지 못하여 죄를 지을 때도 더 가증한 범죄가 되지 않도록 최대한 절제해야 합니다. 하나님은 이러한 시도와 노력을 지켜보십니다. 용서의 마음이 가득하신 하나님은 우리가 죄와 더욱 힘써 싸우기를 바라십니다.

성경은 "분을 내어도 죄를 짓지 말며 해가 지도록 분을 품지 말고"(엡 4:26)라고 말합니다. 신자도 분을 낼 수 있습니다. 그런데 그 순간에도 신자는 분이 죄가 되지 않도록 자신의 마음을 살펴야 합니다. 감정과 혈기가 이끄는 대로 자신을 방치하면 안 됩니다. 이는 많은 사람이 자주 실패하는 매우 어려운 요구입니다. 그래도 우리는 하루하루 더 나은 신자가 되기 위해 다시 노력해야 합니다. 하나님이 이런 노력을 얼마나 기뻐하시는가를 알고 다시 도전해야 합니다.

성경은 우리에게 피 흘리기까지 죄와 싸우라고 요청합니다(히 12:4). 오늘날 얼마나 많은 사람이 경제적 이득과 사회적 신분 상승을 위하여 피땀을 흘리며 노력합니까? 성경은 이보다 더 큰 노력을 죄와 싸우는 일에 바치라고 말합니다. 신자들은 모두 죄와 싸웁니다. 싸우지 않는 이가 있다면 신자라고 할 수 없습니다. 하지만 피를 흘리기까지 죄에 대항하는 이는 많지 않습니다. 신자들이 사회에서 일구어낸 업적도 무시하면 안 되겠지만, 그보다 훨씬 더 중요한 것은 예수 그리스도의 대속의 가치와 승리에 근거해 얼마나 죄를 정복하는 삶을 살아냈는가 하는 것입니다. 우리 함께 예수 그리스도의 대속에 의지해 완전한 승리가 보장된 죄와의 싸움을 힘차게 해나갑시다.

피해자의 관점에서 죄가 더 가증스러운 경우

① 하나님을 모독하는 죄

② 하나님의 속성을 해치는 죄

③ 하나님께 드리는 예배를 경시하고 손상시키는 죄

④ 그리스도와 그의 은혜에 대한 대적

⑤ 성령과 그의 증거와 사역에 대한 대적

⑥ 윗사람들과 지도자들에 대한 대적

⑦ 친족과 연고자들에 대한 대적

⑧ 성도들에 대한 대적

⑨ 연약한 형제들에 대한 대적

⑩ 자신과 다른 이들의 영혼에 대한 대적

⑪ 많은 사람의 공동 복리에 대한 대적

가해자의 관점에서 죄가 더 가증스러운 경우

① 나이가 많을수록

② 더 많은 경험을 했거나 더 많은 은혜를 받았을 때

③ 직업, 재능, 직위 등이 높을 때

④ 다른 사람들을 지도하는 위치일 때

때와 장소의 상황이란 관점에서 더 가증스러운 경우

① 주일에 범하는 죄

② 다른 신성한 경배 때 범하는 죄

③ 경배 직전이나 직후에 범하는 죄

④ 실수를 미리 막거나 바로잡는 도움에도 불구하고 짓는 죄

⑤ 공적인 자리나 사람들 면전에서 짓는 죄

① 명백하게 율법 조항에 저촉되는 죄

② 많은 계명을 범하는 죄

③ 마음을 넘어서 말과 행동으로 나타내는 죄

④ 타인을 분개시키는 죄

⑤ 배상을 거부하는 죄

⑥ 하나님이 좋은 수단들을 베푸셨음에도 행한 죄

⑦ 하나님이 자비를 풍성하게 베푸셨음에도 행한 죄

⑧ 하나님이 심판을 여러 번 하셨음에도 행한 죄

⑨ 하나님이 주신 본성에 역행하는 죄

⑩ 양심의 확인을 받고도 행한 죄

⑪ 공적·사적 충고에도 행한 죄

⑫ 교회의 권징을 받는 죄

⑬ 국가의 징벌을 받는 죄

⑭ 기도, 목적, 약속에 저촉되는 죄

⑮ 서약을 어기는 죄

⑯ 언약을 어기는 죄

⑰ 하나님과 사람에 대한 계약을 어기는 죄

⑱ 고의로 악독하게 행한 죄

⑲ 자주 완고하게 쾌락으로 행한 죄

⑳ 지속적으로 혹은 회개한 후에 행한 죄

제33-3과
진노와 저주를 받는 죄

제84문. 각 죄는 어떤 보응을 받습니까?

What does every sin deserve?

답. 각 죄는 하나님의 진노와 저주를 금생과 내생에서 받습니다(엡 5:6; 갈 3:10; 애 3:39; 마 25:41).

Every sin deserves God's wrath and curse, both in this life, and that which is to come.

---

wrath 분노, 격노, 복수
curse 저주, 욕설, 재앙
deserve …을 받을 만하다, …할 만한 가치가 있다

누구든지 헛된 말로 너희를 속이지 못하게 하라. 이로 말미암아 하나님의 진노가 불순종의 아들들에게 임하나니(엡 5:6).

무릇 율법 행위에 속한 자들은 저주 아래 있나니 기록된 바 "누구든지 율법책에 기록된 대로 모든 일을 항상 행하지 아니하는 자는 저주 아래에 있는 자라" 하였음이라(갈 3:10).

살아 있는 사람은 자기 죄들 때문에 벌을 받나니 어찌 원망하랴?(애 3:39)

또 왼편에 있는 자들에게 이르시되 "저주를 받은 자들아, 나를 떠나 마귀와 그 사자들을 위하여 예비된 영영한 불에 들어가라"(마 25:41).

각 죄가 받는 보응

제82문: 하나님의 계명들을 완벽하게 지킬 수 없는 사람

제83문: 하나님 보시기에 더 가증스러운 죄들

제84문: 하나님의 진노와 저주를 금생과 내생에서 받는 죄

제85문: 하나님은 진노와 저주에서 벗어나도록 우리에게 무엇을 요구하시는가?

〈표21〉 소요리문답 제82-85문의 구성

사람이 지은 죄는 어떤 결과를 가져올까요? 하나님은 아담에게 "선악을 알게 하는 나무의 열매는 먹지 말라. 네가 먹는 날에는 반드시 죽으리라"(창 2:17)라고 말씀하셨습니다. 그런데 아담은 하나님의 말씀을 어기고 선악과를 먹었습니다. 소요리문답 제14문은 "죄란 하나님의 법을 순종함에 있어 부족하거나, 하나님의 법을 어기는 것"(Sin is any want of conformity unto, or transgression of, the law of God)이라고 말합니다. 즉 아담이 하나님의 말씀에 순종하지 않고 선악을 알게 하는 열매를 먹은 것은 죄입니다. 그리고 이 죄에 대한 보응은 앞의 말씀처럼 "죽음" 입니다.

1. 하나님의 진노와 저주를 금생과 내생에서 받는 죄

죄의 보응인 죽음은 우리의 삶에서 다양한 형태로 펼쳐집니다. 창세기 3장에는 죄를 지은 아담과 하와에게 임한 다양한 진노와 저주가 기록되어 있습니다.

첫째, 아담과 하와는 눈이 밝아져 자신들이 벗은 줄을 알고 무화과 나무 잎을 엮어 치마로 삼았습니다(창 3:7). 이는 자기 모습을 그대로 받아들이지 못하고 왜곡해서 본 결과였습니다. 여기서 "눈이 밝아졌다" 는 것은 좋은 의미가 아니라 자격지심(自激之心)과 왜곡과 편견 등의 나쁜 의미로 밝아졌다는 것입니다. 이것이 바로 하나님의 진노와 저주의 첫 번째 결과입니다.

둘째, 아담과 하와는 그들을 찾으시는 하나님의 낯을 피하여 동산 나무 사이에 숨었습니다(창 3:8). 그들은 죄로 인한 더러움 때문에 거룩하신 하나님을 만나 교제하는 것이 부담스럽게 되었습니다. 책망을 받을 것이라는 두려움이 하나님을 피하고 싶은 대상으로 만들어버렸습니다. 아담의 범죄 이후로 모든 사람들은 하나님과 깊이 교제하지 못하고 멀리 피하며 자신들의 세계에 안주하려고 합니다.

셋째, 자신이 지은 죄를 남의 탓으로 돌렸습니다. 아담은 여자가 나무 열매를 줘서 먹었다고 여자에게 책임을 돌렸고, 여자는 뱀이 자기를 꾀어서 먹었다고 뱀을 탓했습니다(창 3:12-13). 하나님과 같이 되고 싶은 욕심을 부렸다는 사실은 숨기고 핑계를 대기에 급급했습니다. 죄에 빠진 사람은 이렇게 자기중심적으로 남 탓만 하며 살아갑니다.

넷째, 여자와 그녀의 후손은 뱀 및 뱀의 후손과 원수가 되었습니다 (창 3:15). 하나님은 "바다의 물고기와 하늘의 새와 가축과 온 땅과 땅에 기는 모든 것을" 다스릴 권한을 사람에게 주셨습니다. 그리고 복을 주시며 "생육하고 번성하여 땅에 충만하라. 땅을 정복하라. 바다의 물고기와 하늘의 새와 땅에 움직이는 모든 생물을 다스리라"(창 1:28)고 말씀하셨습니다. 그런데 이제 하나님의 결정적인 도움 없이는 정복하고 다스릴 수 없는 원수가 생긴 것입니다. 이 원수 때문에 모든 생물을 다스리는 것도 어려울 수밖에 없습니다.

다섯째, 여자에게는 임신하는 고통이 크게 더하여져서 수고하며 자식을 낳게 되었습니다. 또 여자는 남편을 원하지만 남편은 여자를 다스리려고 하여 긴장과 싸움이 발생하게 되었습니다(창 3:16). 임신과 출산의 고통, 부부 사이의 긴장과 싸움으로 인한 고통은 자연스러운 것이 아니라 죄의 결과입니다.

여섯째, 땅도 저주를 받았고 그 결과 아담은 평생 수고해야 그 소산을 먹을 수 있게 되었습니다. 모든 생물의 먹거리를 제공하던 땅에 가시덤불과 엉겅퀴가 생겨났습니다. 이제 아담은 죽을 때까지 얼굴에 땀을 흘려야 먹고살 수 있습니다(창 3:17-19). 땅이 저주를 받지 않아 가시덤불과 엉겅퀴를 내지 않았다면 농사가 그렇게 고되지는 않았을 것입니다. 또한 땅에 가시덤불과 엉겅퀴가 생겨났다는 것은 그와 연결된 기후와 생태계 전체에 이상이 생겼다는 의미이며 거기에 기초한 인간 문

     제33-3과 진노와 저주를 받는 죄

명도 끊임없이 부침을 겪을 수밖에 없다는 의미입니다.

일곱째, 흙으로 지음 받은 아담은 결국 흙으로 돌아가게 되었습니다(창 3:19). 선악을 알게 하는 나무 열매를 따 먹은 결과 하나님이 말씀하신 것처럼 피할 수 없는 죽음이 찾아왔습니다. 사람은 누구나 죽습니다. 그런데도 많은 사람이 천년만년 살 것처럼 이 땅 위의 것들에 집착하면서 죽음 이후를 준비하지 않습니다. 정확하게 말하면 죽음 이후를 어떻게 준비해야 하는지 모릅니다. 그래서 죽음이 왕 노릇 합니다.

하지만 신자들은 죽음이 원래부터 자연스러운 인생의 종착점이 아님을 잘 압니다. 죽음은 단지 죄로 인한 결과입니다. 아담과 하와의 죄에 대해 하나님이 진노하시고 저주하신 결과로 주어진 벌입니다. 우리는 "왜 모든 인간이 죽어야만 하는가?"라고 생각해야지 죽음을 당연시해서는 안 됩니다. 죽음이 죄에 대한 하나님의 보응임을 알아야만 그 해결책에 관심을 두고 길을 찾아 나설 수 있습니다.

여덟째, 아담과 여자는 에덴동산에서 쫓겨났습니다(창 3:24). 그 이후로 사람들은 자기 방식대로 에덴동산을 만들어보려고 시도했지만 모두 실패했습니다. 땅이 받은 저주, 그리고 남자와 여자가 받은 저주를 해결하지 않고는 절대로 에덴동산을 만들 수 없습니다. 설령 지상 낙원을 만들지라도 사람이 늙고 병들어 죽으면 무슨 소용이 있습니까? 사람은 분명히 하나님의 진노와 저주 아래에 있는 것입니다.

우리 인생 전반에 깔린 하나님의 이러한 진노와 저주를 모르고 인생을 살 만한 것으로 생각하거나 사람이 꽃보다 아름답다고 칭송만 하는 것은 어리석은 일입니다. 이는 본질은 뒤로하고 현상에만 집착하는 근시안적 관찰입니다. 사람은 하나님의 형상으로 지음을 받았기 때문에 분명히 꽃보다 아름답지만 죄로 인해 비참하게 늙고 병들어 죽는 모습은 꽃에 비할 게 못 됩니다. 떨어지는 꽃잎은 향을 품어 아름답지만 썩어가는 인간의 육신은 역겨운 냄새를 풍기며 비참하게 뭉그러질 뿐입니다.

많은 사람이 찰나와 같은 인생에서도 아름다움을 발견합니다. 인생은 아름답고 이 세상은 너무나 멋집니다(What a wonderful world!). 죄로 인해 하나님의 진노와 저주 아래 있는 인생과 이 세상이 이렇게 아름답고 멋지다면, 하나님의 진노와 저주가 없는 세상은 얼마나 더 아름답고 경이롭겠습니까? 신자는 하나님의 진노와 저주가 걷힌 세상을 꿈꾸어야 합니다. 성경은 하나님이 그러한 세상을 신자들에게 주시기를 기뻐하신다고 말합니다(눅 12:32). 우리는 예수 그리스도의 생애와 죽음을 통한 대속 사역과 그 사역의 유익을 우리에게 적용하시는 성령을 통하여 그러한 세상을 믿음으로 받습니다. 죄의 삯은 사망이지만 하나님의 은사는 그리스도 예수 우리 주 안에 있는 영생입니다(롬 6:23).

1. 여러분이 출석하는 교회의 장점은 무엇입니까? 그 장점이 드러나도록 수고하고 애쓴 성도가 있다면 이야기해봅시다. 교회의 단점이 있다면 속으로 생각해보고 그 단점을 보완하기 위해 자신이 해야 할 일은 무엇인지 나누어봅시다.

2. 소요리문답 제82-84문을 서로 묻고 답해봅시다. 근거 성구도 함께 살펴봅시다.

3. 노아 홍수 이후에 하나님이 다시는 사람으로 말미암아 땅을 저주하지 않겠다고 하신 이유가 무엇인지 나누어봅시다(창 8:21). 사람은 왜 하나님의 계명을 완벽하게 지킬 수 없습니까?

4. 가해자의 관점과 피해자의 관점에서 더 가증스러운 죄가 무엇인지 정리해봅시다.

5. 범죄의 속성과 질의 관점에서, 그리고 때와 장소의 상황이란 관점에서 더 가증스러운 죄가 무엇인지 정리해봅시다.

6. 하나님이 아합을 당대에 벌하지 않으신 이유는 무엇이었습니까?(왕상 21장)
우리는 죄를 지었을 때 하나님 앞에서 어떤 태도를 취해야 합니까?

7. 죄의 결과들을 정리해봅시다. 각자의 삶 속에서 가장 극명하게 드러나는 죄
의 결과는 무엇입니까? 그 진노와 저주를 끊어낼 방법은 무엇입니까?

제34-1과
진노와 저주를 피하는 방법

제85문. 하나님은 죄로 인해 우리가 받아야 하는 그의 진노와
저주를 피하도록 우리에게 무엇을 요구하십니까?

What does God require of us, that we may escape his
wrath and curse due to us for sin?

답. 죄로 인해 우리가 받아야 하는 하나님의 진노와 저주
에서 피하도록 하나님은 예수 그리스도에 대한 믿음
과 생명에 이르는 회개를(행 20:21), 그리고 더불어 그리
스도가 구속의 유익을 우리에게 전달하시는 모든 외적
수단들을 근면하게 사용할 것을(잠 2:1-5; 8:33-36; 사 55:3)
요구하십니다.

To escape the wrath and curse of God due to us for sin,
God requires of us faith in Jesus Christ, repentance
unto life, with the diligent use of all the outward means
whereby Christ communicates to us the benefits of
redemption.

---

repentance 뉘우침, 회개   **diligent** 근면한, 성실한
redemption 되사기, 저당물 되찾기, 상환, (그리스도에 의한) 구속

유대인과 헬라인들에게 하나님께 대한 회개와 우리 주 예수 그리스도께 대한 믿음을 증거한 것이라(행 20:21).

1내 아들아, 네가 만일 나의 말을 받으며 나의 계명을 네게 간직하며 2네 귀를 지혜에 기울이며 네 마음을 명철에 두며 3지식을 불러 구하며 명철을 얻으려고 소리를 높이며 4은을 구하는 것 같이 그것을 구하며 감추어진 보배를 찾는 것 같이 그것을 찾으면 5여호와 경외하기를 깨달으며 하나님을 알게 되리니(잠 2:1-5).

33훈계를 들어서 지혜를 얻으라. 그것을 버리지 말라. 34누구든지 내게 들으며 날마다 내 문 곁에서 기다리며 문설주 옆에서 기다리는 자는 복이 있나니 35대저 나를 얻는 자는 생명을 얻고 여호와께 은총을 얻을 것임이니라. 36그러나 나를 잃는 자는 자기의 영혼을 해하는 자라. 나를 미워하는 자는 사망을 사랑하느니라(잠 8:33-36).

너희는 귀를 기울이고 내게로 나아와 들으라. 그리하면 너희의 영혼이 살리라. 내가 너희를 위하여 영원한 언약을 맺으리니 곧 다윗에게 허락한 확실한 은혜이니라(사 55:3).

진노와 저주를 피하려면

우리는 소요리문답 제82문에서 어떠한 사람도 타락 이래로는 하나님의 계명들을 완벽하게 지킬 수 없고 매일 생각과 말과 행동으로 계명들을 어긴다는 것을 살펴보았습니다. 그리고 제84문에서는 이렇게 하나님의 계명들을 어기는 죄에 하나님의 진노와 저주가 따른다는 것을 살펴보았습니다. 그렇다면 죄를 짓는 모든 사람이 금생과 내생에서 하나님의 진노와 저주에서 벗어날 희망이 없는 것입니까? 이 질문에 대한 답이 제85문에서 주어집니다.

〈표22〉 소요리문답 제82-85문의 구성

1. 죄로 인해 우리가 받아야 하는 하나님의 진노와 저주에서 피하도록(To escape the wrath and curse of God due to us for sin)

하나님은 우리가 죄로 인한 진노와 저주를 피할 수 있기를 바라십니다. 그래서 우리를 구원하는 일을 하십니다. 이는 아담과 하와가 나무 열매를 먹었을 때 바로 죽지 않은 것에서도 알 수 있습니다. 물론 아담과 하와는 타락으로 영적 죽음에 이르렀기 때문에 자신들을 찾아오신 하나님을 피했습니다. 하지만 하나님이 아담과 하와의 명백한 죄에도 불구하고 그들의 영과 육을 완전히 죽이지 않고 곧바로 찾아오셨다는 것은 구원의 일을 이미 시작하셨다는 의미입니다. 사람은 분명히 죄의 결과로 하나님의 진노와 저주를 받았지만 동시에 하나님이 베푸신 구원의 은혜도 받았습니다.

소요리문답은 기독론과 구원론의 내용을 다룸으로써 하나님이 베푸신 구원의 은혜가 어떤 것인지 자세히 알려줍니다. "하나님은 모든 인류를 죄와 비참함의 상태에서 멸망하도록 내버려두셨습니까?"(제20문) 그렇지 않습니다. 하나님은 은혜언약을 통하여 구원의 길을 열어주셨고 하나님과 동등하신 예수 그리스도는 피조물인 사람이 되시어 우리를 대신하여 모든 율법을 지키셨을 뿐 아니라 우리의 죄를 짊어지고 십자가에 못 박혀 죽으셨습니다. 실로 "그리스도는 우리의 구속자로서 낮아짐과 높아짐이라는 두 가지 상태에서 선지자, 제사장 그리고 왕의 직분들을 행하십니다"(제23문). 소요리문답 제21-28문은 기독론으로서 은혜언약을 성취하시는 그리스도의 두 본성과 한 인격, 선지자·제사장·왕의 삼직, 낮아짐과 높아짐을 다룹니다.

더 나아가 소요리문답은 그리스도가 획득하신 그 구원을 우리에게 적용하시는 성령 하나님의 사역을 소개합니다(제29-36문). 이는 조직신학에서 구원론에 해당하는 내용입니다. "우리는 그리스도가 사신 구속에, 그의 성령이 우리에게 효력 있게 적용하심으로써 참여자가 됩니다"(제29문). 성령이 구속을 적용하시는 사역의 내용은 다음과 같습니다.

- 제30문: 그리스도의 구속을 믿음에 의하여 그리스도와 연합시켜 적용하시는 성령
- 제31문: 효과적 부르심(죄와 비참을 납득시키고 마음을 밝혀 그리스도를 받도록 설득시키는 것)
- 제32문: 효과적 부르심에 동반되는 칭의, 양자됨, 성화 및 여러 가지 유익
- 제33문: 칭의(우리에게 전가되고 믿음으로 받아들인 그리스도의 의)
- 제34문: 양자됨(하나님의 아들들의 모든 특권에 대한 권리를 갖는 것)
- 제35문: 성화(전 인격에 걸쳐 새롭게 되어 점차로 죄에 대해 죽고 의에 대해 사는 것)
- 제36문: 칭의와 양자됨과 성화에 따르는 확신, 화평, 기쁨, 은혜의 증가 그리고 견인

하나님은 사람이 하나님의 진노와 저주에 영원히 빠져 있기를 원하지 않으십니다. 예수 그리스도가 이루시는 구원의 획득과 성령 하나님이 이루시는 구원의 적용을 통해 우리는 하나님의 진노와 저주에서 벗어날 수 있습니다. 우리의 구원을 위하여 예수 그리스도만 일하시는 것이 아니라 성령 하나님도 일하심을 꼭 알아야 합니다.

2. 예수 그리스도에 대한 믿음과 생명에 이르는 회개(faith in Jesus Christ, repentance unto life)

앞서 언급했듯이 소요리문답 제29-36문은 구원론에 해당하는 내용을 다룹니다. 구원론에는 예수 그리스도에 대한 믿음과 생명에 이르는 회개도 포함됩니다. 그런데 소요리문답은 예수 그리스도에 대한 믿음과 생명에 이르는 회개를 십계명을 모두 다룬 후 제85문에서야 다시 다룹니다. 그것은 죄를 지을 수밖에 없고(제82문) 그 죄 때문에 금생과 내생에서 하나님의 진노와 저주를 받을 수밖에 없는 사람들이(제84문), 그 진노와 저주를 피하도록 하나님이 요구하시는 것이 믿음과 회개라는 논리를 펴기 위해서입니다.

우리는 성령이 구원의 은혜를 우리에게 효력 있게 적용하시기 때문에 그리스도가 피 값으로 사신 구속에 참여합니다(제29문). 그래서 구원론에 속하는 효과적 부르심, 칭의, 양자됨, 성화, 확신, 화평, 기쁨, 은혜의 증가, 견인 등은 모두 성령이 주도적으로 우리에게 주시는 것들입니다. 그런데 제85문은 하나님이 우리가 진노와 저주를 피하도록 무엇을 요구하시는지 묻고 이에 대해 "예수 그리스도에 대한 믿음과 생명에 이르는 회개"를 요구하신다고 답합니다.

그렇다면 믿음과 회개는 전적으로 우리가 감당해야 하는 일일까요? 물론 믿음과 회개에는 우리가 감당해야 하는 측면이 있습니다. 그렇기에 하나님이 이것을 우리에게 요구하십니다. 그런데 이것은 믿음과 회개의 한 측면일 뿐이지 전부를 설명하는 것은 아닙니다. 믿음과 회개도 성령이 우리에게 효력 있게 적용하시기 때문에 가능합니다. 실제로 믿음과 회개에 대하여 각각 설명하는 제86문과 제87문은 믿음과 회개가 모두 "구원하는 은혜"(a saving grace)라고 설명합니다.

3. 그리스도가 구속의 유익을 우리에게 전달하시는 모든 외적 수단들을 근면하게 사용할 것(the diligent use of all the outward means whereby Christ communicates to us the benefits of redemption)

성령은 그리스도의 구속을 적용할 때 우리 눈에 보이는 외적 형태로 하지 않으십니다. 성령은 우리 눈에 보이지 않으시며 성령이 하시는 일의 방법과 내용 또한 우리 눈에 보이지 않습니다. 하지만 성령은 신비하고 효력 있게 일하십니다.

그런데 그리스도는 구속의 유익(the benefits of redemption)을 성령을 통해 우리에게 전달하실 때 외적 방법도 사용하십니다. 외적 방법은 성령의 내적 방법과 달리 우리 눈에 보이며 확실하게 인지할 수 있습니다. 그리스도는 우리가 이 외적 수단들을 근면하게 사용하여 하나님의 진노와 저주에서 피하기를 원하십니다. 그 외적 수단들은 **말씀**과 **성례**와 **기도**인데 이에 대해서는 제88문에서부터 자세히 살펴볼 것입니다.

제34-2과
믿음이란 무엇인가?

제86문. 예수 그리스도를 믿는 믿음은 무엇입니까?

What is faith in Jesus Christ?

답. 예수 그리스도를 믿는 믿음은 구원하는 은혜인데(히 10:39) 이것으로 말미암아 우리는 그가 복음에서 우리에게 제공된 대로 구원을 위해서 오직 그만을 받아들이고 의지합니다(요 1:12; 사 26:3-4; 빌 3:9; 갈 2:16).

Faith in Jesus Christ is a saving grace, whereby we receive and rest upon him alone for salvation, as he is offered to us in the gospel.

---

rest 쉬다, 휴양하다, 의지하다, 믿다(on)

offer 제공하다, 말하다, 바치다, 제안하다 우리는 뒤로 물러가 멸망할 자가 아니요 오직 영혼을 구원함에 이르는 믿음을 가진 자니라(히 10:39).

영접하는 자 곧 그 이름을 믿는 자들에게는 하나님의 자녀가 되는 권세를 주셨으니(요 1:12).

3주께서 심지가 견고한 자를 평강하고 평강하도록 지키시리니 이는 그가 주를 신뢰함이니이다. 4너희는 여호와를 영원히 신뢰하라. 주 여호와는 영원한 반석이심이로다(사 26:3-4).

그 안에서 발견되려 함이니 내가 가진 의는 율법에서 난 것이 아니요 오직 그리스도를 믿음으로 말미암은 것이니 곧 믿음으로 하나님께로서 난 의라(빌 3:9).

사람이 의롭게 되는 것은 율법의 행위에서 난 것이 아니요 오직 예수 그리스도를 믿음으로 말미암는 줄 알므로 우리도 그리스도 예수를 믿나니 이는 우리가 율법의 행위로써가 아니고 그리스도를 믿음으로써 의롭다 함을 얻으려 함이라. 율법의 행위로써는 의롭다 함을 얻을 육체가 없느니라(갈 2:16).

예수님만을 받아들이고 의지하는 믿음

제85문: 진노와 저주에서 벗어나도록 믿음과 회개, 외적 수단의 사용을 요구하시는 하나님

제86문: 예수 그리스도를 믿는 믿음은 무엇인가?

제87문: 생명에 이르는 회개는 무엇인가?

〈표23〉 소요리문답 제85-87문의 구성

1. 예수 그리스도를 믿는 믿음은 구원하는 은혜(Faith in Jesus Christ is a saving grace)

루이스 벌코프(Louis Berkhof, 1873-1957)는 믿음을 "**외적 증거나 논리적 증거에 의존하지 않고 즉각적이고 직접적인 통찰력에 의존하는 실증적 지식**"이라고 정의했습니다. 이런 실증적 지식은 다른 동물은 절대 가질 수 없습니다. 사람은 하나님의 형상으로 지음을 받았기 때문에 이러한 고유한 특성을 갖게 되었습니다. 하나님이 사람에게 하나님의 형상을 은혜로 심어주시지 않았다면 사람 또한 개돼지와 별반 다르지 않았을 것입니다.

Tip 믿음에 대한 자세한 논의는 상권의 제3과를 참고하라.

사람은 이처럼 은혜로 주어진 믿음을 통해 바라는 것들의 실상을 보고, 보이지 않는 것들의 증거를 획득합니다(히 11:1). 사실 무엇을 인식한다는 것 자체가 신비와 초월과 이적에 속합니다. 특히 보이지 않는 하나님과 천국의 존재 및 가치에 대한 믿음은 사람의 힘으로는 가질 수 없고 오직 하나님의 은혜로만 가질 수 있습니다.

결국 믿음의 기원은 사람에게 있지 않습니다. 우리는 보통 "사람이 하나님을 인식한다", "사람이 하나님을 믿는다"라고 표현하지만 실제로는 하나님의 은혜로 자신도 모르는 사이에 발생한 믿음 때문에 하나님이 인식되고 천국이 믿어지는 것입니다. 이 일을 하시는 분은 **성령 하나님**이십니다. 성령은 예수 그리스도가 이루신 구속을 신자에게 효력 있게 적용하시기 위해 일하십니다.

2. 구원을 위해서 오직 그만을 받아들이고 의지합니다(We receive and rest upon him alone for salvation)

믿음은 "외적 증거나 논리적 증거에 의존하지 않고 즉각적이고 직접적인 통찰력에 의존하는 실증적 지식"입니다. 믿음의 기원은 하나님께 있습니다. 그렇다면 믿음의 역할은 무엇일까요? 믿음으로 새로운 통찰력을 가진 신자는 어떤 행동을 하게 될까요?

소요리문답 제86문은 우리가 믿음으로 말미암아, 구원을 위해서 오직 예수 그리스도만을 받아들이고 의지하는 행동을 한다고 말합니다. 대요리문답 제72문은 믿음의 역할을 더 자세하게 설명합니다.

대요리문답 제72문의 답

의롭게 하는 믿음은 하나님의 영과 말씀에 의해 죄인의 마음속에서 형성된 구원하는 은혜입니다. 이것에 의해 그는 자기의 죄와 비참을 깨닫고, 잃어버린 상태로부터 자기를 구원할 능력이 자신과 다른 모든 피조물에는 없다는 것을 깨달아 복음의 약속의 진리에 동의할 뿐만 아니라 죄 사함을 위하여, 그리고 하나님 보시기에 구원받기에 의로운 사람이라고 수납되고 인정되기 위하여 그리스도와 그의 의를 받아들이고 의지합니다.

Justifying faith is a saving grace, wrought in the heart of a sinner by the Spirit and Word of God, whereby he, being convinced of his sin and misery, and of the disability in himself and all other creatures to recover him out of his lost condition, not only assents to the truth of the promise of the gospel, but receives and rests upon Christ and his righteousness, therein held forth, for pardon of sin, and for the accepting and accounting of his person righteous in the sight of God for salvation.

성령의 역사로 믿음을 갖게 된 신자는 자신이 죄인이라는 사실을 깨닫습니다. 예전에는 "털어서 먼지 안 나는 사람 없다"라는 식으로만 죄의 보편성과 심각성을 인식했지만 이제는 "잎새에 이는 바람에도" 괴로워할 정도로 죄에 민감해집니다. 예전에는 죄로 여기지 않던 것들이 죄였음을 알게 되는 것입니다.

그리고 죄로 인한 인생의 비참함을 느끼며 그 상태에서 사람이 스스로 벗어날 능력이 없다는 것을 거의 동시에 깨닫습니다. 아무리 높은 인격을 함양하더라도 모든 율법을 항상 지킬 수 있는 사람은 없습니다. 아무리 과학이 발달해도 늙음과 병듦과 죽음의 문제를 해결하지 못합니다. 그렇다면 참된 행복과 기쁨은 무엇일까요?

신자 안에 싹튼 믿음은 자신과 다른 피조물을 통한 구원이 아니라 다른 방법을 통한 구원이 있어야 함을 깨닫게 합니다. 그리고 결국 예수 그리스도만이 모든 율법을 지키시고 모든 사람의 죄를 대신 짊어지고 십자가에 못 박혀 죽으셨다는 사실을 받아들이게 합니다. 이제 신자는 예수님과 그의 의를 받아들이고 의지합니다.

믿음은 여러 가지 역할을 하지만 다른 것들은 모두 부수적인 역할에 지나지 않습니다. "믿음의 주요한 역할은 칭의, 성화, 영생을 위해 **그리스도만을 수용하고, 받아들이고, 의지하는 것입니다**"(웨스트민스터 신앙고백 제14장 "구원하는 믿음"). 이는 성경에서 복음을 통하여 분명히 나타나는 내용입니다.

3. 믿음의 네 가지 종류

우리가 신앙생활을 하며 가장 많이 듣고 쓰는 단어 중 하나가 바로 "믿음"일 것입니다. 믿음이란 단어는 개역개정 신약성경에 252번 등장합니다. 모든 단어가 그렇듯이 믿음도 전후 문맥에 따라 그 의미가 조금씩 다른데, 여기서는 믿음의 "네 종류"와 "세 요소"를 살펴봄으로써 믿음이란 단어를 어떻게 이해해야 하는지 살펴보겠습니다. 먼저 믿음의 네 가지 종류를 소개하겠습니다.

ㄱ. 역사적 믿음 역사적 믿음은 실제로 벌어진 역사적 사건에 대하여

있는 그대로 인정하고 수용하는 마음 상태입니다. 역사적 믿음에서 그 사건이 갖는 영적·도덕적·실존적 의미는 별로 중요하지 않습니다. 단지 그 사건이 실제로 발생한 사실이라고 여기는 믿음입니다. 예수님 당시에 어떤 사람이 예수님의 죽음과 부활을 목격했다면 그 사람은 예수님의 죽음과 부활을 역사적 사실로 "믿을" 것입니다. 하지만 이 믿음은 기독교가 말하는 참된 믿음과 거리가 있습니다. 예수님의 죽음과 부활이 자신의 구원과 어떤 관계가 있는지 깨닫고 거기에 맞게 삶의 방식과 목적까지 변해야 참된 믿음입니다. 예수님의 죽음과 부활이 영적·도덕적·실존적 의미로까지 이어져야 하는 것입니다.

사도행전 26장을 보면 아그립바는 구약의 예언자가 실재했다는 사실은 물론이고 예언자들이 어떤 말을 했는지까지 알고 있었습니다. 하지만 그는 예언자의 존재와 말이 어떤 영적·도덕적·실존적 의미인지 몰라 예수님에 대한 증언을 받아들이지 못했습니다. 그의 믿음은 역사적 믿음에 지나지 않았던 것입니다.

사도행전 8장에도 역사적 믿음에 머문 사람의 예가 나옵니다. 사마리아에 거주하면서 이런저런 마술로 사람들을 놀라게 하던 마술사 시몬은 빌립의 전도를 받아 "믿고" 세례를 받았습니다(행 8:13). 세례를 받은 그는 전심으로 빌립을 따라다니며 그를 통해 나타나는 표적과 능력을 보았습니다. 그런데 그는 성령을 받게 하는 권능을 돈으로 사려고 하다가 베드로에게 큰 책망을 받습니다. 사도들이 행한 표적을 실제 사건으로 인정하고 믿었지만 영적·도덕적·실존적 의미를 발견하지 못하고 자신을 높이려는 기회로 삼으려고 했던 것입니다. 그의 믿음은 참된 믿음이 아니라 역사적 믿음에 국한된 인간적 믿음이었다고 평가할 수 있습니다.

ㄴ. 이적적 믿음 "이적적 믿음"이란 이적(異蹟)과 관련된 믿음입니다. 우선 당사자가 이적을 행할 수 있다는 확신을 갖는 능동적인 경우가 있습니다. 성경에서 하나님은 어떤 사역자들에게 자연적 능력을 넘어서서 이적을 행할 수 있는 능력을 주셨습니다. 그러면 그 사역자는 본인이 이적을 행할 수 있다는 확신을 갖게 됩니다. 이것이 바로 능동적인 경우의 이적적 믿음입니다. 마태복음 17장에서 제자들이 귀신을 내쫓지 못한 이유는 그들에게 이러한 믿음이 없었기 때문입니다. 예수님은 이런 제자들을 "믿음이 작다"라고 평가하셨습니다.

반면 수동적인 경우의 이적적 믿음도 있습니다. 이는 본인이 이적을 행하는 것이 아니라 하나님이 자기를 위하여 이적을 행하신다는 확신이 있는 경우입니다. 마태복음 8장에서 예수님은 백부장의 믿음을 평가하시며 "이스라엘 중 아무에게서도 이만한 믿음을 보지 못하였노라"(마 8:10)고 말씀하셨습니다. 그리고 백부장에게 "가라. 네 믿은 대로 될지어다"라고 명령하셨습니다. 이때 거론된 "믿음"은 예수님이 누군가의 병을 낫게 하는 이적을 행하실 수 있다고 확신한다는 의미입니다.

마르다는 예수님이 하나님께 무엇이든지 구하면 하나님이 주실 것이라고 믿었습니다(요 11장). 이적적 믿음입니다. 그런데 마르다의 이 이적적 믿음은 앞으로 살펴볼 "구원적 믿음"과 다르지 않았습니다. 왜냐하면 마르다는 예수님이 부활과 생명으로서 예수님을 믿는 자는 죽어도 산다는 것을 믿었고, 예수님이 그리스도이시고 세상에 오시는 하나님의 아들이시라는 것도 믿었기 때문입니다. 이는 이적적 믿음이 진정한 구원적 믿음과 분리되지 않는 경우입니다.

하지만 이 둘이 분리되는 경우도 있습니다. 누가복음 17장에 등장하는 나병환자 열 명을 생각해봅시다. 예수님을 향해 자기들을 불쌍히 여겨달라고 소리친 그들에게는 예수님이 자기들의 병을 고칠 수 있다는 이적적 믿음이 있었습니다. 그런데 그중 아홉 명은 병이 나은 후에 예수님을 떠나버렸습니다. 오직 한 사람만이 돌아와 큰 소리로 하나님께 영광을 돌리며 예수님의 발아래 엎드려 감사를 표현했습니다. 예수님은 이런 그를 칭찬하시며 "네 믿음이 너를 구원하였느니라"(눅 17:19)라고 말씀하셨습니다. 이 한 사람만 이적적 믿음이 구원적 믿음으로 연결되었고 나머지 아홉의 이적적 믿음은 역사적 믿음에 머물렀던 것입니다.

앞서 살펴본 것처럼 역사적 믿음은 영적·도덕적·실존적 의미와 이어지지 않으면 구속자 예수 그리스도에 대한 믿음으로 나아가지 못합니다. 이 원칙은 이적적 믿음에도 그대로 적용됩니다. 이적을 행할 믿음이 있거나 이적을 경험한 사람도 거기서 영적·도덕적·실존적 의미를 발견하지 못하면 구원적 믿음으로 나아갈 수 없습니다.

예수님은 "주의 이름으로 선지자 노릇 하며 주의 이름으로 귀신을 쫓아내며 주의 이름으로 많은 권능을 행하여도" 구원과 상관이 없다고 말씀하셨습니다(마 7:22). 이적적 믿음이 구원의 충분조건은 아님을 밝히신 것입니다.

ㄷ. 일시적 믿음 뿌리 깊은 나무는 오랫동안 시들지 않고 싱싱하게 자라 열매를 맺지만 뿌리가 깊지 않은 나무는 얼마 못 가 시들어버립니다. 일시적 믿음이란 뿌리가 얕은 나무의 잎사귀가 결국은 시드는 것처럼 한동안 그럴듯해 보이지만 오래가지 못하고 시드는 믿음입니다. "일시적 믿음"이란 명칭은 예수님이 말씀하신 씨 뿌리는 비유 중 돌밭에 뿌려진 씨의 사례에서 나왔습니다(마 13:21). 돌밭에 뿌려진 씨는 흙

이 깊지 아니하므로 곧 싹이 나나 해가 돋은 후에 타서 뿌리가 없으므로 말라버립니다. 그와 같이 말씀을 듣고 즉시 기쁨으로 받지만 그 속에 뿌리가 없어서 잠시 견디다가 환난이나 박해가 일어나면 곧 넘어지는 자들이 있습니다.

우리 주변에도 처음 신앙생활을 할 때는 신실한 모습을 보이지만 그 신실함이 오래가지 못하는 이들이 있습니다. 그들의 신앙이 위선적이라고만은 할 수 없는데 그 이유는 그들 자신조차도 자신이 진실하다고 확신하기 때문입니다. 그들의 확신은 양심이 자극을 받고 이성적으로 동의가 되고 정서적으로 감동하는 데서 옵니다. 그런데 그것이 중생한 영혼에서 나오는 것이 아니라 인간적 차원의 종교적 확신인지라 환난이나 박해가 발생하면 곧 믿음을 져버리는 것입니다.

일시적 믿음이 싹을 낸 순간에는 그것을 진정한 구원적 믿음과 구별하기가 쉽지 않습니다. 그리스도의 복음에서 영적·도덕적·실존적 의미를 발견하고 기쁨으로 수용하는 모습이 비슷해 보이기 때문입니다. 비록 허구적이기는 하지만 뿌리를 내리고 싹이 나는 모습을 보며 생명을 의심할 사람은 많지 않습니다. 그러나 그 인격적 관심과 반응은 중생된 심령의 깊은 뿌리에서 나오는 것이 아닙니다. 따라서 어느 시점에 분석해보면 그 믿음이 인간적 감정에 기초했음을 알 수 있습니다. 문제는 그런 믿음의 지속 기간이 사람에 따라 다양하여 죽기 직전에야 정체를 드러내는 경우도 있다는 것입니다. 그런 사람이 교회에서 중직을 맡게 되면 어떨까요? 아무래도 성경의 진리가 아닌 인간적 확신과 감정에 따라 사람의 영광과 오감을 충족시키는 형태를 추구하면서 진실한 믿음을 가진 성도들을 힘들게 할 것입니다. 그러므로 우리는 교회의 직분자를 세울 때 그 사람의 신앙을 철저히 검증해보아야 합니다. 물론 다른 사람의 신앙 양심을 함부로 판단해서는 안 되겠지만 일시적 믿음과 참된 구원적 믿음을 분별하는 신중함은 최대한 발휘되어야 합니다.

ㄹ. 진정한 구원적 믿음 지금까지 살펴본 역사적 믿음, 이적적 믿음, 일시적 믿음은 참된 믿음이라고 할 수 없습니다. 이에 반하여 진정한 구원적 믿음은 "진정한"이라는 형용사가 말해주는 것처럼 우리를 참으로 구원에 이르게 하는 믿음입니다. 이 믿음은 중생한 사람에게 있는 믿음으로서 그 뿌리가 거듭난 생명에 박혀 있습니다.

진정한 구원적 믿음은 하나님이 중생한 자에게 주시는 선물입니다. 하나님은 중생한 자에게 믿음의 씨앗이라고 부를 수 있는 새로운 인식과 확신을 주십니다. 중생한 자는 이 믿음의 씨앗에 의하여 예전과는 다르게 느끼고 선호하며 지향하고 행동합니다.

우리가 상권에서 살펴본 "칵테일 파티 효과"(Cocktail Party Effect)를 기억하십니까? 사람은 칵테일 파티와 같은 시끄러운 상황에서도 누군 Tip 상권 66-67쪽을 보라. 가가 자기 이름을 부르면 그 소리를 들을 수 있습니다. 이런 지향성은 인간 의식의 본질적인 특성입니다. 인간의 의식은 항상 일정한 대상을 지향하고 있습니다. 아담의 범죄 이후 인간의 의식은 하나님이 아니라 죄와 자기 자신을 지향합니다.

하지만 중생한 자에게 심어진 믿음의 씨앗은 점차 성장하면서 이 지향점을 바로잡습니다. 갓 태어난 아이는 성장 과정에서 경험을 쌓고 교육을 받으면서 사람의 특성을 점점 더 강하게 드러냅니다. 마찬가지로 믿음의 씨앗을 품은 중생한 사람도 처음에는 신자의 특성이 잘 드러나지 않지만 점차 그 성향이 분명해지며 사고와 행동이 성경의 가르침을 따르게 됩니다.

4. 믿음의 세 가지 요소

ㄱ. 지적 요소(지식) 사람은 동물과 달라서 어떤 일을 분별할 때 "지식"이 중요한 역할을 합니다. 일례로 우리나라 사람들이 늦가을에 김장을 하는 이유는 추운 겨우내 싱싱한 채소를 구하기 힘들다는 지식이 있기 때문입니다. 마찬가지로 우리가 그리스도를 믿을 때 그리스도가 유일한 구원자라는 지식은 매우 중요한 역할을 합니다.

이처럼 믿음에는 지적 요소가 있습니다. 그리스도인은 하나님의 아들이신 예수 그리스도가 사람이 되셔서 우리의 죄를 대신 짊어지고 죽으심으로써 대속 사역을 감당하셨다는 사실을 압니다. 이런 지적 요소가 없다면 그리스도인의 믿음은 미신이나 상상에 불과합니다. 그리스도인은 하나님의 말씀이 기록된 성경, 그중에서 특히 예수 그리스도의 생애와 사역으로 인한 구속에 대하여 확실한 지식을 갖고 있습니다.

한편 믿음은 그리스도인의 지식의 지평을 넓혀줍니다. 히브리서 11:1은 "믿음은 바라는 것들의 실상이요 보이지 않는 것들의 증거"라고 말합니다. 그리스도인은 믿음으로 말미암은 영적 통찰을 통해 바라는 것과 보이지 않는 것들을 인식하고 확신합니다. 막연히 추정하는 것이 아니라 확실하게 현실적으로 확신합니다. 이 또한 믿음의 지적 요소로서 이 모든 것이 하나의 견고한 지적 체계를 이룹니다.

ㄴ. 감정적 요소(동의) 두 번째는 감정적 요소입니다. 단순히 지식으로 아는 것이 아니라 그 지식이 실제로 사실이라고 동의하는 것입니다. 신자는 성경에 기록된 진리와 복음이 실재하고 믿음의 대상 역시 실재한다는 사실을 깊이 확신하여 동의하고 그것을 기쁜 마음으로 자기 삶의 근거로 삼습니다.

감정적 요소인 동의는 바로 앞서 살펴본 믿음의 지적 요소인 지식과 딱 잘라 구분이 되지는 않습니다. 인간이 무엇에 동의하는 행동은 지적 요소와 감정적 요소가 어우러진 결과이기 때문입니다. 어떤 지식을 획득하면 그에 따른 감정도 생겨나는 것이 자연스럽습니다. 그렇지만 역사적 믿음처럼 감정과 의지가 따르지 않는 믿음도 있으므로 지식과 동의는 개념적으로 구별됩니다. 지식은 좀 더 수동적인 측면으로서 무언가를 수용할 것인가의 문제라면, 동의는 좀 더 능동적인 측면으로서 그것을 따를 것인가의 문제입니다.

ㄷ. 의지적 요소(신뢰) 세 번째는 의지적 요소입니다. 어떤 청년이 외모와 직업과 성품이 모두 마음에 드는 이성을 만났다고 가정해봅시다. 조건이 좋으니 바로 결혼할 수 있을까요? 그렇지 않습니다. 그 객관적인 조건들이 행복한 결혼 생활에 중요하다는 확신과 함께 그 이성에 대한 감정적 매력을 느껴야 하고 교제와 청혼 등의 구체적인 행동과 결단이 뒤따라야 합니다.

믿음도 단순히 알고 동의하는 것에서 끝나지 않고 구체적인 지향으로 나타납니다. 간음죄를 범한 자가 간음하면 안 된다는 지식이 있고 범행에 대해 꺼리는 마음이 있어도 삶이 죄를 이길 만한 구체적인 방향으로 향해 있지 않으면 아무 소용이 없습니다. 성범죄자들은 이런 의지적 요소가 적어 재범률이 높습니다. 믿음은 단순히 지식과 동의를 넘어서서 자기 영혼의 방향을 바꾸어 자신이 알고 동의한 것에 다가가 자신의 것이 되도록 획득하는 것입니다. 믿음은 예전에 향하던 방향과 완전히 다른 방향으로 돌아서는 의지적 요소를 반드시 포함합니다.

이 요소가 빠진 지식과 동의만으로는 믿음의 대상이 자신의 것으로 획득되지 않습니다. 신자는 믿음의 세 번째 요소인 신뢰를 통하여 하나님을 창조자와 섭리자와 심판자와 구원자로서 인격적으로 깊이 받아들입니다. 신뢰라는 의지적 요소가 있어야 하나님의 말씀에 따라 생각하고 판단하고 느끼고 행동합니다. 이로써 삶의 방향이 완전히 바뀌는 것입니다.

그런데 믿음에서 지식과 동의와 신뢰를 따로 분리할 수 있는 것은 아닙니다. 다만 세 가지 측면으로 구별할 수 있을 뿐입니다. 그리스도인의 믿음에도 이 세 요소가 함께 들어 있지, 각 요소가 분리되어 기능할 수는 없습니다. 따라서 그리스도인의 믿음은 사람의 지성이나 감성이나 의지에 따로 머물지 않고 사람의 인격 전체에 머문다고 할 수 있습니다.

성경으로 읽는 문학

안톤 슈낙의 「우리를 슬프게 하는 것들」

기차가 어둠을 헤치고 은하수를 건너면
우주 정거장엔 햇빛이 쏟아지네…
엄마 잃은 소년의 가슴엔 그리움이 솟아오르고…
힘차게 달려라 은하철도 999

가수 김국환이 부른 만화영화 "은하철도 999"의 주제가다. "은하철도 999"는 다양한 상징적 요소로 유명하며 어른을 위한 만화라는 평을 듣기도 한다. 이 만화영화에서 철이라는 남자아이는 길고 검은 외투를 입은 메텔과 함께 은하철도 999호를 타고 안드로메다를 향해 먼 여행을 떠난다. 엄마의 죽음에 충격을 받아 영원히 죽지 않는 기계의 몸을 얻기 위해서다.

여러 가지 에피소드 중에 한 가지가 기억에 남는다. 철이와 메텔이 어느 별에 도착해 승객들과 같이 내리는데 많은 이들이 마중을 나와 맞아주었다. 그런데 그들이 갑자기 총을 꺼내더니 무차별로 쏘아대는 것이 아닌가? 철이와 메텔은 가까스로 자리를 피했지만 많은 승객이 그 자리에서 목숨을 잃었다. 하지만 이상하게도 그 별 사람들은 철이와 메텔을 추적할 생각은 하지 않고 죽은 이들을 정성스럽게 장사지내며 눈물을 뚝뚝 흘렸다. 그들은 왜 승객들을 죽이고 장사를 지내며 슬퍼했던 것일까? 소름 끼치게도 그들은 슬픔을 "즐기는" 사람들이었다. 슬픔을 위해 살인하는 사람들!

"은하철도 999"는 일본 만화다. 일본의 국화는 벚꽃인데 일본인들은 만개한 꽃보다 오히려 떨어지는 꽃을 즐긴다고 한다. 이와 관련해 미국대학원 입학시험인 GRE에 다음과 같은 문장이 등장한 적이 있다.

The cultivation of the emotion of natsukashii, interpretable as "pleasant sorrow," brings Japanese to Kyoto in the spring, not to savor the cherry blossoms in full bloom but to grieve over the fading, falling flowers("즐거운 비애"로 번역할 수 있는 나츠카시이란 감정의 수양은 봄이 되면 일본인들을 교토로 이끄는데, 그것은 완전히 개화한 벚꽃을 음미하려는 것이 아니라 사그라지며 떨어지는 꽃을 슬퍼하기 위해서다).

     제34-2과 믿음이란 무엇인가?

인간에게는 분명히 "즐거운 비애"와 비슷한 정서가 존재한다. 우리나라 판소리도 슬픔을 자극하며 웃음을 던지는 대목들이 많다. 정도의 차이는 있겠지만 어느 민족이나 웃음과 울음이 공존하는 해학을 즐길 줄 안다. 단언컨대 슬픈 노래나 비극적 예술이 없는 문화는 없다.

안톤 슈낙(Anton Schinack, 1892-1973)이란 작가는 「우리를 슬프게 하는 것들」이란 수필에서 "우리에 갇힌 범의 불안, 죽은 새 위로 쏟아지는 가을 햇빛, 먼 훗날 만난 높은 직위의 동창이 거만스럽게 쳐다보는 눈길" 등이 우리를 슬프게 한다고 말했다. 나도 그 글을 읽으며 슬픔에 젖었다. 그 시절 나는 한번 슬픔에 젖어들면 헤어나질 못하고 사소한 것에서도 슬픔을 느꼈다. 처음에는 내가 슬픔을 찾아 나섰지만 나중에는 눈길과 생각이 머무는 곳마다 슬픔이 배어 있어 그 슬픔에 정복당해버렸다.

슬픔에 정복당한 사람에겐 모든 것이 슬프다. 유행가 가사도 슬프고 노동자의 후줄근한 모습도 슬프다. 길거리를 뒹구는 낙엽도 슬프고 철거 직전의 골조만 남은 건물도 슬프다. 여름의 인파가 모두 떠난 가을의 해변도 슬프고 새벽 시장의 활기도 슬프게 느껴진다. 부모님의 늙어가는 모습도 슬프고 희망을 찾아 몸부림치는 젊은이들의 모습도 슬프다. 이 목록은 끝없이 나열할 수 있다.

1988년 서울 올림픽을 기념하기 위해 참 많은 노래가 발표되었다. 축제 분위기를 한껏 돋우는 경쾌한 노래들이 많았지만 그런 노래들은 대부분 잠시만 불리고 사람들의 기억에서 곧 사라졌다. 하지만 이때 조용필 씨가 부른 노래는 꽤 오래도록 기억되었다. 그 노래는 바로 "해가 지면 거리에 나가 차를 마시고 내 가슴에 아름다운 냇물이 흐르네"로 시작하는 "서울 서울 서울"이었다. 그때 사람들은 그에게 왜 올림픽과 어울리지 않게 슬픈 노래를 발표했냐고 물었는데, 이에 조용필 씨는 올림픽이 끝나면 우리 사회가 슬퍼질 것 같다고 대답했다. 온 나라가 올림픽에 몰두하지만 그 후에는 슬픔이 밀려온다. 그는 단조로움을 강요당하고 있는데도 이런 강요의 사실조차 모르고 우르르 몰려가는 단색의 사회가 갖는 슬픔을 예술인의 감각으로 슬프게 노래한 것이다.

사람은 왜 슬픔을 노래할까? 왜 많은 예술 작품에는 슬픔이 담겨 있을까? 왜 사그라지는 꽃을 보며 "즐거운 비애"를 즐길까? 그것은 아마 인간이 겪는 모든 한계와 반복 때문일 것이다. 인생 자체가 되풀이로 이루어진다. 우리 각자의 삶은 이미 앞서 산 자들의 삶이고 우리 뒤를 이을 후손들이 똑같이 살 삶이다. 해 아래 새것이 없다.

9이미 있던 것이 후에 다시 있겠고 이미 한 일을 후에 다시 할지라. 해 아래에는 새것이 없나니 10무엇을 가리켜 이르기를 "보라. 이것이 새것이라" 할 것이 있으랴? 우리가 있기 오래전 세대들에도 이미 있었느니라(전 1:9-10).

음악과 미술에 무슨 새로움이 있겠는가? 정직한 예술인은 고백할 것이다. 자신이 사용하는 음이나 색, 화음과 기법은 너무 자주 사용해 바래고 너덜너덜한 느낌이라고…. 글쓰기도 별반 다르지 않다. 좋은 단어, 중요한 어휘는 수도 없이 많이 사용되지 않는가? 이 글도 마찬가지다. "슬픔"이란 단어가 처음에는 상큼함과 비장미를 던져주었겠지만 글이 길어질수록 자주 등장하는 통에 지루함과 누추함을 느끼게 할 것이다.

지루함. 반복. 너덜너덜해짐. 우려먹음. 이것들은 우리를 슬프게 한다. 새로운 줄 알고 정신없이 몰두하지만 이내 익숙해진다. 새로운 시도라고 흥미를 가져보지만 사실은 이미 누군가 시도한 것이다. 아! 인생은 지루하고 그래서 지겨운 슬픔을 안겨준다. 이 슬픔은 즐길 수조차

    제34-2과 믿음이란 무엇인가?

도 없는 비참한 슬픔이며 헤어나올 수 없는 허무함이다.

반복은 유한함의 표현이다. 그리고 인간의 유한함이 가장 극적으로 표현되는 것이 바로 죽음이다. 사람은 죽는다. 백 살을 살지 못하고 죽는다. 자기가 이룩한 모든 것을 그대로 남겨두고 떠나야 한다. 참, 우리를 슬프게 하는 것으로 빼놓을 수 없는 것이 바로 "늙음"이다. 어느 날 길에서 우연히 은사를 만났던 적이 있다. 오랜만에 만난 선생님은 너무 노쇠하셔서 허리는 구부정해지고 눈의 초점도 흐려지셨다. 만남 자체를 기뻐하는 감정마저도 없는 듯이 느껴졌다. 그날 나는 죽음의 길목에 서 있는 늙음의 벽 앞에 슬프게 고개를 숙여야 했다.

나는 일주일에 한 번씩 양로원에 가서 말씀을 전하고 각 방을 돌며 대화를 나눈다. 그들 중에는 젊었을 때 권력과 부와 연애로 화려한 인생을 산 이들이 적지 않다. 그런데 지금은 권력도 돈도 사람도 모두 떠나고 자식마저도 떠나버려 양로원에 기거한다. 그럴 때는 차라리 정신이 또렷하지 않은 것이 더 나을 수 있다. 맑은 정신으로 그 치욕과 외로움을 삭이기에는 죽음까지 가는 길이 너무 멀다. 이렇게 늙고 죽는 것, 이것이 우리를 근본적으로 슬프게 한다. 영원하지 않은 것, 이것이 우리를 허무하게 한다.

10하나님의 뜻대로 하는 근심은 후회할 것이 없는 구원에 이르게 하는 회개를 이루는 것이요 세상 근심은 사망을 이루는 것이니라. 11보라! 하나님의 뜻대로 하게 된 이 근심이 너희로 얼마나 간절하게 하며 얼마나 변증하게 하며 얼마나 분하게 하며 얼마나 두렵게 하며 얼마나 사모하게 하며 얼마나 열심 있게 하며 얼마나 벌하게 하였는가? 너희가 그 일에 대하여 일체 너희 자신의 깨끗함을 나타내었느니라(고후 7:10-11).

하나님은 사람에게 영원을 사모하는 마음을 주셨다. 동시에 일의 시종을 사람이 측량할 수 없게 하셨다. 영원에 대한 사모와 영원에 이르지 못하는 유한함, 이것이 사람을 슬프게 하고 허무하게 한다. 그리고 이것으로 인해 사람은 회개하고 구원에 이른다. 영원에 대한 사모와 좌절로 인한 슬픔과 허무가 없다면 누가 회개하고 누가 구원받고자 하겠는가? 구원으로 인도하는 슬픔은 영원을 지향한다. 영원한 구원에 이르지 못하는 슬픔은 "은하철도 999"에 나오는 사람들이 즐기는 슬픔과 아무 차이가 없다. 만사의 허무함을 통해 슬픔을 말하며 그 슬픔을 통해 영원을 가리키는 전도서는 이렇게 끝난다.

13일의 결국을 다 들었으니 하나님을 경외하고 그의 명령들을 지킬지어다. 이것이 모든 사람의 본분이니라. 14하나님은 모든 행위와 모든 은밀한 일을 선악 간에 심판하시리라(전 12:13-14).

일의 결국은 허무하고 허무하다. 이것을 극복하는 길은 오직 하나님을 경외하고 그 명령을 지키는 것밖에 없다. 하나님은 모든 것을 보시며 모든 것에 의미를 부여하신다. 하나님 앞에서는 작은 행동 하나도 무의미한 것이 없다.

하나님을 깊이 안 후에는 슬픔과 허무가 나를 심하게 괴롭히지 못한다. 나는 요즘도 어쩌다가 조용필 씨의 음악을 들을 때가 있는데 예전처럼 오랫동안 듣기가 힘들다. 내 정서가 그만큼 새롭게 변했기 때문이다. 나는 이제 사그라지는 벚꽃만큼이나 완전히 핀 벚꽃도 좋아한다. 모두 다 의미가 있기 때문이다. 진정 슬픔을 즐긴다는 것은 바로 이런 것이 아닐까?

제34-3과
회개란 무엇인가?

제87문. 생명에 이르는 회개는 무엇입니까?

답. 생명에 이르는 회개는 구원하는 은혜로(행 11:18), 죄인은 이것에 의하여 자기 죄에 대해 참으로 인식하고(행 2:37-38) 그리스도 안에 있는 하나님의 자비를 깨닫게 되면서(욜 2:12; 렘 3:22) 자기 죄에 대해 탄식하고 싫어하며 죄로부터 돌아서서 하나님께로 향합니다(렘 31:18-19; 겔 36:31). 동시에 새로운 순종이라는 완전한 목적을 갖고 이를 향해 노력합니다(고후 7:11; 사 1:16-17).

Repentance unto life is a saving grace, whereby a sinner, out of a true sense of his sin, and apprehension of the mercy of God in Christ, does, with grief and hatred of his sin, turn from it unto God, with full purpose of, and endeavour after, new obedience.

---

apprehension 이해, 이해력, 불안, 걱정   **grief** 비탄, 큰 슬픔, 고민

hatred 미움, 증오, 혐오   **endeavour** 노력, 시도, 노력하다; (미) **endeavor**

그들이 이 말을 듣고 잠잠하여 하나님께 영광을 돌려 이르되 "그러면 하나님이 이방인에게도 생명 얻는 회개를 주셨도다" 하니라(행 11:18).

37그들이 이 말을 듣고 마음에 찔려 베드로와 다른 사도들에게 물어 이르되 "형제들아, 우리가 어찌할꼬?" 하거늘 38베드로가 이르되 "너희가 회개하여 각각 예수 그리스도의 이름으로 세례를 받고 죄 사함을 받으라. 그리하면 성령의 선물을 받으리니"(행 2:37-38).

여호와의 말씀에 "너희는 이제라도 금식하고 울며 애통하고 마음을 다하여 내게로 돌아오라" 하셨나니(욜 2:12).

"배역한 자식들아, 돌아오라. 내가 너희의 배역함을 고치리라." "보소서! 우리가 주께 왔사오니 주는 우리 하나님 여호와이심이니이다"(렘 3:22).

18에브라임이 스스로 탄식함을 내가 분명히 들었노니 "주께서 나를 징벌하시매 멍에에 익숙하지 못한 송아지 같은 내가 징벌을 받았나이다. 주는 나의 하나님 여호와이시니 나를 이끌어 돌이키소서. 그리하시면 내가 돌아오겠나이다. 19내가 돌이킨 후에 뉘우쳤고 내가 교훈을 받은 후에 내 볼기를 쳤사오니 이는 어렸을 때의 치욕을 지므로 부끄럽고 욕됨이니이다" 하도다(렘 31:18-19).

그때에 너희가 너희 악한 길과 너희 좋지 못한 행위를 기억하고 너희 모든 죄악과 가증한 일로 말미암아 스스로 밉게 보리라(겔 36:31).

보라! 하나님의 뜻대로 하게 된 이 근심이 너희로 얼마나 간절하게 하며 얼마나 변증하게 하며 얼마나 분하게 하며 얼마나 두렵게 하며 얼마나 사모하게 하며 얼마나 열심 있게 하며 얼마나 벌하게 하였는가? 너희가 그 일에 대하여 일체 너희 자신의 깨끗함을 나타내었느니라(고후 7:11).

16"너희는 스스로 씻으며 스스로 깨끗하게 하여 내 목전에서 너희 악한 행실을 버리며 행악을 그치고 17선행을 배우며 정의를 구하며 학대받는 자를 도와주며 고아를 위하여 신원하며 과부를 위하여 변호하라" 하셨느니라(사 1:16-17).

죄로부터 돌아서서 하나님께로 향하는 회개

> 第85문: 믿음과 회개와 외적 수단의 사용을 요구하시는 하나님
>
> 第86문: 예수 그리스도를 믿는 믿음은 무엇인가?
>
> 第87문: 생명에 이르는 회개는 무엇인가?

〈표24〉 소요리문답 제85-87문의 구성

1. 생명에 이르는 회개는 구원하는 은혜(Repentance unto life is a saving grace)

회개도 믿음처럼 사람이 스스로 하는 것이 아닙니다. 회개 역시 하나님의 "구원하는 은혜"입니다. 따라서 회개도 성자 하나님이 획득하신 구원을 성령 하나님이 신자에게 적용하는 것에 속하며 조직신학의 구원론에서 다루는 주제입니다. 소요리문답 제29-36문과 제86-87문이 구원론을 다루는데 주요 문항의 주제를 정리하면 다음과 같습니다.

- 제31문: **효과적 부르심**(하나님의 영의 사역)
- 제33문: **칭의**(하나님의 자유로운 은혜의 행위)
- 제34문: **양자됨**(하나님의 자유로운 은혜의 행위)
- 제35문: **성화**(하나님의 자유로운 은혜의 사역)
- 제86문: **믿음**(구원하는 은혜)
- 제87문: **회개**(구원하는 은혜)

여기서 알 수 있는 것처럼 구원론에 속하는 요소들의 주체는 사람이 아니라 하나님이십니다. 사람에게 초점을 맞춰 구원의 과정을 살펴보면 마치 사람이 스스로 인식하고 결단하고 행동하는 것처럼 보입니다. 하지만 시선을 하나님께 맞추면 구원의 모든 과정은 하나님의 다스림 가운데 있다는 것을 확인할 수 있습니다. 타락한 사람의 인식과 결단과 의지가 구원을 향해간다는 것 자체가 불가능한 일이기 때문입니다. 성경이 그렇게 가르치고 있습니다.

우리는 구원론을 공부함으로써 하나님의 주권과 사랑과 능력을 알아 더욱 구원을 크게 누려야 합니다. 예수 그리스도에 의한 구원의 획득만이 아니라 그 구원이 우리에게 적용되는 것까지도 하나님에 의해서 이루어진다는 사실을 알아야 합니다.

2. 자기 죄에 대해 참으로 인식하고 그리스도 안에 있는 하나님의 자비를 깨닫게 되면서(out of a true sense of his sin, and apprehension of the mercy of God in Christ)

소요리문답은 예수 그리스도에 대한 믿음(제86문)을 말한 이후에 생명에 이르는 회개(제87문)에 대하여 말합니다. 이 순서에서도 알 수 있듯이 회개는 죄인이 믿음을 갖거나 가진 이후에 나타내는 행동이나 상태를 말합니다. 그런데 어떤 조직신학자들은 회개가 먼저이고 믿음이 나중이라고 말하기도 합니다. 그도 그럴 것이 회개와 믿음은 완전히 분리되지 않고 중첩되는 면이 많기 때문입니다. 그럼 믿음과 회개의 공통점과 차이점은 무엇일까요?

앞서 살펴본 것처럼 웨스트민스터 대요리문답 제72문은 죄인이 믿음에 의해 "자기의 죄와 비참을 깨닫고, 잃어버린 상태로부터 자기를

구원할 능력이 자신과 다른 모든 피조물에는 없다"는 사실을 깨닫는다
고 합니다. 죄인은 믿음을 통해 이 깨달음을 얻고 예수 그리스도와 그
의 의를 받아들이고 의지하는 데로 나아가는 것입니다.

이처럼 회개도 믿음과 마찬가지로 자기 죄에 대한 참된 인식을 포
함합니다. 더 나아가 그리스도 안에 있는 하나님의 자비에 대해서 깨닫
는 것까지 포함합니다. 그런데 믿음이 자기의 죄와 비참을 깨닫고 자신
의 무능력을 인정하여 **예수 그리스도를 받아들이는 것**이라면, 회개는
이런 믿음의 상태를 겪으면서 혹은 겪은 후에 죄로부터 돌아서서 **하나
님께로 향하는 것**입니다. 즉 회개에는 새로운 순종이라는 완전한 목적
을 위한 노력이 포함됩니다.

그런데 이런 구분 역시 모호한 면이 있습니다. 믿음을 통하여 예수
그리스도를 받아들이는 자는 자연스럽게 죄로부터 돌아서기 때문입니
다. 즉 믿음과 회개는 분리되는 개념이 아니라 하나님을 모르던 자가
하나님을 알게 되는 모습을 특정 관점에서 다르게 묘사한 것일 뿐입니
다. 믿음은 예수 그리스도를 받아들이는 것을 강조하고 회개는 죄로부
터 돌아서서 하나님께로 향하는 것을 강조합니다.

베드로는 예수님의 승천 이후 성령을 받고 유대인들 앞에서 담대하
게 그리스도를 증거했습니다. 이 설교를 들은 유대인들은 마음이 찔려
베드로와 다른 사도들에게 어떻게 해야 하느냐고 물었습니다. 이때 베
드로는 "너희가 회개하여 각각 예수 그리스도의 이름으로 세례를 받고
죄 사함을 받으라. 그리하면 성령의 선물을 받으리라"(행 2:37-38)라고
답했습니다. 베드로의 이 권면을 듣고 많은 사람이 세례를 받았습니다.
그들이 초대교회가 처한 불리한 상황에도 불구하고 세례라는 회개의
공적 과정을 꺼리지 않은 이유는 자기가 죄인임을 참되게 인식했기 때

문이었습니다. 단지 "털어서 먼지 안 나는 사람이 없다"는 정도가 아니라 자신이 하나님 앞에서 분명한 죄인이어서 스스로의 힘으로는 구원에 이를 수 없다는 처절한 인식이 있었던 것입니다.

3. 자기 죄에 대해 탄식하고 싫어하며 죄로부터 돌아서서 하나님께로 향합니다(A sinner does, with grief and hatred of his sin, turn from it unto God)

ㄱ. 생명에 이르는 회개와 일시적·감상적 회개 자기 죄에 대해 참으로 인식하고 그리스도 안에 있는 하나님의 자비에 대해서도 깨달은 죄인은 죄에 대해 탄식하고 죄를 싫어하게 됩니다. 또한 진심으로 자기 죄에 대해 탄식하고 싫어하는 자는 당연히 죄로부터 돌아서서 하나님께로 향하게 됩니다.

믿음은 죄에 대한 참된 인식에 근거하여 예수 그리스도와 그의 의를 받아들이고 의지하는 것입니다. 회개는 죄에 대한 참된 인식에 근거하여 죄에 대해 탄식하고 싫어하며 죄로부터 돌아서서 하나님께로 향하는 것입니다. 예수 그리스도를 받아들이지 않는 믿음이 진정한 믿음이 아니듯 하나님께로 향하지 않는 회개는 진정한 회개가 아닙니다.

"근거 성구"로 제시된 예레미야 31:18-19에는 죄에 대해 탄식하고 싫어하는 모습이 잘 묘사되어 있습니다. 하나님의 징벌을 받은 에브라임은 자신의 처지를 너무나 부끄럽고 치욕스럽게 여겼습니다. 그리고 징벌의 이유가 자신의 죄로 인한 것임을 알고 뉘우쳤습니다. 그래서 하나님께 자신을 돌이켜달라고 간구합니다. 하나님이 자신을 돌이키실 때 자신이 하나님께로 돌아오겠다고 말합니다.

이처럼 죄에 대한 자각과 죄에 대한 탄식은 죄를 싫어하며 죄로부터 돌아서서 하나님께로 향할 마음을 불러옵니다. 그런데 우리는 단지 하나님께 "나를 이끌어 돌이키소서"라고 간구할 뿐입니다. 왜냐하면 회개의 조성자는 하나님이시기 때문입니다. 사람은 하나님의 인도하심에 따라 지정의(知情意)를 사용해 죄로부터 돌아서서 하나님께로 향합니다.

그런데 단순히 죄에 대해 탄식하고 싫어하는 것만으로는 생명에 이르는 회개가 이루어지지 않습니다. 대다수 사람들은 죄에 빠져서 살고 싶어 하지 않습니다. 간음에 빠진 자는 자신의 상태에 대하여 찜찜하고 불안하게 여깁니다. 술이나 도박 중독자도 자신의 상태를 잘 알기에 중독에서 빠져나오고 싶다는 생각을 합니다. 그런데도 여전히 죄의 욕구를 이겨내지 못하고 그 속에 빠져 죄의 달콤함을 탐닉합니다.

이러한 자들은 거울로 자기의 생긴 얼굴을 보고 가서 그 모습이 어떠했는지를 곧 잊어버리는 자들입니다. 자기 죄에 대해 후회하고 탄식하되 여전히 그 죄에 머무는 것은 일시적·감상적 회개에 지나지 않습니다. 죄에 대해 탄식하고 싫어하는 것만으로는 부족합니다. 진정한 회개는 죄로부터 과감하게 돌아서서 하나님께로 향하는 것입니다. 우리를 자유롭게 하는 온전한 율법을 듣고 잊어버리면 안 되고 실천에까지 이르러야 합니다. 이런 사람만이 진정한 복을 받습니다(약 1:23-25).

예수님을 팔아넘긴 가룟 유다는 나중에 자신의 행동을 후회했습니다. 그래서 예수님의 몸값으로 받은 은을 성소에 던져넣고 물러가서 스스로 목매어 죽기까지 했습니다(마 27:3-5). 하지만 그는 진정한 회개에 이른 것이 아니라 자기 의와 감상에 빠져 극단적인 선택을 한 것입니다. 엘리야를 통해 하나님의 저주를 전해 들은 아합이 보였던 겸비함도 생명에 이르는 회개(repentance unto life)는 아니었습니다. 그는 저주를

듣고 놀라 순간적으로 자신의 악행을 뉘우쳤지만 삶의 방향을 하나님
께로 돌리지 못하고 일시적·감상적 회개에 그쳤습니다.

ㄴ. 반복적 회개 우리가 잘 아는 것처럼 베드로는 예수님을 세 번이나
부인했습니다. 그러나 그 후에 베드로는 돌이켜 다시 형제를 굳게 하는
일을 감당했습니다(눅 22:32). 가룟 유다와 비교할 때 베드로의 위대한
점은 자기 죄를 탄식하고 싫어하되 스스로 목매어 죽지 않고 다시 예
수님을 만나 사명을 받았다는 것입니다.

베드로의 사례를 통해 우리는 신자도 악의 유혹을 받아 일시적으
로 죄에 빠지고 그 후에 다시 하나님의 은혜를 통해 죄에서 돌이켜 하
나님께로 돌아옴을 알 수 있습니다. 물론 구원 서정의 관점에서 회개는
일회적입니다. 그 누구도 우리를 회개하게 하여 당신의 백성 삼으신 하
나님의 결정을 뒤바꿀 수는 없습니다. 하지만 신자는 남아 있는 부패성
때문에 죄를 짓고, 그때마다 하나님의 은혜로 다시 죄에서 돌이키며 죄
와 싸웁니다. 즉 신앙생활의 관점에서 회개는 반복적입니다.

요한계시록에서 예수님은 사도 요한을 통해 에베소 교회에 다음과
같은 말씀을 전하셨습니다.

4그러나 너를 책망할 것이 있나니 너의 처음 사랑을 버렸느니라. 5그러므
로 어디서 떨어졌는지를 생각하고 회개하여 처음 행위를 가지라. 만일 그
리하지 아니하고 회개하지 아니하면 내가 네게 가서 네 촛대를 그 자리에
서 옮기리라(계 2:4-5).

여기서도 회개는 구원을 결정하는 관점에서가 아니라 구원을 받은

15이와 같이 네게도 니골라 당의 교훈을 지키는 자들이 있도다. 16그러므로 회개하라. 그리하지 아니하면 내가 네게 속히 가서 내 입의 검으로 그들과 싸우리라(계 2:15-16).

21또 내가 그에게 회개할 기회를 주었으되 자기의 음행을 회개하고자 하지 아니하는도다. 22볼지어다. 내가 그를 침상에 던질 터이요, 또 그와 더불어 간음하는 자들도 만일 그의 행위를 회개하지 아니하면 큰 환난 가운데에 던지고 23또 내가 사망으로 그의 자녀를 죽이리니 모든 교회가 나는 사람의 뜻과 마음을 살피는 자인 줄 알지라. 내가 너희 각 사람의 행위대로 갚아주리라(계 2:21-23).

3너희는 스스로 조심하라. 만일 네 형제가 죄를 범하거든 경고하고 회개하거든 용서하라. 4만일 하루에 일곱 번이라도 네게 죄를 짓고 일곱 번 네게 돌아와 "내가 회개하노라" 하거든 너는 용서하라(눅 17:3-4).

상태에서 죄의 유혹에 빠진 경우의 반복적 회개입니다. 버가모 교회와 두아디라 교회도 마찬가지였습니다. 예수님은 두 교회의 당면한 문제점을 지적하시며 잘못을 회개하라고 명하셨습니다(계 2:15-16; 21-23).

예수님도 반복적 회개와 용서에 대해 말씀하셨습니다(눅 17:3-4). 교회 예배에서 대표로 기도하는 이들도 대부분 회개하는 내용을 포함시킵니다. 이들은 구원을 받았지만 지난 한 주일 동안 신자로서 적절하게 살지 못한 것에 대하여 회개하며 용서를 구합니다. 이 회개도 역시 반복적 회개에 속합니다.

4. 새로운 순종이라는 완전한 목적을 갖고 이를 향해 노력합니다(with full purpose of, and endeavour after, new obedience)

회개는 자기 죄에 대해 탄식하고 싫어하며 죄로부터 돌아서서 하나님께로 향하는 것입니다. 이는 단순히 죄를 벗어버리는 것에 그치지 않고 하나님을 향한 새로운 순종이라는 완전한 목적을 이루기 위한 노력까지 포함합니다.

22너희는 유혹의 욕심을 따라 썩어져 가는 구습을 따르는 옛사람을 벗어버리고 [23]오직 너희의 심령이 새롭게 되어 [24]하나님을 따라 의와 진리의 거룩함으로 지으심을 받은 새사람을 입으라. [25]그런즉 거짓을 버리고 각각 그 이웃과 더불어 참된 것을 말하라. 이는 우리가 서로 지체가 됨이라(엡 4:22-25).

우리는 소요리문답 제31문을 통해 **외적 부르심**을 다루면서 복음을 들은 사람 중 택함을 받은 자들은 성령에 의해 새로운 생명의 원리가 그들이 의식하지 못하는 가운데 심긴다는 것(중생)을 살펴보았습니다. 성령은 외적 부르심 때 선포된 말씀을 창조적 말씀으로 사용하시어 택한 자에게 새로운 생명을 생성하시고, 그 새 생명에 맞도록 지배적 성향을 근본적으로—지성과 정서와 의지 모두에 걸쳐서—거룩하게 변화시키십니다(중생). 그렇게 변화된 성향은 택자가 의식하는 가운데 밖으로 표현됩니다(**효과적 부르심**).

중생은 택자의 무의식에서 이루어지지만 회개는 택자의 의식 영역에서 이루어집니다. 중생과 칭의가 죄인을 의인으로 바꾼다면 성화나 회개는 신분이 아니라 상태를 바꿉니다. 옛사람에 속한 행동들은 그만두고 새사람에 속한 행동을 하는 것, 죄를 버리고 지식과 의와 거룩함의 행동을 하는 것이 성화나 회개에 해당합니다. 중생과 칭의는 일회적이지만 성화와 회개는 일종의 "과정"으로서 반복적입니다. 그래서 새로운 순종의 삶을 위한 꾸준한 노력이 필요합니다.

1. 여러분은 교회에서 예배 외에 어떤 모임에 참여하고 있습니까? 교회의 다양한 활동이나 봉사에 더 참여하고 싶은 마음이 있는지 나누어봅시다.

2. 소요리문답 제85-87문을 서로 묻고 답해봅시다. 근거 성구도 함께 살펴봅시다.

3. 하나님은 죄로 인해 우리가 받아야 하는 진노와 저주를 피하도록 무엇을 요구하십니까?

4. 벌코프는 믿음이 "외적 증거나 논리적 증거에 의존하지 않고 즉각적이고 직접적인 통찰력에 의존하는 실증적 지식"이라고 정의했습니다. 소요리문답 제3문을 참고하며 믿음을 정의해봅시다. 믿음의 주체는 인간입니까, 아니면 하나님입니까?

5. 믿음의 주요한 역할은 무엇입니까?

6. 믿음의 네 가지 종류인 역사적 믿음, 이적적 믿음, 일시적 믿음, 진정한 구원
적 믿음을 구분해봅시다.

7. 믿음의 세 가지 요소인 지적 요소(지식), 감정적 요소(동의), 의지적 요소(신
뢰)가 무엇인지 설명해봅시다.

8. 믿음과 회개의 공통점과 차이점은 무엇입니까?

9. 우리의 회개가 일시적·감상적 회개에 머물고 있지는 않은지 점검해봅시다.
새로운 순종이라는 목적을 위해 우리가 힘써야 할 점은 무엇입니까?

교회론 II

은혜의 수단

제88-107문

제35-1과
구속의 유익을 전하는 외적 수단

제88문. 그리스도가 구속의 유익들을 우리에게 전하시는 외적 수단은 무엇입니까?

What are the outward means whereby Christ communicates to us the benefits of redemption?

답. 그리스도가 구속의 유익들을 우리에게 전하시는 외적이고 통상적인 수단은 그의 규례들인데 특별히 말씀, 성례, 기도입니다. 이 모든 것들은 구원을 위해 택자들에게 효과적입니다(마 28:19-20; 행 2:41-42, 46-47).

The outward and ordinary means whereby Christ communicates to us the benefits of redemption, are his ordinances, especially the Word, sacraments, and prayer; all which are made effectual to the elect for salvation.

---

ordinary 보통의, 평범한, 통상적인

communicate (사상, 의사, 정보 등을) 전하다, 주고받다, 나누다

ordinance 규칙, 율법, 법령, 법규, 조례   **sacrament** 성례, 표상, 증거

19"그러므로 너희는 가서 모든 민족을 제자로 삼아 아버지와 아들과 성령의 이름으로 세례를 베풀고 20내가 너희에게 분부한 모든 것을 가르쳐 지키게 하라. 볼지어다! 내가 세상 끝날까지 너희와 항상 함께 있으리라" 하시니라(마 28:19-20).

41그 말을 받은 사람들은 세례를 받으매 이 날에 신도의 수가 삼천이나 더하더라. 42그들이 사도의 가르침을 받아 서로 교제하고 떡을 떼며 오로지 기도하기를 힘쓰니라(행 2:41-42).

46날마다 마음을 같이하여 성전에 모이기를 힘쓰고 집에서 떡을 떼며 기쁨과 순전한 마음으로 음식을 먹고 47하나님을 찬미하며 또 온 백성에게 칭송을 받으니 주께서 구원받는 사람을 날마다 더하게 하시니라(행 2:46-47).

해설

구속의 유익을 전하는 외적 수단인 말씀과 성례와 기도

소요리문답 제84문은 사람의 각 죄가 금생과 내생에서 하나님의 진노와 저주를 받는다고 말합니다. 하지만 이어지는 제85문은 그 진노와 저주에서 벗어나도록 하나님이 우리에게 믿음과 회개, 외적 수단들을 근면하게 사용할 것을 요구하신다고 말합니다. 이에 따라 제86문은 예수 그리스도에 대한 믿음이 무엇인지, 제87문은 생명에 이르는 회개가 무엇인지 밝힙니다. 그리고 제88문부터 마지막 제107문까지는 외적 수단들이 무엇인지에 대하여 자세히 다룹니다.

└ 제84문: 하나님의 진노와 저주를 금생과 내생에서 받는 죄

└ 제85문: 진노와 저주에서 벗어나도록 믿음과 회개와 외적 수단의

　　　　사용을 요구하시는 하나님

└ 제86문: 예수 그리스도를 믿는 믿음은 무엇인가?

└ 제87문: 생명에 이르는 회개는 무엇인가?

└ 제88문: 구속의 유익들을 전하는 외적 수단은 무엇인가?

〈표25〉 소요리문답 제84-88문의 구성

1. 외적이고 통상적인 수단(the outward and ordinary means)

그리스도가 획득하신 구속을 우리에게 적용하시는 분은 성령 하나님이십니다. 그 적용은 그리스도와의 연합, 효과적 부르심, 칭의, 양자됨, 성화, 믿음, 회개 등으로 나타납니다. 그런데 성령 하나님은 구원을 우리에게 적용하실 때 외적이고 통상적인 수단을 사용하십니다. 이 외적이고 통상적인 수단을 우리는 보통 "은혜의 수단"이라고 합니다.

그런데 "은혜의 수단"이라는 말 자체는 상당히 포괄적입니다. 신자들이 보통 사용하는 "은혜받는" 수단들도 여기에 포함시켜야 하기 때문입니다. 어떤 사람은 찬양을 통해서 은혜를 받습니다. 또 다른 사람은 교회의 여러 가지 봉사 활동을 통해서 은혜를 누립니다. 교회를 떠나서도 하나님의 은혜를 확인할 수 있는 수단은 많습니다. 아름다운 자연과 생태계의 놀라운 신비, 인간이 이룩한 문화와 예술도 하나님의 지혜와 사랑을 드러내 줍니다. 또 어떤 경우에는 인생의 희로애락이 얽힌 사건들을 통해 하나님을 깊이 만나는 은혜를 경험합니다.

그러고 보면 우리가 인생에서 접하는 모든 것들이 은혜의 통로입니

다. 하나님의 영원하신 능력과 신성이 새겨진 만물이 은혜의 수단들입니다. 하나님이 고난과 역경과 승리를 통하여 섭리하시어 우리를 기르시기 때문에 우리의 경험들도 은혜의 수단이 됩니다.

하지만 소요리문답에서 "은혜의 수단"이라고 할 때는 이것들을 포함시키지 않습니다. 그 이유는 이것들이 객관적 의식이 아니라 하나님의 복을 누리는 주관적 조건이기 때문입니다. 하나님이 통상적으로 주시는 은혜가 좀 더 객관적으로 드러나는 의식을 통해 주어질 때 은혜의 수단이라는 말이 꼭 들어맞습니다. 교제와 봉사와 찬양과 같은 것들은 은혜의 수단이라기보다는 오히려 그 은혜를 받아서 행한 열매에 속합니다.

ㄱ. 외적 수단(the outward means) 하나님이 은혜를 부어주시는 외적 수단은 무엇일까요? 그것은 말씀과 성례와 기도입니다. 신비주의자들은 이러한 외적 수단을 등한시합니다. 그들은 하나님이 직접 자유롭게 은혜를 주신다고 믿고 개인의 내적 증거를 중시합니다. 외적인 수단은 눈에 보이는 물리적인 것으로서 육에 가까우므로 영의 세계와는 관련이 없다고 보기 때문에 자유의 성령이 그런 틀에 박힌 방법으로 역사한다는 개념을 받아들이지 않는 것입니다.

물론 하나님을 알아 새로운 생명을 얻게 되는 구원의 과정은 내적 변화를 포함합니다. 심지어 꼭 말씀이 선포되는 자리가 아니더라도 내면에서 직접적인 변화가 생기는 경우가 있습니다. 말씀이 아니라 성령이 직접 심령에 역사하여 새롭게 거듭나므로 은혜의 외적 수단인 말씀이 필요 없다고 주장할 수도 있는 것입니다. 하지만 새로운 생명을 얻는 구원은 단순히 영혼 안에 일어난 어떤 변화만을 말하는 것이 아닙니다. 구원은 곧 신앙의 성숙을 요청하기 때문에 하나님의 말씀을 먹고 자라가는 일을 빼놓을 수 없습니다. 그러므로 성령이 개인의 영혼 안에서 직접 역사하는 경우에도 결국에는 말씀이라는 은혜의 외적 수단이 필요합니다.

사실 말씀과 성례와 기도라는 은혜의 수단 자체가 은혜를 기계적으로 부어주는 것은 아닙니다. 하나님이 영적이고 신비한 은혜를 주실 때 이것들을 외적이고 통상적인 수단으로 사용하실 뿐입니다. 하나님의 은혜는 그 자체로 초월적이며 영적입니다. 이러한 차원의 은혜가 유한한 피조물인 우리에게 부어지려면 외적이고 통상적인 수단이 꼭 필요합니다. 그것이 바로 말씀과 성례와 기도입니다.

신비주의자들의 견해를 따른다면 많은 이들이 성경에 나오지 않는 방식이어도 개인적인 체험을 통해 효과가 있다고 판단되면 은혜의 수단이라고 하면서 임의로 사용하게 될 것입니다. 감정을 고양하는 인위적인 방법을 통해 황홀경을 맛보고서는 은혜를 받았다고 착각하여 주관주의와 체험주의에 빠진 사람들이 바로 그런 경우입니다. 그런 사람들은 더 강한 체험을 위해 인위적인 방법도 마다치 않으면서 점점 더 성경에서 멀어지게 됩니다.

우리 주변에는 신비주의 경향을 보이며 성경의 내용을 통한 계시가 아니라 하나님으로부터 직접 받는 계시를 선호하는 사람들이 있습니다. 그런 사람들은 평범한 꿈도 이상한 해석을 통해 하나님으로부터 받은 계시로 만들어버립니다. 기도하면서 떠오르는 단상을 근거로 함부로 자기 뜻이 하나님의 뜻이라고 주장하기도 합니다. 그들은 육은 죽이는 것이고 영은 살리는 것이라며 성경을 차분히 공부하는 것을 오히려 이성으로 하나님을 제한하는 잘못으로 몰아갑니다. 그러나 그들에게는 안정적인 은혜의 수단이 없습니다. 모두가 검증하고 확인할 수 있는 객관적이고 가시적인 "외적 수단"이 없습니다.

그들은 우리의 비판에 대하여 "당신들의 삼위일체는 성부·성자·성경입니까? 왜 성령을 무시합니까?"라고 대꾸합니다. 하지만 우리는 성령을 무시하지 않습니다. 앞서 말했듯이 우리는 성령의 사역이 그 자체로 신비하고 초월적이고 영적임을 인정합니다. 오히려 성령의 사역이 너무나 신비하고 초월적이고 영적이어서 우리가 이해하고 받아들이기 위해서는 우리 수준에 맞는 외적이고 통상적인 수단이 필요한 것입니다. 말씀과 성례와 기도를 그러한 수단으로 인정하는 사람이야말로 성령을 인정하는 자입니다. 성령의 존재와 사역에 걸맞게 대접하는 우리야말로 "성부·성자·성령"의 삼위일체를 올바로 믿는 사람들입니다. 우리를 모함하는 그들이야말로 "성부·성자·초월"의 잘못된 삼위일체를 믿는 자들입니다.

ㄴ. 통상적 수단(the ordinary means) 말씀과 성례와 기도가 은혜의 수단이라고 할 때 그것들이 필수불가결하다는 뜻은 아닙니다. 하나님은 그것들이 없어도 우리에게 충분히 은혜를 주실 수 있습니다. 전능하신 하나님께는 모든 것이 은혜의 수단이 될 수 있습니다. 하지만 유한한 우리는 모든 것을 은혜의 수단으로 활용할 능력이 없습니다. 그래서 하나님은 우리가 쉽게 사용할 수 있도록 말씀과 성례와 기도를 통상적인 수단으로 마련해주셨습니다. 이 통상적 수단을 무시하고 다른 특별한 수단에만 의존하는 것은 감나무 아래서 감 떨어지기를 기다리는 것과 같은 처사입니다.

하나님은 보통 밭에 씨앗을 뿌리고 물을 주어 곡물을 키우는 농사를 통해 양식을 허락해주십니다. 하지만 하나님이 매우 초월적인 방법으로 음식을 주실 때도 있습니다. 광야의 이스라엘 백성에게 만나와 메추라기를 주신 것이 좋은 예입니다. 또 엘리사 시대에 아람 군대의 포위를 받았던 사마리아 성은 하나님의 놀라운 개입으로 굶주림을 해결할 수 있었습니다(왕하 7장).

3성문 어귀에 나병 환자 네 사람이 있더니 그 친구에게 서로 말하되 "우리가 어찌하여 여기 앉아서 죽기를 기다리랴? 4만일 우리가 성읍으로 가자고 말한다면 성읍에는 굶주림이 있으니 우리가 거기서 죽을 것이요, 만일 우리가 여기서 머무르면 역시 우리가 죽을 것이라. 그런즉 우리가 가서 아람 군대에게 항복하자. 그들이 우리를 살려두면 살 것이요 우리를 죽이면 죽을 것이라" 하고 5아람 진으로 가려 하여 해 질 무렵에 일어나 아람 진영 끝에 이르러서 본즉 그곳에 한 사람도 없으니 6이는 주께서 아람 군대로 병거 소리와 말 소리와 큰 군대의 소리를 듣게 하셨으므로 아람 사람이 서로 말하기를 "이스라엘 왕이 우리를 치려 하여 헷 사람의 왕들과 애굽 왕들에게 값을 주고 그들을 우리에게 오게 하였다" 하고 7해 질 무렵에 일어나서 도망하되 그 장막과 말과 나귀를 버리고 진영을 그대로 두고 목숨을 위하여 도망하였음이라. 8그 나병 환자들이 진영 끝에 이르자 한 장막에 들어가서 먹고 마시고 거기서 은과 금과 의복을 가지고 가서 감추고 다시 와서 다른 장막에 들어가 거기서도 가지고 가서 감추니라(왕하 7:3-8).

하지만 이런 예들은 통상적인 경우가 아닙니다. 곡물을 재배할 수 없는 광야, 군사 작전으로 음식이 동난 성읍은 매우 특별한 경우입니다. 이스라엘 백성이 이런 경험에만 의존해 농사를 멈추고 만나가 내리기만 기다리거나 외적이 식량을 놔두고 도망가기만을 바란다면 어떻게 될까요? 만나는 이스라엘 백성이 광야 생활을 마치고 가나안 땅에 들어가 그 땅의 소산을 먹은 다음 날 바로 그쳤습니다. 그때부터 이스라엘 백성은 열심히 농사를 지어야 했습니다.

> 또 그 땅의 소산물을 먹은 다음 날에 만나가 그쳤으니 이스라엘 사람들이 다시는 만나를 얻지 못하였고 그 해에 가나안 땅의 소출을 먹었더라(수 5:12).

하나님은 우리에게 은혜를 주실 때 죽은 자를 살리거나 병을 고치고 환상을 보여주거나 친히 음성을 들려주실 수도 있습니다. 실제로 하나님은 이런 이적을 종종 동원하십니다. 하지만 모든 신자가 항상 안정적으로 하나님의 은혜를 받을 수 있는 통상적인 수단은 이적이 아니라 말씀과 성례와 기도입니다.

2. 말씀과 성례와 기도(the Word, sacraments, and prayer)

말씀과 성례는 의심의 여지 없는 은혜의 수단입니다. 우리는 성경의 말씀을 귀로 들으며 하나님의 은혜를 분명하게 확인합니다. 반면 성례는 "보이는 말씀"이라고 불립니다. 성경의 말씀이 눈에 보이는 형태로 나타난 것이 성례라는 뜻입니다. 성례는 세례와 성찬이라는 의식으로 구성되는데 이 의식에는 하나님의 놀라운 은혜가 기록된 성경 말씀이 요약되어 나타납니다.

그런데 소요리문답은 기도 역시 은혜의 수단에 포함시킵니다. 소요리문답 제98문은 기도란 하나님의 뜻에 맞는 것들에 관하여 하나님에게 우리의 원함을 그리스도의 이름으로 드리는 것이라고 정의합니다. 그리고 제99문은 하나님이 기도에서 우리를 지도하시기 위하여 하나님의 모든 말씀을 주셨다고 말합니다. 즉 기도는 하나님의 전체 말씀을 통하여 하나님의 뜻에 맞게 우리의 원함을 드리는 것으로서 결국 하나님의 말씀 아래에 있습니다.

보이는 말씀인 성례와 하나님의 전체 말씀의 지도를 받는 기도는 모두 말씀과 관련되어 있습니다. 그래서 은혜의 수단에서 핵심은 **말씀**입니다. 말씀에 따라 성례와 기도의 내용과 목적이 정해집니다. 그런데 로마 가톨릭은 말씀보다 성례를 중요시합니다. 그들은 미사에서 떡과 포도주를 나누는 시간에 가장 집중합니다. 예전에는 말씀을 전할 때 일반 신자들이 알아듣지 못하는 라틴어를 사용할 정도였습니다. 로마 가톨릭이 심각하게 타락한 중세에는 라틴어를 읽을 줄 알고 미사만 집례할 줄 알면 사제가 될 수 있었습니다. 물론 교황청에 뇌물을 주어야 했지만 교양이나 신앙이 전혀 문제가 되지 않았습니다. 성경에 대한 가르침을 무시하고 미사 의식만 강조했기 때문에 그러한 일이 발생했던 것입니다.

말씀과 성례와 기도는 하나님이 정하신 규례이지 사람들이 임의로 만든 것이 아닙니다. 사람들이 경험을 통해 말씀과 성례와 기도가 효과적이라고 깨달은 것이 아니라 성경이 그렇게 규정한 것입니다(마 28:19-20; 행 2:42, 46-47). 성경이 말하지 않거나 금하는 것을 몇 번의 경험을 근거로 은혜의 수단으로 함부로 받아들이면 안 됩니다. 그러한 것들은 처음에 효과가 있는 듯이 보이지만 시간이 지나면 오히려 신자들의 신앙생활에 악영향을 미칩니다. 우리는 성경과 믿음을 인식의 내·외적 원리로 사용해 성경이 말하는 만큼 말하고 성경이 멈추는 곳에서 멈추어야 합니다.

성경으로 읽는 문학

그리스도인의 보바리즘

Tip 보바리즘
(Bovarysme): 인간이 자기를 속이고 자기를 실재와 다른 것으로 생각하는 정신 작용. 프랑스의 철학자 고티에가 소설 『보바리 부인』의 주인공을 염두에 두고 지은 말이다.

『보바리 부인』은 모파상의 스승인 플로베르(Gustave Flaubert, 1821-1880)가 쓴 소설이다. 『보바리 부인』(문예출판사, 2007)을 보면 강한 낭만주의가 연상되지만 실제로는 전형적인 사실주의 소설의 걸작이다. 플로베르의 아버지는 유명한 외과 의사였다. 메스를 잡은 외과 의사가 자신의 개성과 감정을 몰각(沒却)하고 철저하게 객관적으로 환부를 관찰해야 하듯이, 의사의 아들이었던 플로베르는 메스 대신 펜을 잡고서 객관적 사실 탐구에 5년의 세월을 바쳐 『보바리 부인』을 썼다.

이 소설은 1848년에 실제로 일어났던 "들라마르 사건"을 소재로 한다. 플로베르는 이 사건에 개입된 인물들과 주변 현장에 대한 기초 자료를 면밀하게 수집하며 자신이 철칙으로 삼았던 "관찰"과 "묘사"에 최선을 다하였다. 그 덕분에 소설 속에 등장하는 지형(地形)과 인물이 실제와 거의 틀림없을 정도였다. 그러한 플로베르가 보바리 부인에 대해서 묘사하는 장면을 살펴보자.

결혼하기 전까지, 그녀는 자기가 남편을 사랑하고 있다고 생각했다. 그러나 그 사랑에 당연히 따라야 할 행복이 없었기 때문에, 그녀는 자기 생각이 잘못되었었나 하고 생각하기 시작했다. 지극한 행복이라든가 정열, 도취 등 책에서 읽고 그토록 아름답다고 생각했던 말들이 과연 세상에선 정확하게 어떤 것일까, 보바리 부인은 그것을 알려고 애썼다.

보바리 부인은 자기가 레옹[남편의 조수]을 사랑하고 있는지 어떤지는 생각해보지도 않았다. 연애란 뇌성이나 번개처럼 별안간에 나타나는 것, 하늘에서 큰바람이 불어 와서 생활을 뒤엎고, 인간의 의지를 나뭇잎처럼 뿌리째 뽑아버리고, 사람의 마음을 깊은 못 속으로 끌고 들어가는 것이라고 보바리 부인은 그렇게 믿고 있었다.

보바리 부인은 남녀 간의 사랑에 대해 오해하며 현실 도피적인 낭만을 추구했기 때문에 점차 파멸로 치달았다.

하나님의 사랑에 대해서도 비슷한 오해를 하는 사람들이 종종 있는 것 같다. 그들은 하나님의 사랑을 보바리 부인처럼 정열, 도취, 맹렬함, 품위, 매력으로 생각한다. 하나님이 나를 사랑하시는 이유와 그 사랑이 표현된 방법이 무엇인지 생각하기보다는 감정으로 느끼기를 원한다. 뇌성이나 번개처럼 별안간에 나타나 자기의 의지나 이성을 뛰어넘어 황홀함 속에서 자기의 삶을 이끌어주기를 원한다. 그리고 그 사랑 속에서 대인관계로 갈등을 겪어서는 안 되고 귀찮은 직장 일로 시달려서도 안 되며 인간관계 문제로 고민할 필요도 없다고 생각한다. 실황(實況)에 기초해 현재와 미래를 꾸려나가지 못하고 "하나님은 최소한 이 정도는 되어야지"라고 생각하며 스스로 만들어낸 하나님이 모든 상황에 개입하여 승리만을 안겨주기를 바란다.

처음 등장한 후 수개월 만에 열병처럼 번져 수천 군데로 불어난 노래방은 한국인의 심성을 잘 말해준다. 또 미신이라고 배척받으며 불교와 유교에 의하여 수백 년 동안, 그리고 근대에 이르러서는 기독교에 의하여 그렇게 짓밟히고 찢긴 무속(巫俗)이 아직도 잡초처럼 살아남은 데는 무당이 춤추고 노래하며 요사스럽게 벌이는 굿판이 큰 영향을 미쳤다고 볼 수 있다. 굿을 매개로 종교적 황홀경(ecstasy)을 추구한 것이 우리나라 사람의 심성에 잘 맞았던 것이다. 그리스도인들이 찬양할 때 구원의 확신과 성령 충만을 느끼는 경우가 가장 많다는 설문 조사 결과도 우리나라 사람들이 얼마나 엑스터시를 선호하는지를 잘 말해준다. 물론 찬양 자체가 잘못은 아니다. 단지 황홀경을 신앙의 전부로 알고 그것만을 추구하는 신앙 태도가 잘못이다.

…그가 하나님의 성체를 받기 위해서 입술을 내밀었을 때는 이 세상 것이 아닌 기쁨으로 해서 기절이라도 할 것 같았다. 그는 공중에서 들려오는 천사의 하프 소리를 들은 듯했고, 또 푸른 창공에 초록빛 종려를 받쳐 들고 있는 성자들에 둘러싸여 황금의 옥좌에 앉아 계신 하나님을 본 듯해서 고개를 숙이기도 했다. 하나님은 숙연한 빛을 온 누리에 비치면서 사랑의 날개가 달린 천사들로 하여금 지상에 내려가서 자기를 안고 데려오라는 신호를 보내고 계셨다.

이 장면은 보바리 부인이 자기의 정부(情夫) 로돌프가 그에게서 도망하자 병을 얻어 극도로 악화한 어느 날, 죽음이 임박한 것으로 믿고서 영성체를 청하여 받는 장면을 묘사한 것이다. 이 찬란한 환각과도 같은 광경은 지극히 아름답게 그녀의 뇌리에 각인되었다. 그래서 그녀는 그때만큼 격렬하지는 않지만 아직 계속되고 있는 기분 좋은 그 감각을 한 번 더 단단히 잡아보려고 애썼다. 그녀는 묵주를 사기도 하고 부적을 몸에 지니기도 했다. 머리맡에 에메랄드를 박은 성자의 유물 상자를 놓고 밤마다 그것에 입 맞추기도 했다. 그녀의 이러한 도에 지나친 열렬한 신앙에 사제는 사교(邪教) 비슷해지거나 극단적인 것이 되지는 않을까 하고 근심할 정도였다.

정밀한 관찰력과 객관적인 판단력으로 시종일관 사건을 설명해온 플로베르는 그 후의 보바리 부인에 대해 이렇게 묘사한다.

고딕식 기도대 앞에 무릎을 꿇고 있을 때 그녀는 불륜의 정을 쏟았던 지난날의 애인에게 속삭였던 것과 같은 감미로운 말로 하나님께 기도했다. 그것은 신앙을 불러일으키기 위해서 그런 것이었다. 그러나 하늘로부터는 어떠한 환희도 내려오지 않았다. 그녀는 사지가 피곤하고 속은 것 같은 막연한 감정을 가지고 일어나곤 했다.

보바리 부인이 영성체를 받으며 경험한 종교적 체험은 하나님과의 올바른 교제를 형성하지 못함으로 인해 무너지고 말았다. 보바리 부인은 연인으로부터 얻는 데 실패한 황홀한 사랑과 맹렬함을 얻으려고만 하나님께 관심을 기울였지, 그 종교적 체험이 어떤 의미로 주어졌는지에 대해서는 관심이 없었다. 그러기에 그의 인품은 형편없는 것으로 묘사되고 끝내는 황홀한 사랑을 다른 남자로부터 찾다가 실패하자 자살로 일생을 마쳐버리는 비극의 주인공이 되었다.

보바리 부인은 자신의 모습을 있는 그대로 인정하지 않았다. 현재의 자기 모습은 참된 실제 모습이 아니고 앞으로 변할 모습이 진짜 자기 모습이라고만 생각했다. 이것은 영성체를 받고서도 변하지 않았다. 하나님과의 교제를 통해 받은 가르침으로 건전하게 자화상을 형성해 간 것이 아니라, 자신의 모든 정서적인 열심과 영적인 능력을 이상(理想)적이고 초인(超人)적인 자화상을 그리는 데 사용했다.

우리 주위에는 보바리 부인처럼 자신의 실제 모습은 인정하지 않은 채 성경에 근거하지도 않은 초인적인 자화상으로 인해 괴로워하는 그리스도인들이 있다. 그들은 실수, 나쁜 생각, 약점으로 가득 찰 수밖에 없는 인간의 모습을 부인하고 순결무구한 모습만이 자신의 모습이 되어야 한다고 괴로워한다. 누구하고나 원만한 관계를 유지해야 하고, 누구에게나 사랑과 인정을 받아야 하고, 갈등이 없어야 한다는 비성경적인 견해로 자신을 고문한다. 잠시도 우울해서는 안 되고 항상 행복해야 한다는 비현실적인 생각에 빠져 허우적거린다.

예수님이 십자가를 지신 이유는 어찌할 수 없는 우리의 한계를 잘 아셨기 때문이다. 우리가 완전할 수 있는 여지가 우리 내부에 있다면 그렇게까지 하실 필요는 없었을 것이다. 우리의 현실적인 모습을 부인하고 완전한 자아를 가지려는 시도와 그로 인한 마음고생은 예수님의 대속적 죽음의 가치를 깎아내린다. 예수님은 우리를 자유롭게 하려고 자유를 주셨으니(갈 5:1), 우리의 실제적인 모습을 예수 그리스도 안에서 인정하며 허락된 구원을 자유스럽게 누려야 한다.

보바리 부인처럼 사랑을 황홀한 감정으로만 느끼려고 하면 안 된다. 우리의 실제 삶도 그렇고 신앙도 그렇다. 황홀감을 추구하다 좌절하면 기독교 신앙에 실망한 나머지 불평하며 신앙을 버리기 쉽다. 자신의 실제적인 모습을 모르고 항상 자기를 자책하며 패배감에 빠지는 것은 우리를 자기연민에 빠뜨리려는 사탄의 술책에 넘어간 결과다. 우리는 하나님의 말씀을 통해 자신과 현실에 대하여 정확하게 알아감으로써 신앙생활의 환상에서 벗어나야 한다. 사탄이 조장하는 신앙의 보바리즘을 경계해야 한다.

제35-2과
구원에 효력이 되는 말씀

제89문. 말씀은 어떻게 구원에 효력이 됩니까?

How is the Word made effectual to salvation?

답. 하나님의 영은 믿음을 통하여 구원에 이르도록 말씀을 읽는 것, 특히 말씀의 선포를 죄인을 확신시키고 변화시키며 거룩과 평안 가운데 그들을 세워가는 효과적인 수단이 되게 하십니다(시 19:8; 느 8:8; 행 20:32; 26:18; 롬 1:16; 10:13-17; 15:4; 고전 14:24-25; 딤후 3:15-17).

The Spirit of God makes the reading, but especially the preaching of the Word, an effectual means of convincing and converting sinners, and of building them up in holiness and comfort, through faith, unto salvation.

---

convince 확신시키다, 납득시키다, 깨닫게 하다
convert 변환시키다, 개심시키다
build up 형성하다, 치켜세우다, (재물·명성·인격 등을) 쌓아올리다

여호와의 교훈은 정직하여 마음을 기쁘게 하고 여호와의 계명은 순결하여 눈을 밝게 하시도다(시 19:8).

하나님의 율법책을 낭독하고 그 뜻을 해석하여 백성에게 그 낭독하는 것을 다 깨닫게 하니(느 8:8).

지금 내가 여러분을 주와 및 그 은혜의 말씀에 부탁하노니 그 말씀이 여러분을 능히 든든히 세우사 거룩하게 하심을 입은 모든 자 가운데 기업이 있게 하시리라(행 20:32).

"그 눈을 뜨게 하여 어둠에서 빛으로, 사탄의 권세에서 하나님께로 돌아오게 하고 죄 사함과 나를 믿어 거룩하게 된 무리 가운데서 기업을 얻게 하리라" 하더이다(행 26:18).

내가 복음을 부끄러워하지 아니하노니 이 복음은 모든 믿는 자에게 구원을 주시는 하나님의 능력이 됨이라. 먼저는 유대인에게요, 그리고 헬라인에게로다(롬 1:16).

13누구든지 주의 이름을 부르는 자는 구원을 받으리라. 14그런즉 그들이 믿지 아니하는 이를 어찌 부르리요? 듣지도 못한 이를 어찌 믿으리요? 전파하는 자가 없이 어찌 들으리요? 15보내심을 받지 아니하였으면 어찌 전파하리요? 기록된 바 "아름답도다. 좋은 소식을 전하는 자들의 발이여" 함과 같으니라. 16그러나 그들이 다 복음을 순종하지 아니하였도다. 이사야가 이르되 "주여, 우리가 전한 것을 누가 믿었나이까?" 하였으니 17그러므로 믿음은 들음에서 나며 들음은 그리스도의 말씀으로 말미암았느니라(롬 10:13-17).

무엇이든지 전에 기록된 바는 우리의 교훈을 위하여 기록된 것이니 우리로 하여금 인내로 또는 성경의 위로로 소망을 가지게 함이니라(롬 15:4).

24그러나 다 예언을 하면 믿지 아니하는 자들이나 알지 못하는 자들이 들어와서 모든 사람에게 책망을 들으며 모든 사람에게 판단을 받고 25그 마음의 숨은 일들이 드러나게 되므로 엎드리어 하나님께 경배하며 "하나님이 참으로 너희 가운데 계신다" 전파하리라(고전 14:24-25).

15또 어려서부터 성경을 알았나니 성

구원에 효력이 되는 말씀

〈표26〉 소요리문답 제88-107문의 구성

1. 하나님의 영은 말씀을 읽는 것, 특히 말씀의 선포를 효과적인 수단이 되게 하신다(The Spirit of God makes the reading, but especially the preaching of the Word, an effectual means)

ㄱ. 말씀을 읽는 것과 선포(the reading, but especially the preaching of the Word) 언어는 몸짓, 음악, 미술, 사물보다 전하고자 하는 내용을 정확하고 상세하게 설명할 수 있는 도구입니다. 때로는 그림 한 점이 백

마디 말보다 더 강한 인상을 줄 수 있고, 웅장한 오케스트라 연주가 큰 감동을 줄 때도 있지만 언어보다 더 정확하고 상세하게 내용을 전달하는 것은 아닙니다. 예를 들어 6일간 일하고 하루는 안식일로 지키라는 내용을 그림이나 음악이나 몸짓으로 표현하는 데는 한계가 있습니다. 같은 음악을 듣고 같은 미술 작품을 보아도 그에 대한 느낌은 사람마다 다르니 명확한 객관성이 보장되지 않습니다. 음악과 미술과 무용이 아니라 오직 언어로만 하나님의 존재와 사역과 사람의 의무에 대하여 객관적으로 정확하고 상세하게 전할 수 있습니다.

하나님의 말씀은 저절로 은혜가 되는 것이 아니라 성도들이 듣고 읽을 때 은혜가 됩니다. 제가 어렸을 때만 해도 글을 모르는 노인분들이 꽤 있어서 교회에 나가 예수님을 믿고 구원을 받았어도 성경을 읽을 수가 없었습니다. 그런 상황이 안타까웠는지 성경책을 항상 품거나 베고 자면 어느 날 성경의 내용을 알게 되고 글도 깨우치게 된다고 말하는 사람들이 있었는데 이는 당연히 잘못된 가르침이었습니다.

하나님의 말씀이 기록된 성경책은 듣거나 읽을 때 은혜가 됩니다. 듣거나 읽어서 그 내용을 이해할 때 은혜가 됩니다. 앞서도 말했지만 로마 가톨릭은 종교 개혁이 일어나기 전까지 일반 신도는 이해할 수 없는 라틴어로 미사를 진행하고 라틴어로 된 성경책을 사용해 라틴어로 강론했습니다. 그러니 그 미사에 어떤 은혜가 있었겠습니까? 라틴어 미사를 통해 신도들이 은혜를 받았다고 주장하는 것은 문맹자가 성경책을 끼고 다니기만 해도 성경을 이해할 수 있다고 하는 것과 같은 억지에 지나지 않습니다.

성경은 일반 성도들이 듣고 읽을 수 있도록 해당 국가의 언어로 번역되어야 합니다. 종교개혁을 일으킨 마르틴 루터는 성경을 자국 언어인 독일어로 번역했습니다. 때마침 발전된 인쇄술을 통해 독일어로 번역된 성경책은 대량으로 출판되어 일반 시민도 집에서 성경책을 볼 수 있었습니다. 그에 따라 하나님의 진리를 많은 독일어 사용자들이 깨우치며 큰 은혜를 누렸고 또 깨우친 진리의 내용에 따라 종교개혁을 지지했습니다. 그전까지는 일부 식자층만 전유할 뿐, 일반 성도는 감히 엄두도 못 내던 성경책이 대량으로 보급되면서 놀라운 회개가 일어났던 것입니다.

7...레위 사람들은 백성이 제자리에 서 있는 동안 그들에게 율법을 깨닫게 하였는데 8하나님의 율법책을 낭독하고 그 뜻을 해석하여 백성에게 그 낭독하는 것을 다 깨닫게 하니 9백성이 율법의 말씀을 듣고 다 우는지라(느 8:7-9).

이스라엘 백성이 율법책을 깨닫게 된 것은 지도자들이 율법책을 낭독하고 그 뜻을 해석했기 때문이었습니다. 백성은 율법책의 해석을 통해 그 뜻을 깨닫고 울며 회개했습니다. 이처럼 하나님의 말씀은 낭독과 해석을 통해 신자에게 은혜가 됩니다. 그러므로 말씀은 적극적으로 읽히고 들려져야 합니다.

ㄴ. 하나님의 영이 효과적인 수단이 되게 하신다(The Spirit of God makes the reading an effectual means) 그렇다면 하나님의 말씀이 읽히고 들려지면 무조건 은혜가 되는 것입니까? 하나님의 말씀은 살아 있다고 하는데 누구나 하나님의 말씀을 듣고 읽으면 그 혼과 영이 찔림을 받고 쪼개집니까?(히 4:12-13)

이에 대해 소요리문답 제89문은 **하나님의 영**이 그렇게 하신다고 말합니다. 하나님의 영이 은혜를 주실 때 하나님의 말씀은 효과적인 수단이 됩니다. 하지만 하나님의 영이 함께하시지 않으면 어떠한 효력도 없습니다. 하나님의 말씀은 하나님의 영이 사용하시는 은혜의 "수단"입니다. 절대로 그 자체로 자동적인 효력이 있는 것은 아닙니다. 하나님의 영이 말씀을 효력 있게 하시지 않으면 성경은 여느 책과 별반 다르지 않습니다. 읽는 자에게 악한 영이 함께하면 하나님의 말씀은 오히려 해로운 수단이 될 수도 있습니다.

신자는 하나님의 말씀을 듣고 읽을 때 하나님의 영이 은혜 주시기를 간절히 기도해야 합니다. 그렇지 않으면 자신의 지식과 경험을 내세워 하나님의 말씀을 재단하고 비판하기 쉽습니다. 주일 예배를 드릴 때도 10분 전에 미리 와서 하나님의 은혜를 간구하며 기도하고 설교 본문을 살펴보는 것은 매우 중요합니다. 혼자서 성경을 볼 때도 자신의 지성과 학식을 최대한 사용하여 무언가를 끄집어내려고 하기 전에 하나님의 은혜를 구하는 겸손한 자세가 있어야 합니다. 그렇지 않으면 하나님의 말씀은 자신의 혼과 영과 관절과 골수를 찔러 변화시키지 않고 상대방의 마음을 비수처럼 날카롭게 찔러 아프게 하는 도구가 됩니다.

2. 죄인을 확신시키고, 변화시키고, 세우는 효과적인 수단(an effectual means of convincing and converting sinners, and of building them up)

ㄱ. 믿음의 발생과 증가　웨스트민스터 신앙고백 제14장은 믿음에 관하여 다음과 같이 서술합니다.

택함을 받은 자들이 그들의 영혼 구원에 이르도록 믿게 해주는 믿음의 은혜는 그들의 마음속에 계시는 그리스도의 영의 역사로서 보통 말씀의 사역에 의해 생겨나고, 그것의 증가와 강화는 역시 말씀의 사역, 성례, 기도로 이루어진다(The grace of faith, whereby the elect are enabled to believe to the saving of their souls, is the work of the Spirit of Christ in their hearts, and is ordinarily wrought by the ministry of the Word, by which also, and by the administration of the sacraments, and prayer, it is increased and strengthened).

믿음이 생기는 은혜는 성령 하나님의 역사인데 보통 말씀에 의해서 생겨납니다. 그리고 그 믿음의 증가와 강화 역시 성령 하나님의 역사인데 말씀과 성례와 기도로 이루어집니다. 로마 가톨릭은 믿음의 발생과 증가와 관련해 하나님의 말씀보다 성례가 우선한다고 봅니다. 그래서 그들의 미사는 말씀 선포가 아니라 성찬의 진행이 중심을 이루어 성찬이 없는 미사가 없습니다. 이에 반해 기독교는 성찬보다 말씀을 중요시하고 예배 때마다 말씀 선포가 포함됩니다.

성령은 불신자의 눈을 뜨게 하여 어둠에서 빛으로, 사탄의 권세에서 하나님께로 돌아오게 하는 일을 하십니다(행 26:18). 그런데 바로 말씀을 통하여 그 일을 하십니다. 그리고 돌아온 그들이 성장하는 데 말씀과 성례와 기도가 사용됩니다. 하나님의 말씀이 선포되면 믿지 않는 자들과 알지 못하는 자들이 책망과 판단을 받으며 그 마음의 숨은 일들이 드러나 엎드리어 하나님께 경배하며 하나님의 존재를 인정하게 됩니다(고전 14:24-25).

죽을 각오를 하고 예루살렘으로 돌아갈 계획을 세운 바울은 밀레도에서 사람을 보내 에베소 교회의 장로들을 청했습니다. 이제 다시는 에베소에 갈 수 없을지도 모른다고 판단하고 에베소 교인들에게 마지막 권면을 해주려고 한 것입니다. 그때 바울은 에베소 교인들을 하나님의 은혜의 말씀에 부탁한 후 그 말씀이 그들을 능히 든든히 세울 것이라고 말합니다(행 20:32).

또 바울은 자신의 제자이자 후계자인 디모데를 위한 편지에서 성경의 중요성을 강조합니다. 성경은 "그리스도 예수 안에 있는 믿음으로 말미암아 구원에 이르는 지혜가 있게" 하고 "교훈과 책망과 바르게 함과 의로 교육하기에 유익"합니다. 하나님의 사람은 성경을 통해 온전해지며 모든 선한 일을 행할 능력을 갖추게 됩니다(딤후 3:15-17).

신자의 몸의 근육은 운동을 통하여, 지성은 학문을 통하여, 영혼은 말씀을 통하여 든든히 세워집니다. 하나님의 말씀을 읽고 묵상하지 않는 자는 피상적인 지식은 있을지 모르나 아직 참된 지식에 이르지 못한 자입니다. 지식은 교만하게 하고 사랑은 덕을 세웁니다. 성경의 깊은 내용을 모른 채 무엇을 아는 줄로 생각하는 자는 아직도 마땅히 알 것을 알지 못하는 자입니다(고전 8:1-2).

ㄴ. 믿음을 통하여 구원에 이르도록(through faith, unto salvation): 전도의 효능 세계적인 테니스 선수 라파엘 나달(Rafael Nadal)이나 노박 조코비치(Novak Djokovic)가 코트 구석으로 날아온 공을 빠른 발로 좇아가 날카롭게 받아넘기는 것을 보면 박수를 치지 않을 수 없습니다. 그런데 중계진이나 시청자들은 그 플레이를 칭찬하며 "굿 샷"(good shot)이라고 외칩니다. 빠른 발이 아니면 그 볼을 따라갈 수도 없는데 "굿 풋"(good foot)이라고 칭찬하는 사람은 아무도 없습니다. 하지만 이런 구분은 불필요합니다. 왜냐하면 "굿 샷"이란 단어에 빠른 발과 강력한

타격이 모두 포함되기 때문입니다.

불신자의 회심에서 우리의 전도는 테니스 선수의 빠른 발에 해당한다고 볼 수 있습니다. 아무리 강력한 타격을 자랑하는 테니스 선수라도 발이 늦으면 코트 구석에 떨어지는 공을 칠 수 없습니다. 아무리 어깨가 좋아도 공을 따라가지 못하면 소용이 없습니다. 빠른 발은 그 어깨 근육이 빛을 발휘하도록 인도합니다.

누구든지 주의 이름을 부르는 자는 구원을 받습니다(롬 10:13). 하지만 주의 이름을 전파하는 자가 없으면 사람들은 주의 이름을 들어보지도 못하고 믿을 수도 없어 주의 이름을 부를 수 없습니다(롬 10:13-17). 그러므로 보냄을 받아 복음을 전하는 자들의 발은 아름답습니다. 그 발을 통하여 복음이 전해져 믿고 구원받는 자들이 생기기 때문입니다. 성경은 테니스 중계진과 달리 복음을 전하는 자들의 발이 "아름답도다"고 칭찬합니다(롬 10:15).

하나님의 영은 좋은 소식을 전하는 자들의 전도를 사용하시어 믿음을 발생시키고 사람을 구원하십니다. 우리는 말씀 선포가 이처럼 중요한 은혜의 수단이 된다는 사실을 마음에 새겨야 합니다. 그래야 좋은 소식을 전하는 일을 부끄러워하지 않고 지혜로운 열심을 낼 수 있습니다. 바울은 "모든 믿는 자에게 구원을 주시는 하나님의 능력"이 되는 복음을 부끄러워하지 않았습니다(롬 1:16).

하나님을 깊이 알수록, 교리 공부가 깊어질수록 복음으로 마음이 뜨거워지고 전도의 열심이 생기는 것이 정상적인 현상입니다. 신앙이 자라갈수록 말씀의 능력을 더욱 신뢰하며 말씀에 집중하고 더욱 깊은 묵상을 통해 진실한 실천에 이르러야 합니다.

좋은 소식을 전하는 자들의 발!

나는 전도를 잘하는지는 확실치 않지만 열심히는 하는 편이다. 젊을 때 기독교를 떠나 10년간 방황한 덕(?)분인 것 같다.

소년들이 즐겨보는 『삼국지』, 『수호지』, 여러 위인전기 등의 공통점은 무엇일까? 그런 책들을 초등학교 6학년 때부터 탐독한 내 눈에 들어온 공통점은 바로 "주인공들이 다 죽는다"는 것이었다. 이 생각은 점점 자라나 나는 무슨 일을 열심히 하다가도 인생의 종착점을 생각하면 의욕을 잃곤 했다. 삶에 대한 허무감이 밀려오면 마음 한구석이 텅 비어 살이 벗겨지고 뼈가 깎이는 것 같았다. 사람이 왜 존재하는지, 그런 인식 자체가 어떻게 가능한지 도무지 알 수 없었고 그 문제를 풀지 못한 채 실생활의 필요와 입신양명을 추구하는 것은 헛되고 속되게 느껴졌다.

그렇게 방황하던 중 나는 예수님을 만났다. 그 후 텅 빈 영적 공간이 채워지며 삶의 목표와 의미가 생겼고 곳곳에 새겨진 하나님의 영원하신 능력과 신성을 찾아 누리게 되었다. 나는 그 안정감과 기쁨이 얼마나 큰지 주변에 전하지 않고는 배길 수가 없었다. 이발소에 가서도, 택시를 타도, 여행길에서도 내가 만난 예수님을 다른 사람들도 만나기를 바라며 전도하는 일이 즐거웠다. 이는 비단 나만의 경험이 아니고 기독교인이 되기 전과 후가 어떻게 다른지를 체험한 사람들의 공통된 반응일 것이다.

그로부터 꽤 오랜 시간이 지났지만 여전히 전도는 내가 복된 그리스도인이며 하나님의 큰 사랑을 받은 자임을 더욱 느끼게 해준다.

전혀 복음에 반응을 보이지 않을 것 같은 사람이 전도를 받고 의외의 반응을 보이며 기꺼이 교회에 나오겠다고 하면 돌 같은 마음을 살처럼 부드럽게 만드시는 성령님의 역사를 인정하며 겸손해지게 된다. 정치(精緻)한 개혁주의에 따라 복잡한 인생의 여러 일을 해석하고 정리해가는 일은 하나님의 크심과 깊음을 더 느끼게 하고, 말씀의 전파를 통해 강퍅한 자를 주님께로 인도하는 일은 하나님의 생명과 권능을 체험하게 한다. 이것이 인생을 살맛 나게 한다.

나는 지금까지 내가 쓴 책들을 전도용으로 배포하면서 대략 천만 원이 넘는 비용을 사용한 것 같다. 내가 가진 시간과 물질과 소질이 불신자들을 주님께로 인도하는 일에 사용되고 신자들이 하나님을 더 깊이 알아가는 데에 사용된다는 생각에 나는 엄청난 기쁨을 누리고 있다.

2014년 5월, 경주에서 열린 교단 수양회에서 있었던 일이다. 삼일째 되던 날 은퇴하신 목사님 한 분과 젊은 목사들 몇 명이 숙소 주변 식당에서 점심을 먹었다. 그런데 식사를 마친 그 목사님이 한쪽에서 식당 주인에게 복음을 전하는 게 아닌가? 그때가 내가 수양회에서 가장 크게 은혜를 받은 순간이었다. 많은 목회자가 전도를 강조한다. 전도 결과가 교회 성장과 직결되기 때문에 복음에 대한 열정과 관심이 없어도 전도를 강조할 수 있다. 그런데 그 목사님은 이미 은퇴를 하셨고 거주지도 서울이었다. 나는 그 후로 그 목사님을 존경하지 않을 수가 없었다. 총회장을 역임했기 때문도 아니고 성공적인 목회를 했기 때문도 아니었다. 단지 자신이 믿는 예수님을 정말 사랑하는 모습 때문이었다.

우리에게 그렇게 예수님을 사랑하는 모습이 있는지 생각해보자. 나는 정말 예수님을 믿는 것이 좋아 복음을 전한 적이 있는가? 전도를 위해 물질과 시간과 소질을 사용할 때 아깝지 않은 마음이 드는가? 그렇지 않다면 더더욱 전도에 도전해보길 바란다. 전도하는 사람은 부족한 우리가 전하는 말씀이 얼마나 강한 생명력과 운동력으로 구원에 효과적으로 사용되는가를 실감하게 된다. 또 보잘것없는 우리가 죽어가는 영혼을 살리는 데 얼마나 크게 쓰임 받는가를 체험하게 된다. 좋은 소식을 전하는 자들의 발은 아름답다!

제35-3과
읽히고 들려지는 말씀

제90문. 말씀이 구원에 효과적이 되도록 말씀은 어떻게 읽히고 들려져야만 합니까?

How is the Word to be read and heard, that it may become effectual to salvation?

답. 말씀이 구원에 효과적이 되도록 우리는 부지런함과(잠 8:34) 준비함과(벧전 2:1-2) 기도로(시 119:18) 말씀에 관심을 기울여야 하고, 믿음과 사랑으로 말씀을 받아들여야 하며(히 4:2; 살후 2:10) 우리의 마음에 말씀을 간직해야 하고(시 119:11) 우리의 삶에서 말씀을 실천해야 합니다(눅 8:15; 약 1:25).

That the Word may become effectual to salvation, we must attend thereunto with diligence, preparation, and prayer; receive it with faith and love, lay it up in our hearts, and practice it in our lives.

---

attend 출석하다, 주의하다(to), 돌보다(on)　　**diligence** 부지런함, 근면, 노력

preparation 준비, 대비, 예습　　**lay** 놓다

lay up 저축하다, 따로 간직하다, 쌓아올리다　　**practice** 행하다, 실천하다, 연습하다

누구든지 내게 들으며 날마다 내 문 곁에서 기다리며 문설주 옆에서 기다리는 자는 복이 있나니(잠 8:34).

[1]그러므로 모든 악독과 모든 기만과 외식과 시기와 모든 비방하는 말을 버리고 [2]갓난아기들 같이 순전하고 신령한 젖을 사모하라. 이는 그로 말미암아 너희로 구원에 이르도록 자라게 하려 함이라(벧전 2:1-2).

내 눈을 열어서 주의 율법에서 놀라운 것을 보게 하소서(시 119:18).

그들과 같이 우리도 복음 전함을 받은 자이나 들은 바 그 말씀이 그들에게 유익하지 못한 것은 듣는 자가 믿음과 결부시키지 아니함이라(히 4:2).

불의의 모든 속임으로 멸망하는 자들에게 있으리니 이는 그들이 진리의 사랑을 받지 아니하여 구원함을 받지 못함이라(살후 2:10).

내가 주께 범죄하지 아니하려 하여 주의 말씀을 내 마음에 두었나이다(시 119:11).

좋은 땅에 있다는 것은 착하고 좋은 마음으로 말씀을 듣고 지키어 인내로 결실하는 자니라(눅 8:15).

자유롭게 하는 온전한 율법을 들여다보고 있는 자는 듣고 잊어버리는 자가 아니요 실천하는 자니 이 사람은 그 행하는 일에 복을 받으리라(약 1:25).

말씀은 어떻게 읽히고 들려져야 하는가?

> 제88문: 그리스도의 구속의 유익을 전달하는 수단: 말씀, 성례, 기도
> 제89문: 말씀은 어떻게 구원에 효과적이 되는가?
> **제90문: 말씀은 어떻게 읽히고 들려져야 하는가?**
> 제91-97문: 성례에 관하여
> 제98-107문: 기도에 관하여

〈표27〉 소요리문답 제88-107문의 구성

1. 말씀을 읽고 듣는 기본자세

ㄱ. 부지런함과 준비함과 기도로 말씀에 관심을 기울여야 하고(We must attend thereunto with diligence, preparation, and prayer) 잔칫집에서 아무리 많은 식사를 해도 다음 날이면 다시 배가 고픕니다. 하나님의 말씀도 특정한 때 아무리 은혜를 받았어도 매일 읽고 듣지 않으면 우리의 영혼은 굶주리게 됩니다. 그러므로 매일매일 하나님의 말씀을 읽고 들어야 합니다. 하나님의 말씀을 날마다 듣는 부지런함이 우리에게 있어야 합니다(잠 8:34).

아이들을 키워보면 갓난아이들이 엄마의 젖을 얼마나 사모하는지 알게 됩니다. 젖을 먹다가 실수로 엄마의 젖꼭지가 입에서 빠지면 얼마나 애타게 엄마의 젖꼭지를 찾는지 모릅니다. 신자도 그런 간절함과 준비로 하나님의 말씀을 찾아야 합니다(벧전 2:1-2).

시편 기자는 하나님의 말씀을 깨달아 놀라운 것을 보게 해달라고

기도합니다(시 119:18). 신자는 여러 가지를 기도해야겠지만 그중에서
도 하나님의 말씀을 깨닫게 해달라는 기도를 잊어버려서는 안 됩니다.
어떤 기도 제목보다 이것이 앞서야 합니다. 예수님은 우리에게 먹을 것
과 마실 것과 입을 것을 위해 기도하지 말고 그의 나라와 의를 구하라
고 말씀하셨습니다(마 6:31-33). 신자는 하나님의 말씀을 깊이 깨달을수
록 더욱 그의 나라와 의를 구하고 행하게 됩니다.

ㄴ. 믿음과 사랑으로 말씀을 받아들여야 하며 우리의 마음에 말씀을
간직해야 하고(We must receive it with faith and love, lay it up in our
hearts) 아무리 은혜가 되는 말씀이라도 받는 자가 믿음으로 받아들이
지 않으면 아무 소용이 없습니다(히 4:2). 말씀은 하나님의 영에 의하여
받는 자의 믿음에 따라 수용 여부가 결정되지 결코 자동적으로 수납되
지 않습니다. 이것은 앞으로 살펴보겠지만 성찬에서도 마찬가지입니
다. 로마 가톨릭은 떡과 포도주가 예수 그리스도의 살과 피로 실제로
변한다고 믿습니다. 그래서 그들은 받는 자의 믿음에 상관없이 떡과 포
도주를 받아먹는 자는 무조건 은혜를 받는다고 생각합니다. 이러한 오
류를 하나님의 말씀에도 적용하면 안 됩니다. 하나님의 말씀은 믿음으
로 받아들일 때만 유익합니다.

　진리를 사랑하지 않는 자는 구원함을 받지 못합니다(살후 2:10). 진
리를 사랑하는 자는 하나님의 말씀을 온몸으로 받아들입니다. 하나님
의 말씀을 거절하는 자는 결국 진리를 사랑하지 않는 것입니다. 하나님
의 말씀을 사랑하는 자는 하나님의 말씀으로부터 큰 은혜를 받아 구원
을 이루어갈 수 있습니다.

　지금까지의 내용을 정리하겠습니다. 하나님의 영에 의해 하나님의

말씀을 통해 은혜를 받으려면 첫째, 부지런함과 준비함과 기도로 말씀에 관심을 기울여야 합니다. 둘째, 그렇게 관심을 기울인 말씀을 믿음과 사랑으로 받아들여야 합니다. 셋째, 받아들인 말씀을 잃어버리지 않도록 우리의 마음에 간직해야 합니다.

말씀을 마음에 간직하지 않는 자는 죄에 걸려 넘어질 수밖에 없습니다(시 119:11). 천국 말씀을 듣고 관심을 기울이지 않거나 믿음과 사랑으로 받아들이지 않으면 악한 자가 와서 그 마음에 뿌려진 것을 빼앗습니다. 씨 뿌리는 자의 비유에서 길가에 뿌려진 씨가 바로 그런 경우입니다(마 13:19).

ㄷ. 우리의 삶에서 말씀을 실천해야 합니다(We must practise it in our lives) 깨달은 바를 실천하지 않고 생각으로만 머문다면 진정한 깨달음이라고 할 수 없습니다. 씨 뿌리는 자의 비유에서 열매를 맺은 씨는 좋은 땅에 뿌려진 씨로서 "좋은 땅에 있다는 것은 착하고 좋은 마음으로 말씀을 듣고 지키어 인내로 결실하는 자"입니다(눅 8:15). 우리의 마음에 간직된 말씀은 반드시 실천으로 표현됨으로써 백 배, 육십 배, 삼십 배의 결실을 보아야 합니다. 율법을 제대로 들여다보고 마음에 간직하면 반드시 실천이 따르게 됩니다(약 1:25).

예수님의 말씀을 듣고 행하는 자는 그 집을 반석 위에 지은 지혜로운 사람 같지만, 말씀을 듣고 행하지 않는 자는 그 집을 모래 위에 지은 어리석은 사람 같아서 비가 내리고 창수가 나고 바람이 불어 그 집에 부딪히면 심하게 무너져내립니다(마 7:15-27). 이는 신앙생활에 아무 열매가 없는 것입니다. 우리도 이 말씀을 명심하여 신앙의 연륜이 더할수록 우리에게 풍성한 결실이 있는지 점검해야 합니다. 시간은 흐르기 마련입니다. 시간이 흐르면 자연스럽게 우리가 하나님의 말씀을 마음에 얼마나 간직했는지, 그리고 그 말씀을 실천에 옮겼는지가 드러날 것입니다.

2. 말씀을 잘 읽는 방법들

진수성찬을 배불리 먹어도 다음 날이 되면 다시 밥을 먹어야 하듯이 말씀도 매일 읽고 듣는 것이 필요합니다. 안중근 의사는 이토 히로부미를 저격하여 옥에 갇혔을 때도 "일일부독서구중생형극"(一日不讀書口中生荊棘) 즉 "하루라도 책을 읽지 않으면 입에 가시가 돋는다"며 손에서 책을 놓지 않았다고 합니다. 사형수 신분인 그에게 글을 읽는 것이 무슨 의미였을까요? 그는 삶의 가치와 품격을 알기에 삶의 마지막 순간까지 이런 문구를 가슴에 새기고 사셨을 것입니다.

신자는 매일매일 하나님 말씀을 읽어야 합니다. 하루라도 하나님 말씀을 읽지 않으면 우리 마음에 남아 있는 부패성이 더욱 활개를 칩니다.

편식은 적당한 영양의 섭취를 방해하고 체내의 이상 대사를 일으켜 발육 장애와 저항력 감퇴를 불러옵니다. 편식하는 사람은 건강에 이상이 생겨 병과 노화와 죽음을 빨리 겪을 수밖에 없습니다. 그런데 이단들은 성경을 편식합니다. 자신들이 선호하는 구절들만 읽으면서 성경을 왜곡합니다. 이단들과 달리 우리는 성경을 읽되 전체 성경을 읽어야 합니다. 그래야 균형 잡힌 판단을 하며 성경을 올바르게 해석할 수 있습니다. 성경을 편식하는 것은 아예 읽지 않는 것만 못합니다.

중요한 성경 구절은 암송하는 것이 좋습니다. 암송을 하게 되면 하나님의 말씀이 흐릿하고 막연하게 생각나는 것이 아니라 분명하게 떠오르며 그 뜻이 마음 깊이 새겨집니다. 특히 젊었을 때 암송한 성경 구절은 나이가 들어도 잊히지 않습니다. 암송한 성경 구절은 중요한 일을 결정할 때 떠올라 도움이 되고 산책이나 여행을 할 때 묵상거리가 되어 깊은 성찰로 이끌어줍니다. 이때 주의해야 할 점은 전후 문맥과 함께 그 구절의 뜻을 새겨야 한다는 것입니다. 전후 문맥을 벗어나 성경 구절을 해석하고 암송하면 앞서 말한 이단들처럼 편식과 왜곡의 위험에 빠집니다.

암송이란 측면에서 시편 찬송이 큰 도움이 됩니다. 노래로 암송한 내용은 잘 잊히지 않습니다. 시편의 내용을 그대로 곡조에 담은 시편 찬송은 우리가 어려울 때 위로와 격려가 되고, 교만해지기 쉬울 때는 우리를 제어하는 역할을 합니다. 산책하며 시편 찬양을 드려보시기 바랍니다. 그때 받는 은혜가 자연과 어울려 얼마나 큰지 모릅니다.

시편 찬송은 성경의 내용을 가감하지 않고 그대로 활용하는 장점이 있습니다. 이런 면에서 복음성가나 CCM은 한계가 있습니다. 하나님의 은혜에 대한 자신의 느낌을 표현하는 것도 필요하고 소중하지만 때때로 어떤 가사들은 지나치게 주관적 감상에 젖어 있습니다. 하나님을 높이는 것이 주요한 목적이라면 개인의 얄팍한 감상이 아니라 성경의 깊은 내용이 가사에 드러나야 합니다. 찬양이 하나님이 주시는 은혜의 수단이 되려면 음악적 요소도 신경을 써야겠지만 무엇보다 가사가 하나님의 말씀에 충실해야 할 것입니다.

성도가 하나님의 말씀을 통해 은혜를 받는 일반적 방법은 주일 예배의 설교입니다. 그러므로 설교 시간에는 다른 어느 때보다 좋은 컨디션으로 임해야 합니다. 그러기 위해서는 토요일부터 컨디션을 조절해야 합니다. 너무 늦게 자지 않아야 하고 피로를 잘 풀어 설교 시간에 졸

Tip CCM:
Contemporary Christian Music의 약자, 현대 기독교 음악

지 않도록 해야 합니다. 예배 전에는 미리 예배당에 와서 설교 본문을 읽어보고 그 뜻을 헤아리며 하나님께 은혜를 간구해야 합니다. 보통은 주일 설교에 얼마나 집중하느냐가 그 사람의 영적 상태를 결정합니다. 설교에 집중하는 자세가 영적 상태를 말해줍니다. 그리고 설교를 통해 받는 은혜가 좋은 영적 상태를 만들어줍니다.

그런데 설교 시간에는 궁금한 것이나 모르는 것을 질문할 수 없습니다. 그래서 성경 공부 모임을 통하여 구체적인 질문을 하면서 배우는 시간이 필요합니다. 여럿이 함께 모여 목사의 가르침을 듣는 형태도 필요하고 소모임으로 모여 대화하며 배우는 것도 필요합니다. 성경은 읽고, 듣고, 깨달으며 은혜를 받는 것입니다. 절대로 성경책에서 광선이 나와 단번에 깨달음의 은혜를 주지 않습니다.

이스라엘의 왕이 해야 할 중요한 일 중 하나는 율법서의 등사본을 자기 옆에 두고 읽는 것이었습니다(신 17:18-20). 그렇게 해야 하나님의 명령에서 떠나 좌로나 우로나 치우치지 않을 수 있습니다. 베뢰아 사람들은 간절한 마음으로 말씀을 받고 날마다 성경을 상고했습니다(행 17:11). 사도행전은 이러한 이들을 "너그럽다"(noble)고 칭찬합니다. 우리도 간절한 마음으로 날마다 성경을 상고하는 "고귀한"(noble) 사람들이 됩시다.

 제35-3과 읽히고 들려지는 말씀

1. 각자의 특기나 장점에 관해 이야기해봅시다. 또 다른 사람의 특기와 장점이 무엇인지 서로 말해주는 시간을 가져봅시다. 그리고 각자의 특기나 장점이 교회에서도 사용될 수 있는지 생각해봅시다.

2. 소요리문답 제88-90문을 서로 묻고 답해봅시다. 근거 성구도 함께 살펴봅시다.

3. "당신들의 삼위일체는 성부·성자·성경입니까? 왜 성령을 무시합니까?"라는 신비주의자들의 비판은 어떤 면에서 잘못되었습니까?

4. 이스라엘 백성이 광야에서 먹은 만나와 가나안 땅에서 먹은 농작물의 대비를 통해 통상적인 은혜의 수단이 왜 중요한지 이야기해봅시다.

5. 말씀의 선포가 은혜의 효과적인 수단이 된다는 것은 무슨 뜻입니까?

6. 우리가 전도를 통해 얻을 수 있는 유익이 무엇인지 이야기해봅시다. 하나님
의 구원 사역에서 우리의 전도는 어떤 역할을 합니까?

7. 성경 말씀을 대하는 각자의 태도에 대해 생각해봅시다. 날마다 성경을 가까
이하는지, 말씀을 가슴 깊이 새기기 위해 노력하는지, 교인들과 함께 성경을
깊이 연구하는 기회를 만들기 위해 노력하는지 점검해봅시다. 그리고 말씀을
더 잘 읽고 묵상하는 방법이 무엇인지 나누어봅시다.

제36-1과
구원의 효과적 도구인 성례

제91문. 성례들은 어떻게 구원에 효과적인 수단이 됩니까?

How do the sacraments become effectual means of salvation?

답. 성례들은 구원의 효과적인 수단이 되는데, 성례들 안에 있는 어떤 덕이나 혹은 그 성례들을 집행하는 자 안에 있는 어떤 덕 때문이 아니라 오직 그리스도의 축복하심과(벧전 3:21; 마 3:11; 고전 3:6-7) 성례들을 믿음으로 받는 자들 안에 계시는 그리스도의 영의 역사하심 때문입니다(고전 12:13).

The sacraments become effectual means of salvation, not from any virtue in them, or in him that doth administer them; but only by the blessing of Christ, and the working of his Spirit in them that by faith receive them.

---

virtue 미덕, 덕, 효력, 효능

administer 관리하다, 통치하다, 시행하다, (예배, 미사, 성찬 등을) 집행하다

물은 예수 그리스도께서 부활하심으로 말미암아 이제 너희를 구원하는 표니 곧 세례라. 이는 육체의 더러운 것을 제하여 버림이 아니요 하나님을 향한 선한 양심의 간구니라(벧전 3:21).

나는 너희로 회개하게 하기 위하여 물로 세례를 베풀거니와 내 뒤에 오시는 이는 나보다 능력이 많으시니 나는 그의 신을 들기도 감당하지 못하겠노라. 그는 성령과 불로 너희에게 세례를 베푸실 것이요(마 3:11).

6나는 심었고 아볼로는 물을 주었으되 오직 하나님이 자라나게 하셨나니 7그런즉 심는 이나 물 주는 이는 아무것도 아니로되 오직 자라게 하시는 이는 하나님뿐이니라(고전 3:6-7).

우리가 유대인이나 헬라인이나 종이나 자유인이나 다 한 성령으로 세례를 받아 한 몸이 되었고 또 다 한 성령을 마시게 하셨느니라(고전 12:13).

구원의 효과적 도구인 성례

제88문: 그리스도의 구속의 유익을 전달하는 수단: 말씀, 성례, 기도

제89-90문: 말씀에 관하여

제91-97문: 성례에 관하여

제91문: 성례들은 어떻게 구원에 효과적인 수단이 되는가?

제92문: 성례의 정의

제98-107문: 기도에 관하여

〈표28〉 소요리문답 제88-107문의 구성

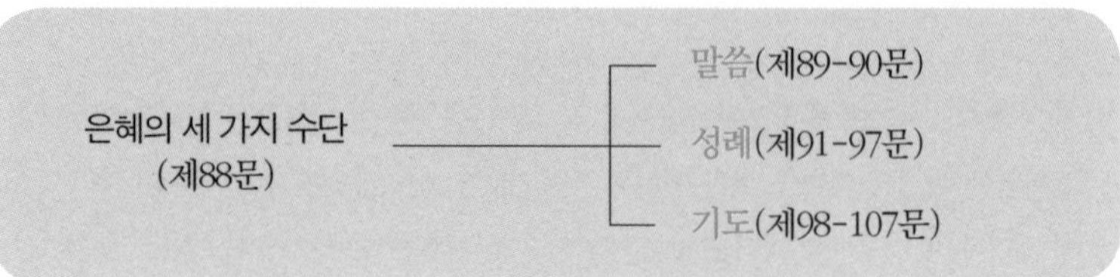

<표29> 은혜의 세 가지 수단

1. 성례들 안에 있는 어떤 덕 때문이 아니다(not from any virtue in the sacraments)

신약 시대의 성례는 세례와 성찬입니다. 세례와 성찬은 구원의 효과적인 수단으로서 그리스도가 구속의 유익들을 우리에게 전하시는 외적이고 통상적인 방법에 속합니다. 그렇다면 세례와 성찬은 어떻게 구원에 효과적이 됩니까? 이와 관련해 두 가지 가능성이 제기됩니다. 첫 번째는 세례와 성찬 자체가 지니는 어떤 덕(효력) 때문이 아닌가 하는 것입니다. 두 번째는 세례와 성찬을 집례하는 목사나 신부의 덕(효력) 때문이 아닌가 하는 것입니다.

먼저 첫 번째 가능성에 대하여 살펴보겠습니다. 우리가 깨끗한 물로 몸을 씻으면 위생적으로 좋은 것은 물론이고 기분까지 상쾌해집니다. 물은 사람의 몸을 깨끗하게 하고 피로를 풀어주는 효능이 있습니다. 우리가 아플 때 먹는 약도 마찬가지입니다. 약을 먹으면 그 약이 지니는 효능이 나타나 몸이 병에서 회복됩니다. 이와 비슷한 방식으로 우리가 물로 세례를 받는 의식 자체나 성찬 때 먹는 떡과 포도주 자체에 어떤 덕(효력)이 있다고 생각하는 사람들이 있습니다. 그들은 세례 의식 자체가 수세자의 죄를 깨끗하게 하고 떡과 포도주를 받아먹는 성찬 의식 자체가 수찬자에게 큰 유익을 준다고 여깁니다.

우리가 소요리문답 제33문에서 "칭의"를 다룰 때 살펴보았듯이 하나님은 그리스도가 자신의 생애와 죽음으로 획득하신 의를 우리에게 주실 때 "전가"라는 방법을 사용하십니다. 로마 가톨릭은 이에 대해 실제로 개인에게서 의로움이 발생해야 의로운 것이지, 그리스도의 의가 전가되어 사람들의 의가 된다고 주장하는 것은 법정적 허구에 지나지 않는다고 비판합니다. 그 대신 그들은 그리스도의 의가 우리에게 실제로 주입(注入, infuse)된다고 주장합니다. 주입된 의가 우리 안에서 우리의 의에 시동을 걸어 의로운 행위를 하게 하여 실제로 더 많은 의를 이루게 한다는 것입니다.

결국 로마 가톨릭은 칭의가 아닌 성의(成義, making righteousness)를 말합니다. 개신교는 칭의가 즉각적으로 단번에 이루어진다고 보지만 그들은 점진적으로 이루어지는 긴 과정으로 봅니다. 그들은 칭의와 성화를 구별하지 않고 하나로 보는 것입니다.

이러한 그들의 칭의관은 성례관에도 그대로 영향을 미칩니다. 그들은 성례가 성례를 받는 자들에게 실제로 영향을 미쳐야 한다고 주장합니다. 세례를 받는 자나 성찬을 받는 사가 실제로 어떤 물리적 영향을 받는다는 것입니다. 앞서 말했듯이 그리스도의 의가 신자들에게 전가된다고 보는 개신교의 칭의를 법정적 허구라고 비판하는 그들은, 성례에서도 실제 변화가 발생한다고 주장할 수밖에 없습니다.

결국에 그들은 떡과 포도주를 나누는 성찬에서 그 떡과 포도주가 실제로 예수 그리스도의 몸과 피로 변한다고 주장합니다. 그들의 주장에 따르면 떡과 포도주가 그리스도의 몸과 피로 변하기 때문에 성찬이 수찬자에게 효력이 있습니다. 배고픈 사람이 떡과 포도주를 먹으면 배가 부르듯이 그리스도의 살과 피로 변한 떡과 포도주는 수찬자가 믿음으로 받아들이지 않고 건성으로 받아먹어도 은혜의 수단이 됩니다. 이에 반해 개신교는 성례 자체에 있는 어떤 덕(효력) 때문에 성례가 은혜의 수단이 된다고 보지 않습니다.

2. 성례들을 집행하는 자 안에 있는 어떤 덕 때문이 아니다(not from any virtue in him that doth administer them)

다음으로 두 번째 가능성에 대해 살펴보겠습니다. 저는 성인이 되어 세례를 받았기 때문에 집례자를 또렷하게 기억하고 있습니다. 당시 제가 출석하던 교회의 존경하는 담임 목사님이 세례를 집례하셨습니다. 아마 전혀 모르는 분이나 별로 존경하지 않는 분이 집례를 했더라면 제마음이 덜 흡족했을지도 모르겠습니다. 하지만 그렇더라도 세례 자체의 효력에는 아무 지장이 없습니다. 세례 집례자의 경건과 능력 때문에 세례자의 죄가 씻기는 것이 아니라 예수 그리스도의 대속의 피 때문에 죄가 씻깁니다. 집례자가 이 사실을 인정하는 건전한 분이라면 누가 집례했느냐에 관계없이 세례는 인정되어야 합니다.

또 떡과 포도주를 받아먹는 성찬에서도 누가 집례하는지는 크게 중요하지 않습니다. 집례하는 목사가 어떤 사람이고 떡과 포도주를 성도들에게 나누어주는 장로가 누구냐에 따라 성찬의 은혜가 결정되지 않습니다. 성례를 집례하는 목사는 성례의 효력이나 가치를 더하거나 뺄 능력이 없습니다.

3. 오직 그리스도의 축복하심 때문이다(but only by the blessing of Christ)

광합성의 3대 요소는 물, 이산화탄소, 햇빛입니다. 하지만 물과 이산화탄소와 햇빛이 만나면 광합성이 자동적으로 일어나는 것은 아닙니다.

과학이 발달하면서 사람들은 광합성 작용을 발견해내었습니다. 하지만 왜 광합성이 일어나는지에 대한 근원적인 사고에는 관심이 없습니다. 신자들은 물과 이산화탄소와 햇빛이 만나면 광합성이 되는 작용을 하나님이 만드셨음을 압니다.

사도 바울은 "나는 심었고 아볼로는 물을 주었으되 오직 하나님이 자라나게 하셨나니 그런즉 심는 이나 물 주는 이는 아무것도 아니로되 오직 자라게 하시는 이는 하나님뿐이니라"(고전 3:6-7)라고 말합니다. 농부들이 작물을 거두려면 씨를 심고 물과 퇴비를 주고 잡초를 제거해야 합니다. 하지만 농부들이 작물을 자라게 하는 것은 전혀 아닙니다. 씨를 심고 물과 퇴비를 주면 작물이 자라도록 하시는 분은 하나님이십니다. 씨와 물과 퇴비와 햇빛이 만나도 하나님이 자라게 하시지 않으면 농부의 수고가 아무 소용이 없습니다. 우리는 가까운 원인과 결과만을 살피는 데 그치지 말고 그보다 근원적인 사고를 해야 합니다. 거시적 관점에서 근본적인 원인과 결과를 살펴야 합니다.

왜 세례와 성찬이 구원의 효과적인 수단이 됩니까? 앞서 살펴본 것처럼 세례와 성찬은 그 자체로 아무 효력이 없습니다. 그것들을 집례하는 자에게서 어떤 효력이 발생하는 것도 아닙니다. 오직 그것들을 통하여 역사하시겠다고 말씀하신 그리스도 때문에 효과적인 수단이 됩니다. 그리스도가 세례와 성만찬을 제정하시며 그것들을 축복하셨기 때문입니다.

세례와 성찬은 모두 예수님이 직접 제정하셨습니다. 예수님은 마태복음 28:19에서 "그러므로 너희는 가서 모든 민족을 제자로 삼아 아버지와 아들과 성령의 이름으로 세례를 베풀고"라고 말씀하시며 세례를 제정하셨습니다. 그리고 바울은 예수님이 성찬을 제정하셨다고 말합니다.

> 23내가 너희에게 전한 것은 주께 받은 것이니 곧 주 예수께서 잡히시던 밤에 떡을 가지사 24축사하시고 떼어 이르시되 "이것은 너희를 위하는 내 몸이니 이것을 행하여 나를 기념하라" 하시고, 25식후에 또한 그와 같이 잔을 가지시고 이르시되 "이 잔은 내 피로 세운 새 언약이니 이것을 행하여 마실 때마다 나를 기념하라" 하셨으니(고전 11:23-25).

이렇게 예수님이 직접 성례들을 제정하셨기 때문에 성례들은 구원의 효과적인 수단이 됩니다. 예수님이 성례들을 효과적인 수단이 되도록 축복하셨다는 사실이 중요합니다. 절대로 성례들 자체에 어떤 효력이 있는 것이 아닙니다.

4. 성례들을 믿음으로 받는 자들 안에 계시는 그리스도의 영의 역사하심(the working of his Spirit in them that by faith receive them)

성례들은 받는 자가 믿음으로 받을 때 비로소 구원의 효과적인 수단이 됩니다. 받는 자가 믿음 없이 건성으로 받으면 아무 효력이 없습니다. 군대에서 세례를 받는 사람 중 일부는 예수 그리스도를 믿기 때문이 아니라 세례를 받기 전까지 교회에서 제공하는 여러 편의와 친절, 혹은 초코파이와 같은 간식 때문에 세례를 받기도 합니다. 성찬을 받는 사람 중에도 떡과 포도주가 자신을 대신해서 십자가에서 죽으신 예수 그리스도의 살과 피를 상징한다는 것을 믿지 않고 건성으로 받는 이들이 있습니다.

이런 자들에게는 세례와 성찬이 효력이 없습니다. 물과 떡과 포도주는 결코 그 자체로 효력을 발생시키지 않습니다. 예수님은 세례와 성찬을 제정하실 때 이것의 의미를 알고 받는 자들에게 효력이 있도록 하셨습니다. 성례들은 성경의 말씀을 눈에 보이는 형태로 나타낸 의식이므로 먼저 성경 말씀에 대한 이해가 있어야 합니다. 말씀에 대한 이해 없이 받는 성례는 아무 의미도 없고 효력도 없습니다.

성령 하나님은 성례를 믿음으로 받아들이는 자에게 역사하십니다. 말씀을 통해 얻은 믿음이 더욱 강해지도록 그들에게 역사하십니다. 성례들은 하나님의 말씀 없이, 그리고 성령의 역사 없이는 절대로 구원의 효과적인 수단이 되지 못합니다.

제36-2과
성례의 정의와 종류

제92문. 성례란 무엇입니까?

What is a sacrament?

답. 성례란 그리스도가 세운 거룩한 예식으로서 지각할 수 있는 표지(標識)에 의해서 그리스도와 새 언약의 유익들이 성례에서 신자들에게 나타나고 인쳐지며 적용됩니다(창 17:7, 10; 출 12:1-51; 고전 11:23, 26).

A sacrament is an holy ordinance instituted by Christ, wherein, by sensible signs, Christ, and the benefits of the new covenant, are represented, sealed, and applied to believers.

---

ordinance 규칙, 규례, 율법, 법령, (교회의) 의식, 성찬식
sensible 분별이 있는, 현명한, 지각할 수 있는, 느낄 수 있는
institute 마련하다, 제정하다, 창시하다
represent 나타내다, 의미하다, 대표하다, 묘사하다
seal 도장을 찍다, 날인하다, 봉인하다, 확실하게 하다, 확증하다

제93문. 신약의 성례들은 무엇입니까?

Which are the sacraments of the New Testament?

답. 신약의 성례들은 세례와^(마 28:19) 주의 성찬입니다^(마 26:26-28).

The sacraments of the New Testament are, Baptism, and the Lord's supper.

---

supper 저녁 식사, 만찬, 야식

내가 내 언약을 나와 너 및 네 대대 후손 사이에 세워서 영원한 언약을 삼고 너와 네 후손의 하나님이 되리라(창 17:7).

너희 중 남자는 다 할례를 받으라. 이것이 나와 너희와 너희 후손 사이에 지킬 내 언약이니라(창 17:10).

내가 너희에게 전한 것은 주께 받은 것이니 곧 주 예수께서 잡히시던 밤에 떡을 가지사(고전 11:23).

너희가 이 떡을 먹으며 이 잔을 마실 때마다 주의 죽으심을 그가 오실 때까지 전하는 것이니라(고전 11:26).

그러므로 너희는 가서 모든 민족을 제자로 삼아 아버지와 아들과 성령의 이름으로 세례를 베풀고(마 28:19).

26그들이 먹을 때에 예수께서 떡을 가지사 축복하시고 떼어 제자들에게 주시며 이르시되 "받아서 먹으라. 이것은 내 몸이니라" 하시고 27또 잔을 가지사 감사 기도 하시고 그들에게 주시며 이르시되 "너희가 다 이것을 마시라. 28이것은 죄 사함을 얻게 하려고 많은 사람을 위하여 흘리는 바 나의 피 곧 언약의 피니라"(마 26:26-28).

성례의 정의와 종류

소요리문답은 은혜의 세 가지 수단인 말씀, 성례, 기도를 자세히 다룹니다. 제89-90문이 말씀을 자세히 다루었다면 제91-97문은 성례를 자세하게 다룹니다. 그중 제91문이 성례가 어떻게 구원에 효과적이 되는지 물었다면, 제92문은 성례의 정의에 대해 묻고, 제93문은 신약의 성례에 어떤 것이 해당하는지 묻습니다.

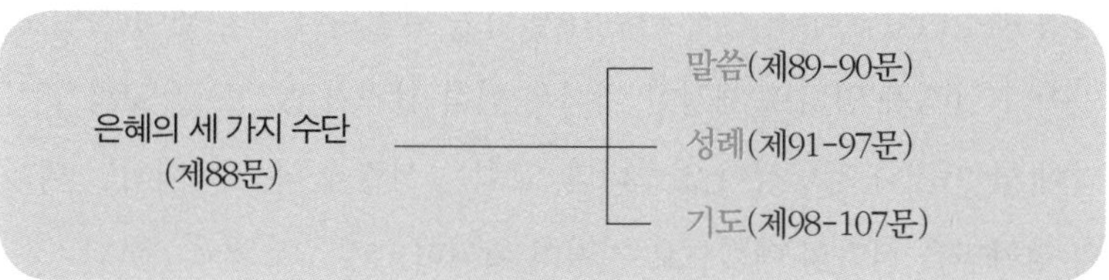

〈표30〉 은혜의 세 가지 수단

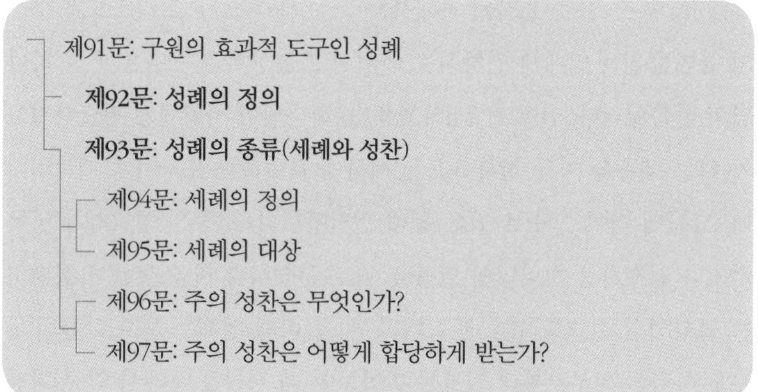

〈표31〉 소요리문답 제91-97문의 구성

1. 성례란 무엇인가?

ㄱ. 그리스도가 세운 거룩한 예식(an holy ordinance instituted by Christ)

한 나라의 공휴일(公休日)은 개인이나 단체가 임의로 제정하지 못합니다. 개인이 학교나 회사에 가기 싫다고 스스로 휴일을 지정하고 가지 않으면 무단결석이 됩니다. 3·1절, 광복절, 제헌절, 개천절 등은 모두 국가에서 정한 국경일입니다.

한 나라의 공휴일과 국경일도 이렇게 국가가 정해야만 권위가 있는데 하물며 하나님 앞에서 지키는 예식은 얼마나 더 큰 권위가 필요하겠습니까? 그런데 앞서 살펴본 것처럼 세례와 성찬은 예수 그리스도가 직접 제정하셨습니다. 신적 권위가 있다는 말입니다. 하나님이 아닌 개인이나 단체가 임의로 제정한 예식은 신적 권위가 없으므로 교회가 지켜야 할 가치나 정당성이 없습니다. 교회는 성경에 나오는 예식인 세례와 성찬만을 신약의 예식으로 지켜야 합니다.

ㄴ. 지각할 수 있는 표지에 의해서(by sensible signs) 그리스도가 구속의 유익들을 우리에게 전하시는 외적이고 통상적인 수단은 우선 하나님의 말씀입니다. 언어(하나님의 말씀)는 하나님이 사람에게 전달하시고자 하는 내용을 가장 정확하고 상세하게 표현하는 도구이기 때문입니다. 그런데 언어는 주로 귀를 통해 전달됩니다. 청중은 설교자가 낭독하거나 선포하는 하나님의 말씀을 귀로 듣습니다 말씀을 풀어 설명하는 목사님의 설교도 귀로 듣습니다. 이에 비해 성례는 눈으로 봅니다. 보통 사람은 외부로부터 정보를 받아들일 때 시각을 통해서 약 80퍼센트를 받아들이고 처리한다고 합니다. 그래서 하나님은 청각에 덧붙여 시각을 통해서도 하나님의 말씀을 더 깊이 그리고 강력하게 인식하도록 예식을 정하셨습니다.

　여기서 우리는 눈에 보이는 예식이 하나님의 말씀이 나타내는 것을 눈에 보이는 형태로 나타내는 것일 뿐 절대로 하나님의 말씀을 떠나지 않는다는 사실에 주의해야 합니다. 하나님의 말씀을 떠난 예식은 성립할 수 없습니다. 이런 의미에서 성례를 "보이는 말씀"이라고 합니다. 예수님은 세례와 성찬을 제정하심으로써 하나님 말씀의 핵심이라고 할 수 있는 자신의 대속을 시각화하셨습니다. 세례는 더러움이 물로 깨끗이 씻기듯 우리의 죄가 그리스도의 피로 깨끗이 씻기는 것을 나타냅니다. 성찬의 떡은 십자가에서 찢기신 예수님의 몸을, 포도주는 십자가에서 흘리신 예수님의 피를 상징합니다. 성찬에 참여하는 신자는 떡과 포도주를 두 눈으로 보고 입으로 맛보며 예수 그리스도의 찢기신 몸과 흘리신 피의 의미를 생생하게 깨닫습니다.

성례는 보이는 말씀이라고 하지만 시각과만 연결된 것은 아닙니다. 물이 사용되는 세례에서 수세자는 물이 주는 촉감을 온몸으로 느낍니다. 성찬에서 수찬자는 떡과 포도주를 입으로 먹고 마십니다. 구약의 성례는 더욱 공감각(共感覺)적이었습니다. 할례는 받는 자에게 살이 잘리는 고통을 안겨주었습니다. 짐승을 잡아 죽여야 하는 유월절과 각종 제사는 죽어가는 짐승의 고통과 눈빛을 직접 보아야 하는 부담감을 안겨주었습니다. 피비린내와 짐승의 울음소리도 대단했을 것입니다. 하나님은 이처럼 사람이 지각하는 여러 감각을 사용하시어 전달하려는 의미를 확실하게 교육하십니다.

ㄷ. 그리스도와 새 언약의 유익들(Christ and the benefits of the new covenant) 우리는 소요리문답 제20문에서 은혜언약을 다루면서 예수님이 오시지 않은 구약 시대에는 실체를 예시(豫示)하는 약속, 예언, 제사, 할례, 유월절 양, 여러 예표와 규례가 존재했음을 살펴보았습니다. 이것들은 모두 앞으로 오실 예수 그리스도가 우리의 죄를 짊어지고 죽으실 것을 예시했습니다.

실체이신 예수 그리스도가 오신 신약 시대에는 실체를 예시한 약속, 예언, 제사, 할례, 유월절 양, 여러 예표와 예식은 모두 사라지고 딱 두 가지만 남았는데 바로 하나님의 말씀과 성례입니다. 그리고 성례에는 세례와 성찬이 있습니다.

신약 시대의 성례 수는 두 가지로 줄어들었지만 세례와 성찬은 구약 시대의 성례들보다 더 명확하고 풍성합니다. 그 이유는 신약성경이 예수 그리스도의 생애와 죽음에 관해 말해주고 세례와 성찬을 예수님이 직접 제정하셨기 때문입니다. 예수 그리스도와 새 언약의 유익들이 세례와 성찬에 풍성하게 드러나는 것입니다.

ㄹ. 신자들에게 나타나고 인쳐지며 적용된다(represented, sealed, and applied to believers) 성례는 보이는 말씀입니다. 그래서 성례도 하나님의 말씀처럼 전하는 내용이 있습니다. 앞서 살펴본 것처럼 그리스도와 새 언약의 유익들이 성례를 통하여 나타납니다. 성례를 올바로 받는 자들은 성례가 나타내는 바를 하나님의 말씀에 비추어 올바로 아는 자들이지 성례의 외적 모습에 빠져드는 자들이 아닙니다.

성례는 하나님의 말씀에 나타난 그리스도와 새 언약의 유익들을 확인하는 측면이 있습니다. 계약서를 작성할 때 계약 당사자들은 이름을 쓰고 그 옆에 서명하거나 도장을 찍습니다. 당사자 본인이 계약했다는 사실을 서명이나 날인(捺印)을 통해 확인하는 것입니다. 하나님이 다윗을 이스라엘의 왕으로 임명하실 때 사무엘을 통하여 기름을 붓게 하셨는데 이는 기름을 부음으로써 다윗이 이스라엘의 왕이 되었음을 인치고 확인하는 것이었습니다.

로마서 4:11은 "아브라함이 할례의 표를 받은 것은 무할례 시에 믿음으로 된 의를 인친 것이니"라고 말합니다. 아브라함은 자신이 믿음으로 이미 의로운 자가 된 것을 알았지만 할례를 통하여 자신이 의로운 자가 되었음을 분명하게 확인했습니다. 신약 시대에도 비슷한 측면이 있습니다. 성례를 올바르게 아는 자는 성례를 통하여 자기의 신분에 대한 강한 인식과 확신을 갖게 되고 미래의 모든 일에 대해서 하나님의 보호와 인도를 간구할 수 있습니다.

그렇다면 성례는 단순히 그리스도와 새 언약의 유익들을 나타내고 인치는 것에 그칠까요? 실제적인 효과는 없는 것일까요? 사실 무언가를 나타내고 인치는 것은 그 자체로 그것을 경험하는 자들에게 큰 유익이 있습니다. 나타냄과 인침을 통하여 새롭게 느끼고 배우며 깨닫는 바를 통해 생활이 달라지기 때문입니다. 실제로 성령은 성례의 참여자들에게 그리스도와 새 언약의 유익들을 나타내고 인치며 은혜를 줄 뿐만 아니라 그리스도와 새 언약의 유익들을 적용하기도 하십니다. 신자들은 성찬의 떡과 포도주를 먹으며 그리스도와 하나 됨을 온몸으로 느끼며 새 언약의 유익들이 자신의 것이 됨을 체험합니다. 성령은 그리스도가 획득하신 구속의 유익들을 신자들에게 **성례를 통하여** 적용하시는 것입니다.

2. 신약의 성례들: 세례와 주의 성찬(Baptism, and the Lord's supper)

구약 시대의 성례는 각종 제사와 할례, 유월절 등으로서 신약 시대보다 더 많고 더 화려하고 더 자극적이었습니다. 혹시 예전에 닭, 개, 돼지, 소 등을 잡아본 적이 있습니까? 저는 직접 잡아본 적은 없고 잡는 것을 여러 번 보기는 했습니다. 86아시안게임과 88올림픽이 열리기 전 서울의 재래시장에서는 닭을 직접 잡아주었습니다. 손님들이 닭장에서 원하는 닭을 지목하면 주인은 그 닭을 붙잡아 시퍼런 칼로 목을 쳐 죽였습니다. 닭은 소리를 지르며 저항을 해보지만 칼이 목을 치면 얼마 지나지 않아 축 늘어져버립니다. 그러면 주인은 닭을 뜨거운 물에 집어넣은 후 일일이 털을 뽑습니다. 그리고 손님이 원하는 형태로 토막 내주었습니다. 시골에서 마당에 풀어놓고 기르는 닭을 잡을 때는 더 재미있는 상황이 연출되기도 합니다. 닭이 사람 손에 잡히지 않으려고 결사적으로 도망가기 때문입니다. 여러 사람이 한참 쫓아다녀야 될 때도 있습니다. 그렇게 잡은 닭을 칼로 제대로 찌르지 않으면 닭이 칼에 찔린 채 소리를 지르며 도망 다니는 경우도 있습니다.

저는 어려서 닭을 잡는 것만 본 것이 아니라 개를 잡는 것도 가끔 봤습니다. 1970년대에만 해도 서울의 웬만한 동네에서는 공공연히 개를 잡아먹곤 했습니다. 개를 잡는 방법도 여러 가지였습니다. 전봇대에 매달고 몽둥이로 머리를 쳐 죽이는 잔인한 모습도 봤습니다. 여하간 살아 있는 동물을 죽이는 일은 가볍거나 쉬운 일이 아닙니다. 생명을 죽이는 일에는 부담이 따릅니다. 보통 짐승은 쉽게 죽지 않습니다. 제 나름대로 최대한 저항하면서 살아보려고 애처로운 눈빛을 보냅니다. 죽는 짐승이 울부짖는 소리도 여간 듣기 싫은 것이 아닙니다. 오죽하면 "돼지 멱 따는 소리"라는 표현이 있겠습니까.

또한 짐승이 칼에 찔린 후에 바로 죽는다고 생각하면 오산입니다. 대부분 짐승은 마지막 숨이 끊어질 때까지 발버둥을 칩니다. 최후까지 살아보겠다는 몸부림입니다. 허공을 치는 발이 힘없이 떨어질 때에야 그 짐승이 확실하게 죽은 것을 알 수 있습니다. 짐승의 죽음은 피비린내로도 확인할 수 있습니다. 짐승을 찔러 죽이면 반드시 피를 보게 됩니다. 뜨겁고 시뻘건 피가 맥박에 맞춰 뿜어져 나와 흥건히 흘러내립니다. 비위가 약한 저는 군대를 가서야 고기를 먹기 시작했는데 어려서 짐승을 잡는 장면들을 본 것도 하나의 원인이었습니다. 고기를 먹으려면 죽어가는 짐승의 모습이 어른거려 먹을 수가 없었던 것입니다.

구약 시대에 하나님은 이처럼 짐승을 죽여 바치는 제사를 포함한 자극적인 성례를 통해 이스라엘 백성을 가르치셨습니다. 이들은 제사를 드리거나 각종 절기를 지킬 때마다 비싼 짐승을 죽여야 하는 경제적 부담을 안고 생명체가 죽어가는 것을 보며 역한 피 냄새를 맡아야 했습니다. 사람의 죄책과 오염을 도려내는 것을 상징하는 할례는 태어난 지 8일 된 아이의 생식기 표피를 도려내는 것이었습니다. 할례 역시 살이 잘리며 피가 흐르고 고통으로 우는 아이를 보아야 하는 간단치 않은 의식이었습니다. 신약 시대의 성례인 세례와 성찬보다 구약 시대의 제사와 할례는 훨씬 공감각적이고 자극적이었던 것입니다.

구약 시대의 백성은 실체이신 예수 그리스도가 이 땅에 사람으로 오신 것을 보지 못했기 때문에 신약 시대의 교회보다 어린 교회라고 할 수 있습니다. 그래서 더 자극적이고 시청각적인 성례들이 허락되었습니다. 이는 아이들을 위한 동화책에는 그림들이 많고 성인들을 위한 소설에는 그림이 거의 없는 것과 같습니다. 신약 시대의 교회는 짐승이 죽어가며 지르는 소리와 흘리는 피 대신에 떡과 포도주라는 간단한 상징으로 성례를 거행해도 실체이신 그리스도의 사역이 하나님의 말씀을 통해 풍성하게 드러났으므로 더 풍성한 은혜를 누립니다.

하나님의 말씀을 기준으로 세례와 성찬의 의미를 생각하지 않으면 곧 그 의미를 왜곡하게 됩니다. 구약의 이스라엘 백성은 제사를 드리고 유월절을 지키면서 그러한 의식 자체가 자기들을 하나님의 백성으로 만든다고 잘못 생각했습니다. 제사와 유월절은 우리의 죄가 예수님의 피로 사해진다는 것을 나타냅니다. 따라서 참여자들은 죄를 회개하며 앞으로 죄를 짓지 않겠다고 굳게 다짐해야 합니다. 참된 회개 없이 단순히 제사와 유월절이라는 의식으로 하나님의 자녀가 된다고 여기는 자들은 그 삶에서 하나님의 자녀다운 모습이 나오지 않습니다. 하나님은 그런 자들을 책망하시며 예언자 이사야를 통해 "너희의 무수한

  제36-2과 성례의 정의와 종류

제물이 내게 무엇이 유익하뇨? 나는 숫양의 번제와 살진 짐승의 기름에 배불렀고 나는 수송아지나 어린 양이나 숫염소의 피를 기뻐하지 아니하노라"(사 1:11)라고 말씀하셨습니다.

분명히 강조하지만 말씀에 대한 이해 없이 성례에 참여하는 것은 의미가 없습니다. 성례보다 말씀이 더 중요합니다. 말씀보다 성례를 강조하는 로마 가톨릭은 미사 때 강론을 펼치는 강대상보다 성례를 집례하는 제단을 더 중시합니다. 하지만 개신교는 성례상보다 강대상을 중시합니다. 그런데 문제는 많은 성도가 강대상은 목사나 장로가 말씀과 기도를 하는 곳이고 강대상 밑에 있는 탁자는 다른 예배 순서를 맡은 권사나 집사가 서는 곳으로 오해한다는 것입니다. 사실 그 탁자는 성례에 필요한 기구들을 놓는 성례상입니다. 원래 개신교 예배당에는 은혜의 수단인 말씀과 성례가 실행되도록 강대상과 성례상이 모두 마련되어 있습니다. 그런데 요사이 성례를 제대로 시행하지 않는 교회가 많아지면서 성례상이 사라지거나 오용되는 경우가 발생하는 것입니다.

3. 말씀과 성례의 공통점과 차이점

은혜의 수단인 말씀과 성례 사이에는 공통점이 있습니다. 첫째, 하나님이 은혜의 수단으로 제정하셨다는 점입니다. 둘째, 그리스도가 내용에 있어서 중심이라는 점입니다. 셋째, 믿음을 통하여 은혜에 참여한다는 점입니다.

말씀과 성례 사이에는 차이점도 있습니다. 첫째, 말씀은 꼭 필요하지만 성례는 꼭 필요하지는 않습니다. 둘째, 말씀은 믿음을 발생시킬 뿐만 아니라 강화하기도 하지만 성례는 발생한 믿음을 강화할 뿐입니다. 셋째, 말씀은 다양한 형태로 세상을 향하여 선포될 수 있지만 성례는 오직 교회에서 성도들에게 시행됩니다.

이러한 차이점에서 알 수 있는 바와 같이 우리는 말씀을 성례보다 우선시합니다. 예수님과 함께 십자가에 못 박힌 강도는 성례 없이 예수님의 말씀을 통하여 구원을 받았습니다. 여기서도 말씀이 필수적이며 성례보다 우선인 것을 알 수 있습니다. 성례는 믿음을 전제로 하며 믿음이 받아들여진 곳에서만 시행됩니다. 성례는 말씀 없이 본래의 의미와 목적이 나타나지 않지만 말씀은 성례 없이도 그 뜻과 목적을 성취할 수 있습니다.

이에 대한 로마 가톨릭의 오해는 성찬을 지나치게 강조한 데 그 원인이 있습니다. 교황을 비롯한 사제의 권위가 절대적이라고 보는 로마 가톨릭은, 사제가 성찬의 떡과 포도주를 들고 "이것은 나의 몸과 피이니라"라고 말하는 순간 그 떡과 포도주가 실제로 예수 그리스도의 몸과 피로 변한다는 화체설(化體說)을 믿습니다. 이 화체설에 대해서는 상권에서도 잠시 다루었지만 소요리문답 제96문에서 더 자세하게 살펴볼 것입니다.

제36-3과
세례의 정의

제94문. 세례란 무엇입니까?

What is baptism?

답. 세례는 성례로서 성부와 성자와 성령의 이름으로 물을 가지고 씻는 것은^(마 28:19) 우리가 그리스도에게 접붙임 되는 것을, 우리가 은혜언약의 유익들을 취하는 것을, 그리고 우리가 주님께 속한다는 서약을 상징하고 인치는 것입니다^(롬 6:4; 갈 3:27).

Baptism is a sacrament, wherein the washing with water in the name of the Father, and of the Son, and of the Holy Ghost, does signify and seal our ingrafting into Christ, and partaking of the benefits of the covenant of grace, and our engagement to be the Lord's.

---

signify 뜻하다, 나타내다
ingraft 접목하다, 접붙이다, 융합하다
engagement 서약, 약속, 약혼

세례란 무엇인가?

신약의 두 가지 성례는 세례와 성찬입니다. 소요리문답은 이 두 가지 성례를 자세하게 다룹니다. 제94문은 세례가 무엇인지 정의하고 제95문은 세례의 대상이 누구인지 논합니다.

제93문: 성례의 종류(세례와 성찬)
제94문: 세례의 정의
제95문: 세례의 대상

〈표32〉 소요리문답 제93–95문의 구성

1. 성부와 성자와 성령의 이름으로(in the name of the Father, and of the Son, and of the Holy Ghost)

성부와 성자와 성령의 이름으로 세례를 받는다는 것이 무슨 뜻인지 이해하는 데는 고린도 교인들의 분쟁에 대해 사도 바울이 지적한 아래의 말씀이 도움을 줍니다.

> 12너희가 각각 이르되 나는 바울에게, 나는 아볼로에게, 나는 게바에게, 나는 그리스도에게 속한 자라 한다는 것이니 13그리스도께서 어찌 나뉘었느냐? 바울이 너희를 위하여 십자가에 못 박혔으며 바울의 이름으로 너희가 세례를 받았느냐?(고전 1:12-13)

그리스도인들은 바울의 이름으로 세례를 받은 것이 아닙니다. 바울은 이들을 위하여 십자가에 못 박히지도 않았고 그들의 구원을 위하여 근본적으로 한 일도 없습니다. 그는 단지 사역자에 지나지 않습니다(고전 3:5).

따라서 성부와 성자와 성령의 이름으로 세례를 받는다는 것은 첫째, 성부와 성자와 성령이 우리의 구원을 위하여 근본적인 일을 하셨기 때문에 그 사역에 근거하여 세례를 받는다는 것입니다. 둘째, 삼위일체 하나님의 이름으로 세례를 받음으로써 자신이 성부와 성자와 성령에게 속한다는 것을 수세자가 고백하면서 주변 사람들에게도 알리는 것입니다. 즉 성부와 성자와 성령의 이름으로 세례를 받는다는 것은 그 이름에 근거하여 세례를 받고 그 이름에 속한다는 의미입니다.

그런데 성경을 보면 다음 "참고 성구"에서 볼 수 있듯이 세례와 관련해 성부와 성자와 성령의 이름이 모두 나타나지 않는 경우가 많습니다. 오히려 성부와 성자와 성령의 이름으로 세례를 받는다고 묘사한 것은 마태복음 28:19 한 군데뿐입니다.

아볼로는 무엇이며 바울은 무엇이냐? 그들은 주께서 각각 주신 대로 너희로 하여금 믿게 한 사역자들이니라(고전 3:5).

우리가 유대인이나 헬라인이나 종이나 자유인이나 다 한 성령으로 세례를 받아 한 몸이 되었고 또 다 한 성령을 마시게 하셨느니라(고전 12:13).

베드로가 이르되 "너희가 회개하여 각각 예수 그리스도의 이름으로 세례를 받고 죄 사함을 받으라. 그리하면 성령의 선물을 받으리니"(행 2:38).

이는 아직 한 사람에게도 성령 내리신 일이 없고 오직 주 예수의 이름으로 세례만 받을 뿐이더라(행 8:16).

47이에 베드로가 이르되 "이 사람들이 우리와 같이 성령을 받았으니 누가 능히 물로 세례 베풂을 금하리요?" 하고 48명하여 "예수 그리스도의 이름으로 세례를 베풀라" 하니라. 그들이 베드로에게 며칠 더 머물기를 청하니라(행 10:47-48).

그들이 듣고 주 예수의 이름으로 세례를 받으니(행 19:5).

성부와 성자와 성령의 이름만이 아니라 예수 그리스도나 성령으로 세례를 받는 것에 대하여 우리는 어떻게 이해해야 합니까? 이것은 삼위일체를 공부할 때 "성부나 성자나 성령의 한 위격만 성경에 언급된다고 하여 다른 두 위격들이 배제되지 않는다"라는 내용과 "외부를 향한 삼위일체 하나님의 사역은 분리되지 않는다"(*opera Trinitatis ad extra sunt indivisa*)라는 내용을 상기할 필요가 있습니다. 성경에서 어떤 한 위격만 언급이 되어도 다른 두 위격이 배제되지 않습니다. 시간과 공간의 장에서는 "성부"라는 단어를 발음하면 다른 두 위격을 발음할 수 없습니다. 그래서 한 위격만 표현되지만 그 순간에도 본질에서 같고 영원과 무한과 불변이라는 속성을 공유하시는 다른 위격들은 절대로 배제되지 않습니다.

그러므로 예수 그리스도의 이름으로 세례를 받는다고 할 때도 다

opera: 일, 공적 활동
Trinitatis: 삼위일체의
ad: [접두사] …에, …으로
extra: 외부에, 밖에
sunt: …이다
indivisa: 나누어지지 않은

른 두 위격이 배제되지 않습니다. 그리스도가 하시는 모든 사역에는 다른 두 위격이 포함되어 있습니다. 그래서 예수 그리스도의 이름으로 세례를 받는다는 것과 성부와 성자와 성령의 이름으로 세례를 받는다는 것은 같습니다. 단지 "성부와 성자와 성령의 이름으로"라는 표현이 피조물인 우리에게는 어떤 한 위격의 이름만 언급하는 것보다 더 온전한 표현입니다.

2. 물을 가지고 씻는 것(the washing with water)

더운 여름날 땀과 먼지로 범벅이 된 몸을 깨끗한 물로 씻는 느낌은 말로 다 표현할 수 없이 좋습니다. 음식물을 담은 그릇들도 설거지를 통해 깨끗하게 씻깁니다. 사람이 만들어내는 각종 오수도 결국엔 강물과 바닷물에 의해 정화됩니다. 환경 정화의 마지막 보루인 바다가 육지에서 흘러나오는 오염 물질을 감당하지 못하면 인류는 멸망할 수밖에 없을 것입니다. 이처럼 물은 더러운 것을 깨끗하게 하는 정화의 상징입니다.

그래서 세례 때 물이 사용됩니다. 물이 더러운 것을 깨끗하게 씻어내듯이 예수 그리스도의 피가 우리의 죄를 깨끗이 씻어버리셨음을 말해줍니다. 빛과 어둠이 함께할 수 없듯이 깨끗한 것과 더러운 것이 함께할 수 없고 의인과 악인도 함께할 수 없습니다. 예수 그리스도의 피로 거룩해진 자들만이 예수 그리스도와 연합할 수 있는데 세례 때 사용되는 물은 바로 이러한 것들을 상징합니다.

3. 우리가 그리스도에게 접붙임되는 것(our ingrafting into Christ)

앞서 살펴본 것처럼 성부와 성자와 성령의 이름으로 물을 가지고 씻는 세례 의식은 우리가 예수 그리스도의 피로 거룩해지는 것을 상징합니다. 하나님은 영원부터 모든 택자를 의롭다 하기로 작정하셨고 예수 그리스도는 때가 차매 사람이 되시어 십자가에 못 박혀 피 흘리심으로써 택자들의 죄를 깨끗이 씻으시고 부활하셨습니다. 성령은 우리가 이 놀라운 사실을 믿음을 통하여 깨닫고 예수 그리스도를 붙들게 하셨습니다. 택자들은 이런 성부와 성자와 성령의 사역을 통해 예수 그리스도에게 접붙임되는데 세례 의식은 이 사실을 상징하고 인쳐줍니다.

"접붙임"의 사전적 정의는 "서로 다른 두 개의 식물을 인위적으로 만든 절단면을 따라 이어서 하나의 개체로 만드는 것"입니다. 이 경우 식물 하나는 뿌리를 그대로 남겨두어야 영양분을 공급할 수 있는데 이를 대목(臺木, rootstock)이라고 합니다. 그리고 이 대목에 접붙이는 나무는 접수(接穗, scion)라고 합니다. 접수는 대목의 상태에 따라 수확량과 품질에 큰 영향을 받습니다. 예를 들어 늙어서 열매를 잘 맺지 못하는 접수를 젊은 대목에 접붙이면 자라는 속도와 열매 맺는 시기와 품질이 향상됩니다.

그런데 접붙임에서 중요한 점은 대목과 접수가 근접한 유연관계에 있어야 한다는 것입니다. 그렇지 않으면 접붙이기는 성공할 수 없습니다. 그렇다면 예수 그리스도와 더러운 죄인 사이의 유연관계는 어떨까요? 양자는 동이 서에서 먼 것보다 더 멀고 하늘이 땅에서 높은 것보다 질적인 차이가 더 큽니다. 하지만 예수 그리스도는 이런 죄인들을 받아주시어 풍성한 열매를 맺게 하십니다. 세례는 이 놀라운 사건을 물로 씻는 예식을 통해 상징하고 인치는 것입니다.

17또한 가지 얼마가 꺾이었는데 돌감람나무인 네가 그들 중에 접붙임이 되어 참감람나무 뿌리의 진액을 함께 받는 자가 되었은즉 18그 가지들을 향하여 자랑하지 말라. 자랑할지라도 네가 뿌리를 보전하는 것이 아니요 뿌리가 너를 보전하는 것이니라(롬 11:17-18).

4. 우리가 은혜언약의 유익들을 취하는 것(our partaking of the benefits of the covenant of grace)

예수 그리스도에게 접붙임된 죄인들은 예수 그리스도로부터 끊임없이 수액과 영양분을 공급받습니다. 따라서 그 유익이 얼마나 크겠습니까? 예수님에게 접붙임되면 은혜언약의 유익들을 계속해서 누릴 수 있습니다. 그 유익들은 첫째, 그리스도의 생애와 죽음을 통한 구속의 획득입니다(기독론). 둘째, 성령 하나님이 그리스도가 획득하신 구원을 우리들에게 적용하는 것입니다(구원론). 그것은 구체적으로 연합, 효과적 부르심, 칭의, 양자됨, 성화, 하나님의 사랑에 대한 확신, 양심의 화평, 성령 안에서의 기쁨, 은혜의 증가, 견인 등입니다.

세례를 받는 초신자들이 세례 의식에 담긴 이런 의미와 유익들을 처음부터 잘 알 수는 없습니다. 세례의 의미와 유익을 더 잘 아는 이들은 세례 의식을 지켜보는 기존 성도들입니다. 오랜 신앙생활을 통하여 성경을 더 알게 될수록 세례의 의미와 귀중함도 더 잘 알게 됩니다. 따라서 세례는 수세자들에게뿐 아니라 거기에 증인으로 참여하는 성도들에게도 큰 은혜를 끼칩니다. 그래서 세례는 그리스도의 구속의 유익들을 수세자들만이 아니라 모든 신자에게 전달하는 외적이고 통상적인 수단입니다.

신자가 세례에서 취하는 은혜언약의 유익들과 관련해 웨스트민스터 신앙고백 제7장 3항은 다음처럼 말합니다.

사람이 타락함으로 스스로 그 언약에 의해 생명을 얻을 수 없게 되었는데 주께서는 그 기쁘신 뜻대로 은혜언약이라 칭하는 둘째 언약을 맺으셨다. 여기서 하나님은 죄인들에게 예수 그리스도에 의한 생명과 구원을 값없이 제공하셨고 그들이 구원 얻도록 그를 믿을 것을 그들에게 요구하셨으며 영생으로 정해진 모든 사람에게 성령을 주어 그들로 하여금 믿기를 원할 뿐만 아니라 믿을 수 있게 하기를 약속하셨다.

TIP 신앙고백 제7장 3항에 대한 자세한 해설은 상권 260-262쪽을 참고하라.

5. 우리가 주님께 속한다는 서약(our engagement to be the Lord's)

수세자가 그리스도께 접붙임되는 것과 은혜언약의 유익들을 취하는 것이 모두 세례를 통하여 나타납니다. 그렇다면 세례에는 수세자가 받는 것 이외에 다른 어떤 의미가 있을까요? 그것은 바로 하나님과 증인들에게 하는 다짐과 약속의 의미입니다. 수세자는 세례를 받으며 이제 그리스도께 접붙임되었으니 그에 맞는 자로 살겠다고 서약합니다. 또 수세자는 세례식이 거행되는 교회에 회원으로 들어가 그 권한과 책임을 수행하겠다고 다짐합니다.

세례를 받는 자는 새 생명 가운데서 행해야 합니다(롬 6:4). 누구든지 그리스도와 합하려고 세례를 받은 자는 그리스도로 옷 입은 것이므로(갈 3:27) 그에 맞는 삶을 살아야 합니다. 우리는 옛사람을 벗어버리고 새사람을 입어야 합니다.

22너희는 유혹의 욕심을 따라 썩어져 가는 구습을 따르는 옛사람을 벗어버리고 23오직 너희의 심령이 새롭게 되어 24하나님을 따라 의와 진리의 거룩함으로 지으심을 받은 새사람을 입으라(엡 4:22-24).

소요리문답 제94문의 세례에 대한 이 부분을 대요리문답 제165문은 "이로써 세례받은 당사자들은 엄숙히 보이는 교회에 가입하게 되고, 전적으로 오직 주께만 속한다고 공개적으로 고백하는 서약에 들어갑니다"(whereby the parties baptized are solemnly admitted into the visible church, and enter into an open and professed engagement to be wholly and only the Lord's)라고 더 상세하게 말합니다. 세례는 수세자가 교회에 엄숙하게 가입하는 것입니다. 그리고 전적으로 오직 주님께만 속한다고 공개적으로 고백하는 것입니다. 이처럼 세례에는 수세자의 거취와 태도에 대한 고백도 담겨 있습니다. 참고로 세례를 받을 때 수세자가 하는 서약은 다음과 같습니다.

1. 저는 하나님 앞에 죄인으로서 당연히 그의 진노를 받을 만하나 그의 크신 자비하심으로 구원 얻을 것밖에 다른 소망이 없는 자인 줄 믿습니다.
2. 저는 주 예수 그리스도가 하나님의 아들 되심과 죄인의 구주 되시는 줄을 믿으며, 복음에 말한 바와 같이 구원하실 이는 다만 예수 그리스도뿐이신 줄 알고 믿으며 그에게만 의지하기로 서약합니다.
3. 저는 지금 성령의 은혜만 의지하고 그리스도를 좇는 자가 되어 그대로 힘써 행하며 모든 죄를 버리고 그의 가르침과 모범을 따라 살기로 서약합니다.
4. 저는 교회의 관할과 치리에 복종하고 그 청결과 화평함을 위하여 힘쓰기로 서약합니다.

6. 상징하고 인치는 것(signify and seal)

인치는 것에 대해서는 앞서 다루었으므로 여기서는 상징하는 것에 대해서 살펴보겠습니다. "상징하다"라는 뜻의 영어 "시그너파이"(signify)는 "신호", "기호", "표시"를 의미하는 "사인"(sign)에서 유래했습니다. 보통 빨간색 신호등은 멈추라는 표시이고 파란색 신호등은 가도 좋다는 표시입니다. 사람들은 신호등의 의미에 따라 멈추거나 진행해야 합니다. 만일 사람들이 신호등의 각 색이 상징하는 의미를 이해하지 못하고 빨간색 신호등을 단지 빨간 조명으로 이해한다면 신호등은 제 역할을 할 수 없습니다.

마찬가지로 사람들이 성부와 성자와 성령의 이름으로 물을 가지고 씻는 세례 의식에 담긴 의미를 이해하지 못하고 단지 물로 씻는 것이라고 생각한다면 세례 의식은 아무 소용이 없습니다. 구약 백성이 드리는 제사도 하나님의 용서하시는 은혜, 즉 앞으로 오실 그리스도의 대속을 바라보지 않고 드리면 아무 의미가 없고 율법 행위에 지나지 않습니다. 제사 의식과 세례 의식은 모두 상징하고 인치고자 하는 내용물이 있습니다. 그 상징하고 인치는 바를 인식하고 믿음으로 받아들여야만 세례가 의미와 효력을 갖습니다.

제36-4과
세례의 대상

제95문. 세례는 누구에게 베풀어야 합니까?

To whom is baptism to be administered?

답. 세례는 보이는 교회 밖에 있는 자들에게 베풀어서는 안 되고 그들이 그리스도에 대한 믿음과 순종을 고백할 때 베풀어야 합니다(행 2:38; 8:36-37). 그리고 보이는 교회 회원들의 유아들도 세례를 받아야 합니다(창 17:10, 12; 행 2:38-39; 고전 7:14).

Baptism is not to be administered to any that are out of the visible church, till they profess their faith in Christ, and obedience to him; but the infants of such as are members of the visible church are to be baptized.

---

visible 눈에 보이는, 분명한
infant 유아, 갓난아기

36길 가다가 물 있는 곳에 이르러 그 내시가 말하되 "보라! 물이 있으니 내가 세례를 받음에 무슨 거리낌이 있느냐?"…38이에 명하여 수레를 멈추고 빌립과 내시가 둘 다 물에 내려가 빌립이 세례를 베풀고(행 8:36-38).

38베드로가 이르되 "너희가 회개하여 각각 예수 그리스도의 이름으로 세례를 받고 죄 사함을 받으라. 그리하면 성령의 선물을 받으리니 39이 약속은 너희와 너희 자녀와 모든 먼 데 사람 곧 주 우리 하나님이 얼마든지 부르시는 자를에게 하신 것이라" 하고(행 2:38-39).

너희 중 남자는 다 할례를 받으라. 이것이 나와 너희와 너희 후손 사이에 지킬 내 언약이니라(창 17:10).

너희의 대대로 모든 남자는 집에서 난 자나 또는 너희 자손이 아니라 이방 사람에게서 돈으로 산 자를 막론하고 난 지 팔 일 만에 할례를 받을 것이라(창 17:12).

믿지 아니하는 남편이 아내로 말미암아 거룩하게 되고 믿지 아니하는 아내가 남편으로 말미암아 거룩하게 되나니 그렇지 아니하면 너희 자녀도 깨끗하지 못하니라. 그러나 이제 거룩하니라(고전 7:14).

세례의 대상은 누구인가?

우리는 소요리문답의 흐름을 따라 은혜의 수단인 성례 중 "세례"에 대해 자세히 살펴보고 있습니다. 소요리문답 제94문이 세례의 정의를 다루었다면 제95문은 세례를 받을 수 있는 대상이 누구인지 설명합니다. 세례의 중요성을 생각할 때 교회가 세례의 대상이 누구인지 분명하게 밝히는 것은 매우 중요합니다.

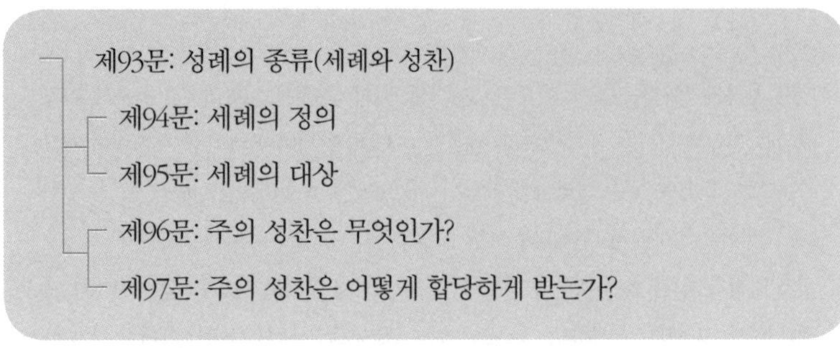

〈표33〉 소요리문답 제93-97문의 구성

1. 보이는 교회 밖에 있는 자들에게 베풀어서는 안 되고 그들이 그리스도에 대한 믿음과 순종을 고백할 때 베풀어야 합니다(Baptism is not to be administered to any that are out of the visible church, till they profess their faith in Christ, and obedience to him)

TIP The visible church is a society made up of all such as in all ages and places of the world do profess the true religion, and of their children.

웨스트민스터 대요리문답 제62문은 "가시적 교회란 어느 시대나 세상의 모든 지역에서 참된 종교를 고백하는 자들과 그들의 자녀로 구성된 사회"라고 정의합니다. 즉 가시적 교회란 하나님의 눈이 아니라 사람들의 눈에 보이는 교회로서, 눈에 보이는 교회당에 모여서 신앙고백을 하며 신앙생활을 하는 자들의 모임을 말합니다. 이 가시적 교회에는 가라지도 있습니다.

반대로 불가시적 교회란 사람들의 눈에 보이지 않는 교회로서 과거와 현재와 미래에 걸쳐 존재하는 참된 신자들을 말합니다. 대요리문답 제64문은 "불가시적 교회란 머리이신 그리스도 밑에 하나로 모였고, 모여지고 있고, 모여질 택자의 총수"라고 정의합니다. 사람은 열 길 물속은 보아도 한 길 사람 속은 보지 못합니다. 그래서 누가 참된 신자인지 어느 정도 가늠할 뿐이지 알곡과 가라지를 정확히 구분하지는 못합니

TIP The invisible church is the whole number of the elect, that have been, are, or shall be gathered into one under Christ the head.

다. 이런 면에서 과거와 현재와 미래의 참된 교인으로 구성된 불가시적 교회는 하나님만 보실 수 있습니다.

세례를 받으려는 자들에게는 먼저 신앙고백이 있어야 합니다. 예수 그리스도에 대한 믿음과 그리스도의 말씀대로 살겠다는 고백이 있어야 하는 것입니다. 이러한 신앙고백을 가진 자들은 자연히 보이는 교회에 속하여 신앙생활을 합니다. 따라서 "보이는 교회 밖에 있는 자들"이란 예수 그리스도에 대한 믿음이 없는 자들이고, 설령 있다고 하더라도 보이는 교회에 속하여 신앙생활 하는 것의 의미와 가치를 모르는 자들입니다. 이런 자들에게는 세례를 베풀면 안 됩니다.

앞서 살펴본 대요리문답 제165문은 "세례받은 당사자들이 엄숙히 보이는 교회에 가입하게 되고, 전적으로 오직 주께만 속한다고 공개적으로 고백하는 서약에 들어간다"고 말합니다. 여기서도 보이는 교회의 밖에 있는 자들은 세례를 받을 자격이 없음을 분명히 하고 있습니다.

그런데도 보이는 교회 밖에 있는 자들에게 세례를 베푸는 경우가 있습니까? 그리스도에 대한 믿음과 순종을 고백하지 않는 자들에게도 세례를 베푸는 자들이 있습니까? 이런 질문에 대한 대답은 안타깝게도 "그렇다"입니다. 특히 세례 자체에 능력이 있다고 믿는 로마 가톨릭에 많습니다.

그들은 성사(聖事, sacrament)가 그리스도가 제정하시고 교회에 맡긴 "은총의 표징(表徵)"으로 감각적인 상징(象徵)을 통해 효율적인 은총을 낳게 한다고 봅니다. 의식 자체에 하나님의 은총을 풍부히 부어주는 기능이 있다고 여기는 것입니다. 그들의 관점에 따르면 세례(洗禮), 견진(堅振), 성체(聖體), 고해(告解), 혼인(婚姻), 성품(聖品), 병자(病者)의 일곱 성사는 영생을 보증해주며 하나님의 생명에 참여하게 합니다.

그들도 거짓으로 행하는 성사는 합당하지 않다고 말하기는 하지만 성사 자체에 큰 의미와 능력을 부여하기에 그런 조건을 강조하지는 않습니다. 그들의 주장에 따르면 그리스도가 구원의 사명을 교회에 맡기셨는데 교회는 성사를 집행함으로써 그 은총의 보관자, 소유자, 관리자의 임무를 수행하게 됩니다.

물론 로마 가톨릭에도 세례 대상자를 교육하는 과정이 있습니다. 하지만 그들은 세례 성사 자체의 능력을 믿기 때문에 형식적인 고백을 하는 자들에게도 세례를 주는 경향이 있습니다. 이렇게 세례를 받은 자는 그 후에 미사에 참여하지 않다가 결혼이나 자녀의 유아세례 때, 혹은 장례 때나 다시 찾아옵니다. 이들은 교회를 자신들의 관혼상제(冠婚喪祭)의 도구로 여기지 구원과 생명이 있는 곳으로 여기지 않는 것입니다.

개신교는 로마 가톨릭의 교리와 행정의 부패에 항거하며 생겨났으므로 무엇보다 로마 가톨릭의 거짓된 일곱 가지 성사를 반대했습니다. 그래서 성경적 근거가 명확한 세례와 성찬을 제외한 다른 성례를 폐지하고 세례와 성찬의 정상화에 세심한 관심을 기울였습니다. 그런데 요사이 많은 개신교회가 로마 가톨릭처럼 확실하게 믿음을 고백하지 않는 자들에게도 세례와 성찬을 허락하는 경향을 보입니다. 예를 들어 부모는 교회에서 직분을 맡아 열심히 신앙생활을 하는데 그 자녀들은 그렇지 않은 경우에 그 자녀들은 성례에 참여할 수 있습니까? 아무리 신앙 좋고 교회를 열심히 섬기는 직분자의 자식들이라고 해도 그 신앙이 참된 것인지 분별해야 할 것입니다. 그들이 신실하게 교회에 속하여 신앙생활을 하고 분명한 신앙고백을 할 때만 세례를 베풀어야 합니다. 교회에 잘 나오지 않고 신앙고백도 확실하지 않지만 세례를 받으면 신앙생활을 잘 할 것 같다는 부탁과 청원이 있어도 그에게 세례를 베풀면

안 됩니다. 아무도 모르는 미래의 변화 가능성이 세례의 근거가 될 수
는 없습니다.

2. 보이는 교회의 회원들의 유아들도 세례를 받아야 합니다(But the infants
of such as are members of the visible church are to be baptized)

태어난 지 한두 해밖에 안 되는 유아들은 신앙고백을 하지 못합니다.
그리스도에 대한 믿음과 순종을 드러낼 수 없습니다. 그런데 그 유아들
에게 세례를 베풀어야 합니까? 이것은 구약 시대의 할례를 통해 이해
해야 합니다.

하나님은 아브라함에게 언약의 표징(창 17:11)으로서 태어난 유아
에게 8일 만에 할례를 행하라고 명하셨습니다. 이방 사람에게서 돈으
로 산 자도 난 지 8일 만에 할례를 행해야 합니다(창 17:12-14). 아무 신
앙고백을 하지 못하는 유아에게도 할례를 행합니다. 이것은 아브라함
을 택하시어 하나님의 자녀로 삼으시는 하나님이 똑같은 은혜를 유아
들에게도 내리시어 하나님의 자녀로 삼으신다는 것을 나타냅니다. 사
람의 구원은 사람에게 있지 않고 하나님께 있습니다. 은혜로 구원해주
시겠다고 하신 하나님의 언약에 속하여 구원을 받는 어떤 부모의 유아
또한 그 언약 속에서 하나님의 은혜로 구원을 받습니다.

48"너희와 함께 거류하는 타국인이 여호와의 유월절을 지키고자 하거든
그 모든 남자는 할례를 받은 후에야 가까이하여 지킬지니 곧 그는 본토인
과 같이 될 것이나 할례받지 못한 자는 먹지 못할 것이니라. 49본토인에
게나 너희 중에 거류하는 이방인에게 이 법이 동일하니라" 하셨으므로(출
12:48-49).

이스라엘에 거주하는 타국 품꾼은 유월절 고기를 먹지 못합니다. 그런데 이스라엘 백성과 함께 거류하는 타국인이 유월절을 지키고자 하면 그 모든 남자는 먼저 할례를 받아야 합니다. 굳이 할례를 받고 유월절에 참여하는 자는 유월절의 가치를 알고 인정하는 것입니다. 할례를 받는 것에 그들의 신앙고백이 담겨 있습니다. 자신들도 하나님의 은혜로 구원을 받는다는 고백을 공적으로 할례를 통하여 드러내는 것입니다.

이때도 유아들은 신앙고백을 하지 못합니다. 그런데도 유아들에게 할례가 허락된 것을 통해 우리는 유아들이 하나님의 은혜로 구원받는다는 것을 확인할 수 있습니다. 즉 성인은 신앙고백을 통해서 하나님의 언약 속에 있음을 나타내고, 유아들은 세례를 통해서 하나님의 은혜로 구원이 주어진다는 것을 나타냅니다.

신약성경에는 유아들이 세례를 받았다는 구절도 없고 세례를 받지 않았다는 구절도 없습니다. 하지만 우리는 가족이 세례를 받았다는 구절들을 통해 유아들이 세례를 받았을 가능성을 충분히 추론할 수 있습니다.

14두아디라 시에 있는 자색 옷감 장사로서 하나님을 섬기는 루디아라 하는 한 여자가 말을 듣고 있을 때 주께서 그 마음을 열어 바울의 말을 따르게 하신지라. 15그와 그 집이 다 세례를 받고 우리에게 청하여 이르되 "만일 나를 주 믿는 자로 알거든 내 집에 들어와 유하라" 하고 강권하여 머물게 하니라(행 16:14-15).

29간수가 등불을 달라고 하며 뛰어들어가 무서워 떨며 바울과 실라 앞에 엎드리고 30그들을 데리고 나가 이르되 "선생들이여, 내가 어떻게 하여야 구원을 받으리이까?" 하거늘 31이르되 "주 예수를 믿으라. 그리하면 너와 네 집이 구원을 받으리라" 하고 32주의 말씀을 그 사람과 그 집에 있는 모든 사람에게 전하더라. 33그 밤 그 시각에 간수가 그들을 데려다가 그 맞은 자리를 씻어주고 자기와 그 온 가족이 다 세례를 받은 후 34그들을 데리고 자기 집에 올라가서 음식을 차려주고 그와 온 집안이 하나님을 믿으므로 크게 기뻐하니라(행 16:29-34).

15이는 아무도 나의 이름으로 세례를 받았다 말하지 못하게 하려 함이라. 16내가 또한 스데바나 집 사람에게 세례를 베풀었고 그 외에는 다른 누구에게 세례를 베풀었는지 알지 못하노라(고전 1:15-16).

바울의 전도를 받고 예수님을 믿게 된 루디아는 집안 사람들과 함께 세례를 받았습니다. 이때 그 집안에 유아들이 있었다면 그들에게도 세례가 베풀어졌을 것입니다. 유아들은 신앙고백을 하지 못하지만 구원 얻은 가족의 구성원으로서 가족과 함께 하나님의 언약에 속하기 때문입니다. 유아들에게도 하나님의 은혜로 구원이 임하기에 유아들의 구원을 반대할 자가 없습니다.

바울과 실라의 전도를 받은 간수도 온 가족이 다 세례를 받았습니다. 바울과 실라는 주의 말씀을 간수에게만이 아니라 간수의 집에 있는 모든 사람에게 전했습니다. 그리고 주의 말씀을 들은 그들이 모두 세례를 받은 것입니다. 거기도 유아가 포함되었을 가능성이 있습니다. 바울이 스데바나 집 사람들에게 세례를 베푼 것도 같은 시각으로 볼 수 있습니다.

사실 예수님은 유아들을 귀하게 여기셨습니다. 제자들은 사람들이 예수님의 친절을 바라고 어린아이들을 데리고 왔을 때 별로 달가워하지 않고 그들을 꾸짖었습니다. 하지만 예수님은 제자들에게 노하시며 어린아이들이 오는 것을 용납하고 금하지 말라고 말씀하셨습니다. 더 나아가 하나님의 나라를 어린아이와 같이 받들지 않는 자는 그곳에 들어가지 못한다고 말씀하시며 그들을 안고 안수하시고 축복하셨습니다 (막 10:13-16).

예수님이 이렇게 하신 것은 유아들이 예수님에 대한 믿음과 순종을 명백하게 드러냈기 때문이 아니라 어린아이 자체의 가치 때문이었습니다. 유아들의 순수함과 전적으로 부모에게 기대는 마음가짐 때문에 예수님은 그들을 높게 여기셨습니다. 하나님의 나라에 들어가려면 어린아이들처럼 순수해야 하고 자신의 지위와 행위가 아니라 하나님의 은혜에 전적으로 기대어 구원을 받아야 합니다.

베드로는 사도행전 2장의 매우 중요한 설교에서 예수 그리스도의 이름으로 세례를 받고 죄 사함을 받는 약속이 설교를 듣는 자들만이 아니라 그 자녀에게도 주어졌다고 말합니다(행 2:38-39). 부모가 하나님께 속할 때 아직 신앙고백을 할 수 없는 자녀들은 그 부모와 함께 하나님의 언약에 속하기 때문에 죄 사함을 받습니다. 물론 스스로 신앙고백을 할 수 있는 나이에 이른 자녀는 자신의 신앙고백에 따라 성례에 참여할 수 있는지가 결정됩니다.

바울은 고린도전서 7장에서 믿지 않는 남편이 아내로 말미암아 거룩해질 수 있으므로 그 남편이 아내와 함께 살기를 좋아하면 그 남편을 버리지 말라고 권고합니다(고전 7:13). 믿지 않는 배우자가 믿는 배우자로 말미암아 거룩해진다면 믿는 부모의 자녀도 그 부모로 말미암아 깨끗해질 수 있습니다(고전 7:14). 이러한 논리는 유아세례의 가능성을 탄탄하게 지지해줍니다.

참고로 하이델베르크 요리문답 제74문은 유아들이 세례를 받아야 하는 이유에 대하여 다음처럼 말합니다.

어른들처럼 유아들도 하나님의 언약과 하나님의 백성에 속하기 때문이고, 죄의 구속과 믿음을 작동시키는 성령이 그리스도의 피를 통해 부모 못지않게 유아들에게도 약속되었기 때문입니다. 그들도 언약의 표지인 세례에 의하여 그리스도의 교회에 속해야 하고 불신자의 자녀들과 구별되어야 하는데 이것이 구약에서는 할례로 이루어졌고, 신약에서는 세례로 대치되었습니다(For since they, as well as their parents, belong to the covenant and people of God, and both redemption from sin and the Holy Ghost, who works faith, are through the blood of Christ promised to them no less than to their parents: they are also by Baptism, as a sign of the covenant, to be ingrafted into the Christian Church, and distinguished from the children of unbelievers, as was done in the Old Testament by Circumcision, in place of which in the New Testament Baptism is appointed).

1. 자신에게 가장 중요한 대화 상대가 누구인지 말해봅시다. 삶의 중요한 주제들을 공유하며 마음 편하게 대화할 수 있는 사람이 있습니까? 교회에도 그런 사람이 있습니까?

2. 소요리문답 제91-95문을 서로 묻고 답해봅시다. 근거 성구도 함께 살펴봅시다.

3. 성례가 구원의 효과적 도구가 되는 이유는 무엇입니까? 성례들 안에 있는 어떤 덕이나 그 성례들을 집행하는 자 안에 있는 어떤 덕 때문입니까? 아니면 오직 그리스도의 축복하심과 성례들을 믿음으로 받는 자들 안에 계시는 그리스도의 영의 역사하심 때문입니까?

4. 성례는 누가 세웠습니까? 성례를 보이는 말씀이라고 부르는 이유가 무엇입니까? 성례에서 신자들에게 나타나고 인쳐지고 적용되는 것은 무엇입니까?

5. 말씀과 성례의 공통점과 차이점은 무엇입니까?

6. "예수 그리스도의 이름으로" 세례를 받아도 "성부와 성자와 성령의 이름으로" 세례를 받은 것이라고 할 수 있습니까?

7. 접붙임의 과정을 설명해보고 우리가 그리스도에게 접붙임된다는 것이 무슨 의미인지 이야기해봅시다.

8. 가시적 교회와 불가시적 교회를 구분해서 설명하고, 가시적 교회 밖에 있는 자들에게 세례를 베풀면 안 되는 이유를 이야기해봅시다.

9. 가시적 교회 회원들의 유아들이 신앙고백을 하지 못하는데도 세례를 받을 수 있는 근거는 무엇인가요?

제37-1과
주의 성찬은 무엇인가?

제96문. 주의 성찬은 무엇입니까?

What is the Lord's supper?

답. 주의 성찬은 성례로서 그리스도의 제정하심에 따라 떡과 포도주를 주고받는데, 이것에 의하여 그의 죽음이 나타나 보이고 합당한 수찬자는 신체적이고 육체적인 방식이 아니라 오직 믿음에 의해서 그의 몸과 피에 그의 모든 유익과 함께 참여하는 자로 만들어져 영적인 양육에 이르고 은혜에서 성장합니다(고전 11:23-26, 10:16).

The Lord's Supper is a sacrament, wherein, by giving and receiving bread and wine, according to Christ's appointment, his death is showed forth; and the worth receivers are, not after a corporal and carnal manner, but by faith, made partakers of his body and blood, with all his benefits, to their spiritual nourishment, and growth in grace.

---

appointment 임명, 약속, 지정　　**worth** 가치가 있는
corporal 육체의, 신체의　　**carnal** 세속의, 속세적인, 물질적인, 육체의
nourishment 영양분, 음식물, 양육

23내가 너희에게 전한 것은 주께 받은 것이니 곧 주 예수께서 잡히시던 밤에 떡을 가지사 24축사하시고 떼어 이르시되 "이것은 너희를 위하는 내 몸이니 이것을 행하여 나를 기념하라" 하시고 25식후에 또한 그와 같이 잔을 가지시고 이르시되 "이 잔은 내 피로 세운 새 언약이니 이것을 행하여 마실 때마다 나를 기념하라" 하셨으니 26너희가 이 떡을 먹으며 이 잔을 마실 때마다 주의 죽으심을 그가 오실 때까지 전하는 것이니라(고전 11:23-26).

우리가 축복하는 바 축복의 잔은 그리스도의 피에 참여함이 아니며 우리가 떼는 떡은 그리스도의 몸에 참여함이 아니냐?(고전 10:16)

해설

주의 성찬은 무엇인가?

소요리문답은 은혜의 외적이고 통상적인 수단으로 말씀, 성례, 기도를 제시합니다. 성례는 다시 세례와 성찬으로 나뉘는데 제96-97문은 주의 성찬에 관하여 설명합니다.

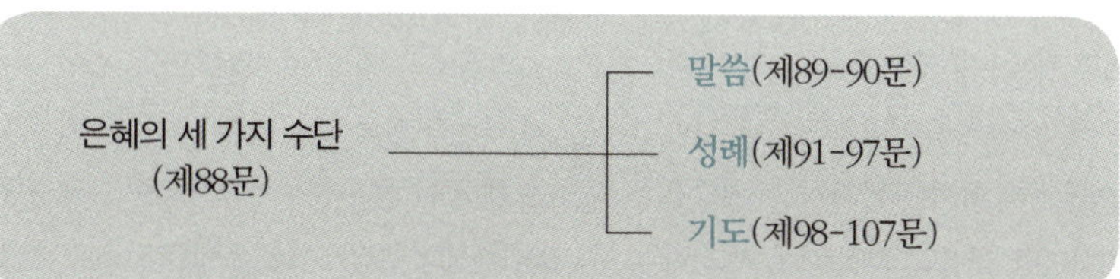

〈표34〉 은혜의 세 가지 수단

제93문: 성례의 종류(세례와 성찬)

제94-95문: 세례에 관하여

제96-97문: 성찬에 관하여

제96문: 주의 성찬은 무엇인가?

제97문: 주의 성찬은 어떻게 합당하게 받는가?

〈표35〉 소요리문답 제93-97문의 구성

1. 그리스도의 제정하심에 따라 떡과 포도주를 주고받는데(by giving and receiving bread and wine, according to Christ's appointment)

성찬은 그리스도가 직접 제정하셨습니다. 다음의 참고 성구들이 보여주는 것처럼 예수님은 십자가에 돌아가시기 전날 밤에 유월절 식사를 하시며 떡과 포도주를 나누는 성찬을 제정하셨습니다. 사도 바울도 고린도전서 11장에서 자기가 고린도 교인들에게 전하는 것은 주께 받은 것이라고 말하여 성찬이 주의 제정에 의한 것임을 밝혔습니다.

참고 성구

26그들이 먹을 때에 예수께서 떡을 가지사 축복하시고 떼어 제자들에게 주시며 이르시되 "받아서 먹으라. 이것은 내 몸이니라" 하시고 27또 잔을 가지사 감사 기도 하시고 그들에게 주시며 이르시되 "너희가 다 이것을 마시라. 28이것은 죄 사함을 얻게 하려고 많은 사람을 위하여 흘리는 바 나의 피 곧 언약의 피니라"(마 26:26-28).

19또 떡을 가져 감사 기도 하시고 떼어 그들에게 주시며 이르시되 "이것은 너희를 위하여 주는 내 몸이라. 너희가 이를 행하여 나를 기념하라" 하시고 20저녁 먹은 후에 잔도 그와 같이 하여 이르시되 "이 잔은 내 피로 세우는 새 언약이니 곧 너희를 위하여 붓는 것이라"(눅 22:19-20).

2. 그의 죽음이 나타나 보이고(His death is showed forth)

소요리문답 제92문에서 "성례란 그리스도가 세운 거룩한 예식으로서 지각할 수 있는 표지(標識)에 의해서 그리스도와 새 언약의 유익들이 성례에서 신자들에게 나타나고 인쳐지며 적용된다"는 것을 살펴보았습니다. 그리고 제93문에서 "신약의 성례들은 세례와 주의 성찬"인 것을 살펴보았습니다. 세례나 성찬이나 모두 신약의 성례이므로 지각할 수 있는 표지에 의해서 그리스도와 새 언약의 유익들을 신자들에게 나타내고 인치고 적용해야 합니다. 세례에서는 물이, 성찬에서는 떡과 포도주가 그러한 역할을 합니다.

그렇다면 떡과 포도주는 무엇을 나타낼까요? 바로 우리의 죄를 대속하시기 위하여 십자가에서 살이 찢기고 피를 흘리며 죽으신 예수 그리스도를 상징합니다. 예수님은 제자들에게 나눠주신 떡이 자신의 몸이고 잔에 담긴 포도주는 많은 사람을 위하여 흘리는 자신의 피, 곧 언약의 피라고 하셨습니다. 따라서 성찬에서 떡과 포도주를 받아먹는 자들은 십자가에서 피 흘려 죽으신 예수 그리스도의 몸과 피를 생각해야 합니다. 그리스도가 죽으심으로, 그리고 그 죽으심이 우리에게 적용됨으로 우리의 죄가 사해지고 구원을 받아 하나님의 자녀가 된다는 것을 알아야 합니다.

구약 시대의 하나님 백성은 흠 없는 소와 양으로 제사를 드릴 때 자신들의 죄를 대신하여 그 짐승들이 죽는다는 사실을 알아야 했습니다. 그 짐승은 앞으로 오실 메시아(그리스도)를 상징했는데 그 사실을 모르고 단지 소와 양을 잡아서 바치면 하나님의 백성이 될 뿐만 아니라 선민 지위를 유지할 수 있다고 생각하는 것은 잘못된 신앙이었습니다. 이에 대해 하나님은 이사야를 통해 다음과 같이 말씀하셨습니다.

 제37-1과 주의 성찬은 무엇인가?

11여호와께서 말씀하시되 "너희의 무수한 제물이 내게 무엇이 유익하뇨?
나는 숫양의 번제와 살진 짐승의 기름에 배불렀고 나는 수송아지나 어린
양이나 숫염소의 피를 기뻐하지 아니하노라. 12너희가 내 앞에 보이러 오
니 이것을 누가 너희에게 요구하였느냐? 내 마당만 밟을 뿐이니라. 13헛된
제물을 다시 가져오지 말라. 분향은 내가 가증히 여기는 바요 월삭과 안식
일과 대회로 모이는 것도 그러하니 성회와 아울러 악을 행하는 것을 내가
견디지 못하겠노라"(사 1:11-13).

이스라엘 백성은 무수한 제물을 하나님께 바쳤습니다. 그렇지만 그
의미를 모르고 드렸기 때문에 하나님은 기뻐하시지 않았습니다. 앞서
도 말했지만 제사에 쓰이는 짐승들은 죄를 지은 사람들을 대신하여 죽
습니다. 제84문에서 살펴본 것처럼 모든 죄는 하나님의 진노와 저주를
받습니다. 죄의 삯은 사망입니다(롬 6:23). 그런데 이 사망을 제물로 쓰
이는 소나 양이 대신하여 짊어집니다. 그래서 제사에 쓰이는 짐승은 앞
으로 오실 메시아(그리스도)를 가리킵니다. 죄의 삯을 갚고자 제사를 드
리는 자는 이제 죄를 짓지 않겠다는 굳은 결심으로 제사를 드려야 합
니다. 그런데 이사야 시대의 이스라엘 백성은 제사를 드리며 악을 행하
기를 게을리하지 않았기 때문에 책망을 받은 것입니다.

하나님이 성례에 참여하는 자에게 요구하시는 자세는 구약이나 신
약이나 마찬가지입니다. 제사를 드릴 때 죄의 삯으로 죽을 수밖에 없는
자신을 은혜로 받아주시는 하나님께 감사하며 죄에서 멀어지겠다고 굳
게 마음먹어야 하듯이 성찬에 참여하는 자도 감사와 결단의 자세로 임
해야 합니다. 신약 백성들은 구약 백성들보다 실체로 오신 예수 그리스
도를 통해 더 분명한 계시를 받았으므로 더 확실하고 충만한 감사와 결

단을 드러낼 수 있습니다.

성찬에서 주의 죽음이 나타나 보인다고 할 때 이 죽음은 부활의 승리를 포함한 죽음임을 명심해야 합니다. 예수 그리스도의 죽음은 절대로 죽음 자체로 끝나지 않고 부활과 승천과 주의 우편에 앉으심도 포함합니다. 즉 우리는 그리스도의 죽음을 생각할 때 성자 하나님이 사람이 되시어 낮아짐과 높아짐의 상태에서 선지자와 제사장과 왕의 삼직을 행하신 모든 것까지 염두에 두어야 합니다.

성찬에서 그리스도의 죽음만을 보는 자는 떡과 포도주를 받아먹을 때 그리스도가 겪은 고통을 생각하며 슬픔과 비탄에 빠지게 됩니다. 많은 교회의 성찬식 분위기가 그렇습니다. 성찬식이 거행되는 동안 주로 슬픈 찬송을 반주하며 혹 한두 분이 흐느끼면 전체가 침묵과 슬픔에 빠져듭니다. 하지만 성찬에서 부활과 승천과 재림의 영광도 보는 자는 기쁨과 희망을 느낍니다. 우리는 성찬식에서 부활과 승천과 재림도 기억하며 기쁨과 축제와 소망의 의미 역시 담아내야 합니다. 또한 영생과 하나님 나라를 믿음으로 바라보며 감사와 기쁨으로 밝고 힘차게 임할 때도 있어야 합니다.

3. 합당한 수찬자는 신체적이고 육체적인 방식이 아니라 오직 믿음에 의해서 그의 몸과 피에 참여하는 자가 된다(The worth receivers are, not after a corporal and carnal manner, but by faith, made partakers of his body and blood)

ㄱ. 로마 가톨릭의 화체설 앞서 살펴보았듯이 우리는 성례보다 말씀을 우선시하지만 로마 가톨릭은 성례를 우선시합니다. 그 이유는 그들이 화체설(化體說, transubstantiation)을 믿기 때문입니다. "몸"(體)으로

"변한다"(化)는 의미의 "화체설"이란 용어는 성찬을 집례하는 신부가 떡과 포도주를 들고 "이것은 나의 몸과 피이니라"라고 말하는 순간 그 떡과 포도주가 실제로 예수 그리스도의 몸과 피로 변한다고 생각하는 데서 비롯되었습니다.

화체설을 신봉하는 로마 가톨릭에서는 성찬에 사용하는 떡과 포도주를 매우 중요하게 다룹니다. 성찬식을 영성체(領聖體)라고 부르면서 떡과 포도주가 땅에 떨어질까 봐 매우 조심합니다. 단지 예식의 분위기가 흐트러지는 것을 염려하는 정도가 아니라 예수 그리스도의 진짜 몸과 피를 바닥에 떨어트려 불경죄를 지을까 봐 두려워하는 것입니다.

또 그들은 떡과 포도주를 함부로 돌리지 않고 줄을 서서 한 사람씩 나오게 합니다. 그러면 집례자는 전병(煎餠) 형태로 만들어 부스러기가 떨어지지 않게 한 떡을 입에 직접 넣어줍니다. 포도주는 잔을 엎거나 바닥에 흘릴 위험 때문에 특별한 경우가 아니면 집례자가 대표로 마실 뿐입니다. 영성체 후 남은 예수 그리스도의 몸과 피(?)는 버릴 수 없으므로 특별한 장소에 보관하며 신부가 미사에 참여하지 못한 자들에게 사적으로 성찬을 시행할 때 사용합니다. 그래도 남는 떡과 포도주는 어쩔 수 없이 신부가 먹고 마십니다.

지금까지 여러 번 살펴보았듯이 우리는 그리스도의 의의 전가설을 믿지만 로마 가톨릭은 주입설을 믿습니다. 그들은 전가설로 설명되는 신자의 법정적 의는 허구라고 비난하면서 실제로 개인에게 의로움이 발생해야 한다고 주장합니다. 그리스도의 의가 신자에게 주입(注入, infused)되어 신자 안에 있는 의를 작동시켜 실제로 많은 의를 이루어야 한다는 것입니다. 그들은 여기서 신자들에게 성의(成義, making righteousness)의 은혜가 계속 주입되는 방법이 바로 성찬이라고 합니

TIP 領: 거느릴, 다스릴, 받을 령
聖: 성인, 신선, 성스러울 성
體: 몸, 신체 체

다. 그리스도의 몸과 피로 변한 떡과 포도주를 받아먹는 것이 은혜의 주입과 직결된다고 보는 것입니다. 이처럼 그들의 칭의론과 성찬론은 밀접하게 연관되어 있습니다.

그런데 그리스도의 몸과 피로 실제로 변한 떡과 포도주의 맛은 왜 그대로일까요? 실제로 변했다면 당연히 맛까지 달라져야 하지 않을까요? 이런 질문에 대해 그들은 떡과 포도주의 "본질"은 변했지만 "속성"은 그대로 남아 있기 때문에 고유한 맛은 사라지지 않는다고 설명합니다. 무언가 궁색하고 억지스러운 느낌을 지울 수 없습니다.

그들은 성례를 통한 그리스도와 신자의 연합을 물질적 의미로 생각하기 때문에 화체설에 집착합니다. 그래서 본질과 속성을 분리해서 생각하며 하나님 우편에 계신 예수 그리스도가 물리적으로 편재(遍在)하신다고 주장합니다. 하지만 이러한 주장은 정당한 근거가 취약해 논란거리가 될 뿐입니다. 합당한 수찬자는 결코 이런 "신체적이고 육체적인 방식"(a corporal and carnal manner)으로 그리스도의 몸과 피에 참여하지 않습니다.

신체적이고 육체적인 방식의 성찬을 인정한다면 믿음은 이제 필요하지 않습니다. 단지 떡과 포도주를 받아먹기만 하면 자동으로 은혜가 되기 때문에 마음으로는 별의별 생각을 다 하면서 성찬에 임해도 됩니다. 로마 가톨릭이 말하는 대로 성찬의 은혜가 사제의 의식을 통하여 객관적으로 전달되고 성례 자체의 힘으로 은혜가 발생한다면 수찬자의 행동이나 성향은 전혀 문제가 되지 않습니다.

그래서 아무 생각 없이 미사에 참여하여 떡과 포도주만 받아먹는 형식적인 신자들이 양산됩니다. 로마 가톨릭에서 신자가 되는 가장 중요한 기준은 미사에 참여하는가입니다. 미사에 참여만 하면 자동으로 로마 가톨릭 신자가 되기 때문에 다수의 형식적인 로마 가톨릭 가정이나 국가가 존재할 수밖에 없습니다. 로마 가톨릭 내부에서 아무리 성례에 임하는 자세가 올발라야 한다고 강조하더라도 근본적으로 말씀보다 성례를 강조하고 성찬을 화체설로 이해하는 관점이 사람들을 형식적인 신자로 만드는 것입니다.

영화 "대부 I"은 아버지가 수장으로 있던 마피아 조직을 이어받아 두목이 된 마이클(알 파치노 분)이 정장 차림을 하고서 웅장한 성당에서 거행되는 조카의 유아세례에 대부로 참여하는 장면을 보여줍니다. 그런데 그 장면은 그의 부하들이 다른 마피아 조직의 두목들을 찾아가 죽이는 무자비한 장면들과 교차합니다. 마이클은 자기 부하들에게 살인을 지시해놓고는 거룩한 세례식에 자못 진지하게 참여해 완벽한 알리바이를 만들어놓은 것입니다.

현실에서는 어떨까요? 로마 가톨릭에서는 실제로 살인을 지시하고도 유아세례와 성찬에 참여할 수 있습니다. 그리스도의 몸과 피가 된 떡과 포도주를 먹기만 하면 그 자체로 은혜를 받을 수 있기에 참여자의 삶이나 마음이 문제 되지 않는 것입니다. 저는 "대부 I"의 유아세례 장면을 보면서 종교개혁의 빌미가 되었던 면죄부가 떠올랐습니다. 아무리 많은 죄를 지어도 면죄부를 구매하는 순간에 죄가 사해지듯이, 잔혹한 살인을 지시해놓고도 신부가 집례하는 미사에 참여하기만 하면 은혜를 받아 천국에 가는 것입니다. 아무리 죄가 커도 면죄부를 구입하면 죄가 없어진다는 논리나, 단순히 유아세례와 성찬에 참여하기만 하면 죄가 사해지고 은혜가 된다는 논리나 모두 허무맹랑하기는 마찬가지입니다.

ㄴ. 루터파의 공재설 개신교 중 루터파는 성찬에 대하여 공재설(共在

說, consubstantiation)을 주장합니다. 공재설이란 성찬에서 떡과 포도주를 나눌 때 승천하여 하나님 우편에 앉아계신 예수 그리스도가 이 땅에 임재하시는데, 신성만 임재하시는 것이 아니라 육체도 임재하신다고 보는 관점입니다. 이 관점에 따르면 육체를 포함하는 그리스도의 전 인격이 신비스럽고 기적적인 방법으로 성찬의 떡과 포도주 안에, 아래에, 그것들과 함께 존재합니다.

루터파는 로마 가톨릭처럼 성찬의 떡과 포도주가 바로 그리스도의 몸과 피라고 말하지는 않습니다. 대신 수찬자가 포도주 안에, 아래에 함께 임재하신 그리스도의 자연적인 몸을 받아먹음으로써 그리스도의 몸과 피에 참여하게 된다고 주장합니다. 성찬의 요소인 떡과 포도주를 단순히 물질로 보지 않고 그리스도의 몸과 피에 결합시키는 것입니다.

하지만 어떻게 보면 루터파의 관점은 로마 가톨릭의 아류에 지나지 않습니다. 성찬의 떡과 포도주에 그리스도의 육체적인 몸과 피가 신비스럽고 기적적인 방법을 통해 장소적으로 임재한다고 보기 때문입니다. 즉 개신교는 믿음을 통하여 주의 몸과 피를 자신의 것으로 받지만, 로마 가톨릭과 루터교는 실제로 입으로 먹고 마심을 통해 주의 몸과 피를 받습니다.

루터파의 성례관 역시 그들의 신학과 깊은 관계가 있습니다. 우리는 예수 그리스도의 육체가 부활 후 승천하시어 하나님 우편에 계시고, 성찬 시 신성만 임재하신다고 봅니다. 그 이유는 예수 그리스도가 한 인격이시지만 그 인격을 이루는 인성과 신성의 두 본성이, 변질과 합성과 혼합 없이(without conversion, composition, or confusion) 한 인격으로 결합되어(joined) 있을 뿐이라고 보기 때문입니다. 하지만 루터파는 그리스도의 신성과 인성의 속성이 서로 교류한다고 봅니다. 이런 교류가 있어야만 참된 한 인격의 단일성이 성립한다는 것입니다. 이런 논리 때문에 그들은 성찬 시에도 예수 그리스도의 신성과 함께 인성이 실제로 임재한다고 주장합니다.

루터파는 신성과 인성의 좁혀지지 않는 차이를 제대로 인식하지 못하고 인성이 신성을 받아낼 수 있다고 주장합니다. 신성이 인성에 영향을 미쳐 인성도 신성과 같은 속성을 띨 수 있다고 여깁니다. 이런 신학이 바뀌지 않는 한 공재설을 거두어들이기는 쉽지 않을 것입니다.

하지만 신성과 인성은 무한과 유한으로 너무나 큰 차이가 나기 때문에 한쪽이 다른 쪽으로 변질되거나 합성되거나 혼합될 수 없습니다. 변질과 합성과 혼합이 발생하기에는 신성과 인성의 격차가 너무나 커서 인성이 도저히 신성에 도달할 수 없습니다. 이것을 신앙의 선배들은 "유한은 무한을 받지 못한다"(*finitum non capax infiniti*)라고 표현했습니다. 우리는 소요리문답 제21문을 통해 택자들의 유일한 구속자이신 예수 그리스도는 신성과 인성의 두 본성이지만 한 인격임을 다루면서 자세히 살펴보았습니다. 그 결과 우리는 성찬시 그리스도가 육체적으로 그리고 장소적으로 임재하시지 않지만, 예수 그리스도가 전 인격으로 신자들과 연합하시므로 신자들은 믿음으로 그의 몸과 피에, 그의 모든 유익에도 함께 참여한다고 결론 내렸습니다.

앞서 살펴보았듯이 로마 가톨릭의 칭의론이 변하려면 인간론과 성찬론도 변해야 합니다. 또 루터파의 성찬론이 변하려면 그들의 그리스도론이 변해야 합니다. 신학의 각 부분은 이렇게 서로 긴밀하게 연결되어 있습니다. 최근 들어 로마 가톨릭과 개신교의 여러 교파가 칭의론에서 화해하는 분위기인데 로마 가톨릭은 실제로 양보한 것이 없음을 명심해야 할 것입니다.

ㄷ. 영적 임재설 우리는 성찬 때 예수 그리스도가 육체적으로나 장소적으로 임재하신다는 주장을 거부하고 영적 임재설(臨在說)을 주장합니다. 즉 성찬 때 그리스도가 영적으로 임재하시어 생명을 주는 감화를 수찬자(受餐者)에게 전달하신다고 믿습니다. 이 감화는 성령을 매개로 하여 영적으로 신비하게 주어집니다. 수찬자는 오직 믿음으로 이 감화를 받아들이고 그리스도의 몸과 피에 참여합니다.

그래서 우리는 성찬의 떡과 포도주가 그리스도의 몸과 피로 변한다는 화체설도 거부하고, 그리스도의 두 본성이 떡과 포도주 안에, 아래에, 함께 임재하신다는 공재설도 거부합니다. 우리가 말하는 영적 임재는 영적이지만 가상적이고 허구적인 것이 아니라 실재적(實在的, real)인 임재입니다. 그리스도는 성찬에 영적으로 임재하셔서 우리에게 실제로 덕과 은혜를 끼치십니다. 그리고 이것을 주관적으로 믿는 수찬자가 그 은혜를 받습니다.

앞서도 말했지만 개혁교회는 성례마저도 "보이는 말씀"이라고 표현합니다. 사람은 청각을 통해서 말씀을 듣고 시각을 통해서 성례를 봅니다. 보통은 시각이 정보를 받아들이는 데 보다 효과적이기 때문에 하나님은 보이는 말씀인 성례를 사용하시어 신자들의 믿음을 강화하시는 은혜를 허락해주셨습니다. 성찬의 감각적이고 외적인 상징을 통해 말씀에 있는 영적인 진리가 풍성하게 나타납니다. 그래서 신자는 말씀을 통해 배운 내용을 성례를 통해 확인하며 믿음이 더욱 강해집니다. 우리는 성례에 참여할 때 말씀을 통해 배운 내용으로 은혜를 받아야 합니다. 단순히 의식에 참여하는 것에서 은혜를 받으려고 해서는 안 됩니다. 세례와 성찬의 의미를 깊이 새기며 믿음으로 성례에 참여해야 할 것입니다.

4. 영적인 양육에 이르고 은혜에서 성장한다(to their spiritual nourishment, and growth in grace)

믿음으로 성찬에 참여하는 자는 큰 은혜와 유익을 누립니다. 사도 바울은 "우리가 축복하는 바 축복의 잔은 그리스도의 피에 참여함이 아니며 우리가 떼는 떡은 그리스도의 몸에 참여함이 아니냐"(고전 10:16)라고 말했습니다. 성찬의 떡과 포도주를 받아먹음으로써 그리스도의 몸과 피에 참여하게 된 자들은 구체적으로 어떤 유익을 받을까요? 구체적으로 어떻게 영적인 양육에 이르고 은혜에서 성장할까요?

첫째, 떡과 포도주가 의미하는 그리스도의 몸과 피의 대속의 가치를 앎으로써 오는 유익입니다. 말씀으로 이 사실을 들을 뿐만 아니라 눈으로 떡과 포도주를 주고받는 것을 보고, 실제 입으로 떡을 씹어 먹고 포도주를 목구멍으로 마시며 그리스도의 구속의 가치를 더 실감 나게 깨닫습니다. 그리스도가 십자가에서 죽으신 의미가 무엇인지를 눈으로 보고 입으로 맛보며 더욱 분명하게 확인하는 것입니다.

둘째, 그 떡과 포도주를 입으로 먹으며 자기 것으로 삼는 것에서 오는 유익입니다. 축복의 잔과 떡을 먹는 것은 그리스도의 피와 몸에 참여하여 그리스도와 연합하는 것입니다. 그리스도의 피와 몸을 상징하는 잔과 떡을 먹음으로써 수찬자는 바로 그리스도의 피와 몸을 먹은 것이 되고, 그리스도와 하나가 됩니다. 수찬자는 입으로 씹고 목구멍으로 떡과 포도주를 넘기며 그리스도의 피와 몸이 바로 자기 안으로 들어와 자기 것이 됨을 온몸으로 체험합니다. 예수님은 "내가 진실로 진실로 너희에게 이르노니 인자의 살을 먹지 아니하고 인자의 피를 마시지 아니하면 너희 속에 생명이 없느니라. 내 살을 먹고 내 피를 마시는 자는 영생을 가졌고 마지막 날에 내가 그를 다시 살리리니"(요 6:53-54)

라고 말씀하셨는데, 성찬이야말로 예수님의 이 말씀을 머리만이 아니라 온몸으로 느끼고 체험하는 좋은 은혜의 수단입니다.

셋째, 떡과 포도주가 허기진 자에게 육적인 힘을 제공하듯 영적인 떡과 포도주는 신자에게 영적인 힘을 공급합니다. 아브라함이 사로잡힌 조카 롯을 구하기 위해 318명을 거느리고 그돌라오멜 및 그와 함께한 왕들을 쳐부수고 돌아올 때 살렘 왕 멜기세덱은 떡과 포도주를 가지고 찾아왔습니다. 아브라함 일행은 그 떡과 포도주를 먹고 기력을 회복했습니다. 그렇듯 우리가 성찬 때 먹는 떡과 포도주는 우리에게 영적인 생명과 영양을 공급합니다. 그 생명과 영양으로 인해 수찬자는 참된 기쁨과 평안과 감사를 더욱 깊이 누릴 수 있습니다.

넷째, 성찬에 참여한 자들이 똑같은 떡과 포도주를 먹고 마시면서 하나 됨을 강하게 의식하는 유익입니다. 성찬은 그리스도와 수찬자를 연합시킬 뿐만 아니라 수찬자들끼리도 서로 연합시킵니다. 고린도전서 10:17은 "떡이 하나요 많은 우리가 한 몸이니 이는 우리가 다 한 떡에 참여함이라"라고 말하여 수찬자들이 한 떡을 먹음으로 한 몸이 된다고 말합니다. 각 성도가 그리스도를 머리로 둔 한 몸의 지체라는 성경 말씀이 성찬을 통해 밝히 드러나는 것입니다. 그러므로 성찬에 참여한 자들은 지체 의식을 가지고 서로를 더 잘 섬길 수 있습니다.

다섯째, 수찬자들이 찢기는 떡과 붉은 포도주를 보며 그리스도가 십자가에서 당한 고통을 생각하고 죄를 더욱 멀리해야겠다고 다짐하는 유익입니다. 몸이 찢겨 피를 흘리는 고통이 얼마나 크겠습니까? 죄는 이런 고통을 반드시 가져옵니다. 수찬자들은 성찬에서 죄의 비참한 결과를 기억하며 회개가 깊어지고 거룩한 삶을 더욱 뜨겁게 열망하게 됩니다.

제37-2과
주의 성찬에 합당하게 참여하는 방법

제97문. 주의 성찬을 합당하게 받기 위해서 무엇이 요구됩니까?

What is required to be the worthy receiving of the Lord's supper?

답. 주의 성찬에 합당하게 참여하려는 자들에게 요구되는 것은 주의 몸을 분별하는 지식이(고전 11:28-29), 그를 먹는 믿음이(고후 13:5), 그리고 회개와(고전 11:31) 사랑과(고전 10:16-17) 새로운 순종이 자신들에게 있는지를 살피는 것입니다(고전 5:7-8). 합당하지 않게 참여하여 자신들에 대한 심판을 먹고 마시지 않도록 해야 합니다(고전 11:28-29).

It is required of them that would worthily partake of the Lord's supper, that they examine themselves of their knowledge to discern the Lord's body, of their faith to feed upon him, of their repentance, love, and new obedience; lest, coming unworthily, they eat and drink judgement to themselves.

---

worthily 가치 있게, 훌륭하게, 합당하게 ← **worthy**

examine 조사하다, 검토하다, 시험하다   **discern** 분명히 인식하다, 분간하다, 판별하다

feed 먹을 것을 주다, 먹이다, 먹다(on)

28사람이 자기를 살피고 그 후에야 이 떡을 먹고 이 잔을 마실지니 29주의 몸을 분별하지 못하고 먹고 마시는 자는 자기의 죄를 먹고 마시는 것이니라(고전 11:28-29).

너희는 믿음 안에 있는가 너희 자신을 시험하고 너희 자신을 확증하라. 예수 그리스도께서 너희 안에 계신 줄을 너희가 스스로 알지 못하느냐? 그렇지 않으면 너희는 버림받은 자니라(고후 13:5).

우리가 우리를 살폈으면 판단을 받지 아니하려니와(고전 11:31).

16우리가 축복하는 바 축복의 잔은 그리스도의 피에 참여함이 아니며 우리가 떼는 떡은 그리스도의 몸에 참여함이 아니냐? 17떡이 하나요 많은 우리가 한 몸이니 이는 우리가 다 한 떡에 참여함이라(고전 10:16-17).

7너희는 누룩 없는 자인데 새 덩어리가 되기 위하여 묵은 누룩을 내버리라. 우리의 유월절 양 곧 그리스도께서 희생되셨느니라. 8이러므로 우리가 명절을 지키되 묵은 누룩으로도 말고 악하고 악의에 찬 누룩으로도 말고 누룩이 없이 오직 순전함과 진실함의 떡으로 하자(고전 5:7-8).

주의 성찬에 합당하게 참여하려면

제93문: 성례의 종류(세례와 성찬)

제94-95문: 세례에 관하여

제96-97문: 성찬에 관하여

제96문: 주의 성찬은 무엇인가?

제97문: 주의 성찬은 어떻게 합당하게 받는가?

〈표36〉 소요리문답 제93-97문의 구성

1. 주의 몸을 분별하는 지식(their knowledge to discern the Lord's body)

주의 성찬에 합당하게 참여하려는 자들은 주의 몸을 분별하는 지식이 있어야 합니다. 성찬의 요소인 떡과 포도주가 예수 그리스도의 찢긴 몸과 흘린 피임을 분별할 줄 알아야 합니다. 이러한 분별 없이 그냥 성찬식에 참여하여 떡과 포도주를 받아먹으면 바로 자신의 죄를 먹고 마시는 것입니다.

> [28]사람이 자기를 살피고 그 후에야 이 떡을 먹고 이 잔을 마실지니 [29]주의 몸을 분별하지 못하고 먹고 마시는 자는 자기의 죄를 먹고 마시는 것이니라(고전 11:28-29).

성찬 의식 자체에는 어떤 의미와 능력도 없습니다. 화체설과 공재설을 믿는 로마 가톨릭과 루터파는 수찬자의 자세와 믿음에 상관없이 성찬의 떡과 포도주를 받아먹기만 하면 거기에 객관적으로 담겨 있는 능력을 먹고 마심으로써 실제 효과를 보게 된다고 주장합니다. 하지만 이는 틀린 주장입니다. 떡과 포도주는 아무 변화가 없습니다. 수찬자의 자세와 믿음이 중요합니다.

이러한 의미와 목적을 모르는 자들은 아예 성찬식에 참여하지 않는 것이 좋습니다. 그렇지 않고 참여하면 오히려 떡과 포도주를 먹는 것이 아니라 자신의 죄를 먹고 마심으로 죄를 더하는 것입니다. 앞에서 "대부"라는 영화를 통해 살펴본 것처럼 자신의 알리바이 조작을 위해서 부하들에게 살인을 지시하고 유아세례식에 참여하는 것은 하나님이 제정하신 성례를 모독하는 행위입니다. 신자는 가장 거룩한 자세로 성찬에 임하여 주의 몸과 피를 받아먹어야 은혜가 됩니다.

떡과 포도주의 의미를 바르게 아는 신자들일지라도 성찬식을 앞두고 주의 몸에 맞지 않는 타락한 삶을 살고 있거나 특정한 큰 죄를 지었을 때는 성찬에 참여하지 않는 것이 좋습니다. 성찬식은 성찬에 참여하는 그 순간의 믿음도 중요하지만 성찬을 앞두고서 어떤 삶을 살았느냐도 중요합니다. 불신자들과 어울려 허랑방탕한 삶을 살거나 술과 도박에 찌들었거나 도둑질과 사기와 간음을 저질렀다면 어찌 성찬에 참여할 수 있겠습니까? 먼저 죄를 철저하게 회개하고 하나님께로 돌아가는 삶과 고백이 있어야 합니다. 성찬은 주의 몸에 맞는 삶과 고백이 있을 때만 참된 의미가 있습니다.

2. 그를 먹는 믿음(their faith to feed upon him)

유대인들은 예수님께 구약 시대의 이스라엘 백성이 광야에서 먹던 만나와 같은 표적을 보여달라고 요구했습니다. 그러자 예수님은 모세가 떡을 준 것이 아니라 자신의 아버지께서 세상에 생명의 참 떡을 주신다고 대답하셨습니다. 그 떡을 달라고 그들이 요구하자 예수님은 자신이 생명의 떡이라고 말씀하셨습니다(요 6:32-35). 우리는 성찬의 떡과 포도주가 우리에게 생명을 주는 그리스도의 살과 피인 줄 알고 먹는 믿음이 있어야 합니다. 이러한 믿음이 없이 먹는 떡과 포도주는 우리 자신의 죄를 먹고 마시는 것입니다.

> 너희는 믿음 안에 있는가 너희 자신을 시험하고 너희 자신을 확증하라. 예수 그리스도께서 너희 안에 계신 줄을 너희가 스스로 알지 못하느냐? 그렇지 않으면 너희는 버림받은 자니라(고후 13:5).

우리는 성찬에 임할 때 이러한 믿음이 우리에게 있는지 먼저 살피고 확증해야 합니다. 예수 그리스도가 우리 안에 계신다는 믿음을 가지고 그것을 확인하고 강화하는 차원에서 성찬에 임해야 합니다. 성찬의 떡과 포도주를 먹는다고 자동으로 예수 그리스도가 우리 안에 계시는 것은 아닙니다. 반대로 예수 그리스도가 우리 안에 이미 계시기 때문에 우리는 그것을 확인하고 확증하는 차원에서 성찬의 떡과 포도주를 먹고 마십니다.

3. 회개와 사랑과 새로운 순종(their repentance, love, and new obedience)

주의 몸을 분별하는 지식을 가진 자로서 성찬에 합당하게 임하는 자는 자신이 죄인이라는 사실과 하나님의 은혜 없이는 죄에서 벗어나 하나님의 자녀가 될 수 없다는 사실을 잘 압니다. 죄인이 오직 예수 그리스도의 피로만 의로워진다는 사실도 잘 압니다. 그래서 주의 몸을 분별하는 지식을 가지고 성찬에 임하는 신자는 회개의 삶을 삽니다. 그는 자신의 원죄와 자범죄가 그리스도의 피로 사해진다는 믿음을 가지고 성찬에 합당하게 임하기 위해 죄에서 돌이킵니다. 더 나아가 끊임없이 자신이 짓는 죄가 무엇인지 살피며 죄를 안 짓는 삶을 살기 위해 각고의 노력을 기울입니다.

성찬을 합당하게 받기 원하는 자는 율법의 대강령인 하나님 사랑과 이웃 사랑에 대해서도 깊이 성찰해야 합니다. 성찬은 그리스도와 수찬자를 연합시킵니다. 또한 성찬에 참여하는 수찬자들을 서로 연합시킵니다. 사랑이 없는 연합은 참된 연합이 아닙니다. 그러므로 성찬의 가치를 알고 참여하는 자는 하나님과 이웃 사랑의 가치와 의미를 알고 실천에 옮기기 위해 노력합니다.

하나님 사랑과 이웃 사랑은 하나님의 모든 말씀을 요약한 핵심입니다. 그리고 이 두 가지 사랑은 십계명을 통해 좀 더 구체적으로 드러납니다. 구약의 백성도 십계명을 지킬 의무가 있었지만 신약의 백성은 십계명을 더욱 잘 지켜야 합니다. 십계명의 가치와 의미가 예수 그리스도를 통하여 더 밝히 드러났기 때문입니다.

예수님은 "네 마음을 다하고 목숨을 다하고 뜻을 다하여 주 너의 하나님을 사랑하라"는 율법의 요구를 온전히 인정하셨습니다. 그리고 "네 이웃을 네 자신 같이 사랑하라"고 말씀하시며 몸소 이웃 사랑의 본을 보여주셨습니다. 그리스도와의 연합을 누리며 성찬에 참여하는 자는 그리스도의 가르침과 삶을 따라 오직 순전함과 진실함으로 순종해야 합니다. 참된 성찬은 수찬자가 평상시에 얼마나 회개와 사랑과 순종의 삶을 사는지와 직결됩니다. 이러한 열매가 없는 신앙고백은 헛된 메아리일 뿐입니다. 열매 없이 합당하지 않게 성찬에 참여하는 자들은 오히려 거짓과 속임수 가운데 자신에 대한 심판을 먹고 마시는 것입니다.

대다수 교회가 성도들에게 성찬식이 언제 있을지 미리 알려줍니다. 성도들이 성찬에 최대한 합당하게 참여할 수 있도록 시간적인 여유를 주는 것입니다. 성찬식을 앞둔 성도들은 바른 마음과 기도로 성찬을 준비해야 합니다. 곧 자신에게 주의 몸을 분별하는 지식이 있는지 살펴야 하고, 그를 먹는 믿음이 있는지 살펴야 하고, 그에 따르는 회개와 사랑과 새로운 순종이 있는지 살펴야 합니다. 더 나아가 회개와 사랑과 새로운 순종의 열매를 맺기 위해 기도하며 노력해야 합니다.

1. 각자의 식생활에 대해 이야기해봅시다. 좋아하는 음식은 무엇입니까? 좋은 음식의 가치를 알고 정성스레 준비하는 요리와 식사를 소중하게 생각하는 편입니까, 아니면 그저 살기 위해 먹는다는 느낌이 강한 편입니까?

2. 소요리문답 제96-97문을 서로 묻고 답해봅시다. 근거 성구도 함께 살펴봅시다.

3. 그리스도가 성찬을 제정하신 것과 관련된 성구들(마 26:26-28; 눅 22:19-20; 고전 11:23-26)을 다시 한번 찾아서 읽어봅시다.

4. 로마 가톨릭의 화체설(化體說, transubstantiation)이 무엇인지 설명해봅시다.

5. 루터교의 공재설(共在說, consubstantiation)과 개혁교회의 영적 임재설(臨在說)을 구분해봅시다.

6. 성찬에 참여하는 자는 어떤 은혜를 받습니까?

7. 주의 몸을 분별하는 지식이 없이 성찬에 임하면 어떻게 됩니까?

8. 성찬에 임하는 우리의 태도를 점검해봅시다. 교회에서 성찬식이 있을 때 기도로 준비합니까? 성찬식 때 그리스도를 먹는 믿음으로, 회개와 사랑과 새로운 순종의 각오로 참여하고 있습니까?

제38-1과
기도의 정의

제98문. 기도란 무엇입니까?

What is prayer?

답. 기도란 하나님의 뜻에 맞는 것들에 관하여^(요일 5:14) 하나님께 우리의 원함을 드리고, 그리스도의 이름으로^(요 16:23) 우리의 죄를 고백하고^(시 32:5-6; 단 9:4), 그의 자비를 감사하며 인정하는^(빌 4:6) 것입니다^(시 62:8).

Prayer is an offering up of our desires unto God for things agreeable to his will, in the name of Christ, with confession of our sins, and thankful acknowledgement of his mercies.

agreeable 기분 좋은, 쾌적한, 적합한, 맞는
confession 자백, 자인, 고백
acknowledgement 승인, 시인, 감사, 사례; (미) **acknowledgment**

그를 향하여 우리가 가진 바 담대함이 이것이니 그의 뜻대로 무엇을 구하면 들으심이라(요일 5:14).

그날에는 너희가 아무것도 내게 묻지 아니하리라. 내가 진실로 진실로 너희에게 이르노니 너희가 무엇이든지 아버지께 구하는 것을 내 이름으로 주시리라(요 16:23).

5내가 이르기를 "내 허물을 여호와께 자복하리라" 하고 주께 내 죄를 아뢰고 내 죄악을 숨기지 아니하였더니 곧 주께서 내 죄악을 사하셨나이다.(셀라) 6이로 말미암아 모든 경건한 자는 주를 만날 기회를 얻어서 주께 기도할지라.

진실로 홍수가 범람할지라도 그에게 미치지 못하리이다(시 32:5-6).

내 하나님 여호와께 기도하며 자복하여 이르기를 "크시고 두려워할 주 하나님, 주를 사랑하고 주의 계명을 지키는 자를 위하여 언약을 지키시고 그에게 인자를 베푸시는 이시여"(단 9:4).

아무것도 염려하지 말고 다만 모든 일에 기도와 간구로, 너희 구할 것을 감사함으로 하나님께 아뢰라(빌 4:6).

백성들아, 시시로 그를 의지하고 그의 앞에 마음을 토하라. 하나님은 우리의 피난처시로다(시 62:8).

기도란 무엇인가?

소요리문답의 마지막 부분은 은혜의 수단인 **기도**를 다룹니다. 제98문은 기도가 무엇인지 정의하고 나머지 제99-107문은 주기도문을 기도의 지도 법칙으로서 자세하게 다룹니다.

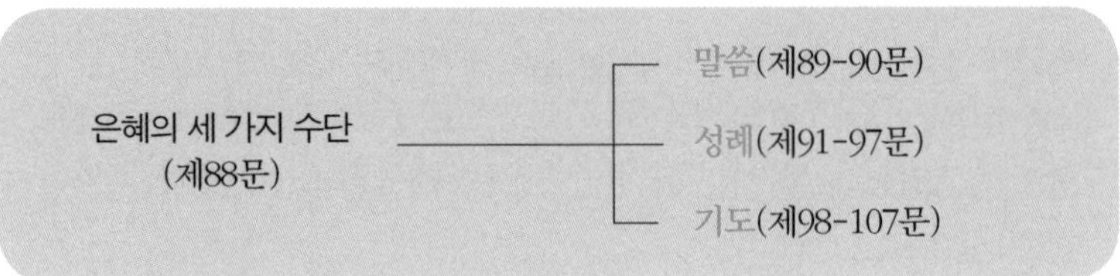

〈표37〉 은혜의 세 가지 수단

〈표38〉 소요리문답 제98-107문의 구성

1. 하나님의 뜻에 맞는 것들에 관하여 하나님께 우리의 원함을(our desires unto God for things agreeable to his will)

그리스도의 구속의 유익들을 전하는 외적이고 통상적인 수단에는 말씀과 성례와 기도가 있습니다. 성례는 보이는 말씀으로서 말씀과 성례 중 더 중요한 것은 말씀입니다. 기도는 어떨까요? 결론부터 말하자면 기도 역시 말씀과 관련이 있습니다.

소요리문답 제98문은 기도란 하나님의 뜻에 맞는 것들에 관하여 하나님께 우리의 원함을 드리는 것이라고 말합니다. 이는 다음과 같은 내용을 통해 이해할 수 있습니다.

- 제39문: 하나님이 사람에게 요구하시는 의무는 자신이 나타내신 뜻에 복종하는 것입니다.
- 제40문: 하나님이 사람에게 복종하도록 처음 나타내신 규칙은 도덕법입니다.

이처럼 소요리문답은 하나님의 뜻이 도덕법에 나타나 있고 그 도덕법은 십계명에 요약되어 있다고 말합니다. 또 기도는 하나님께 아무거나 구하는 것이 아니라 하나님의 뜻에 맞는 것들을 구하는 것이라고 말합니다. 그런데 하나님의 뜻이 하나님의 말씀인 도덕법에 나타나 있으므로 결국 기도는 말씀을 제대로 알아야만 온전하게 드릴 수 있습니다. 그래서 제99문은 "하나님의 전 말씀이 기도에서 우리를 지도하는 쓰임이 된다"라고 말합니다. 기도는 하나님의 말씀을 떠나면 "이방인의 기도"가 되기 쉽습니다. 따라서 은혜의 수단인 말씀과 성례와 기도 중에서 그 중심과 우선순위는 말씀에 있습니다.

그렇다면 하나님의 뜻에 맞는 기도는 무엇일까요? 이에 대해서는 이어지는 제99-107문이 자세히 설명하므로 여기서는 하나님의 뜻에 맞지 않는 기도가 무엇인지를 통해 참된 기도가 무엇인지 살펴보겠습니다.

5또 너희는 기도할 때에 외식하는 자와 같이 하지 말라. 그들은 사람에게 보이려고 회당과 큰 거리 어귀에 서서 기도하기를 좋아하느니라. 내가 진실로 너희에게 이르노니 그들은 자기 상을 이미 받았느니라. 6너는 기도할 때에 네 골방에 들어가 문을 닫고 은밀한 중에 계신 네 아버지께 기도하라. 은밀한 중에 보시는 네 아버지께서 갚으시리라. 7또 기도할 때에 이방인과 같이 중언부언하지 말라. 그들은 말을 많이 하여야 들으실 줄 생각하느니라. 8그러므로 그들을 본받지 말라. 구하기 전에 너희에게 있어야 할 것을 하나님 너희 아버지께서 아시느니라. 9그러므로 너희는 이렇게 기도하라. 하늘에 계신 우리 아버지여 이름이 거룩히 여김을 받으시오며(마 6:5-9).

예수님의 말씀에 따르면 하나님의 뜻에 맞지 않는 기도는 첫째, "사람에게 보이려고 회당과 큰 거리 어귀에 서서 기도"하는 것입니다. 이것은 골방에서 기도할 때 은밀한 중에 계신 아버지께서 갚으신다는 것을 모르는, 외식하는 자의 기도입니다. 따라서 하나님의 뜻에 맞는 기도는 사람들을 의식하는 것이 아니라 무소부재하시며 모든 것의 중심을 보시는 하나님께 드리는 기도입니다. 신자 중에도 하나님의 이러한 속성을 제대로 이해하지 못하는 사람이 많습니다. 하나님의 참된 속성을 모르고 드리는 기도는 모두 하나님의 뜻에 맞지 않는 기도입니다.

둘째, 이방인과 같이 중언부언하며 말을 많이 하는 기도입니다. 이방인은 하나님에 대한 올바른 인식과 분별이 없습니다. 그래서 자신들이 만든, 인간의 냄새가 나는 신에게 기도를 하므로 말을 많이 하고 큰 소리로 외치며 피가 흐르기까지 칼과 창으로 몸을 상하게 해야 듣는 줄로 생각합니다(왕상 18:28). 이러한 기도는 하나님의 뜻에는 관심이 없고, 얼마나 신을 자극하여 신의 감동을 끌어내는가에만 관심이 있는 기도입니다. 이는 잘못된 지성감천(至誠感天) 주의에 빠진 결과입니다. 신앙생활 전반이 그렇지만 기도는 특별히 더 "열심"이 아니라 "올바름"이 중요합니다. 아무리 열심을 내어 기도해도 하나님의 뜻이 아니라 이방인이 품을 법한 뜻에 부합한다면 유익이 없을 뿐 아니라 오히려 하나님의 영광을 짓밟는 죄를 범하게 됩니다.

여기서 하나님의 뜻에 어긋나는 기도들의 예를 구체적으로 살펴보겠습니다.

ㄱ. 바알 숭배자들의 기도 엘리야가 바알의 선지자 450명과 펼친 대결에서 숫자가 많은 바알의 선지자들은 아침부터 낮까지 바알의 이름을 부르며 응답해달라고 빌었습니다. 그러나 아무 반응이 없자 그들은 제단 주위에서 뛰놀기까지 했습니다. 엘리야는 그들을 조롱하며 이렇게 말했습니다.

큰 소리로 부르라. 그는 신인즉 묵상하고 있는지 혹은 그가 잠깐 나갔는지 혹은 그가 길을 행하는지 혹은 그가 잠이 들어서 깨워야 할 것인지(왕상 18:27).

엘리야의 조롱에 자극을 받은 그들은 큰 소리로 신을 부르고 자신들의 규례를 따라 피가 흐르기까지 칼과 창으로 몸을 상하게 했습니다. 어쩌면 그렇게 우리나라 무당들이 하는 짓과 비슷한지 모릅니다. 그들은 정말 미친 듯이 떠들었지만 아무 반응이 없었습니다. 이는 바알이 거짓 신이란 의미입니다. 묵상을 하느라 소리를 듣지 못하는 신은 진정한 신이 아닙니다. 그런 신은 장소와 시간에 갇히는 유한한 존재입니다. 어디 잠깐 외출하느라고 신자들의 소리를 못 듣는 신을 어떻게 믿을 수 있겠습니까? 몸에 피가 흐르기까지 칼과 창으로 자극해야만 응답하는 신은 가학적이고 변태적인 신이 아닙니까?

36"아브라함과 이삭과 이스라엘의 하나님 여호와여, 주께서 이스라엘 중에서 하나님이신 것과 내가 주의 종인 것과 내가 주의 말씀대로 이 모든 일을 행하는 것을 오늘 알게 하옵소서. 37여호와여, 내게 응답하옵소서. 내게 응답하옵소서. 이 백성에게 주 여호와는 하나님이신 것과 주는 그들의 마음을 되돌이키심을 알게 하옵소서(왕상 18:36-37).

차례가 된 엘리야가 이처럼 기도하자 여호와의 불이 내려와 번제물을 단번에 태웠습니다. 이것을 본 모든 백성은 "여호와, 그는 하나님이시로다"라고 말할 수밖에 없습니다. 진정한 하나님은 큰 소리나 열광적인 몸짓, 폭력적인 자해가 없어도 응답하십니다. 천지와 만물을 사랑으로 만드신 분이라면 피조물의 작은 신음에도 응답하셔야 하지 않을까요? 그래서 엘리야는 하나님 앞에 거친 행동과 자극적인 말보다는 이스라엘이 섬기는 하나님이 진정한 신이심을 알게 해달라고 분명하게 간구했습니다. 이방인은 신을 자극하기 위하여 중언부언하고 뛰놀며 자신들의 몸을 상하게 하지만, 신자들은 전능하신 능력과 크신 사랑을 지니신 하나님과 자신들이 맺은 인격적인 관계에 근거해 간구합니다.

ㄴ. 잘못된 간청 기도   예수님은 하나님께 기도하는 자세와 관련하여 다음과 같이 말씀하셨습니다.

5또 이르시되 "너희 중에 누가 벗이 있는데 밤중에 그에게 가서 말하기를 '벗이여, 떡 세 덩이를 내게 꾸어달라. 6내 벗이 여행 중에 내게 왔으나 내가 먹일 것이 없노라' 하면 7그가 안에서 대답하여 이르되 '나를 괴롭게 하지 말라. 문이 이미 닫혔고 아이들이 나와 함께 침실에 누웠으니 일어나 네게 줄 수가 없노라' 하겠느냐? 8내가 너희에게 말하노니 비록 벗 됨으로 인하여서는 일어나서 주지 아니할지라도 그 간청함을 인하여 일어나 그 요구대로 주리라. 9내가 또 너희에게 이르노니 구하라, 그러면 너희에게 주실 것이요. 찾으라, 그러면 찾아낼 것이요. 문을 두드리라, 그러면 너희에게 열릴 것이니 10구하는 이마다 받을 것이요 찾는 이는 찾아낼 것이요 두드리는 이에게는 열릴 것이니라. 11너희 중에 아버지 된 자로서 누가 아들이 생선을 달라 하는데 생선 대신에 뱀을 주며 12알을 달라 하는데 전갈을 주겠느냐? 13너희가 악할지라도 좋은 것을 자식에게 줄 줄 알거든 하물며 너희 하늘 아버지께서 구하는 자에게 성령을 주시지 않겠느냐?" 하시니라(눅 11:5-13).

이 말씀을 대충 읽으면 하나님께 간청하여 억지로라도 원하는 바를 얻어내라고 말하는 것 같습니다. 그러나 예수님은 아들이 생선이나 알을 달라고 하는데 뱀이나 전갈을 주는 아버지가 없다고 말씀하셨습니다. 비록 악한 자일지라도 좋은 것을 자식에게 줄 줄을 아는데 하물며 하늘에 계신 하나님 아버지께서는 어떠하시겠느냐고 물어보셨습니다. 사람들은 친구와의 관계가 아니라 간청 때문에 움직일 때가 많지만 하나님은 아버지와 자식이라는 관계 때문에 응답하십니다. 우리를 사랑하시는 하나님께 간절히 청하면 하나님 아버지는 가장 좋은 것으로 우리에게 주십니다. 그러므로 우리는 기도해야 합니다.

앞의 본문은 절대로 이방인의 중언부언 기도와 간청 기도를 지지하는 것이 아닙니다. 오히려 하나님과 우리의 관계가 부모와 자녀의 관계이니 간절히 구하라고 말합니다. 하나님께 기도할 때 중요한 것은 지치지 않는 끈기와 인내보다는 하나님과 기도자 사이의 관계입니다. 그 관계를 확신하며 간청할 때 하나님은 응답하십니다.

1예수께서 그들에게 항상 기도하고 낙심하지 말아야 할 것을 비유로 말씀하여 2이르시되 "어떤 도시에 하나님을 두려워하지 않고 사람을 무시하는 한 재판장이 있는데 3그 도시에 한 과부가 있어 자주 그에게 가서 '내 원수에 대한 나의 원한을 풀어주소서' 하되 4그가 얼마 동안 듣지 아니하다가 후에 속으로 생각하되 '내가 하나님을 두려워하지 않고 사람을 무시하나 5이 과부가 나를 번거롭게 하니 내가 그 원한을 풀어주리라. 그렇지 않으면 늘 와서 나를 괴롭게 하리라' 하였느니라." 6주께서 또 이르시되 "불의한 재판장이 말한 것을 들으라. 7하물며 하나님께서 그 밤낮 부르짖는 택하신 자들의 원한을 풀어주지 아니하시겠느냐? 그들에게 오래 참으시겠느냐? 8내가 너희에게 이르노니 속히 그 원한을 풀어주시리라. 그러나 인자가 올 때에 세상에서 믿음을 보겠느냐?" 하시니라(눅 18:1-8).

이 말씀도 관계의 중요성에 대하여 말해줍니다. 여기서도 누가복음 11장처럼 "하물며"로 시작하는 18:7의 내용이 중요합니다. 하나님을 두려워하지 않고 사람을 무시하는 불의한 재판장은 과부의 괴롭힘 때문에 그 간청을 들어주지만, 하나님은 밤낮 부르짖는 자들이 택하신 자녀들이기 때문에 그 원한을 풀어주십니다. 사람들은 간청하는 자와의 관계를 보지 않고 단순히 번거로움을 피하려고 청을 들어주지만, 하나님은 자녀를 대하는 부모의 심정으로 속히 그 원한을 풀어주십니다. 그러므로 항상 기도하고 낙망하지 말아야 합니다.

ㄷ. 오해된 일천 번제의 기도 솔로몬은 왕이 된 후에 하나님께 일천

번제를 드렸습니다.

> 3솔로몬이 여호와를 사랑하고 그의 아버지 다윗의 법도를 행하였으나 산당에서 제사하며 분향하더라. 4이에 왕이 제사하러 기브온으로 가니 거기는 산당이 큼이라. 솔로몬이 그 제단에 일천 번제를 드렸더니 5기브온에서 밤에 여호와께서 솔로몬의 꿈에 나타나시니라. 하나님이 이르시되 "내가 네게 무엇을 줄꼬? 너는 구하라"(왕상 3:3-5).

여기 나오는 "일천 번제"(一千 燔祭)를 "일천 번 제"(一千 番 祭)로 오해하는 사람이 많습니다. "번제"(燔祭)의 "번"(燔)은 굽거나 태우는 것을 뜻하고, "번 제"(番 祭)의 "번"(番)은 횟수나 차례를 뜻합니다. 그래서 "일천 번제"는 일천 개의 번제물을 의미하고 "일천 번 제"는 일천 번 드린 제물을 의미합니다. 솔로몬이 드린 것은 분명히 "일천 번제"였습니다.

솔로몬이 일천 번제를 드린 기브온의 산당은 규모가 컸기 때문에 일천 개의 번제를 드릴 수 있었습니다. 솔로몬은 왕으로서 매우 바빴기에 기브온 산당을 오가며 천 번이나 제사를 드리기는 어려웠을 것입니다.

일부 한국교회는 솔로몬의 제사를 "일천 번 제"로 해석하면서 일천 번의 기도와 헌금을 은근히 강요합니다. 학력고사나 취직이나 결혼 등의 중요한 일을 앞둔 성도들에게 일천 번의 헌금과 기도를 드리면 응답이 있다고 부추깁니다. 하지만 기도의 많은 횟수를 강조하는 것은 기독교의 기도가 아니라 이방인이 신을 달래며 자신의 요구를 관철시키는 것에 가깝습니다. 기독교의 기도는 기도하는 자의 끈기와 인내와 강청과 정성 이전에 기도를 들으시는 하나님이 어떠한 분이시고 그분과의 관계가 무엇인가를 아는 데에 핵심이 있습니다. 그 핵심이 충족된 후에야 깊이 오래하는 기도가 의미를 갖습니다.

2. 그리스도의 이름으로(in the name of Christ)

히브리서 기자는 우리가 예수님 때문에 하나님께 담대히 나아갈 수 있게 되었다고 말합니다.

> [19]그러므로 형제들아, 우리가 예수의 피를 힘입어 성소에 들어갈 담력을 얻었나니 [20]그 길은 우리를 위하여 휘장 가운데로 열어놓으신 새로운 살 길이요 휘장은 곧 그의 육체니라(히 10:19-20).

이 말씀은 예수님이 십자가에 못 박혀 죽는 순간에 성소 휘장이 위로부터 아래까지 찢어져 둘이 된 사건(마 27:51)을 배경으로 합니다. 성소 중의 성소인 지성소에는 제사장 중의 제사장인 대제사장만 1년에 한 번 들어가 대속죄일의 제사를 드렸습니다. 그런데 예수님이 십자가에 못 박혀 죽으시는 순간에 그 성소 휘장이 찢어졌습니다. 예수님이 대제사장으로서 자신을 제물로 하여 제사를 드렸기 때문에 이제 더 이상 성전의 제사는 필요가 없어짐으로써 지성소를 가려놓았던 휘장이 찢어진 것입니다.

대제사장이 하나님의 임재를 나타내는 지성소에 들어갈 때 얼마나 긴장했겠습니까? 그런데 우리에게는 우리의 죄를 대신 짊어지고 죽으심으로써 성소 휘장을 찢으신 그리스도가 계십니다. 그리스도로 인하여 우리는 성소에 들어갈 담력을 얻습니다. 곧 은혜의 보좌 앞에 담대히 나아갈 수 있습니다(히 4:16). 그 길은 우리를 위하여 휘장 가운데로 열어놓으신 새로운 살길이고 휘장은 그의 육체입니다.

그런데 부활하셔서 승천하신 예수님은 지금 무엇을 하고 계실까요? 이 땅에서 할 일을 다 하셨다고 하나님 우편에서 쉬고 계실까요? 예수님은 우리의 죗값을 치르셨을 뿐 아니라 하나님 앞에서 영원히 우리를 변호해주십니다. 우리가 죄를 범해도 그리스도는 아버지 앞에서 우리의 대언자가(요 14:16; 요일 2:1) 되십니다. 이러한 예수님의 중보 사역은 예수님의 완벽한 속죄적 희생에 근거한 것으로서 우리를 위한 대제사장으로서의 사역을 완성합니다.

구약 시대의 제사는 먼저 놋 제단에서 짐승을 잡아 죽이고 태웁니다. 그리고 이 번제단에서 취한 불붙은 숯으로 성소에서 금단의 향을 피웁니다(레 16:12). 놋 제단에서 희생되는 짐승이 예수 그리스도의 속죄를 상징한다면 금단에서 피워지는 향은 예수 그리스도의 중보를 상징합니다. 그리스도의 중보 사역은 오직 속죄의 희생에만 근거합니다.

로마서 8:34은 "누가 정죄하리요? 죽으실 뿐 아니라 다시 살아나신 이는 그리스도 예수시니 그는 하나님 우편에 계신 자요 우리를 위하여 간구하시는 자시니라"라고 말하여 예수님이 지금 이 순간에도 우리를 위하여 간구하심을 명백하게 말합니다. 예수 그리스도의 희생과 간구 덕분에 우리를 정죄할 자는 아무도 없습니다. 예수 그리스도는 영원히 계시고 항상 살아계셔서 그를 힘입어 하나님께 나아가는 자들을 위해 간구하십니다(히 7:23-25).

이러한 그리스도의 죽음과 중보가 있기 때문에 우리의 죄로 물든 기도가 하나님께 전달됩니다. 우리는 너무도 자주 하나님의 영광과 그분의 일을 위한 것이라고 하면서 실제로는 우리 자신의 영광과 이익을 위한 기도를 드립니다. 불순한 기도의 동기와 목표를 교묘하게 포장합

     제38-1과 기도의 정의

니다. 때로는 아예 노골적으로 육신의 정욕과 안목의 정욕과 이생의 자랑을 기도 제목으로 나열합니다. 그런데 그리스도는 죽으심과 중보하심으로 우리가 하나님께 용인되게 하시고 우리의 삶과 기도를 수준 높게 만드시며 거룩하게 하십니다.

예수님이 실제로 우리를 위하여 어떻게 기도하시는지 살펴보겠습니다. 예수님은 요한복음 17:11에서 "거룩하신 아버지여, 내게 주신 아버지의 이름으로 그들을 보전하사 우리와 같이 그들도 하나가 되게 하옵소서"라고 기도하심으로 우리가 멸망하지 않고 보존되도록 하셨습니다. 게다가 비참하고 비굴하게 보존되는 것이 아니라 하나님과 하나가 되어 보존되도록 간구하셨습니다.

또 예수님은 "내가 비옵는 것은 그들을 세상에서 데려가시기를 위함이 아니요 다만 악에 빠지지 않게 보전하시기를 위함이니이다"(요 17:15)라고 기도하심으로 우리가 악에 빠지지 않기를 간구하셨습니다. 예수님은 주기도문에서도 "우리를 시험에 들게 하지 마시옵고 다만 악에서 구하시옵소서"라고 기도하라고 가르치셨습니다. 이러한 예수님의 기도와 가르침에 의해서 우리는 악에 빠지지 않고 구함을 받습니다. 우리는 때때로 죄를 짓지만 그 죄에 완전히 물들지 않고 죄를 회개하며 더 나은 자가 되려고 노력하게 됩니다.

더 나아가 예수님은 "그들을 진리로 거룩하게 하옵소서"(요 17:17)라고 기도하심으로 우리가 하나님의 참된 말씀으로 점차 거룩해지기를 간구하셨습니다. 이러한 예수님의 기도로 말미암아 우리의 기도가 성숙해지고 거룩해집니다. 우리의 인격은 부족하고 우리의 죄성은 여전히 남아 있지만 우리는 점차 거룩해집니다.

예수님이 요한복음 17장에서 드린 기도는 비록 예수님이 죽으시기

전에 드린 기도지만 예수님은 영원하신 하나님이시므로 그 기도도 영
원성을 띠고 지금 드리는 기도가 됩니다. 그래서 예수님은 로마서 8:34
이 말하는 것처럼 하나님 우편에 계시면서 우리를 위하여 요한복음 17
장의 내용대로 간구하십니다. 예수 그리스도는 인성으로서는 하나님
우편에 국한되어 계시지만 신성으로서는 무소부재하시고 편재하시어
인성으로서 하신 기도를 직접 들으시고 이루어나가십니다.

영원하고 광대하신 예수 그리스도가 우리를 위하여 죽으셨을 뿐만
아니라 앞으로도 영원히 우리를 위하여 중보 기도하십니다. 우리는 이
땅에서 우리의 삶을 살아가지만 실은 예수 그리스도의 하신 일과 중
보하심을 힘입어 살아갑니다. 우리의 열심과 기도와 실천 이전에 그리
스도의 "열심"이 있고 우리를 위한 "기도"가 있으며 여전히 그리스도의
"일하심"이 있는 것입니다. 그리스도의 존재와 우리를 향한 사랑과 열
심과 기도와 일하심이 없다면 우리는 존재할 수도 없고 기도할 수도
없으며 죄의 결과인 비참에서 벗어날 수도 없습니다. 결국 그리스도의
이름으로 기도한다는 것은 바로 그리스도의 죽음과 중보에 의거하여
기도한다는 의미입니다. 은혜 위에 은혜일 뿐입니다(요 1:16).

3. 우리의 죄를 고백하고 그의 자비를 감사하게 인정하면서(with confession of our sins, and thankful acknowledgement of his mercies)

그리스도는 십자가에서 죽으심으로써 우리의 죄를 모두 사하셨고 지
금도 하나님 우편에서 우리를 위하여 중보하십니다. 하나님은 우리가
죄를 멀리하고 하나님 안에서 살기를 바라십니다. 우리는 기도할 때 죄
를 미워하시고 우리의 죄를 없애신 하나님께 우리가 지은 죄들을 고백
하면서 나아가야 합니다. 우리의 죄를 고백한다는 것은 우리도 죄를 싫

어하고 거룩한 삶을 살기를 바란다는 의미입니다. 그리고 여전히 우리 안에 남아 있는 죄성으로 인해 지은 죄를 용서해주시고 하나님 안에서 살게 해달라는 의미입니다.

> 5내가 이르기를 "내 허물을 여호와께 자복하리라" 하고 주께 내 죄를 아뢰고 내 죄악을 숨기지 아니하였더니 곧 주께서 내 죄악을 사하셨나이다. (셀라) 6이로 말미암아 모든 경건한 자는 주를 만날 기회를 얻어서 주께 기도할지라. 진실로 홍수가 범람할지라도 그에게 미치지 못하리이다(시 32:5-6).

시편 32:6은 우리가 죄를 자복할 때 주를 만날 기회를 얻어서 주께 기도하게 된다고 말합니다. 하나님께 기도하기 전에 우리가 어떤 상태인지를 살피면서 지은 죄를 아뢰는 것은 깊은 기도로 나아가는 데 꼭 필요합니다.

죄를 고백하는 것과 그의 자비를 감사함으로 인정하는 것은 별개가 아니라 동전의 양면 같습니다. 우리가 죄를 하나님께 고백하는 것은 그리스도가 우리의 죄를 위해 죽으시고 부활 승천하시어 하나님 우편에서 우리를 위하여 중보하시기 때문입니다. 어느 누가 우리를 위하여 대신 죽을 수 있습니까? 남을 위하여 자신의 것을 모두 내주며 죽을 자는 없습니다. 그렇지만 하나님은 우리를 위하여 세상을 창조하셨고 지금도 유지하시며 우리가 죄를 지었을 때 십자가에서 죽기까지 구원하시는 일을 하셨습니다.

우리를 향한 하나님의 사랑이 얼마나 큰지 모릅니다. 그 사랑을 감사함으로 인정하는 것은 피조물이 마땅히 해야 할 바입니다. 하지만 하나님이 이렇게 큰 사랑을 베푸셨음에도 우리는 여전히 죄를 짓습니다. 그러니 지은 죄를 고백할 때 우리는 하나님의 사랑과 자비를 감사함으로 인정하지 않을 수 없습니다.

기도는 예배 순서 중 하나입니다. 기도를 맡은 성도 중에는 어떤 내용으로 기도를 해야 하는지 몰라 어려워하는 사람이 있습니다. 때로 어떤 성도는 중요하지 않은 내용을 너무 오래 기도합니다. 여기서 그런 분들을 위해 한 가지 도움말을 드리자면 대표 기도를 할 때 먼저 죄를 고백하는 것이 좋습니다. 하나님의 말씀대로 살지 못한 공동체와 자신의 죄를 고백하는 것입니다. 그 후에는 하나님이 베푸신 자비와 은혜에 대하여 감사를 드리면 자연스럽습니다. 하나님이 베푸신 창조와 구원과 섭리에 대하여 일반적 감사를 드리고 교회 공동체와 자신이 특별히 받은 자비에 대하여 감사를 드리면 됩니다. 감사는 당연히 하나님에 대한 찬양을 포함합니다. 그리고 마지막으로 하나님의 뜻에 맞는 것들에 관하여 우리의 소원을 올려드립니다.

성령의 기도

성령 하나님은 예수 그리스도가 우리를 위하여 획득하신 구원을 우리에게 적용하고 완성하는 일을 하십니다. 우리의 대적 마귀는 우는 사자같이 두루 다니며 삼킬 자를 찾지만 성령 하나님이 우리를 근신시킴으로써 깨어 있게 하시며 보호하십니다. 더 나아가 그리스도가 이루신 구원의 가치를 알고 그 가치를 위한 삶을 살아가는 성숙한 신자가 되도록 인도하고 보호하십니다.

이러한 성령 하나님의 중보 사역이 있기에 신자로서의 우리 삶이 유지됩니다. 성령 하나님은 세상을 책망하며 신자들을 변호하시고(요 16:8) 그들에게 하나님 아버지와 예수 그리스도의 뜻을 가르치고 증언하시며 생각나게 하고 인도하십니다(요 14:26; 15:26; 16:14).

24나를 사랑하지 아니하는 자는 내 말을 지키지 아니하나니 너희가 듣는 말은 내 말이 아니요 나를 보내신 아버지의 말씀이니라. 25내가 아직 너희와 함께 있어서 이 말을 너희에게 하였거니와 26보혜사 곧 아버지께서 내 이름으로 보내실 성령 그가 너희에게 모든 것을 가르치고 내가 너희에게 말한 모든 것을 생각나게 하리라(요 14:24-26).

내가 아버지께로부터 너희에게 보낼 보혜사 곧 아버지께로부터 나오시는 진리의 성령이 오실 때에 그가 나를 증언하실 것이요(요 15:26).

7그러나 내가 너희에게 실상을 말하노니 내가 떠나가는 것이 너희에게 유익이라. 내가 떠나가지 아니하면 보혜사가 너희에게로 오시지 아니할 것이요, 가면 내가 그를 너희에게로 보내리니 8그가 와서 죄에 대하여, 의에 대하여, 심판에 대하여 세상을 책망하시리라(요 16:7-8).

13그러나 진리의 성령이 오시면 그가 너희를 모든 진리 가운데로 인도하시리니 그가 스스로 말하지 않고 오직 들은 것을 말하며 장래 일을 너희에게 알리시리라. 14그가 내 영광을 나타내리니 내 것을 가지고 너희에게 알리시겠음이라(요 16:13-14).

예수 그리스도가 떠나가시자 성령 하나님이 이 땅에 오셨습니다. 그리스도가 영원하신 하나님으로서 구약과 신약 시대를 통틀어 계셨지만 사람이 되시어 2천 년 전에 이 땅에 오셨듯이, 영원하고 광대하신 성령 하나님도 구약과 신약 시대에 모두 계시고 하늘과 땅 어디나 편재하시지만 그리스도의 승천 이후에 이 땅에 오셨습니다. 이 땅에 오신 성령 하나님은 독자적으로 일하시는 것이 아니라 그리스도에 대하여 증언하시고 오직 들은 것을 말씀하시며, 그리스도의 것을 가지고 그리스도의 영광을 나타내시고 모든 것을 가르치시며 예수님이 제자들에게 말씀하신 모든 것을 생각나게 하십니다.

요한복음 14:24이 말하는 것처럼 예수 그리스도의 말씀은 바로 하나님 아버지의 말씀입니다. 따라서 성령은 예수님이 제자들에게 말씀하신 모든 것을 생각나게 하심으로써 바로 하나님의 말씀을 생각나게 하십니다. 그런데 하나님이 주신 말씀은 성경에 기록되어 우리에게 주어져 있습니다. 성령은 바로 이 성경 말씀을 생각나게 하고 깨닫게 하십니다.

따라서 우리는 유다서 1:20의 "성령으로 기도하는" 것이 무엇인지 이해할 수 있습니다. 성령이 없는 자들은 자신의 소견에 따라 정욕대로 행하는 반면, 성령이 있는 자들은 믿음으로 하나님의 말씀에 따라 행합니다.

> 18그들이 너희에게 말하기를 "마지막 때에 자기의 경건하지 않은 정욕대로 행하며 조롱하는 자들이 있으리라" 하였나니 19이 사람들은 분열을 일으키는 자며 육에 속한 자며 성령이 없는 자니라. 20사랑하는 자들아, 너희는 너희의 지극히 거룩한 믿음 위에 자신을 세우며 성령으로 기도하며 21하나님의 사랑 안에서 자신을 지키며 영생에 이르도록 우리 주 예수 그리스도의 긍휼을 기다리라(유 1:18-21).

결국 성령으로 기도한다는 것은 성령의 갑작스러운 능력을 받아 보이지 않던 영적 세계를 보고 신비한 방언과 예언을 쏟아낸다는 것이 아니라 성령이 내주하시는 자답게 기도한다는 것입니다. 성령이 알려주시는 바에 따라, 즉 예수님이 말씀하신 바에 따라, 즉 하나님의 말씀에 따라 기도하는 것이 성령으로 기도하는 것입니다.

에베소서 6장에는 하나님의 전신갑주가 나옵니다. 진리의 허리띠, 의의 호심경, 평안의 복음의 신, 믿음의 방패, 구원의 투구, 하나님의 말씀인 성령의 검은 판타지 영화에 나오는 신비한 무기들이 아닙니다. 사도 바울은 이 전신갑주를 나열한 뒤에 기도하기를 권면하되 "성령 안에서 기도하고 이를 위하여 구하기를 항상 힘쓰며 여러 성도를 위하여 구하라"고 명합니다.

> 13그러므로 하나님의 전신갑주를 취하라. 이는 악한 날에 너희가 능히 대적하고 모든 일을 행한 후에 서기 위함이라. 14그런즉 서서 진리로 너희 허리띠를 띠고 의의 호심경을 붙이고 15평안의 복음이 준비한 것으로 신을 신고 16모든 것 위에 믿음의 방패를 가지고 이로써 능히 악한 자의 모든 불화살을 소멸하고 17구원의 투구와 성령의 검 곧 하나님의 말씀을 가지라. 18모든 기도와 간구를 하되 항상 성령 안에서 기도하고 이를 위하여 깨어 구하기를 항상 힘쓰며 여러 성도를 위하여 구하라(엡 6:13-18).

하나님의 전신갑주가 판타지 영화에 나올 법한 신비한 무기가 아니듯 성령 안에서 기도하는 것 역시 성령의 강한 능력을 받아 악귀를 몰아내고 기적을 일으키라는 뜻이 아닙니다. 성령의 검이 하나님의 말씀이듯이 성령 안에서 하는 기도는 하나님의 뜻에 맞는 기도입니다. 자신을 드러내고 높이고 세우는 자기중심적 기도가 아니라 자신을 부인하며 하나님 사랑과 이웃 사랑으로 요약되는 하나님의 말씀에 따라 기도하는 것입니다. 이는 성령의 사역과도 일맥상통합니다. 성령은 철저하게 예수 그리스도와 관련된 사역을 하십니다. 따라서 성령 안에서 하는 기도는 예수 그리스도 안에서 주어진 진리와 의와 평안의 복음과 믿음과 구원에 밀접한 관련이 있습니다.

우리는 마땅히 기도할 바를 알지 못하지만 성령은 말할 수 없는 탄식으로 우리를 위하여 친히 간구하십니다. 우리는 하나님의 뜻이 아니라 우리의 뜻을 따라 우리 자신을 높이기 위해 기도하는 경우가 많지만 성령 하나님은 오직 하나님의 뜻대로 성도를 위하여 간구하십니다(롬 8:26-27). 사람은 인생에서 무엇이 가장 중요한지 모르고 눈앞의 필요에만 급급하여 기도하기 바쁩니다. 그래서 정작 중요한 영적 필요보다는 육체의 필요를 구할 때가 많습니다. 또한 눈에 보이지 않는 위험이나 감지할 수 없는 사건 사고에 미리 대비하여 구하지 못합니다. 하지만 영원하고 광대하시며 모든 것을 아시는 성령 하나님이 말할 수 없는 탄식으로 우리에게 가장 필요한 바를 위하여 기도하십니다.

26이와 같이 성령도 우리의 연약함을 도우시나니 우리는 마땅히 기도할 바를 알지 못하나 오직 성령이 말할 수 없는 탄식으로 우리를 위하여 친히 간구하시느니라. 27마음을 살피시는 이가 성령의 생각을 아시나니 이는 성령이 하나님의 뜻대로 성도를 위하여 간구하심이니라(롬 8:26-27).

이러한 성령의 사역이 우리에게 얼마나 큰 위로와 격려가 되는지 모릅니다. 우리는 성령 하나님의 중보에 의지해 인생을 담대히 살아갈 수 있고 인생의 목표와 현실이 불확실할 때도 믿음으로 하나님께 기도할 수 있습니다. 우리의 기도는 우리 자신의 의 때문이 아니라 우리를 구원하시고 우리를 위해 중보하시는 하나님의 은혜로 거룩해집니다.

하나님의 일하심과 도우심이 없다면 우리는 아무것도 할 수 없습니다. 우리를 위한 예수 그리스도와 성령 하나님의 중보 기도가 없다면 우리는 다른 이를 위하여 어떤 기도도 할 수 없습니다.

그리스도의 구속을 기다리며 이 땅에서의 삶을 살아가는 우리는, 그리스도인이라고 해서 좋은 일들만 가득한 장밋빛 인생을 살 수는 없습니다. 다른 사람들처럼 인생의 통과의례들을 겪어야 하고 때로는 헤어나오기 힘든 고난을 당할 수도 있습니다. 그때 우리는 우리를 위하여 중보 기도하시는 예수 그리스도와 성령 하나님을 기억해야 합니다. 우리가 스스로를 포기하더라도 결코 우리를 포기하지 않으시는 하나님을 기억해야 합니다. 영원하고 광대하신 예수 그리스도와 성령 하나님이 변함없이 우리를 위하여 간구하신다는 사실이 우리에게 큰 힘이 됩니다. 자신의 열심과 의지, 우리가 드리는 기도를 우리 삶의 근거로 삼지 말고 오직 하나님의 열심과 의지와 기도에 기대어 살아갑시다.

대요리문답 제182문

문. 성령은 어떻게 우리의 기도를 도우십니까?

답. 우리가 마땅히 기도할 것을 알지 못하나 성령은 누구를 위하여 무엇을 어떻게 기도해야 하는지 우리로 하여금 깨닫게 하심으로써 우리의 연약함을 도우십니다. 그리고 그 의무를 바르게 이행하는 데 필수적인 이해와 열정과 은혜를 우리 마음 가운데 일으키고 소생시킴으로써(비록 모든 사람에게, 항상, 같은 방식은 아니지만) 우리의 연약함을 도우십니다(롬 8:26-27; 시 10:17; 스 12:10).

How does the Spirit help us to pray?

We not knowing: What to pray for as we ought, the Spirit helps our infirmities, by enabling us to understand both for whom, and: What, and: How prayer is to be made; and by working and quickening in our hearts (although not in all persons, nor at all times, in the same measure) those apprehensions, affections, and graces which are requisite for the right performance of that duty.

26이와 같이 성령도 우리의 연약함을 도우시나니 우리는 마땅히 기도할 바를 알지 못하나 오직 성령이 말할 수 없는 탄식으로 우리를 위하여 친히 간구하시느니라. 27마음을 살피시는 이가 성령의 생각을 아시나니 이는 성령이 하나님의 뜻대로 성도를 위하여 간구하심이니라(롬 8:26-27).

여호와여, 주는 겸손한 자의 소원을 들으셨사오니 그

들의 마음을 준비하시며 귀를 기울여 들으시고(시 10:17).

내가 다윗의 집과 예루살렘 주민에게 은총과 간구하는 심령을 부어주리니 그들이 그 찌른 바 그를 바라보고 그를 위하여 애통하기를 독자를 위하여 애통하듯 하며 그를 위하여 통곡하기를 장자를 위하여 통곡하듯 하리로다(스 12:10).

"중보 기도"라는 단어 사용의 적절성

『표준어국어대사전』은 "중보"(仲保, intercessor)라는 단어를 다음과 같이 설명합니다.

1. 두 사람 사이에서 일이 성사되도록 주선하는 사람.
2. [기독교] 예수 그리스도가 한 일. 하나님과 인간의 관계를 회복하기 위해 인류의 죄를 지고 십자가에서 보혈을 흘리고 죽은 일을 이른다.

또 중보자(仲保者)에 대해서도 "[기독교] 하나님과 인간 사이에 서서 그 관계를 성립시키고 화해를 가져오는 역할을 하는 사람. 예수 그리스도를 이른다"라고 설명합니다. 이처럼 일반 사전도 중보는 두 당사자를 중재하는 것이며, 중보자는 하나님과 인간이란 두 당사자의 관계를 회복하는 존재로서 예수 그리스도라고 설명합니다. 하나님과 인간 사이의 참 중보자는 오직 예수 그리스도뿐이십니다.

그런데 한국교회에서 중보와 중보자라는 단어는 종종 사람에게도 사용됩니다. 특히 "중보 기도"는 성도들이 다른 사람을 위해서 기도한다는 의미로 자주 사용됩니다. 물론 "중보 기도"를 말하는 성도들이 누군가를 예수 그리스도의 위치에 올려놓는 것은 아닙니다. 단지 자신이 아닌 다른 이들을 위해 기도하며 그에게 하나님의 은혜와 능력이 임하기를 간구한다는 의미로 사용할 뿐입니다.

하지만 이런 좋은 의미로 사용한다고 하더라도 "중보"와 "중보자"라는 단어가 하나님과 인간 사이의 관계를 해결한다는 고유한 의미를 가지고 있기 때문에 사람에게는 사용하지 않는 것이 좋습니다. 이미 십여 년 전부터 몇몇 교단은 중보 기도라는 단어를 사람에게 적용하는 것을 금하고 있습니다.

그렇다면 일반 성도가 다른 이들을 위해서 드리는 기도는 어떤 명칭으로 부르는 것이 좋을까요? 지금까지 여러 가지 제안이 있었습니다. "이웃을 위한 기도", "남을 위한 기도", "도고(禱告)의 기도", "청원 기도", "합심 기도" 등입니다. 여기서 "도고"는 디모데전서 2:1에 등장하는 단어입니다.

그러므로 내가 첫째로 권하노니 모든 사람을 위하여 간구와 기도와 도고와 감사를 하되(딤전 2:1).

대다수 신자에게는 중보 기도라는 단어가 친숙한 것이 사실입니다. 하지만 잘못 사용하는 것이 분명한 만큼 제안된 단어들로 바꾸어가는 것이 좋습니다. 동시에 언어는 원래 뜻이 매우 중요하면서도 시간의 흐름에 따라 그 뜻이 바뀌기도 하는 성질을 가지고 있습니다. 따라서 현재 어떤 교회나 성도가 중보 기도라는 단어를 이웃을 위한 기도를 가리키는 데 사용하더라도 너무 날카로운 비판은 삼가야 할 것입니다.

생각할 거리

불교에도 있는 기도

2013년 5월에 PGA투어 바이런넬슨 챔피언십에서 우승한 배상문 선수는 2011년 PGA투어의 자격 시합에서 공동 11위로 합격했을 때 이렇게 말했다.

"엄마의 기도발 덕분에 합격한 것이라고 봅니다. 경기가 한국 시간으로 새벽에 열리는데 그 시간에 엄마가 절에서 줄곧 기도하신다고 들었어요."

이로부터 1년 5개월이 흘러 그는 당당히 PGA 투어에서 첫 승을 올렸다. 첫 승의 소식을 전하는 언론들은 어김없이 그 어머니의 소감도 전했다.

"부처님이 기도를 들어주셨네요. 그저 고마울 따름입니다."

배상문 선수는 9살 때 골프를 시작했는데 그의 어머니는 그때부터 묵주를 쥐고 아들 뒤를 따라다녔다고 한다. 또 그녀는 아들이 우승을 차지한 대회 기간 내내 합천 해인사의 홍제암에서 새벽까지 불공을 드리며 기도를 했다고 전해졌다. 바로 이 기도 덕에 획득했다는 우승 상금은 13억 5천만 원이었다.

2002년 월드컵에서 큰 활약을 하며 스타로 떠올랐던 김남일 선수의 부모도 2006년 월드컵을 얼마 남기지 않고 방영된 TV 프로그램에서 기도에 대해 비슷한 고백을 했다. 엄앵란 씨와 장미화 씨가 사회를 맡은 토크쇼에 등장한 김남일 선수의 부모는 월드컵에 출전하는 아들을 위해 "기도"를 한다고 말했다. 그러자 사회자들은 하나같이 고개를 끄덕이며 "기도밖에 없지요. 기도가 최고지요"라고 맞장구를 쳤다. 나는 이 프로그램이 당연히 기독교 방송의 프로그램인 줄 알았다. 그런데 웬걸, 알고 보니 불교 방송이었다.

만일 배상문 선수가 앞으로도 여러 대회에서 우승한다면 그의 어머니는 "신앙 간증" 차 곳곳에서 초청을 받을 것 같다. 전국 각지의 사찰에서 "기도밖에 없다"라는 문구를 내걸고 그분을 강사로 초청해 강연회를 열지 않을까? 또 그녀가 기도한 해인사의 홍제암에는 많은 불교도가 몰려들어 기도의 효험을 체험하려 하지 않을까?

사실 어디든지 기도하는 곳에는 응답이 있다! 기독교든 불교든 이슬람이든 상관없이 기도에는 응답이 따른다. 실제로 다른 종교인들의 기도 응답에 대한 사례와 확신을 확인해보라. 그들이 기독교인 못지않게 열심히 기도하고 응답받는다는 사실에 놀랄 수밖에 없을 것이다.

하나님은 그리스도인이든 비그리스도인이든 상관없이 모든 사람에게 "보통은혜"(일반은총)를 허락하신다. 이 보통은혜를 통해 비그리스도인도 뛰어난 업적을 이루고 과학, 예술, 문학 등을 발전시킨다. 그들은 종종 그리스도인들보다 더 비범한 능력을 행사하거나 비상한 용기를 발휘하고 남다른 통찰력을 보이기도 한다. 그리고 그중 종교성이 강한 이들은 자기가 믿는 종교의 가르침을 따라 열심히 기도하고 자기 나름의 기도 응답을 받는다고 확신한다. 이 기도 응답은 사실 하나님의 보통은혜로 말미암아 주어짐에도 불구하고 그들은 자기가 섬기는 신으로부터 기도 응답을 받는다고 여기는 것이다.

그렇다면 그리스도인들이 경험하는 기도 응답은 이들과 무슨 차이가 있을까? 우리는 다른 종교에도 있는 기도 응답과 신앙 간증을 염두에 두고 기독교만이 말할 수 있는 기도 응답과 신앙 간증은 무엇인지 생각해봐야 한다. 이와 관련해 성경은 명백하게 먹을 것과 마실 것과 입을 것에 대하여 염려하거나 기도하지 말라고 가르친다. 이는 다 이방인들이 구하는 것이며 우리의 하늘 아버지는 이미 그 모든 것이 우리에게 있어야 할 줄을 아시기 때문이다.

이방인은 하나님이 말을 많이 해야 더 잘 들으신다고 생각해 중언부언한다. 하지만 우리 하나님은 우리가 구하기 전에 이미 우리에게 있어야 할 것이 무엇인지 아신다(마 6:8). 그래서 먼저 그의 나라와 그의 의를 구하라고 말씀하신다. 그리고 그렇게 하면 이 모든 것을 우리에게 더하시겠다고 약속하신다.

그런데도 많은 그리스도인이 다른 종교인들과 마찬가지로 먹을 것과 마실 것과 입을 것을 위하여 기도한다. 그리고 그런 기도에 응답이 있으면 하나님이 기도를 들어주셨다고 좋아한다. 나아가 더 확실한 응답을 끌어내기 위해 철야 기도, 금식 기도, 작정 기도 등의 방법을 찾는다. 하지만 그들은 성경이 말하는 참된 기도가 아니라 성경이 금하는 이방인의 기도를 드릴 위험에 처하기가 쉽다.

참된 그리스도인은 무엇보다 하나님 나라와 그 나라의 의를 구하는 기도를 드려야 한다. 우리는 공중의 새를 기르시고 들의 백합화를 입히시는 하나님이 섭리 가운데 우리를 돌보실 줄 확신하며 먼저 하나님 나라와 의를 위해 기도해야 한다. 그리고 하나님 나라와 의는 남에게 대접을 받고자 하는 대로 남을 대접하는 것(마 7:12)에 잘 나타난다. 성경에 있는 모든 율법은 "네 이웃 사랑하기를 네 자신 같이 하라" 하신 말씀에서 다 이루어졌기 때문이다(갈 5:14). 그래서 그리스도인은 무엇보다 이웃을 자신처럼 사랑하게 해달라고 기도해야 한다. 참된 신자는 자신이 높아지기 위해 무엇을 이루어달라고 기도하는 것이 아니라 사랑으로 종노릇하며 섬기게 해달라고 기도해야 한다(갈 5:13). 사랑으로 종노릇하며 섬기는 것은 절대로 쉬운 일이 아니다. 중력보다 더 강한 것이 높아지려는 사람의 마음이기 때문이다. 그러니 기도해야 한다. 기도 없이는 할 수 없다.

참된 신앙 간증은 자신이 어떻게 하나님의 은혜로 섬기는 자가 되고 사랑으로 종노릇하게 되었는지를 나누는 것이다. 신앙이라는 명분을 내세워 자신이 어떻게 높아졌고 으뜸이 되었는지를 자랑하면 안 된다. 간증을 들은 성도들이 금식 기도로 하나님을 협박하면서 무언가를 달라고 큰 소리로 중언부언한다면 그 신앙 간증은 십중팔구 자신을 드러낸 자기 자랑일 가능성이 크다. 올바른 신앙 간증은 성도들로 하여금 겸손함과 더 큰 사랑을 간구하게 한다.

우리의 약한 믿음으로 하나님을 작게 만들어서는 안 된다. 하나님은 우리가 무엇이 필요한지 낱낱이 말씀드려야만 우리의 필요를 깨닫는 분이 아니시다. 반복해서 여러 번 크게 외쳐야 들으시는 분도 아니시다. 하나님은 사람의 외모가 아닌 중심을 보시며 우리에게 정말 필요한 것이 무엇인지를 누구보다 먼저 아시는 분이시다. 그 정도는 되어야 우리가 믿을 만한 신이지 않을까? 우리가 믿는 하나님은 전능하신 유일신이시다. 자기 아들의 생명을 내주면서까지 우리를 사랑하신 분이 바로 우리가 믿는 하나님이시다. 이러한 하나님을 한낱 자극적인 욕구와 욕심이나 해결해주는 알라딘 램프 속의 거인처럼 여기면 안 된다. 신자는 기도에 열심을 내기에 앞서 자신의 기도 제목이 하나님의 뜻에 맞는가를 먼저 살펴야 한다. 기도를 통하여 더 높아지고 더 많이 소유하는 종교인이 아니라 더 겸손해지고 나누며 섬기는 참된 그리스도인으로 자라가자.

제38-2과
기도의 지도 법칙

제99문. 하나님은 기도에서 우리를 지도하시기 위하여 어떤 법칙을 주셨습니까?

What rule has God given for our direction in prayer?

답. 하나님의 모든 말씀이 우리의 기도를 지도하는 데 유용하지만(요일 5:14) 기도를 위한 특별한 지도 법칙은 그리스도가 그의 제자들에게 가르쳤던 기도 형태로서, 보통 "주기도문"이라고 불립니다(마 6:9-13; 눅 11:2-4).

The whole Word of God is of use to direct us in prayer; but the special rule of direction is that form of prayer which Christ taught his disciples, commonly called The Lord's Prayer.

---

direction 방향, 지도, 관리, 명령
commonly called 보통 불리우는, 소위(所謂)

그를 향하여 우리가 가진 바 담대함이 이것이니 그의 뜻대로 무엇을 구하면 들으심이라(요일 5:14).

9그러므로 너희는 이렇게 기도하라. 하늘에 계신 우리 아버지여, 이름이 거룩히 여김을 받으시오며 10나라가 임하시오며 뜻이 하늘에서 이루어진 것 같이 땅에서도 이루어지이다. 11오늘 우리에게 일용할 양식을 주시옵고 12우리가 우리에게 죄지은 자를 사하여준 것 같이 우리 죄를 사하여주시옵고 13우리를 시험에 들게 하지 마시옵고 다만

악에서 구하시옵소서. (나라와 권세와 영광이 아버지께 영원히 있사옵나이다 아멘)(마 6:9-13).

2예수께서 이르시되 "너희는 기도할 때에 이렇게 하라. 아버지여, 이름이 거룩히 여김을 받으시오며 나라가 임하시오며 3우리에게 날마다 일용할 양식을 주시옵고 4우리가 우리에게 죄 지은 모든 사람을 용서하오니 우리 죄도 사하여주시옵고 우리를 시험에 들게 하지 마시옵소서 하라(눅 11:2-4).

기도의 지도 법칙인 주기도문

제98문: 기도란 무엇인가?

제99문: 기도의 지도 법칙인 주기도문

제100문: 주기도문의 서문

〈표39〉 소요리문답 제98-100문의 구성

1. 하나님의 모든 말씀이 우리의 기도를 지도하는 데 유용하다(The whole Word of God is of use to direct us in prayer)

우리는 소요리문답 제88문에서 그리스도의 구속의 유익들을 전하는 외적이고 통상적인 수단이 말씀과 성례와 기도임을 살펴보았습니다. 성례는 보이는 말씀으로서 말씀과 성례 중 더 중요한 것은 말씀입니다. 그리고 제99문은 하나님의 모든 말씀이 기도에 관하여 가르쳐준다고 말합니다. 성경을 외적 인식 원리로 받아들이는 우리는 무엇에 대하여 알고자 할 때 항상 성경을 기준으로 삼아야 합니다.

하나님의 모든 말씀이 기도에 관하여 가르친다는 것은 너무나 자명한 사실입니다. 그런데도 이를 제99문이 분명하게 표현한 것은 기도가 하나님의 말씀에 근거하여 이루어져야 함을 강조하기 위해서입니다. 성례가 "보이는 말씀"으로서 말씀을 떠나 존재할 수 없듯이 기도 역시 말씀을 떠나면 존재할 수 없습니다. 기도가 말씀을 떠나는 순간, 그 기도는 이방인의 기도가 되거나 신비주의에 빠지기 쉽습니다.

특히 우리나라는 반만년의 긴 역사를 가진 나라로서 무교와 불교와 유교와 도교 등의 다양한 종교가 섞여 있습니다. 이 종교들은 모두 "기도"에 관한 가르침과 전통을 갖고 있기에 그리스도인들도 기도의 영역에서 이런 이방 종교의 영향을 크게 받을 수밖에 없습니다. 실제로 한국교회에는 이방 종교의 가르침과 전통을 따르는 기도 개념이 널리 퍼져 있습니다. 따라서 신자는 하나님의 모든 말씀에 근거하여 기도를 살펴보고 이를 실천에 옮기기 위해 더욱 힘써야 합니다. 한국교회의 초기 신자들은 선교사들이 가르쳐주지 않아도 스스로 새벽 기도를 실천에 옮겼습니다. 기독교가 들어오기 전부터 이미 우리 민족에게는 새벽에 일어나 정화수를 떠놓고 치성을 드리는 문화가 있었기 때문입니다. 새벽에 열심히 기도하는 것은 칭찬과 격려를 받아야 마땅하지만 잘못된 기대와 잘못된 개념은 시정되어야 할 것입니다.

2. 기도를 위한 특별한 지도 법칙은 그리스도가 그의 제자들에게 가르쳤던 기도 형태로서, 보통 "주기도문"이라고 불립니다(The special rule of direction is that form of prayer which Christ taught his disciples, commonly called The Lord's Prayer)

예수님이 한 곳에서 기도하기를 마치시자 제자 중 하나가 "주여, 요한이 자기 제자들에게 기도를 가르친 것과 같이 우리에게도 가르쳐주옵소서"(눅 11:1)라고 요청했습니다. 그러자 예수님은 "너희는 기도할 때에 이렇게 하라"고 하시며 기도문을 알려주셨습니다. 그것이 바로 "주기도문"(The Lord's Prayer)입니다. 주기도문은 "주님의 기도문"이란 뜻으로 주님이 제자들에게 기도에 대하여 직접 가르쳐주신 권위 있는 기도문입니다. 이는 주님이 직접 가르쳐주셨으니 기도에 관한 가장 정확한 가르침이라고 할 수 있습니다. 그래서 소요리문답 제99문은 하나님의 모든 말씀이 기도에 관해 가르쳐주지만 주기도문은 특별한 지도 법칙이라고 말합니다. 그리고 이어서 제100-107문은 주기도문의 각 구절에 대해서 자세히 설명합니다.

　다음 표와 같이 주기도문은 크게 서문(preface), 간구(petitions), 맺는말(conclusion)의 세 부분으로 구성됩니다.

서문(preface)		제100문	하늘에 계신 우리 아버지여
간구 (petitions)	첫 번째	제101문	이름이 거룩히 여김을 받으시오며
	두 번째	제102문	나라가 임하시오며
	세 번째	제103문	뜻이 하늘에서 이루어진 것 같이 땅에서도 이루어지이다
	네 번째	제104문	오늘 우리에게 일용할 양식을 주시옵고
	다섯 번째	제105문	우리가 우리에게 죄 지은 자를 사하여준 것 같이 우리 죄를 사하여주시옵고
	여섯 번째	제106문	우리를 시험에 들게 하지 마시옵고 다만 악에서 구하시옵소서
맺는말(conclusion)		제107문	나라와 권세와 영광이 아버지께 영원히 있사옵나이다. 아멘

〈표40〉 주기도문의 구조

제38-3과
주기도문의 서문

제100문. 주기도문의 서문은 우리에게 무엇을 가르칩니까?

What does the preface of the Lord's prayer teach us?

답. "하늘에 계신 우리 아버지여"(마 6:9)라는 주기도문의 서문은 자녀들이 아버지에게 가듯이 모든 거룩한 경외와 자신감으로, 우리를 도울 수 있고 기꺼이 도우시려는 하나님께 가까이 다가갈 것을 우리에게 가르칩니다(롬 8:15; 눅 11:13). 그리고 우리가 다른 이들과 함께 다른 이들을 위해서 기도해야 할 것을 가르칩니다(행 12:5; 딤전 2:1-2).

The preface of the Lord's prayer, which is, "Our Father which art in heaven," teaches us to draw near to God with all holy reverence and confidence, as children to a father, able and ready to help us; and that we should pray with and for others.

---

reverence 외경, 공경　　　　**confidence** 신뢰, 신용, 자신, 확신

너희는 다시 무서워하는 종의 영을 받지 아니하고 양자의 영을 받았으므로 우리가 아빠 아버지라고 부르짖느니라(롬 8:15).

"너희가 악할지라도 좋은 것을 자식에게 줄 줄 알거든 하물며 너희 하늘 아버지께서 구하는 자에게 성령을 주시지 않겠느냐?" 하시니라(눅 11:13).

이에 베드로는 옥에 갇혔고 교회는 그를 위하여 간절히 하나님께 기도하더라(행 12:5).

1그러므로 내가 첫째로 권하노니 모든 사람을 위하여 간구와 기도와 도고와 감사를 하되 2임금들과 높은 지위에 있는 모든 사람을 위하여 하라. 이는 우리가 모든 경건과 단정함으로 고요하고 평안한 생활을 하려 함이라(딤전 2:1-2).

주기도문의 서문

- 제99문: 주기도문(기도의 지도 법칙)
- **제100문: 주기도문의 서문**
- 제101문: 첫 번째 간구

〈표41〉 소요리문답 제99-101문의 구성

1. 자녀들이 아버지에게 가듯이 모든 거룩한 경외와 자신감으로, 우리를 도울 수 있고 기꺼이 도우시려는 하나님께 가까이 다가갈 것을 가르칩니다(to draw near to God with all holy reverence and confidence, as children to a father)

신자들이 하나님을 "하늘에 계신 우리 아버지"라고 부를 수 있는 것은 얼마나 큰 특권이고 특혜인지 모릅니다. 모든 사람에게는 육신의 아버지가 있습니다. 육신의 아버지는 설령 악할지라도 자기 자식에게만은 좋은 것을 주려고 합니다(눅 11:13). 그런데 신자들에게는 하늘에도 아버지가 있습니다. 그분은 하늘에 계시기 때문에 지상의 아버지와는 달리 악하거나 능력이 한정되지 않을뿐더러 그 사랑에도 한계가 없습니다.

아이들이 어려움에 처했을 때 아빠가 나타나 그 어려움을 해결해주면 아이들이 얼마나 좋아합니까? 아이들은 부모를 무엇이든 할 수 있는 전능한 존재로 또 자신을 끝까지 사랑하는 존재로 여깁니다. 그렇기에 아이들은 부모의 품에 안겨 모든 걱정과 시름을 놓고 평안을 느끼며 깊이 잠듭니다. 아이가 밖에서 집으로 돌아오는 아버지를 반기며 "아빠!"라고 부르는 표정은 너무나 아름답고 평안해 보입니다.

그런데 신자들은 양자의 영을 하나님께로부터 받았습니다. 그래서 하늘에 계신 하나님을 "아빠 아버지!"(롬 8:15)라고 부를 수 있습니다. 신자들은 어린 아이가 육신의 아빠에게서 느끼는 사랑과 능력과 평안보다 훨씬 더 완벽한 사랑과 권능과 평안을 하늘 아버지에게서 발견합니다. 하늘에 계신 우리 아버지는 우리의 필요를 채워주시고 간구에 응답할 마음이 가득하신 분입니다.

오직 신자들에게만 하나님을 "하늘에 계신 우리 아버지"라고 부를 수 있는 특권이 주어집니다. 신자들은 하나님에게서 양자의 영을 받지만 불신자들은 사탄에게서 종의 영을 받습니다. 소요리문답 제34문을 통해 살펴본 것처럼 양자의 영을 받은 신자는 "하나님의 아들들의 숫자로 받아들여지고, 하나님의 자녀들의 모든 특권을 갖습니다." 그래서 신자들은 아이가 아빠에게 아무 거리낌 없이 달려가 안기고 당당하게 필요한 것을 요구하듯 하나님께 가까이 다가갈 수 있습니다.

물론 여기에는 하나님에 대한 거룩한 경외가 있어야 합니다. 어린 손자는 할아버지의 지위가 아무리 높더라도 수염을 만지작거리며 놉니다. 하지만 그 손자가 철이 들면 할아버지를 존중하지 않겠습니까? 마찬가지로 신자들은 하나님을 대할 때 철없는 손자가 할아버지를 대하듯 하는 것이 아니라 거룩한 경외의 자세를 늘 견지해야 합니다. 그렇다고 경직되고 딱딱한 느낌으로 다가가라는 것은 아닙니다. 거룩한 경외의 자세와 함께 즐거움과 자신감이 있어야 합니다. 아이가 아빠 앞에서 갖는 자신감과 당당함으로 담대히 하나님께 나아가야 합니다 (히 4:16).

> 너희가 아들이므로 하나님이 그 아들의 영을 우리 마음 가운데 보내사 아빠 아버지라 부르게 하셨느니라(갈 4:6).

우리는 하나님을 "아버지"라고 부르는 것이 얼마나 큰 특권이고 특혜인지를 깨닫고 감사와 찬양을 담아 주기도문의 서문을 말해야 합니다.

2. 우리가 다른 이들과 함께 다른 이들을 위해서 기도해야 할 것을 가르칩니다(We should pray with and for others)

"하늘에 계신 우리 아버지여"에서 그 아버지는 "나의"(my) 아버지가 아니라 "우리의"(our) 아버지입니다. 부모는 자식들이 모두 잘되기를 바라지 어떤 특정한 자식만 잘되기를 바라지 않습니다. 하나님의 마음도 마찬가지입니다. 따라서 신자들은 기도할 때 자기만 생각해서는 안 되고 하나님을 한 아버지로 모신 형제로서, 예수 그리스도를 머리로 둔

몸의 지체로서 그들과 함께 그들을 위해서 기도해야 합니다. 성경은 기본적으로 신자들이 모두 한 지체라는 전제하에서 쓰였습니다. 성경적 관점에서 보면 신자들은 결코 따로 존재하지 않습니다.

사도 바울은 로마의 신자들에게 "즐거워하는 자들과 함께 즐거워하고 우는 자들과 함께 울라"(롬 12:15)고 권면했습니다. 신자는 자기 혼자 잘되기 위해서 신앙생활을 하는 것이 아닙니다. 신앙의 여정에 들어선 순간 교회의 지체들과 하나가 되었음을 기억하며 그들과 동고동락(同苦同樂)해야 합니다. 만일 형제나 자매가 헐벗고 일용할 양식이 없는데 그에게 "평안히 가라, 덥게 하라, 배부르게 하라"고 말한 후에 그 몸에 쓸 것을 주지 않으면 아무 유익이 없습니다(약 2:15-16). 이러한 성경의 가르침이 "하늘에 계신 우리 아버지여"라는 주기도문의 서문에 담겨 있습니다.

베드로가 옥에 갇혔을 때 밖에 있는 성도들은 이를 자기 일처럼 여기며 그를 위하여 간절히 기도했습니다(행 12:5). 그들은 하나님을 한 아버지로 모신 이들이기에 박해받는 사역자를 위해 뜨거운 마음으로 기도한 것입니다. 하나님이 이 기도를 들어주셔서 베드로는 기적적으로 옥에서 탈출할 수 있었습니다.

우리는 주기도문으로 기도할 때마다 "하늘에 계신 우리 아버지여"라는 서문을 통해 우리 각자가 다른 성도들과 더불어 그리스도 안에서 한 몸임을 명심하며 개인주의와 이기주의를 버려야 합니다. 그리스도인이 많은 사회일수록 이런 공동체 의식이 강해야 합니다. 자기만 잘 살고 자기가 속한 단체만 잘되면 된다는 사고는 하나님의 뜻과 거리가 멉니다. 하나님의 백성인 우리는 다른 사람과 더불어 같이 살겠다는 의식을 키워가야만 합니다. 이어지는 주기도문의 내용도 자기만이 아니라 다른 성도들에게도 적용됨을 기억하며 기도해야 합니다.

디모데전서 2:1-2은 우리가 모든 사람을 위하여 간구와 기도와 도고와 감사를 해야 한다고 말합니다. 특히 임금들과 높은 지위에 있는 모든 사람을 위하여 기도하라고 권하는데 그 이유는 "우리가 모든 경건과 단정함으로 고요하고 평안한 생활을 하려 함"입니다. 모든 사람을 위하여 기도하면 우리의 경건과 평안한 생활도 도움을 받습니다. 날이 갈수록 이기주의와 개인주의가 팽배해지는 이때 우리는 성경이 말하는 "더불어"와 "하나 됨"의 가치를 알고 기도에서부터 이를 실천에 옮겨야 할 것입니다.

1. 여러분은 가정일을 얼마나 분담하고 있습니까? 가정에서 누군가가 이 일을 도맡고 있지는 않습니까? 화장실 청소나 이불 털기, 차량 청소 등을 한 번도 하지 않았다면 앞으로 시도해보는 것은 어떨까요?

2. 소요리문답 제98-100문을 서로 묻고 답해봅시다. 근거 성구도 함께 살펴봅시다.

3. 기도는 하나님께 무작정 요구하는 것입니까, 아니면 하나님의 뜻에 맞는 것들을 구하는 것입니까? 은혜의 수단인 말씀, 성례, 기도 중에서 왜 말씀이 가장 중요합니까?

4. 잘못된 기도의 모습은 어떤 것들이 있는지 관련 성구(왕상 18:20-38; 눅 11:5-13; 18:1-8)를 통해 살펴봅시다.

5. 그리스도의 이름으로 기도한다는 것은 무슨 뜻입니까? 또 성령으로 기도한다는 것은 무슨 뜻입니까?

6. 기도할 때 왜 죄에 대한 고백과 하나님의 자비에 대한 감사가 포함되어야 합니까?

7. 중보 기도는 왜 예수 그리스도만 할 수 있습니까? 우리가 이웃을 위하여 드리는 기도를 가리킬 때는 어떤 표현을 쓰는 것이 좋습니까?

8. 하나님은 우리의 기도를 지도하시기 위하여 어떤 법칙을 주셨습니까?

9. 신자들이 하나님을 "우리 아버지"라고 부를 수 있는 것이 얼마나 큰 권한이고 축복인지 나누어봅시다.

10. 우리는 왜 다른 이들과 함께 다른 이들을 위해서 기도해야 합니까?

제39-1과
첫 번째 간구

제101문. 첫 번째 간구에서 우리는 무엇을 위해 기도합니까?

What do we pray for in the first petition?

답. "이름이 거룩히 여김을 받으시오며"(마 6:9)라는 첫 번째 간구에서, 우리는 하나님이 자기 자신을 나타내신 모든 것에서 우리와 타인이 그분을 영화롭게 하고(시 67:2-3), 모든 일을 그분의 고유한 영광으로 처리하도록 기도합니다(시 83:1-18).

In the first petition, which is, "Hallowed be thy name," we pray, That God would enable us and others to glorify him in all that whereby he makes himself known; and that he would dispose all things to his own glory.

---

petition 탄원서, 청원서, 탄원, 청원

hallow 신성하게 하다   **dispose** 배치하다, 처리하다

2주의 도를 땅 위에, 주의 구원을 모든 나라에게 알리소서. 3하나님이여, 민족들이 주를 찬송하게 하시며 모든 민족들이 주를 찬송하게 하소서(시 67:2-3).

1하나님이여, 침묵하지 마소서. 하나님이여, 잠잠하지 마시고 조용하지 마소서. 2무릇 주의 원수들이 떠들며 주를 미워하는 자들이 머리를 들었나이다. 3그들이 주의 백성을 치려 하여 간계를 꾀하며 주께서 숨기신 자를 치려고 서로 의논하여 4말하기를 "가서 그들을 멸하여 다시 나라가 되지 못하게 하여 이스라엘의 이름으로 다시는 기억되지 못하게 하자" 하나이다. 5그들이 한마음으로 의논하고 주를 대적하여 서로 동맹하니 6곧 에돔의 장막과 이스마엘인과 모압과 하갈인이며 7그발과 암몬과 아말렉이며 블레셋과 두로 사람이요 8앗수르도 그들과 연합하여 롯 자손의 도움이 되었나이다. (셀라) 9주는 미디안인에게 행하신 것 같이, 기손 시내에서 시스라와 야빈에게 행하신 것 같이 그들에게도 행하소서. 10그들은 엔돌에서 패망하여 땅에 거름이 되었나이다. 11그들의 귀인들이 오렙과 스엡 같게 하시며 그들의 모든 고관들은 세바와 살문나와 같게 하소서. 12그들이 말하기를 "우리가 하나님의 목장을 우리의 소유로 취하자" 하였나이다. 13나의 하나님이여, 그들이 굴러가는 검불 같게 하시며 바람에 날리는 지푸라기 같게 하소서. 14삼림을 사르는 불과 산에 붙는 불길 같이 15주의 광풍으로 그들을 쫓으시며 주의 폭풍으로 그들을 두렵게 하소서. 16여호와여, 그들의 얼굴에 수치가 가득하게 하사 그들이 주의 이름을 찾게 하소서. 17그들로 수치를 당하여 영원히 놀라게 하시며 낭패와 멸망을 당하게 하사 18여호와라 이름하신 주만 온 세계의 지존자로 알게 하소서(시 83:1-18).

이름이 거룩히 여김을 받으시오며

제100문: 주기도문의 서문

제101문: 첫 번째 간구

제102문: 두 번째 간구

〈표42〉 소요리문답 제100-102문의 구성

1. 하나님이 자기 자신을 나타내신 모든 것에서 우리와 타인이 그분을 영화롭게 하도록(God would enable us and others to glorify him in all that whereby he makes himself known)

소요리문답 제1문은 사람의 주된 목적이 하나님을 영원토록 영화롭게 하고 즐거워하는 것이라고 말합니다. "이름이 거룩히 여김을 받으시오며"라는 간구는 우리가 사람의 주된 목적에 맞게 살 수 있도록 도와달라는 기도입니다. 하나님의 이름이 거룩히 여김을 받으려면 우리와 타인이 모든 것에서 하나님을 영화롭게 해야 합니다. 그러나 하나님의 이름을 영화롭게 하는 일은 사람의 힘으로 되지 않습니다. 타락한 죄인의 본성은 하나님을 싫어하고 자기중심적입니다. 구원을 받은 자라도 부패한 본성이 남아 있어 자신을 영화롭게 하는 일을 하려고 합니다. 그래서 신자들은 하나님의 도우심으로 하나님의 이름이 거룩히 여겨지도록 기도해야 합니다.

"이름이 거룩히 여김을 받으시오며"라는 간구를 이해하는 데 십계명의 제3계명이 큰 도움이 됩니다. 제3계명은 "너는 네 하나님 여호와

의 이름을 망령되게 부르지 말라. 여호와는 그의 이름을 망령되게 부르
는 자를 죄 없다 하지 아니하리라"입니다.

> • 제54문. 무엇이 제3계명에서 요구됩니까?
>
>   답. 제3계명은 하나님의 이름들, 칭호들, 속성들, 규례들,
>   말씀, 사역들을 거룩하고 공경하는 자세로 사용할 것
>   을 요구합니다.
>
> • 제55문. 무엇이 제3계명에서 금지됩니까?
>
>   답. 제3계명은 하나님이 자신을 알리도록 만드신 것들을
>   모독하거나 악용하는 모든 것을 금지합니다.
>
> • 제56문. 제3계명에 부가된 논리는 무엇입니까?
>
>   답. 제3계명에 부가된 논리는 이 계명을 깨뜨리는 자들은
>   비록 사람들로부터 징계를 피할 수는 있지만, 주 우리
>   의 하나님은 그들로 그분의 의로운 심판을 피하지 못
>   하게 하신다는 것입니다.

제3계명은 하나님의 이름들, 칭호들, 속성들, 규례들, 말씀, 사역들을
모독하거나 악용하는 모든 것을 금지합니다. 그런데 얼마나 많은 이들
이 하나님의 이름을 가볍게 부르고 심지어 욕으로 사용하는지 모릅니
다. "하나님이 살아 있고 완전하다면 이런 일이 발생할 수 있느냐? 도대
체 신은 어디에 있느냐?"라고 말하며 하나님을 업신여깁니다. 하나님의
말씀대로 살면 망한다고 말하며 그 가치를 부인하고 하나님이 하시는

사역에 불평하면서 어떤 기대도 하지 않습니다.

첫 번째 간구는 이처럼 강퍅한 자들이 하나님의 이름을 망령되게 부르지 않도록, 우리와 타인이 하나님을 영화롭게 하는 것이 가능하기를 구하는 것입니다. 소요리문답 제56문이 말하듯 하나님의 이름을 망령되게 부르는 자들은 사람의 징계를 피할 수는 있지만 모든 것을 감찰하시는 하나님의 의로운 심판을 피할 수는 없습니다. 우리는 첫 번째 간구를 통해 우리가 이러한 하나님의 징계를 받지 않고 진정으로 하나님을 영화롭게 하는 자들이 되게 해달라고 기도해야 합니다.

2. 그분이 모든 일을 자신의 고유한 영광으로 처리하도록(He would dispose all things to his own glory)

사람은 유한한 존재이기 때문에 하나님의 영광을 위한다고 해도 그 생각과 행동이 부족하기 마련입니다. 중요한 일을 다룰 때는 좋은 의도만으로는 불충분합니다. 아무리 의도가 좋더라도 지혜와 능력이 모자라면 오히려 일을 망치기 쉽습니다. 그래서 우리는 하나님의 영광을 위하여 노력하면서도 최종적으로는 하나님이 그 모든 일을 처리하시기를 간구합니다.

소요리문답 제11문은 "하나님이 가장 거룩하고, 지혜롭고, 권능 있게 자신의 모든 창조물과 그 모든 행동을 보존하시고 통치하시는 것"이 하나님의 섭리의 사역이라고 말합니다. 하나님이 가장 거룩하고, 지혜롭고, 권능 있게 모든 일을 처리하실 때 하나님의 영광이 온전하게 드러납니다. 결국 "이름이 거룩히 여김을 받으시오며"라는 첫 번째 간구는 하나님의 섭리에 대한 믿음을 바탕으로 모든 일이 합력하여 선을 이루는 것에 대한 소망의 표현입니다. 우리는 하나님이 하나님의 영광을 반드시 이루어내시는 분이심을 바라보며 첫 번째 간구를 드립니다.

시편 83편에서 아삽은 "하나님이여, 침묵하지 마소서. 하나님이여, 잠잠하지 마시고 조용하지 마소서. 무릇 주의 원수들이 떠들며 주를 미워하는 자들이 머리를 들었나이다"(시 83:1-2)라고 탄원합니다. 그는 주의 백성을 치고 이스라엘의 이름을 없애자고 모의하는 주의 원수들에 대한 처분을 하나님께 맡깁니다. 그리고 대적자들의 명단을 나열하며 구체적인 심판 방법을 기도로 아룁니다. 하지만 아삽의 마지막 기도는 "여호와라 이름하신 주만 온 세계의 지존자로 알게 하소서"(시 83:18)라는 것입니다. 우리는 "이름이 거룩히 여김을 받으시오며"라는 간구를 통해 하나님의 이름이 온전히 드러나기를 바라는 시편 83편처럼 기도합니다.

큰 단체나 회사의 우두머리가 된 이들은 "어깨가 무겁다"라고 말하곤 합니다. 그런 분들에게는 실제로 큰 부담이 있습니다. 나름대로 역량을 인정받아 우두머리가 되었지만 긴장이 풀려 어느 순간 실수하면 많은 사람에게 큰 손해를 입히기 때문입니다. 만일 하나님을 영화롭게 하는 일의 최종 권한이 우리 사람에게 있다면 우리의 어깨는 얼마나 무거울까요? 단 한 순간도 긴장을 풀지 못하고 우리의 결정에 대해 노심초사하며 뜬눈으로 밤을 지새울 것입니다. 그런데 하나님이 그 모든 책임을 궁극적으로 담당해주시니 우리는 안심하고 최선을 다할 수 있습니다. 우리의 삶을 온전히 섭리하시는 하나님이 계시다는 사실이 우리에게 얼마나 큰 축복인지 모릅니다. 자신의 이름을 거룩하게 하시는 하나님을 바라보며 우리는 우리의 이름도 거룩해지도록 줄기차게 노력할 수 있습니다.

제39-2과
두 번째 간구

제102문. 두 번째 간구에서 우리는 무엇을 위해 기도합니까?

What do we pray for in the second petition?

답. "나라가 임하시오며"(마 6:10)라는 두 번째 간구에서 우리는 사탄의 왕국이 파괴되고(시 68:1, 18) 은혜의 왕국이 진전되며(계 12:10-11) 우리 자신과 타인이 그곳에 이르고 그 안에서 보존되도록(살후 3:1; 롬 10:1; 요 17:9, 20), 그리고 영광의 왕국이 앞당겨지도록 기도합니다(계 22:20).

In the second petition, which is, "Thy kingdom come," we pray, That Satan's kingdom may be destroyed; and that the kingdom of grace may be advanced, ourselves and others brought into it, and kept in it; and the kingdom of glory may be hastened.

---

advance 전진시키다, 조장하다

hasten 서두르다, 촉진하다, 재촉하다

하나님이 일어나시니 원수들은 흩어지며 주를 미워하는 자들은 주 앞에서 도망하리이다(시 68:1).

주께서 높은 곳으로 오르시며 사로잡은 자들을 취하시고 선물들을 사람들에게서 받으시며 반역자들로부터도 받으시니 여호와 하나님이 그들과 함께 계시기 때문이로다(시 68:18).

10내가 또 들으니 하늘에 큰 음성이 있어 이르되 "이제 우리 하나님의 구원과 능력과 나라와 또 그의 그리스도의 권세가 나타났으니 우리 형제들을 참소하던 자 곧 우리 하나님 앞에서 밤낮 참소하던 자가 쫓겨났고 11또 우리 형제들이 어린 양의 피와 자기들이 증언하는 말씀으로써 그를 이겼으니 그들은 죽기까지 자기들의 생명을 아끼지 아니하였도다"(계 12:10-11).

끝으로 형제들아, 너희는 우리를 위하여 기도하기를 주의 말씀이 너희 가운데서와 같이 퍼져나가 영광스럽게 되고(살후 3:1).

형제들아, 내 마음에 원하는 바와 하나님께 구하는 바는 이스라엘을 위함이니 곧 그들로 구원을 받게 함이라(롬 10:1).

내가 그들을 위하여 비옵나니 내가 비옵는 것은 세상을 위함이 아니요, 내게 주신 자들을 위함이니이다. 그들은 아버지의 것이로소이다(요 17:9).

내가 비옵는 것은 이 사람들만 위함이 아니요, 또 그들의 말로 말미암아 나를 믿는 사람들도 위함이니(요 17:20).

이것들을 증언하신 이가 이르시되 "내가 진실로 속히 오리라" 하시거늘, 아멘! 주 예수여, 오시옵소서(계 22:20).

나라가 임하시오며

1. 사탄의 왕국이 파괴되고 은혜의 왕국이 진전되며(That Satan's kingdom may be destroyed; and that the kingdom of grace may be advanced)

Tip "타잔의 실수"는 상권의 267-269쪽에 있다.

우리는 소요리문답 제20문의 "생각할 거리"에서 "타잔의 실수"에 대해 살펴보았습니다. 타잔이 포식자들로부터 초식동물을 지키겠다는 생각은 갸륵하지만 포식자들이 초식동물의 개체수를 조절하지 않으면 밀림은 황폐화할 수밖에 없습니다. 그리고 사실 포식자는 고기를 먹어야만 하는 신체구조를 지녔기 때문에 타잔의 꿈 자체가 말이 되지 않습니다.

밀림의 왕자 타잔도 포식자의 식습관을 바꿀 수 없습니다. 아무리 과학과 의술이 발달해도 불가능합니다. 그러나 하나님은 사자를 변화시켜 소처럼 풀을 먹게 하십니다. 이리가 어린 양과 함께 거하고 표범이 어린 염소와 함께 누우며 송아지와 어린 사자와 살진 짐승이 함께 있어 어린아이에게 끌리게 만드십니다(사 11:5-9). 밀림의 완벽한 평화는 하나님에 의해서만 가능합니다. 모든 이들이 평화를 누리고, 늙음과 병듦과 죽음과 눈물이 없는 하나님 나라는 결코 사람의 힘으로 이루어지지 않습니다. 그것은 오직 하나님에 의해서만 가능합니다.

옆에 있는 "참고 성구"에는 "하나님 나라"를 언급하는 구절들을 적어 놓았습니다. 하나님 나라와 연관되어 사용된 동사들에 주의하면서 살펴보시기 바랍니다. 여기서 "임하다", "오다", "내려오다" 등의 동사는 하나님이 하나님 나라를 우리에게 은혜로 주신다는 사실을 보여줍니다. 하그러나 내가 하나님의 성령을 힘입어 귀신을 쫓아내는 것이면 하나님의 나라가 이미 너희에게 임하였느니라(마 12:28).

"그 둘 중의 누가 아버지의 뜻대로 하였느냐?" 이르되 "둘째 아들이니이다." 예수께서 그들에게 이르시되 "내가 진실로 너희에게 이르노니 세리들과 창녀들이 너희보다 먼저 하나님의 나라에 들어가리라"(마 21:31).

이르시되 "때가 찼고 하나님의 나라가 가까이 왔으니 회개하고 복음을 믿으라" 하시더라(막 1:15).

만일 네 눈이 너를 범죄하게 하거든 빼버리라. 한 눈으로 하나님의 나라에 들어가는 것이 두 눈을 가지고 지옥에 던져지는 것보다 나으니라(막 9:47).

거기 있는 병자들을 고치고 또 말하기를 "하나님의 나라가 너희에게 가까이 왔다" 하라(눅 10:9).

이와 같이 너희가 이런 일이 일어나는 것을 보거든 하나님의 나라가 가까이 온 줄을 알라(눅 21:31).

"내가 너희에게 이르노니 내가 이제부터 하나님의 나라가 임할 때까지 포도나무에서 난 것을 다시 마시지 아니하리라" 하시고(눅 22:18).

예수께서 대답하시되 "진실로 진실로 네게 이르노니 사람이 물과 성령으로 나지 아니하면 하나님의 나라에 들어갈 수 없느니라"(요 3:5).

제자들의 마음을 굳게 하여 "이 믿음에 머물러 있으라" 권하고, 또 "우리가 하나님의 나라에 들어가려면 많은 환난을 겪어야 할 것이라" 하고(행 14:22).

형제들아, 내가 이것을 말하노니 혈과 육은 하나님 나라를 이어받을 수 없고 또한 썩는 것은 썩지 아니하는 것을 유업으로 받지 못하느니라(고전 15:50).

투기와 술 취함과 방탕함과 또 그와 같은 것들이라. 전에 너희에게 경계한 것 같이 경계하노니 이런 일을 하는 자들은 하나님의 나라를 유업으로 받지 못할 것이요(갈 5:21).

또 내가 보매 거룩한 성 새 예루살렘이 하나님께로부터 하늘에서 내려오니 그 준비한 것이 신부가 남편을 위하여 단장한 것 같더라(계 21:2).

나님 나라는 신자들에게 은혜를 통하여 초월적으로 주어집니다.

반면 하나님 나라가 임하고 왔을 때 신자들이 하는 일은 "들어가다", "이어받다"라는 동사로 표현됩니다. 하나님 나라는 사람이 넓히거나 확장하거나 이룰 수 없습니다. 신자들은 초월적으로 주어지는 하나님 나라에 "들어가고" 하나님이 유업으로 주시는 것을 "이어받을" 뿐입니다. 그만큼 하나님 나라는 초월적인 성격을 가지고 있습니다. 하지만 이것이 신자의 능동적 자세를 배제하지는 않습니다. 기본적으로 하나님 나라는 은혜로 주어지기에 신자는 수동적으로 그것을 받지만 들어가고 이어받는 행위에는 능동의 의미도 있기 때문입니다.

하나님 나라가 임할 때 사탄의 왕국은 파괴됩니다. 예수님은 "내가 하나님의 성령을 힘입어 귀신을 쫓아내는 것이면 하나님의 나라가 이미 너희에게 임하였느니라"(마 12:28)라고 말씀하셨습니다. 귀신이 지배하는 사탄의 왕국이 파괴되어 귀신이 쫓김을 당할 때 은혜의 왕국이 임합니다. 사탄의 왕국이 파괴되는 것과 은혜의 왕국이 진전하는 것은 모두 하나님의 능력과 은혜로 **동시에** 이루어집니다.

하나님이 일어나실 때 원수들은 흩어지고 주를 미워하는 자들은 주 앞에서 도망합니다(시 68:1). 사도 바울은 에베소에서 석 달 동안 하나님 나라에 관하여 강론하며 권면했습니다. 하나님은 바울의 손으로 놀라운 능력을 행하게 하셔서 병든 사람이 낫고 악귀도 물리치는 역사가 일어났습니다. 또한 하나님 나라가 권능으로 임하자 마술을 행하던 많은 사람이 자기들이 사용하던 책을 모아서 불사를 수밖에 없었습니다(행 19:1-20). 이처럼 하나님 나라는 사탄의 왕국을 파괴하는 은혜의 왕국으로 임합니다. 우리는 "나라가 임하시오며"라는 간구를 할 때 이런 의미를 기억해야 할 것입니다.

하나님 나라를 넓히고 이루자?

많은 신자가 하나님 나라를 "넓히자", "이루자", "확장하자"라는 표현을 사용한다. 그런데 하나님 나라를 사람들의 노력과 실천으로 이룰 수 있다고 생각한다면 이런 표현은 틀린 것이다. 하지만 하나님 나라의 속성과 정신을 이 땅에 적용하여 사람들을 더욱 사랑하고 하나님의 말씀에 따라 생각하고 행동하며 제도화하자는 뜻이라면 괜찮다. 하나님 나라의 초월성과 은혜성을 생각할 때 하나님 나라를 "넓히자", "이루자", "확장하자" 등의 표현은 아무래도 하나님보다는 사람의 역할을 중심에 두는 느낌이 들므로 사용과 해석에 주의가 필요하다.

2. 우리 자신과 타인이 그곳에 이르고 그 안에서 보존되도록(ourselves and others brought into it, and kept in it)

하나님 나라가 임했는데 우리 자신이 그곳에 들어가지 못한다면 무슨 소용이 있겠습니까? 하나님 나라에 들어가느냐 마느냐의 문제는 좋은 아파트에 당첨되어 들어가느냐 마느냐 정도의 차원이 아닙니다. 아파트야 다음 기회를 노려도 되고 다른 집으로 대체해도 되지만, 하나님 나라는 다음 기회가 없고 대신할 대체재도 없습니다. 하나님 나라가 임할 때 우리는 반드시 그곳에 들어가야 합니다.

또 우리만 들어가면 무엇하겠습니까? 우리가 알고 있는 많은 이들도 더불어 하나님 나라에 들어가고, 더 나아가 세계 여러 지역의 사람들도 함께 들어가야 합니다. 우리는 이 시대의 우상인 개인주의에서 빠져나와야 합니다. 나 자신만 구원받으면 된다는 생각을 버리고 가족과 친지와 지인들에 대한 공동체 의식, 연합 의식을 가져야 합니다.

하나님 나라에 들어가 그곳에 영원히 거하는 일은 누구에게나 매우 중요합니다. 이를 위해 일시적 믿음을 가진 자처럼 처음에는 하나님 나라에 속한 것처럼 행동하다가 말씀으로 말미암아 일어나는 환난이나 박해 앞에서 넘어지면 안 됩니다. 이처럼 "나라가 임하시오며"라는 간구에는 우리 자신과 타인이 하나님 나라에 영원히 보존되는 것까지 포함됩니다.

3. 영광의 왕국이 앞당겨지도록(The kingdom of glory may be hastened)

하나님 나라가 얼마나 영광스러운지를 안다면 이 땅 위의 삶에 연연하거나 집착하지 않을 수 있습니다. 훨씬 더 좋은 것을 아는데 나쁜 것에 빠져 있을 이유가 전혀 없습니다. 사도 바울은 사는 것보다 죽어서 그리스도와 함께 있는 것이 훨씬 더 좋다고 말했습니다.

내가 그 둘 사이에 끼었으니 차라리 세상을 떠나서 그리스도와 함께 있는 것이 훨씬 더 좋은 일이라. 그렇게 하고 싶으나"(빌 1:23).

새 하늘과 새 땅과 새 예루살렘으로 상징되는 하나님 나라에서는 하나님이 친히 그 백성과 함께 계시며 온 세상을 다스리십니다. 하나님이 사람들의 눈에서 모든 눈물을 닦아주시니 다시는 사망이 없고 애통하는 것이나 곡하는 것이나 아픈 것도 다시 있지 아니합니다. 하나님이 만물을 새롭게 하시기 때문입니다(계 21:1-5).

이렇게 좋은 하나님 나라를 우리가 어찌 사모하지 않을 수 있겠습니까? 우리 신자들은 지상에서 살아가는 동안 좋은 나라를 만들기 위해 노력해야 하지만 인간의 노력에는 한계와 부작용이 따르는 줄 알고 오직 하나님 나라를 간절히 바라야 합니다. 그 나라가 앞당겨지도록 기도해야 합니다. "내가 진실로 속히 오리라"고 하신 예수님의 말씀을 믿으며 "아멘! 주 예수여, 오시옵소서"(계 22:20)라고 화답해야 합니다. 우리는 두 번째 간구를 통하여 이 땅의 모든 노고가 사라지고 헤아릴 수 없는 기쁨과 행복, 놀라운 회복과 삶의 높은 질이 기다리는 그날이 앞당겨지기를 기도합니다.

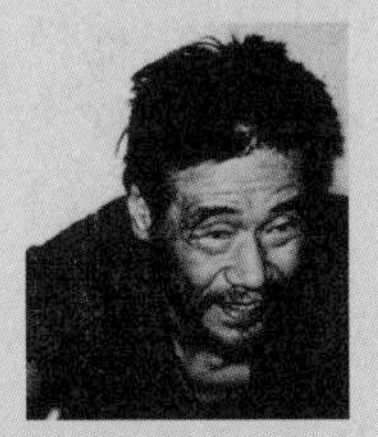

한 평 땅속의 요코이 쇼이치

제2차 세계대전 당시 일본군이었던 요코이 쇼이치(橫井庄一, 1915-1997)는 전쟁이 끝난 것을 모르고 28년간이나 땅굴 속에서 살았다. 그는 1941년에 입대하여 1944년에 괌에 배치되었는데 자기 부대가 미군에 패배하자 밀림 속으로 숨어 들어갔고, 입구를 위장한 한 평 넓이의 땅굴 속에 살면서 물고기와 나무 열매 등을 먹으며 28년을 버틴 것이다.

그는 1972년 1월이 되어서야 지역 어부들에게 발견되었는데 그때까지도 일본이 패전하고 괌은 미국령이 되었다는 사실을 모르고 있었다. 그래서 건강 검진을 위해 엑스레이 촬영을 하려 하자 사형당한다고 생각하고 "죽이려면 빨리 죽여달라"고 소리치기도 했다.

그는 일본으로 귀국했을 때 "천황 전하로부터 받은 소총을 온전히 가져와 돌려드립니다. 충분히 국가를 위해 공헌하지 못한 것이 부끄럽습니다"라고 말했다고 한다. 또 28년간의 땅굴 생활을 "천황 전하를 위해, 천황 전하와 다이와(大和) 혼을 믿으면서 살아왔다"라고 평했다고 한다. 천황 전하와 다이와 혼에 대한 믿음, 일본 군국주의로 철저히 무장된 정신! 이것이 28년간 변하지 않은 충성심과 인내심의 정체였다. 이에 감격한 일본의 보수 우익들은 그를 영웅시할 정도였다.

일본에 송환된 후 그는 공교롭게도 28년을 더 살다 죽었는데, 죽을 때까지 일본 제국주의의 부활을 꿈꿨다고 한다. 1970년대 석유 파동으로 경제가 어려울 때는 국민에게 다시 한번 뭉쳐 일본을 일으키자는 연설을 했고 나중에는 참의원에 출마하여 정치인으로서 일본 제일주의를 부르짖었다. 그의 삶을 살펴보면 한 평 땅속에 갇혀 28년간을 살았을 뿐만 아니라 그보다도 더 좁은 천황 전하와 다이와 혼이라는 정신세계에 갇혀 평생을 살았다는 사실을 알 수 있다.

한 평 땅속의 구차한 생활은 가까스로 청산되었지만 천황 전하와 다이와 혼에 매인 그의 맹목적인 삶은 어떻게 청산되어야 할까? 정말 답답한 노릇이다. 하지만 요코이 쇼이치뿐이 아니다. 그와 같이 땅굴에 갇히지 않아도 잘못된 이념과 가치에 갇혀 사는 사람이 부지기수다. 일본의 보수 우익들은 아직도 천황 전하와 다이와 혼에 대한 믿음을 중요시한다. 그들은 오직 일본 민족만이 신의 선택을 받았고 신의 아들인 천황이 이 세계를 지배해야 한다고 생각한다. 그래서 끊임없이 선비(戰備)를 갖추기에 힘쓰면서 자신의 목숨까지 바칠 각오를 다지고 있다.

일본에서 메이지(明治) 유신 이후 역대 일왕의 생일은 공휴일로 지정된다. 또 주요 왕족들의 생일엔 기자 회견이 열린다. 각종 언론은 왕족을 가리킬 때 극존칭을 사용할 뿐 아니라 생로병사에 따르는 왕족의 인간적 약점을 발표할 때도 주저하면서 신적인 표현을 뒤섞어 사용함으로써 인간의 냄새를 흐릿하게 만든다.

이는 합리성이 우선한다고 하는 서구 세계도 비슷하다. 미국의 프로 농구나 골프나 야구계에는 "명예의 전당"이 있다. 탁월한 기량을 발휘한 유명한 선수들을 기념하기 위해 만든 공간인데 은퇴 후 심사를 거쳐 그곳에 등재되는 선수들은 대부분 울면서 소감을 말하곤 한다. 그만큼 명예가 크다는 이야기다. 하지만 농구나 골프나 야구를 잘하는 것이 정말 그렇게 중요한 것인지 생각해보자. 골프채로 공을 멀리 정확하게 보내어 작은 구멍에 집어넣는 일이 우리 인생과 이 세계에 무슨 본질적인 변화와 향상을 가져다주는가? 구멍에 공이 들어가면 그때마다 아프리카에서 굶어 죽는 아이들에게 음식이 전달될까? 그 공을 집어넣은 사람이 갑자기 젊어지거나 집안이 화목해질까? 운동선수들의 재능과 노력을 무시하는 것은 아니지만 그들이 운동을 통해 얻은 영예가 그렇게 눈물이 날 정도로 이 세상에 본질적인 변화를 가져오는지는 한번 생각해보아야 한다.

각종 명예의 전당은 해당 분야에서만 나름의 가치가 있다. 골프 선수는 NBA 명예의 전당에 들어갈 수 없다. 골프 선수는 골프가 아닌 영역에서는 별다른 영예가 없는 것이다. 또 탁월한 운동선수가 인터뷰를 할 때 어색한 몸가짐과 더듬거리는 말투로 눈살을 찌푸리게 하는 경우도 많다. 그만큼 운동에 많은 시간을 바치면 바칠수록 다른 곳에는 어울리지 않는 사람이 될 가능성이 크다. 그와 비슷하게 요코이 쇼이치도 오직 일본에서, 그것도 일본 제국주의에 물든 자들에게만 명예의 아이콘으로 대접받았을 뿐이다. 양식 있는 일본인이라면 한 개인을 좁은 땅속에 몰아넣고 살아 돌아온 걸 부끄럽게 만든 제국주의의 시대정신을 부끄러워할 것이다.

사도 바울은 무엇이든지 자기에게 유익하던 것을 해로 여겼다(빌 3:7-9). 인생을 살아오면서 애써 쌓은 신분과 학벌과 업적을 모두 배설물처럼 여겼다. 그가 명예의 전당에 어울릴 만한 출중한 기량과 인격과 지위를 모두 쓸모없는 것으로 생각한 이유는 오직 주 예수 그리스도를 아는 지식이 가장 고상했기 때문이었다. 예수 그리스도를 알게 되었을 때 그가 자랑하던 다른 모든 것은 전혀 중요하지 않게 되었다. 이 깨달음만이 그를 진리로 인도하고 구원해주었다.

참된 신자는 하늘의 시민권을 생각한다. 우리는 이 땅에 발을 딛고 살아가는 땅의 시민이지만 동시에 하늘의 시민이다. 아무리 이 땅에서 명예의 전당에 등재되더라도 우리의 몸은 결국엔 썩어 문드러진다. 하지만 하늘에서 명예의 전당에 등재되면 우리의 썩을 몸도 예수 그리스도의 영광의 몸의 형체와 같이 변화한다. 나아만 장군의 뭉그러진 살이 어린아이의 살 같이 된 것처럼 현재 우리의 낮은 몸이 예수님의 영광의 몸처럼 되는 것이다. 이것이 진정한 명예다. 다른 모든 것은 잃어버려도 되고 배설물로 여겨도 된다.

"낙양성 십리하에 영웅호걸이 그 누구며 절세가인이 그 누구냐"라는 노래가 있다. 우리의 소중한 인생은 한 번뿐이고 매우 짧다. 영웅호걸과 절세가인이 무슨 소용이 있으며 명예의 전당이 무슨 소용이 있을지 잘 생각해보아야 한다. 우리는 보다 가치 있는 일, 곧 하나님의 영화로우심과 존귀하심을 드러내는 데 힘써야 한다. 잘못된 가치에 빠져 그것이 진부인 양 평생을 허비해서는 안 된다. 따라서 지신이 요코이 쇼이치처럼 한 평 땅속에서 일생을 보내고 있지는 않은지 끊임없이 질문해야 한다. 어떤 왜곡된 가치가 나를 지배하여 내 인생을 갉아먹고 있지는 않은지 질문하고 문제가 있다면 신속하게 해결해야 한다. 한 평 땅속이란 물리적 한계도 넘어야 하고 그보다 더 작은 잘못된 가치관과 세계관도 부수어야 한다. 참된 명예의 전당은 영원한 하나님 나라에만 있다. 우리는 그 하나님 나라가 어서 임하기를 기도해야 한다.

제39-3과
세 번째 간구

제103문. 세 번째 간구에서 우리는 무엇을 위해 기도합니까?

What do we pray for in the third petition?

답. "뜻이 하늘에서 이루어진 것 같이 땅에서도 이루어지이다"(마 6:10)라는 세 번째 간구에서 우리는 천사들이 하늘에서 그러는 것처럼(시 103:20-21) 하나님이 그의 은혜로 우리가 모든 일에서 그의 뜻을 기꺼이, 그리고 능히 알아 순종하고 복종할 수 있도록 만들어달라고 기도합니다(삼하 15:25; 욥 1:21; 시 67:1-7; 119:36; 마 26:39).

In the third petition, which is, "Thy will be done in earth, as it is in heaven," we pray, That God, by his grace, would make us able and willing to know, obey, and submit to his will in all things, as the angels do in heaven.

---

thy (고어, 시어) 너의, 그대의
submit 복종하다, 굴복하다(to)
heaven 하늘, 천공, 천국, 낙원

왕이 사독에게 이르되 "보라! 하나님의 궤를 성읍으로 도로 메어가라. 만일 내가 여호와 앞에서 은혜를 입으면 도로 나를 인도하사 내게 그 궤와 그 계신 데를 보이시리라"(삼하 15:25).

이르되 "내가 모태에서 알몸으로 나왔사온즉 또한 알몸이 그리로 돌아가올지라. 주신 이도 여호와시요 거두신 이도 여호와시오니 여호와의 이름이 찬송을 받으실지니이다" 하고(욥 1:21).

20능력이 있어 여호와의 말씀을 행하며 그의 말씀의 소리를 듣는 여호와의 천사들이여, 여호와를 송축하라. 21그에게 수종들며 그의 뜻을 행하는 모든 천군이여, 여호와를 송축하라(시 103:20-21).

1하나님은 우리에게 은혜를 베푸사 복을 주시고 그의 얼굴 빛을 우리에게 비추사 (셀라) 2주의 도를 땅 위에, 주의 구원을 모든 나라에게 알리소서. 3하나님이여, 민족들이 주를 찬송하게 하시며 모든 민족들이 주를 찬송하게 하소서. 4온 백성은 기쁘고 즐겁게 노래할지니 주는 민족들을 공평히 심판하시며 땅 위의 나라들을 다스리실 것임이니이다. (셀라) 5하나님이여, 민족들이 주를 찬송하게 하시며 모든 민족으로 주를 찬송하게 하소서. 6땅이 그의 소산을 내어주었으니 하나님 곧 우리 하나님이 우리에게 복을 주시리로다. 7하나님이 우리에게 복을 주시리니 땅의 모든 끝이 하나님을 경외하리로다(시 67:1-7).

내 마음을 주의 증거들에게 향하게 하시고 탐욕으로 향하지 말게 하소서(시 119:36).

조금 나아가사 얼굴을 땅에 대시고 엎드려 기도하여 이르시되 "내 아버지여, 만일 할 만하시거든 이 잔을 내게서 지나가게 하옵소서. 그러나 나의 원대로 마시옵고 아버지의 원대로 하옵소서" 하시고(마 26:39).

뜻이 하늘에서 이루어진 것 같이

1. 모든 일에서 그의 뜻을(his will in all things)

예수님은 십자가에서 죽으시기 전날 겟세마네 동산에서 기도하실 때 제자들을 데리고 가셨습니다. 그때 예수님은 "내 마음이 매우 고민하여 죽게 되었으니 너희는 여기 머물러 나와 함께 깨어 있으라"고 말씀하셨습니다. 그리고 조금 나아가서 얼굴을 땅에 대시고 엎드려 "내 아버지여, 만일 할 만하시거든 이 잔을 내게서 지나가게 하옵소서. 그러나 나의 원대로 마시옵고 아버지의 원대로 하옵소서"라고 기도하셨습니다(마 26:36-39).

자기 소원이 아니라 아버지의 뜻대로 하시라고 기도하기란 얼마나 힘든 일인지 모릅니다. 그런데 예수님은 자기 뜻이 아니라 하나님의 뜻에 순종하고 싶어서 얼굴을 땅에 대고 엎드려 기도하셨습니다. 간절함이 묻어나는 기도의 자세입니다. 예수님은 매우 고민스러워 죽을 것 같은 느낌이 들 정도로 난처한 상황에 있었습니다. 그래서 기도 중에 땀이 땅에 떨어지는 핏방울같이 되었습니다(눅 22:44). 얼마나 간절히 기도했으면 땀이 핏방울같이 되었겠습니까? 그런 간절한 기도를 마치신 예수님은 하나님의 뜻에 기꺼이 그리고 능히 복종하셨습니다.

그런데 제자들은 어떻게 했습니까? 예수님의 치열한 기도에도 아랑곳하지 않고 곯아떨어졌습니다. 예수님은 제자들에게 "너희가 나와 함께 한 시간도 이렇게 깨어 있을 수 없더냐? 시험에 들지 않게 깨어 기도하라. 마음에는 원이로되 육신이 약하도다"(마 26:40-41)라고 말씀하셨습니다. 사람은 마음으로는 원해도 육신이 약해서 하나님의 뜻이 무엇인지 알기도 힘들고 순종하기도 힘듭니다.

사람들은 하나님을 피하고 싶어 합니다. 괜히 주의 도리를 알게 되면 내적 갈등을 겪게 되기 때문입니다(욥 21:14). 예수님처럼 간절히 기도하면서 자기 뜻을 굽히려고 노력하는 사람도 너무 적습니다. 그래서 우리는 "뜻이 하늘에서 이루어진 것 같이 땅에서도 이루어지이다"라고 기도하며 우리의 뜻이 하나님의 뜻에 맞추어지기를 간구해야 합니다. 우리의 뜻에 하나님의 뜻을 맞추려는 어리석고 강퍅한 시도를 그만두고 오직 하나님을 바라보아야 합니다.

2. 천사들이 하늘에서 그러는 것처럼(as the angels do in heaven)

소요리문답은 주기도문의 "뜻이 하늘에서 이루어진 것 같이"라는 구절을 "천사들이 하늘에서 그러는 것처럼"으로 해석합니다. 이 해석은 시편 103:20-21을 근거로 합니다. 천사들은 여호와의 말씀을 듣고 그 뜻을 따라 행합니다. 그 천사들처럼 우리 신자들도 하나님의 뜻이 무엇인지 듣고자 노력하고, 또한 노력하는 수준을 넘어서서 실제로 그 뜻을 행하는 자가 되기를 간구해야 합니다.

앞서 살펴본 것처럼 예수님이 매우 고민하여 죽게 되어 기도하실 때 제자들은 잠을 잤습니다. 세 번씩이나 그렇게 했습니다. 우리도 제자들처럼 한 시간도 깨어 있기 힘든 연약한 존재들입니다. 시험에 들지 않게 깨어 기도해야 하는데 자꾸만 잠을 잡니다. 마음에는 원함이 있어도 육신이 약하여 실행하지 못하는 것입니다. 우리는 우리의 이러한 약함과 악함을 철저히 인정해야 합니다. 그래서 기도해야 합니다. 우리는 약하고 악하지만 그 상태 그대로 있지 않고 천사들이 하늘에서 그러는 것처럼 우리가 하나님의 뜻을 능히 알아 순종하고 복종하게 해달라고 기도해야 합니다.

3. 은혜로 그의 뜻을 기꺼이, 그리고 능히 알아 순종하고 복종할 수 있도록 만들어달라고(by his grace, would make us able and willing to know, obey, and submit)

이스라엘 백성은 가나안 땅을 살피고 돌아온 정탐꾼들이 부정적으로 보고하자 소리 높여 부르짖으며 밤새도록 통곡했습니다. 이에 대한 하나님의 뜻이 무엇인지를 살피지 않고 하나님과 모세를 원망했습니다.

> 2…우리가 애굽 땅에서 죽었거나 이 광야에서 죽었으면 좋았을 것을 3어찌하여 여호와가 우리를 그 땅으로 인도하여 칼에 쓰러지게 하려 하는가? 우리 처자가 사로잡히리니 애굽으로 돌아가는 것이 낫지 아니하랴?(민 14:2-3)

그들은 하나님의 뜻을 살피려고 하지 않았습니다. 이처럼 구원을 받은 이후에도 여전히 남아 있는 부패성으로 강퍅한 사람의 심령을 고쳐주실 분은 하나님밖에 없습니다. 따라서 우리는 "우리 주 예수 그리스도의 하나님, 영광의 아버지께서 지혜와 계시의 영을" 우리에게 주사 우리 마음의 눈을 밝히시어 그의 부르심의 소망과 기업의 영광의 풍성함이 무엇인지 알려주시기를 기도해야 합니다(엡 1:17-18). "내 마음을 주의 증거들에게 향하게 하시고 탐욕으로 향하지 말게 하소서"(시 119:36)라고 기도해야 합니다.

"뜻이 하늘에서 이루어진 것 같이 땅에서도 이루어지이다"라고 기도하는 것은 우리가 구원을 받았어도 여전히 부패성이 남아 있어서 우리 자신의 힘으로 하나님의 뜻을 알 수 없고, 또 알아도 그 뜻에 저항하면서 실천하기 싫어한다는 것을 인정하는 것입니다. 그래서 우리는 우리를 위하여 말할 수 없는 탄식으로 기도하시는 성령이 우리의 무지와 맹목과 약함과 악함을 제거하시고, 천사들이 하늘에서 그러는 것처럼 우리도 기쁨과 감사함으로 기꺼이 하나님의 뜻을 알고 순종하고 복종할 수 있도록 도와달라고 기도합니다. 우리는 마땅히 기도할 바를 알지 못하기 때문에 성령이 우리를 위하여 친히 간구해주시고(롬 8:26), 우리의 마음을 하나님의 뜻에 맞도록 은혜를 베풀어달라고 기도합니다.

이 세 번째 간구는 두 번째 간구에서 우리의 힘으로 하나님 나라를 넓히거나 이루거나 확장할 수 없으니 오직 하나님이 그 나라를 임하게 해달라고 간구하는 것과 같습니다. 우리가 하나님의 뜻을 능히 알 수 있다면, 그리고 그 뜻에 기꺼이 순종하고 복종한다면 하나님 나라를 이루고 넓히고 확장할 수 있습니다. 이처럼 두 번째 간구와 세 번째 간구는 서로 깊이 연결됩니다.

1. 요즘 가족들이 집중하거나 고민하고 있는 삶의 주제가 무엇인지 알고 있습니까? 가족 간의 대화가 잘 이루어지고 있는지 점검해봅시다.

2. 소요리문답 제101-103문을 서로 묻고 답해봅시다. 관련 성구도 함께 살펴봅시다.

3. 주기도문의 첫 번째 간구에 비추어 볼 때 사람의 힘으로 하나님을 영화롭게 할 수 있습니까, 아니면 하나님의 도움이 필요합니까? 시편 83:1-18을 읽고 이야기해봅시다.

4. 주기도문의 두 번째 간구에서 사탄의 왕국이 파괴되고 은혜의 왕국이 진전되는 일을 사람이 할 수 있습니까?

5. 성경에 나오는 동사 중 하나님 나라와 관련된 동사들에는 어떤 것들이 있는지 나누어봅시다. "하나님 나라를 넓히고 이루고 확장하자"라는 표현을 사용할 수 있습니까? 있다면 어떤 의미에서 가능합니까?

6. 여러분은 영광의 왕국이 앞당겨지기를 진심으로 바랍니까? 아니면 여러분이
꼭 이루고 싶고 경험하고 싶은 몇 가지 일 다음에 그것이 오기를 바랍니까?

7. 주기도문의 세 번째 간구에서 여러분은 모든 일에 하나님의 뜻을 알 수 있습
니까? 그리고 그 뜻에 순종하고 복종할 수 있습니까?

제40-1과
네 번째 간구

제104문. 네 번째 간구에서 우리는 무엇을 위해 기도합니까?

What do we pray for in the fourth petition?

답. "오늘 우리에게 일용할 양식을 주시옵고"^(마 6:11)라는 네 번째 간구에서 우리는 하나님의 자유로운 선물로 우리가 금생의 좋은 것들을 알맞은 분량만큼 받을 수 있도록, 그리고 그분의 축복을 그것들과 함께 즐거워할 수 있도록 기도합니다^(잠 30:8-9; 창 28:20; 딤전 4:4-5).

In the fourth petition, which is, "Give us this day our daily bread," we pray, That of God's free gift we may receive a competent portion of the good things of this life, and enjoy his blessing with them.

---

competent 유능한, 충분한 자격을 갖춘, 상당한, 충분한
portion 일부, 몫
blessing 축복, 신의 은총, 행복, 즐거운 것

8곧 헛된 것과 거짓말을 내게서 멀리하옵시며 나를 가난하게도 마옵시고 부하게도 마옵시고 오직 필요한 양식으로 나를 먹이시옵소서. 9혹 내가 배불러서 "하나님을 모른다", "여호와가 누구냐?" 할까 하오며 혹 내가 가난하여 도둑질하고 내 하나님의 이름을 욕되게 할까 두려워함이니이다(잠 30:8-9).

야곱이 서원하여 이르되 "하나님이 나와 함께 계셔서 내가 가는 이 길에서 나를 지키시고 먹을 떡과 입을 옷을 주시어"(창 28:20).

4하나님께서 지으신 모든 것이 선하매 감사함으로 받으면 버릴 것이 없나니 5 하나님의 말씀과 기도로 거룩하여짐이라(딤전 4:4-5).

네 번째 간구: 오늘 우리에게 일용할 양식을 주시옵고

1. 하나님의 자유로운 선물로 우리가 금생의 좋은 것들을 알맞은 분량만큼 받을 수 있도록(Of God's free gift we may receive a competent portion of the good things of this life)

야곱이 아버지 이삭을 속이고 형이 받을 축복을 가로채자 에서는 야곱을 죽이려고 했습니다. 야곱은 형의 분노가 풀리기를 바라며 외삼촌의 집으로 도망갔습니다. 이삭은 야곱에게 "전능하신 하나님이 네게 복을 주시어 네가 생육하고 번성하게 하여 네가 여러 족속을 이루게 하시고 아브라함에게 허락하신 복을 네게 주시되 너와 너와 함께 네 자손에게도 주사 하나님이 아브라함에게 주신 땅 곧 네가 거류하는 땅을 네가 차지하게 하시기를 원하노라"(창 28:3-4)라고 기도해주었습니다.

야곱은 외삼촌이 거주하던 하란으로 가는 도중에 길에서 잠을 자다

꿈을 꾸었습니다. 그 꿈에서 하나님은 꼭대기가 하늘에 닿은 사닥다리 위에 서서 다음과 같이 말씀하셨습니다.

> 13…나는 여호와니 너의 조부 아브라함의 하나님이요 이삭의 하나님이라. 네가 누워 있는 땅을 내가 너와 네 자손에게 주리니 14네 자손이 땅의 티끌같이 되어 네가 서쪽과 동쪽과 북쪽과 남쪽으로 퍼져나갈지며 땅의 모든 족속이 너와 네 자손으로 말미암아 복을 받으리라. 15내가 너와 함께 있어 네가 어디로 가든지 너를 지키며 너를 이끌어 이 땅으로 돌아오게 할지라. 내가 네게 허락한 것을 다 이루기까지 너를 떠나지 아니하리라…(창 28:13-15, 저자 강조).

꿈에서 깬 야곱은 "하나님이 나와 함께 계셔서 내가 가는 이 길에서 나를 지키시고 먹을 떡과 입을 옷을 주시어 내가 평안히 아버지 집으로 돌아가게 하시오면 여호와께서 나의 하나님이 되실 것"(창 28:20-21)이라고 말했습니다. 야곱의 이 고백은 아버지 이삭이 그에게 축복 기도해준 내용과 꿈에 하나님이 말씀하신 내용을 반영한 것이었습니다. 이삭과 야곱은 자신들의 부족함에도 불구하고 하나님이 아브라함에게 말씀하신 내용을 이루시기까지 그들을 떠나지 아니하실 것을 믿었습니다. 하나님은 아브라함과 이삭과 야곱에게 말씀하신 것을 끝내 이루고야 마는 분이십니다. 야곱은 이에 대한 믿음을 "나를 지키시고 먹을 떡과 입을 옷을 주시어"라는 문장으로 고백했습니다. 그리고 이 문장은 주기도문의 네 번째 간구인 "오늘 우리에게 일용할 양식을 주시옵고"라는 문장과 연결됩니다.

"일용할 양식"(our daily bread)은 한 달이나 일 년 치 양식이 아니라 하루 치 양식입니다. 예수님은 "목숨을 위하여 무엇을 먹을까 무엇을 마실까 몸을 위하여 무엇을 입을까 염려하지 말라"라고 말씀하셨습니다. 공중의 새를 기르시고 들의 백합화를 입히시는 하나님이 자녀된 우리의 먹을 것과 마실 것과 입을 것을 필요적절하게 공급하시는 것은 당연합니다. 오히려 우리의 기도는 무엇을 먹고 마시고 입을지 염려하는 것이 아니라 하나님 나라와 그 의를 먼저 구하는 간구가 되어야 합니다. 그리하면 이 모든 것이 우리에게 더하여집니다. 우리는 내일 일을 위하여 염려해서는 안 됩니다(마 6:25-30). 내일 일은 내일에게 맡기고 우리는 단지 "일용할 양식"을 위해 기도하면 됩니다.

돈은 우리 생활에 꼭 필요하지만, 욕심을 절제하지 못하면 오히려 돈이 우리를 사로잡아버립니다. 돈을 사랑함은 일만 악의 뿌리가 됩니다. 돈을 탐내는 자들은 미혹을 받아 믿음에서 떠나 많은 근심으로써 자기를 찌릅니다(딤전 6:10). 그러므로 자신을 가난하게도 말고 부하게도 말아달라는 잠언 기자의 기도는 우리가 반드시 본받아야 할 모범입니다. 우리는 "오늘 우리에게 일용할 양식을 주시옵고"라는 간구에서 이 기도를 드립니다. 자신의 신앙 인격과 절제력과 지혜의 한도를 넘어서는 과도한 물질은 축복이 아니라 신앙을 위협하거나 약화하는 재앙이 됩니다.

2. 그분의 축복을 그것들과 함께 즐거워할 수 있도록(We may enjoy his blessing with them)

사도 바울은 어떤 사람들이 믿음에서 떠나 미혹하는 영과 귀신의 가르침을 따라 혼인을 금하고 어떤 음식물을 먹지 말라고 할 것이라고 경고했습니다(딤전 4:1-3). 또 음식에 대해서 다음과 같이 말했습니다.

3…음식물은 하나님이 지으신 바니 믿는 자들과 진리를 아는 자들이 감사함으로 받을 것이니라. 4하나님께서 지으신 모든 것이 선하매 감사함으로 받으면 버릴 것이 없나니 5하나님의 말씀과 기도로 거룩하여짐이라(딤전 4:3-5).

초대교회 시대에는 영지주의라는 이단이 있었습니다. 영지주의는 혼합주의적 종교 운동으로서 자기들에게만 전수되어오는 "참된 지식"(gnosis, 그노시스)을 통해 구원을 얻을 수 있다고 주장했습니다. 영지주의자들은 이원론적 우주관을 바탕으로 영계와 물질계 사이에 큰 간격이 존재한다고 보았습니다. 그 결과 물질계와 실제 역사에 대해 부정적 태도를 견지하면서 인간의 영적 요소가 육체와 현세에서 해방되어 최고신에게로 돌아가야 한다고 믿었습니다.

인간의 육체를 경시하는 그들의 관점은 두 가지 분파를 탄생시켰습니다. 한쪽에서는 인간의 육체가 영혼을 닮아야 한다고 주장하며 금욕주의를 강조한 반면, 다른 쪽에서는 영혼이 중요하므로 육체의 욕망은 충족시켜도 상관없다는 육욕주의를 주장했습니다. 이처럼 비성경적으로 육체와 물질을 부정하는 자들은 금욕주의나 쾌락주의의 극단에 빠질 수밖에 없습니다.

참된 신자들은 이런 양 극단에 맞서 하나님이 지으신 모든 것이 선하기 때문에 감사함으로 받으면 버릴 것이 없다는 성경 말씀을 붙듭니다. 오늘날에도 어떤 이들은 썩을 몸을 위하여 양식을 달라고 기도하는 것이 옳지 않다고 주장합니다. 하지만 그리스도인은 금욕주의자도 쾌락주의자도 아닙니다. 그리스도인은 물질을 부정하지 않으면서 하나님이 지으신 모든 것을 감사함으로 받아 누릴 뿐입니다. 그래서 우리는

"오늘 우리에게 일용할 양식을 주시옵고"라는 간구를 드립니다. 그리고 하나님이 은혜로 주신 결과에 대해서는 만족하며 감사함으로 받아들입니다. 이에 대해 바울은 다음과 같이 고백하기도 했습니다.

[11]어떠한 형편에든지 나는 자족하기를 배웠노니 [12]나는 비천에 처할 줄도 알고 풍부에 처할 줄도 알아 모든 일 곧 배부름과 배고픔과 풍부와 궁핍에도 처할 줄 아는 일체의 비결을 배웠노라. [13]내게 능력 주시는 자 안에서 내가 모든 것을 할 수 있느니라(빌 4:11-13).

바울은 비천한 상황에서도 슬퍼하거나 우울해 하는 대신 자족하고, 풍부한 상황에서도 교만하거나 사치스럽게 지내는 대신 자족했습니다. 그는 어떠한 상황에서도 하나님의 말씀을 지키며 사는 비결을 터득했습니다. 우리도 "오늘 우리에게 일용할 양식을 주시옵고"라는 간구를 드리며 하나님이 주신 결과에 자족하고 하나님의 말씀을 지키는 삶을 살아가기 위해 힘써야 합니다. 신자는 상황에 매이는 것이 아니라 상황을 지배하며 그 상황을 즐길 줄 알아야 합니다.

제40-2과
다섯 번째 간구

제105문. 다섯 번째 간구에서 우리는 무엇을 위해 기도합니까?

What do we pray for in the fifth petition?

답. "우리가 우리에게 죄 지은 자를 사하여 준 것 같이 우리 죄를 사하여주시옵고"^(마 6:12)라는 다섯 번째 간구에서 우리는 하나님이 그리스도로 인해 우리의 모든 죄를 거저 용서해주실 것을 기도하는데^(시 51:1-2, 7, 9; 단 9:17-19), 우리는 그분의 은혜에 의하여 마음으로부터 타인들을 용서할 수 있기 때문에 이렇게 간구하도록 더욱 격려를 받을 수 있습니다^(마 18:35; 눅 11:4).

In the fifth petition, which is, "And forgive us our debts, as we forgive our debtors," we pray, That God, for Christ's sake, would freely pardon all our sins; which we are able to be rather encouraged to ask, because by his grace we are enabled from the heart to forgive others.

---

forgive 용서하다, (빚, 의무 등을) 면제하다

debt 부채, 채무, 빚   **debtor** 부채자, 채무자

pardon 사면하다, 너그러이 봐주다, 용서하다

encourage 용기를 돋우다, 격려하다, 장려하다

rather 오히려, 그보다는 …한 쪽이 낫다, …기는커녕, 도리어

1 하나님이여, 주의 인자를 따라 내게 은혜를 베푸시며 주의 많은 긍휼을 따라 내 죄악을 지워주소서. 2 나의 죄악을 말갛게 씻으시며 나의 죄를 깨끗이 제하소서.…7 우슬초로 나를 정결하게 하소서. 내가 정하리이다. 나의 죄를 씻어주소서. 내가 눈보다 희리이다.…9 주의 얼굴을 내 죄에서 돌이키시고 내 모든 죄악을 지워주소서(시 51:1-9).

17 그러하온즉 우리 하나님이여, 지금 주의 종의 기도와 간구를 들으시고 주를 위하여 주의 얼굴 빛을 주의 황폐한 성소에 비추시옵소서. 18 나의 하나님이여, 귀를 기울여 들으시며 눈을 떠서 우리의 황폐한 상황과 주의 이름으로 일컫는 성을 보옵소서. 우리가 주 앞에 간구하옵는 것은 우리의 공의를 의지하여 하는 것이 아니요 주의 큰 긍휼을 의지하여 함이니이다. 19 주여, 들으소서. 주여, 용서하소서. 주여, 귀를 기울이시고 행하소서. 지체하지 마옵소서. 나의 하나님이여, 주 자신을 위하여 하시옵소서. 이는 주의 성과 주의 백성이 주의 이름으로 일컫는 바 됨이니이다(단 9:17-19).

"우리가 우리에게 죄 지은 모든 사람을 용서하오니 우리 죄도 사하여주시옵고 우리를 시험에 들게 하지 마시옵소서"하라(눅 11:4).

너희가 각각 마음으로부터 형제를 용서하지 아니하면 나의 하늘 아버지께서도 너희에게 이와 같이 하시리라(마 18:35).

해설

우리 죄를 사하여주시옵고

1. 하나님이 그리스도로 인해 우리의 모든 죄를 거저 용서해주실 것을 기도하는데(God, for Christ's sake, would freely pardon all our sins)

베드로는 예수님께 형제가 죄를 범하면 몇 번이나 용서해야 되냐고 여쭈어보았습니다. 예수님은 일곱 번을 일흔 번까지 하라고 대답하시며 주인이 만 달란트 빚진 종의 빚을 탕감한 비유를 말씀하셨습니다(마 18:21-35). 임금은 그 종을 불쌍히 여겨 아무런 이유 없이 빚을 탕감해주었습니다. 그런데 그 종이 잠시 후에 백 데나리온 빚진 동료를 만나자 목을 잡고서 빚을 갚으라고 했습니다. 동료가 엎드리며 "나에게 참아주소서. 갚으리이다"라고 간구했지만 그 종은 동료를 옥에 가두어버렸습니다. 이 소식을 들은 주인은 노하여 그 종을 불러다가 "악한 종아, 네가 빌기에 내가 네 빚을 전부 탕감하여주었거늘 내가 너를 불쌍히 여김과 같이 너도 네 동료를 불쌍히 여김이 마땅하지 아니하냐"라고 꾸짖으며 그 빚을 다 갚도록 옥졸들에게 넘겼습니다.

1달란트는 6천 데나리온이고 1데나리온은 일꾼의 하루 품삯입니다. 하루 품삯을 10만 원이라고 하면 1만 달란트는 6조 원이나 되는 큰 돈입니다. 어떤 사람이 하루에 1억 원씩을 쓴다고 가정하면 일 년에 365억을 쓰는데 80년 동안 그렇게 해도 3조 원을 다 쓰지 못합니다. 따라서 1만 달란트는 산술적 의미에서의 6조 원이라기보다는 사람이 도저히 갚을 수 없는 큰 금액을 의미합니다.

예수님의 비유에 등장하는 주인은 종을 불쌍히 여겨 1만 달란트의 빚을 모두 탕감해줍니다. 어떤 다른 이유도 없습니다. 이는 하나님이 그리스도로 인해 우리 죄를 용서해주시는 것에 대한 비유입니다. 하나님은 우리를 불쌍히 여기셔서 우리가 도저히 해결할 수 없는 우리의 죄를 아무 대가 없이 용서해주셨습니다.

시편 51편 기자는 주의 인자와 긍휼에 의지하여 자신의 죄악을 말갛게 씻겨주시고 깨끗이 제거해달라고 간구합니다. 그는 전적으로 주의 인자와 긍휼에 의지합니다. 다니엘도 자신이 하나님께 기도와 간구를 하는 것은 자신의 공의를 의지해서가 아니고 오직 주의 큰 긍휼에 의지함으로써 가능하다고 고백합니다. 더 나아가 다니엘은 하나님 당신을 위하여 죄를 용서해달라고 간청합니다. 이스라엘을 백성으로 삼으신 주의 그 큰 사랑과 의지로 자신들을 용서해달라고 한 것입니다. 우리가 우리의 죄를 눈보다 더 희게 해달라고 하나님께 간구할 수 있는 것 자체가 놀라운 축복입니다.

우리는 다섯 번째 간구를 통해 그리스도로 말미암아 우리의 모든 죄를 거저 용서해달라고 기도합니다. 이는 우리가 우리 자신의 죄를 해결할 능력이 없음을 인정하고 그리스도의 존재와 사역이 우리 구원의 견고한 근거임을 확인하는 것입니다.

2. 우리는 그분의 은혜에 의하여 마음으로부터 타인들을 용서할 수 있기 때문에 이렇게 간구하도록 더욱 격려를 받을 수 있습니다(which we are able to be rather encouraged to ask, because by his grace we are enabled from the heart to forgive others)

앞서 살펴본 무자비한 종의 비유에서 6조 원의 빚을 탕감받은 종은 1천만 원의 빚을 탕감해주지 않아 옥에 갇혔습니다. 그 종은 자신이 엄청난 액수의 빚을 탕감받은 은혜를 망각하고 동료에게 작은 은혜를 베풀지 않았습니다. 예수님은 "너희가 각각 마음으로부터 형제를 용서하지 아니하면 나의 하늘 아버지께서도 너희에게 이와 같이 하시리라"는 말씀으로 이 비유를 끝맺으셨습니다(마 18:21-35).

다섯 번째 간구는 원인과 결과의 논리 구조로 오해하기 쉬운 구절입니다. 우리가 우리에게 죄지은 자를 용서해주었으니 이것에 근거하여 우리 죄를 사하여달라는 의미라고 해석하기 쉬운 것입니다. 이 말은 우리가 우리에게 죄지은 자를 용서해주지 않으면 하나님께 죄를 사하여달라고 간구할 수 없다는 말과 같습니다. 하지만 다섯 번째 간구는 원인과 결과의 순서가 아니라 결과와 원인의 순서로 되어 있습니다. 하나님이 우리 죄를 사하여주셨으니 이 사죄의 은혜를 아는 우리가 우리에게 죄지은 자를 용서하게 해달라고 간구하는 것입니다.

사람이 자기에게 죄지은 자를 용서할 수 있는 근거가 어디에 있습니까? 사람은 악한 존재인지라 자기에게 특별한 이득이 되지 않으면 빚진 자를 탕감해주지 않습니다. 사람이 자기에게 죄지은 자를 아무 이유 없이 용서할 수 있는 근거는 오직 그리스도께만 있습니다. 그리스도가 우리의 죄를 사해주시고 우리를 자녀로 받아주셨기 때문에 우리는 사죄와 탕감의 엄청난 은혜를 경험했습니다. 만 달란트의 빚보다 더 큰 빚을 탕감받는 큰 은혜를 누렸습니다. 이 엄청난 은혜를 누려봤기 때문에 신자들은 자신들에게 죄지은 자를 용서해줄 수 있습니다. 만약 용서하지 않는 신자가 있다면 그는 그리스도의 대속에서 오는 용서의 큰 가치와 기쁨을 진정으로 아는 자가 아닙니다.

진정으로 그리스도의 대속의 가치를 아는 이들은 다른 이들의 죄를 용서해줄 수 있습니다. 어떤 사람이 진정으로 그리스도의 대속을 믿고 참된 그리스도인이 되었는지는 그가 마음으로부터 형제를 용서하는가에 달려 있습니다. 그가 마음으로부터 형제를 용서하지 않으면 그는 아직 그리스도가 당신의 몸을 바쳐 자신을 구원해주신 가치와 기쁨을 모르는 자입니다. 따라서 하늘 아버지께서도 그의 죄를 용서해주시지 않습니다. 그러므로 우리 신자들은 우리에게 죄지은 자를 마음으로부터 용서해야 하고 하나님은 우리의 이러한 용서를 보시면서 우리가 지은 모든 죄도 사하여주십니다.

다섯 번째 간구에서 중요한 것은 하나님이 그리스도로 인해 우리의 모든 죄를 거저 용서해주신 것을 아는 데에 있습니다. 그러면 하나님께 받은 사죄의 은혜가 얼마나 큰지를 알고 온몸으로 기쁨과 감사를 누렸기 때문에 마음으로부터 타인들을 용서할 수 있습니다. 우리는 실제로 우리에게 죄지은 자를 마음으로부터 용서합니다. 이렇게 타인을 용서하면 우리는 우리가 하나님께 용서받은 죄인임을 더욱 깨닫게 됩니다. 그리고 더욱 하나님께 우리의 죄를 사하여달라고 간구할 수 있습니다.

다섯 번째 간구는 절대로 원인과 결과의 논리가 아니라 **결과와 원인의 논리**로 되어 있습니다. 다섯 번째 간구를 원인과 결과로 이해하면 타인을 용서하지 못하는 자신을 보며 자신이 하나님께 죄를 용서받지 못하여 구원에서 떨어지는 것은 아닌가 하는 불안에 빠집니다. 구원을 은혜가 아니라 공로의 결과로 생각하게 되는 것입니다. 실제로 많은 신자가 다섯 번째 간구에 대해 오해합니다. 이 구절 자체만 보면 오해의 가능성이 크지만 난해한 성경 구절은 명확한 다른 구절들을 통해서 이해해야 합니다. 이런 면에서도 "전체 성경"은 매우 중요합니다.

구원은 하나님의 전적인 은혜이지만 우리는 우리에게 죄지은 자를 용서하는 노력을 게을리하면 안 됩니다. 우리가 형제를 용서하지 않으면 우리가 구원에서 떨어진다는 각오로 용서해야 합니다.

19내 사랑하는 자들아, 너희가 친히 원수를 갚지 말고 하나님의 진노하심에 맡기라. 기록되었으되 "원수 갚는 것이 내게 있으니 내가 갚으리라"고 주께서 말씀하시니라. 20네 원수가 주리거든 먹이고 목마르거든 마시게 하라. 그리함으로 네가 숯불을 그 머리에 쌓아놓으리라. 21악에게 지지 말고 선으로 악을 이기라(롬 12:19-21).

만 달란트의 빚을 탕감받은 자가 동료의 백 데나리온 빚을 탕감해
주면 하나님이 그에게 백 데나리온보다 더 많은 것을 되돌려주십니다.
심지어 원수 갚는 것도 하나님께 있습니다. 하나님은 사람의 행위를 보
시고 그대로 갚으십니다. 우리는 이것을 믿고 원수가 주리거든 먹이고
목마르거든 마시게 해야 합니다. 악에게 지지 말고 선으로 악을 이겨야
하는데 이것이 말처럼 쉽지 않기 때문에 우리는 다섯 번째 간구를 통
해 하나님의 도우심을 구해야 합니다.

제40-3과
여섯 번째 간구

제106문. 여섯 번째 간구에서 우리는 무엇을 위해 기도합니까?

What do we pray for in the sixth petition?

답. "우리를 시험에 들게 하지 마시옵고 다만 악에서 구하시옵소서"(마 6:13)라는 여섯 번째 간구에서 우리는 하나님이 우리를 죄의 시험으로부터 지켜주시거나(마 26:41) 우리가 시험당할 때 우리를 지지하고 구해주시기를 기도합니다(고후 12:7-8).

In the sixth petition, which is, "And lead us not into temptation, but deliver us from evil," we pray, That God would either keep us from being tempted to sin, or support and deliver us when we are tempted.

---

tempt 유혹하다, 꾀어내다 　　　　　　**temptation** 유혹

support 받치다, 버티다, 부양하다, 지원하다, 격려하다

keep 계속하다, 유지하다, 간직하다, 지키다

deliver 인도하다, 전하다, 해방시키다, 구해내다

시험에 들게 하지 마시옵고

1. 하나님이 우리를 죄의 시험으로부터 지켜주시거나 우리가 시험당할 때 우리를 지지하고 구해주시기를(God would either keep us from being tempted to sin, or support and deliver us when we are tempted)

세 번째 간구에서 살펴본 것처럼 예수님은 십자가에 달려 돌아가시기 전날 겟세마네 동산에서 제자들에게 "내 마음이 매우 고민하여 죽게 되었으니 너희는 여기 머물러 나와 함께 깨어 있으라"고 말씀하셨습니다. 예수님은 조금 나아가서 얼굴을 땅에 대고 엎드려 간절히 기도하셨는데 땀이 땅에 떨어지는 핏방울같이 되었습니다. 그런데 예수님이 이렇게 기도하고 제자들에게 오셨을 때 이들은 잠을 자고 있었습니다. 예수님은 그들에게 "너희가 나와 함께 한 시간도 이렇게 깨어 있을 수 없더냐? 시험에 들지 않게 깨어 기도하라. 마음에는 원이로되 육신이 약하도다"(마 26:40-41)라고 말씀하셨습니다.

보통 사람들은 제자들처럼 육신이 약합니다. "시험에 들지 않게 깨어 기도하라"는 요청을 듣고서도 깨어 기도하지 못하는 것이 사람입니다. 마음으로는 원해도 육신이 약하여 그렇게 하지 못하는 것이 사람입니다. 그러므로 시시각각 다가오는 맹렬한 시험은 신자도 감당하기 쉽지 않습니다. 신자가 그 시험에 들지 않도록 하나님이 지켜주셔야지, 신자 스스로의 힘으로 시험을 감당하게 하는 것은 작은 아이에게 사자와 맞서 싸워 이기라고 주문하는 것과 같습니다.

예수님은 잡히시기 전날에 베드로를 불러 "시몬아, 시몬아, 보라! 사탄이 너희를 밀 까부르듯 하려고 요구하였으나 그러나 내가 너를 위하여 네 믿음이 떨어지지 않기를 기도하였노니 너는 돌이킨 후에 네 형제를 굳게 하라"고 말씀하셨습니다. 이에 베드로는 "주여, 내가 주와 함께 옥에도, 죽는 데에도 가기를 각오하였나이다"라고 대답했습니다. 그러자 예수님은 "베드로야, 내가 네게 말하노니 오늘 닭 울기 전에 네가 세 번 나를 모른다고 부인하리라"(눅 22:31-34)라고 말씀하셨습니다.

베드로는 이렇게 주님과 대화를 주고받았음에도 정작 예수님이 잡혀서 대제사장의 집에 있을 때 예수님을 모른다고 말하며 세 번이나 부인했습니다. 어떤 사람이 베드로가 예수님과 함께 있었다고 말하자 베드로는 "이 사람아, 나는 네가 하는 말을 알지 못하노라"고 말했고 바로 그때 닭이 울었습니다. 베드로는 주님의 말씀이 생각나 밖에 나가서 심히 통곡했습니다. 하지만 베드로는 그 후에 주님께로 돌아와 사도행전에 기록된 것처럼 훌륭하게 사역을 감당했습니다.

사탄은 베드로를 밀 까부르듯 하려고 했지만 예수님은 베드로의 믿음이 떨어지지 않기를 기도하셨습니다. 그래서 베드로는 심히 통곡한 이후에도 가룟 유다처럼 자살하지 않았습니다. 오히려 예수님의 말씀처럼 돌이킨 후에 형제를 굳게 하는 훌륭한 사역을 감당했습니다. 우리가 시험을 받을 때 하나님이 지켜주시지 않으면 사탄은 우리를 밀 까 부르듯 할 것입니다.

이에 반하여 가룟 유다를 보십시오. 예수님을 사로잡은 대제사장들과 백성의 장로들은 새벽에 예수님을 죽이려고 모의하고서 총독 빌라도에게 넘겨주었습니다. 그때 예수님을 팔아넘긴 가룟 유다는 예수님이 억울하게 정죄됨을 보고 스스로 뉘우쳐 배신의 값으로 받은 은 삼십을 대제사장들과 장로들에게 도로 갖다 주며 "내가 무죄한 피를 팔고 죄를 범하였도다"라고 말했습니다. 하지만 대제사장들과 백성의 장로들이 예수님을 놓아줄 리 만무했습니다. 이에 가룟 유다는 은을 성소에 던져 넣고 물러가서 스스로 목매어 죽었습니다(마 27:1-5).

유다와 베드로의 차이는 무엇이었을까요? 둘 다 시험에 들었지만 유다는 비극적인 자살로 끝났고 베드로는 심히 통곡한 후 돌이켜 형제들을 굳게 했습니다. 둘 다 자신의 죄에 대하여 뉘우쳤지만 유다는 감상적인 자기 연민에 빠져 자살에 이르렀고 베드로는 하나님의 은혜로 자기가 어디서 넘어졌는지를 생각하고 돌이켰습니다. 베드로는 단순히 죄를 뉘우치는 것에 그치지 않고 그 죄에서 돌이켜 하나님께로 향했습니다. 그리고 주님이 주신 말씀을 생각하고 형제들을 굳게 하는 일에 자신의 삶을 바쳤습니다.

우리도 인생을 살아가면서 다윗, 베드로, 가룟 유다처럼 큰 죄를 저지를 수 있습니다. 다윗은 밧세바와 간음한 것도 모자라 자신의 죄를 덮으려고 그녀의 남편인 자기 부하를 사지로 몰아 죽였습니다. 이 사실이 드러났을 때 다윗이 얼마나 부끄러웠겠습니까? 그런데 그는 예언자 나단이 잘못을 지적하자 깨끗하게 인정하고 하나님 앞에서 깊이 회개했습니다. 그리고 그 이후에는 큰 죄를 다시 짓지 않았습니다.

우리도 다윗처럼 언제 유혹과 죄에 빠질지 모릅니다. 그때 하나님의 도우심이 없다면 우리는 잘못된 대처를 할 수밖에 없습니다. 다윗처럼 깊이 회개하고 주님께 돌아서는 것이 아니라 가룟 유다처럼 자기연민에 빠져 극단적 행동을 저지르고 말 것입니다. 그렇지 않으면 악한 길을 계속해서 걸을 수도 있습니다. 사무엘이 사울 왕의 불순종과 교만을 지적했을 때 그는 어떻게 반응했습니까? 그는 제대로 회개하지 않았습니다. 그 이후에도 사람들의 평가를 두려워할 뿐 하나님의 말씀은 신경쓰지 않았습니다. 하나님이 사무엘을 통해 기름을 부은 다윗도 죽이려고 했습니다. 하지만 그는 다윗을 제거하는 데 성공하지 못하고 오히려 전쟁에 패해 비참한 최후를 맞았습니다.

그래서 우리는 "우리를 시험에 들게 하지 마시옵고 다만 악에서 구하시옵소서"라고 기도합니다. 우리는 하나님이 죄의 시험으로부터 우리를 지켜주시거나 우리가 시험당할 때 우리를 지지하고 구해주시기를 기도합니다. 이는 우리의 전적 타락과 전적 무능력을 인정하는 것입니다. 더 나아가 우리의 생명 자체가 하나님께 달려 있으며 우리의 장점과 능력도 모두 하나님께 받은 것임을 인정하는 것입니다.

8그들 중의 어떤 사람들이 음행하다가 하루에 이만 삼천 명이 죽었나니 우리는 그들과 같이 음행하지 말자. 9그들 가운데 어떤 사람들이 주를 시험하다가 뱀에게 멸망하였나니 우리는 그들과 같이 시험하지 말자. 10그들 가운데 어떤 사람들이 원망하다가 멸망시키는 자에게 멸망하였나니 너희는 그들과 같이 원망하지 말라. 11그들에게 일어난 이런 일은 본보기가 되고 또한 말세를 만난 우리를 깨우치기 위하여 기록되었느니라. 12그런즉 선 줄로 생각하는 자는 넘어질까 조심하라. 13사람이 감당할 시험 밖에는 너희가 당한 것이 없나니 오직 하나님은 미쁘사 너희가 감당하지 못할 시험당함을 허락하지 아니하시고 시험당할 즈음에 또한 피할 길을 내사 너희로 능히 감당하게 하시느니라(고전 10:8-13).

우리도 그들처럼 음행을 하다 언제 심판받아 죽을지 모릅니다. 우리도 주를 시험하다가 언제 뱀에게 물려 죽을지 모릅니다. 우리도 원망하다가 언제 멸망시키는 자에게 멸망할지 모릅니다. 성경에 기록된 여러 심판 이야기들은 우리에게 분명한 본보기가 됩니다. 죄에서 신속하게 돌이키지 않으면 우리도 언제 그들처럼 될지 모릅니다. 우리가 지금은 비록 서 있더라도 언제 넘어질지 모르므로 조심하고 또 조심해야 합니다.

하나님은 은혜로우셔서 우리가 감당할 시험만 허락하십니다. 우리가 시험당할 즈음에 또한 피할 길을 주시어 우리로 능히 감당하게 하십니다. 하나님은 우리가 유혹에 넘어가지 않을 힘을 허락해주십니다. 이러한 모든 고백이 여섯 번째 간구에 담겨 있습니다.

제40-4과
주기도문의 맺는말

제107문. 주기도문의 끝 부분은 우리에게 무엇을 가르칩니까?

What does the conclusion of the Lord's prayer teach us?

답. "나라와 권세와 영광이 아버지께 영원히 있사옵나이다. 아멘"(마 6:13)이라는 주기도문의 끝 부분은 기도할 때 오직 하나님으로부터 용기를 얻을 것을(단 9:4, 7-9, 16-19), 그리고 우리의 기도에서 나라, 권세 그리고 영광을 그분께 돌리면서 그분을 찬양할 것을 우리에게 가르칩니다(대상 29:10-13). 그리고 우리는 우리의 소원의 증거로, 또 상달의 보장으로 아멘이라고 합니다(고전 14:16; 계 22:20-21).

The conclusion of the Lord's prayer, which is, "For thine is the kingdom, and the power, and the glory, for ever, Amen." teaches us, to take our encouragement in prayer from God only, and in our prayers to praise him, ascribing kingdom, power and glory to him. And, in testimony of our desire, and assurance to be heard, we say, Amen.

---

encouragement 격려, 고무, 장려　　**praise** 기리다, 찬양하다, 칭찬하다

ascribe (원인, 동기, 기원 등을) …에 있다고 하다, …로 돌리다

testimony 증거, 증언, 증명, 입증　　**assurance** 보장, 확언, 확신, 주장

내 하나님 여호와께 기도하며 자복하여 이르기를 "크시고 두려워할 주 하나님, 주를 사랑하고 주의 계명을 지키는 자를 위하여 언약을 지키시고 그에게 인자를 베푸시는 이시여"(단 9:4).

7주여, 공의는 주께로 돌아가고 수치는 우리 얼굴로 돌아옴이 오늘과 같아서 유다 사람들과 예루살렘 거민들과 이스라엘이 가까운 곳에 있는 자들이나 먼 곳에 있는 자들이 다 주께서 쫓아내신 각국에서 수치를 당하였사오니 이는 그들이 주께 죄를 범하였음이니이다. 8주여, 수치가 우리에게 돌아오고 우리의 왕들과 우리의 고관과 조상들에게 돌아온 것은 우리가 주께 범죄하였음이니이다 마는 9주 우리 하나님께는 긍휼과 용서하심이 있사오니 이는 우리가 주께 패역하였음이오며(단 9:7-9).

16주여, 구하옵나니 주는 주의 공의를 따라 주의 분노를 주의 성 예루살렘, 주의 거룩한 산에서 떠나게 하옵소서. 이는 우리의 죄와 우리 조상들의 죄악으로 말미암아 예루살렘과 주의 백성이 사면에 있는 자들에게 수치를 당함이니이다. 17그러하온즉 우리 하나님이여, 지금 주의 종의 기도와 간구를 들으시고 주를 위하여 주의 얼굴 빛을 주의 황폐한 성소에 비추시옵소서. 18나의 하나님이여, 귀를 기울여 들으시며 눈을 떠서 우리의 황폐한 상황과 주의 이름으로 일컫는 성을 보옵소서. 우리가 주 앞에 간구하옵는 것은 우리의 공의를 의지하여 하는 것이 아니요 주의 큰 긍휼을 의지하여 함이니이다. 19주여, 들으소서. 주여, 용서하소서. 주여, 귀를 기울이시고 행하소서. 지체하지 마옵소서. 나의 하나님이여, 주 자신을 위하여 하시옵소서. 이는 주의 성과 주의 백성이 주의 이름으로 일컫는 바 됨이니이다(단 9:16-19).

10다윗이 온 회중 앞에서 여호와를 송축하여 이르되 "우리 조상 이스라엘의 하나님 여호와여, 주는 영원부터 영원까지 송축을 받으시옵소서. 11여호와여, 위대하심과 권능과 영광과 승리와 위엄이 다 주께 속하였사오니 천지에 있는 것이 다 주의 것이로소이다. 여호와여, 주권도 주께 속하였사오니 주는 높으사 만물의 머리이심이니이다. 12부와 귀가 주께로 말미암고 또 주는 만물의 주재가 되사 손에 권세와 능력이 있사오니 모든 사람을 크게 하심과 강하게 하심이 주의 손에 있나이다. 13우리

하나님이여, 이제 우리가 주께 감사하오며 주의 영화로운 이름을 찬양하나이다(대상 29:10-13).

그렇지 아니하면 네가 영으로 축복할 때에 알지 못하는 처지에 있는 자가 네가 무슨 말을 하는지 알지 못하고 네 감사에 어찌 아멘 하리요(고전 14:16).

20이것들을 증언하신 이가 이르시되 "내가 진실로 속히 오리라" 하시거늘, 아멘! 주 예수여, 오시옵소서. 21주 예수의 은혜가 모든 자들에게 있을지어다. 아멘(계 22:20-21).

나라와 권세와 영광이

1. 나라, 권세 그리고 영광을 그분께 돌리면서(ascribing kingdom, power and glory to him)

우리는 "나라가 임하시오며"라는 주기도문의 두 번째 간구에서 하나님 나라는 우리가 만들거나 넓힐 수 없음을 살펴보았습니다. 하나님 나라는 하나님의 초월적인 능력을 통해 우리에게 은혜로 주어집니다. 사람들이 지상에서 만드는 단점과 부작용이 있는 나라가 아니라 사자가 풀을 먹고 사망과 애통과 곡하는 것과 아픈 것이 다시 없는 하나님 나라는, 사람은 절대로 만들 수 없고 오직 하나님이 만드셔서 영원히 유지하실 수 있습니다. 하나님께는 그러한 권세(power)가 있고 따라서 거기에 맞는 영광이 있습니다.

11내가 또 보고 들으매 보좌와 생물들과 장로들을 둘러선 많은 천사의 음성이 있으니 그 수가 만만이요 천천이라. 12큰 음성으로 이르되 "죽임을 당하신 어린 양은 능력과 부와 지혜와 힘과 존귀와 영광과 찬송을 받으시기에 합당하도다" 하더라. 13내가 또 들으니 하늘 위에와 땅 위에와 땅 아래와 바다 위에와 또 그 가운데 모든 피조물이 이르되 "보좌에 앉으신 이와 어린 양에게 찬송과 존귀와 영광과 권능을 세세토록 돌릴지어다" 하니 14네 생물이 이르되 "아멘" 하고 장로들은 엎드려 경배하더라(계 5:11-14).

보좌에 앉으신 이와 어린 양만이 찬송과 존귀와 영광과 권능을 받으시기에 합당합니다. 모든 피조물은 찬송과 존귀와 영광과 권능을 오직 보좌에 앉으신 이와 어린 양에게만 돌려야 합니다. 다른 모든 존재는 스스로 그런 권세와 영광을 가질 수 없습니다. 하나님으로부터 아주 조금 은혜로 받을 뿐입니다. 욥은 자신의 재물이 다 날아갔을 때 "내가 모태에서 알몸으로 나왔사온즉 또한 알몸이 그리로 돌아가올지라. 주신 이도 여호와시요 거두신 이도 여호와시오니 여호와의 이름이 찬송을 받으실지니이다"(욥 1:21)라고 말했습니다. 또 발바닥에서 정수리까지 종기가 나서 질그릇 조각으로 몸을 긁을 때도 "우리가 하나님께 복을 받았은즉 화도 받지 아니하겠느냐"라고 말하며 그 모든 일에 입술로 범죄하지 않았습니다(욥 2:10).

온갖 좋은 은사와 온전한 선물이 다 위에서 빛들의 아버지께로부터 내려옵니다(약 1:17). 다른 곳에는 생명과 권능과 영광이 없습니다. 잠시 있는 것처럼 보일 뿐입니다. 우리는 "나라와 권세와 영광이 아버지께 영원히 있사옵나이다. 아멘"이라는 맺음말로 하나님의 존재와 속성과 사역을 다시금 인정하고 찬양하고 감사합니다. 더 나아가 다른 것에 욕심을 내 미혹되지 않겠다고 다짐합니다.

하나님의 지혜와 지식은 무한히 풍성하고 깊습니다. 하나님의 판단은 헤아릴 자가 없고 그의 길은 찾을 자가 없습니다. 누가 주의 마음을 알고 그의 모사가 되겠습니까? 누가 주께 먼저 드린 것이 있으며, 그래서 갚으심을 받겠습니까? 우리는 다음처럼 고백하며 하나님께 온전히 나라와 권세와 영광을 올려드려야 합니다.

이는 만물이 주에게서 나오고 주로 말미암고 주에게로 돌아감이라. 그에게 영광이 세세에 있을지어다. 아멘(롬 11:36).

2. 기도할 때 오직 하나님으로부터 용기를 얻을 것을(to take our encouragement in prayer from God only)

앞서 살펴본 대로 나라와 권세와 영광은 아버지께만 영원히 있습니다. 그렇다면 그런 아버지께서는 우리를 어떻게 대하십니까? 다니엘은 예루살렘의 황폐함이 칠십 년 만에 그칠 것을 책을 통해 깨닫고서는 금식하며 베옷을 입고 재를 덮어쓴 채 주 하나님께 기도했습니다. 그는 지금 자기 민족이 겪고 있는 재앙과 저주가 조상들이 범죄한 결과임을 알았지만 하나님의 긍휼과 용서에 의지해 기도를 드렸습니다(단 9:8-9). 다니엘과 이스라엘 백성이 하나님께 간구할 수 있었던 것은 자신들이 공의롭기 때문이 아니라 주의 큰 긍휼을 의지했기 때문입니다(단 9:18). 이들은 오직 하나님께로부터만 격려를 받아 기도하는 것입니다.

또 다니엘은 하나님께 "주 자신을 위하여" 기도를 들어주시고 용서해주시고 귀를 기울여주시고 행해달라고 간구합니다(단 9:19). 다른 것이 아니라 그들을 자녀로 삼아주신 하나님 자신을 위하여 그렇게 해달라고 요청합니다. 신자들은 기도할 때 그들을 위하여 친히 사람이 되시고 십자가에 죽기까지 사랑하신 하나님께만 용기와 격려를 받아야 합니다. .

3. 우리의 기도에서 그분을 찬양할 것을(in our prayers to praise him)

나라와 권세와 영광이 아버지께만 영원히 있으니 우리는 기도할 때 하나님을 찬양하지 않을 수 없습니다. 우리가 기도할 수 있다는 자체가 하나님이 주신 은혜가 아닙니까? 오직 그분만이 찬송과 존귀와 영광과 권능을 받으시기에 합당하시므로 우리의 모든 기도는 그분에 대한 찬양을 전제하고 있습니다.

다윗 왕은 백성들이 성전 건축을 위해 금과 은 등을 자원하여 드렸을 때 심히 기뻐하며 여호와를 송축했습니다(대상 29:10-12). 다윗이 고백한 대로 오직 주님만이 영원부터 영원까지 송축을 받아야 합니다. 권능과 영광과 승리와 위엄, 그리고 천지만물이 다 주께 속하였습니다. 주권도 주께 속하였고 사람들이 갖는 부귀도 주께로 말미암습니다. 주는 만물의 주재시라 권세와 능력으로 사람을 높이거나 강하게 하실 수 있습니다.

마찬가지로 우리 신자들도 기도할 때 하나님을 찬양해야 합니다. 우리에게 필요한 것을 달라고 기도하기 전에 그 필요를 채우실 수 있는 하나님이 어떤 분이신지 명확히 알고 그 하나님을 온전히 찬양하며 깊이 감사해야 합니다. 하나님에 대한 찬양과 감사가 없는 기도는 참된 기도가 아니라 자기 욕구를 채우기 위해 떼쓰는 것에 지나지 않습니다.

4. 우리는 우리의 소원의 증거로, 또 상달의 보장으로 아멘이라고 합니다(In testimony of our desire, and assurance to be heard, we say, Amen.)

우리가 교회에서 가장 많이 듣는 단어 중 하나가 "아멘"일 것입니다. 예배 중 기도자의 기도문에 대하여 성도들이 아멘으로 화답하고, 설교자의 설교에 성도들이 은혜를 받을 때 특정 문장에 대하여 아멘이라고 외칩니다. 그래서인지 어떤 이들은 아멘의 뜻이 정확히 무엇인지 모르고 그냥 은혜를 받을 때 외치는 감탄사 정도로 생각합니다. 다음 "참고 성구"를 통하여 성경에서 아멘이 어떤 의미로 사용되는지 확인해보시기 바랍니다.

"이 저주가 되게 하는 이 물이 네 창자에 들어가서 네 배를 붓게 하고 네 넓적다리를 마르게 하리라" 할 것이요 여인은 "아멘, 아멘" 할지니라(민 5:22).

"그의 이웃을 암살하는 자는 저주를 받을 것이라" 할 것이요 모든 백성은 "아멘" 할지니라(신 27:24).

"여호와 이스라엘의 하나님을 영원부터 영원까지 송축할지로다" 하매 모든 백성이 "아멘" 하고 여호와를 찬양하였더라(대상 16:36).

내가 옷자락을 털며 이르기를 "이 말대로 행하지 아니하는 자는 모두 하나님이 또한 이와 같이 그 집과 산업에서 털어버리실지니 그는 곧 이렇게 털려서 빈손이 될지로다" 하매 회중이 다 "아멘" 하고 여호와를 찬송하고 백성들이 그 말한 대로 행하였느니라(느 5:13).

에스라가 위대하신 하나님 여호와를 송축하매 모든 백성이 손을 들고 "아멘, 아멘" 하고 응답하고 몸을 굽혀 얼굴을 땅에 대고 여호와께 경배하니라(느 8:6).

여호와를 영원히 찬송할지어다. 아멘, 아멘(시 89:52).

여호와 이스라엘의 하나님을 영원부터 영원까지 찬양할지어다. 모든 백성들아, 아멘 할지어다. 할렐루야(시 106:48).

"내가 또 너희 조상들에게 한 맹세는 그들에게 젖과 꿀이 흐르는 땅을 주리라 한 언약을 이루리라 한 것인데 오늘이 그것을 증언하느니라 하라" 하시기로 내가 대답하여 이르되 "아멘! 여호와여" 하였노라(렘 11:5).

그렇지 아니하면 네가 영으로 축복할 때에 알지 못하

이처럼 아멘은 주어진 내용이 참되고 앞으로 그렇게 될 것이라는 뜻입니다. 신명기 27:24에서 그의 이웃을 암살하는 자는 저주를 받을 것이라는 말에 모든 백성이 "아멘" 한다는 것은 그들이 그 내용에 동의하며 그 내용이 현실이 될 것이기에 그 말을 명심하여 이웃을 암살하지 않겠다는 의미입니다.

하이델베르크 요리문답도 소요리문답처럼 마지막 부분에서 주기도문을 다룹니다. 마지막 문답이 제129문인데 "아멘이라는 낱말의 뜻은 무엇입니까?"라고 묻고, "아멘이란 참되고 확실하다는 뜻입니다. 내가 마음속으로 하나님에게 이것들을 원한다고 믿는 것보다 더 확실하게 하나님이 나의 기도를 들으시기 때문입니다"라고 대답합니다. 이처럼 아멘은 "참되고 확실하다"(This shall truly and certainly be)라는 뜻입니다.

주기도문에 있는 서문과 여섯 개의 간구가 헛되이 공중으로 날아가지 않고, 참되고 확실하게 집행된다는 것을 우리는 아멘으로 표현합니다. 주기도문의 끝에 말하는 아멘은 우리가 아뢴 소원의 증거이며 하나님이 우리의 간구를 들으실 것에 대한 확실한 보장입니다 한편 우리는 교회에서 기도와 설교와 간증과 찬양 때 아멘이라는 단어가 너무 남용되거나 오용되지 않도록 주의해야 합니다. 설교에 동의하고 그렇게 행동하겠다는 의미에서 시작된 "아멘"이란 단어가 너무 자주 사용되다 보니 그 무게감이 떨어진 것이 사실입니다. 어떤 이는 아무 의미가 없거나 적절치 않은 발언에 대해서도 "아멘"이라고 외쳐 예배 분위기를 흐리기도 합니다. 심지어 설교자의 기침에도 기계적으로 아멘이라고 하는 사람도 있습니다. 그쯤 되면 소음 공해가 따로 없습니다.

아멘의 오·남용은 피하되 적절하게 사용하기 위해 힘써야 합니다. 우리는 하나님께 찬양을 드린 후에 기쁘게 "아멘"이라고 말할 수 있습니다. 실제로 수많은 찬송가가 아멘으로 끝납니다. 우리는 또 옳고 좋은 기도문과 설교문에 대해서도 아멘으로 화답할 수 있습니다. 신앙의 지체가 드리는 기도와 베푸는 가르침에 동의하며 우리의 회개와 믿음을 아멘으로 표현하는 것입니다. 기도문과 설교문이 정말로 참되고 확실하다고 느낄 때 우리는 아멘이라고 하면서 그렇게 되기를 바란다는 의미를 담아낼 수 있습니다. 진지하고 신중하게 하는 아멘은 우리의 신앙생활을 더 역동적으로 고양시켜줄 것입니다.

현상 너머의 원인

나는 경제학 전공으로 석사 학위까지 받았지만 정작 경제학에 대한 깊은 이해는 신학을 공부한 이후에 갖게 되었다. 신학을 배우기 전에는 매우 밀접한 인과(因果)의 범주 내에서만 경제 이론과 현상을 파악하려는 경향이 강했다. 경제 이론과 현상을 어느 정도 이해는 하지만 근본적인 원리를 깨닫지 못해 현실에 적용하기가 어려웠던 것이다.

예를 들어 수요와 공급의 법칙을 살펴보자. 이 법칙에 따르면 수요량이 기존의 공급량보다 늘어나면 상품의 가격은 올라가고 생산자들은 생산량을 늘려 적정 수준에서 다시 균형이 잡힌다. 반대로 공급량이 더 많으면 반대 현상이 일어난다. 이러한 과정을 통하여 상품의 가격과 거래량이 결정된다는 것은 경제학의 기초 이론이다.

그런데 이런 법칙이 문제없이 작동하려면 "완전시장"(perfect market)이라는 전제조건이 있어야 한다. 소비자나 생산자는 제품의 가격과 거래량 등에 대한 완벽한 정보를 알아야 하고, 어떤 생산자도 원하기만 하면 경쟁에 자유롭게 뛰어들 수 있어야 하며, 각 개인은 기대효용을 최대화하는 합리적 인간이어야 한다. 이런 완전시장을 전제해야 소비자, 생산자, 생산요소, 이자, 분배 등에 작용하는 "보이지 않는 손"이 제 역할을 할 수 있다.

하지만 현실적으로 생산자와 소비자가 어떻게 제품에 대한 완벽한 정보를 획득할 수 있겠는가? 또 어떤 생산자가 이미 형성된 독과점의 기세를 무시하면서 경쟁에 자유롭게 뛰어들겠는가? 마지막으로 다양한 생각과 가치와 기호를 가진 개개인이 어떻게 매번 합리적으로만 의사를 결정하겠는가?

완전시장을 전제로 한 경제학 이론은 경제 활동을 이론적으로 명쾌하게 설명하기는 하지만 실제 현실을 완벽하게 설명하지는 못한다. 합리적 인간들이 완전시장에서 합리적 경제 행위를 하면 보이지 않는 손이 제 역할을 할 수도 있을 것이다. 하지만 현실에서는 독과점과 부익부 빈익빈 현상이 발생하면서 정부가 직접 개입해야 하는 영역이 점점 늘어나기만 한다.

이론과 현실 사이에 있는 이러한 괴리의 원인은 무엇일까? 나는 신학을 공부하며 하나님과 사람에 대한 통찰력이 생기면서 그 근본 원인을 이해하게 되었다. 사람에게는 합리성이 있기는 하지만 모든 사람이 절대적으로 합리적인 존재는 아니다. 하나님의 형상으로 지음 받은 사람은 원래 합리적인 존재였지만 원죄로 원의를 잃어버려 지식과 의와 거룩에 손상이 생겼기 때문이다. 죄에 빠진 인간은 올바른 판단을 하지 못한다. 경제 활동과 관련한 소비 판단도 온전하지 않다. 많은 사람이 엉뚱한 욕구에 따라 과소비를 하며 살아간다.

내가 경제학을 더 공부한다면 신학에서 배운 통찰력을 바탕으로 더욱 사람 냄새가 나고 현실감 있는 논문을 쓸 수 있을 것 같다. 사람들의 경제 행위와 사회는 어떤 방향을 향해서 나아가야 한다는 규범적 측면에서도 논할 수 있을 듯하다. 성경을 공부할수록, 신앙의 선배들이 축적해놓은 신학을 공부할수록, 일반 학문과 예술에 대해서도 이해와 직관이 증가함을 느낀다.

요사이 인문학의 중요성에 대하여 많이들 말하곤 한다. 하지만 인문학은 말 그대로 사람에 대한 학문이기 때문에 올바른 판단력이 없이 인문학에 빠져들면 오히려 해로운 학문이 된다. 성경이 말하는 인간관이 없는 인문학 공부는 오히려 사람을 드높이며 엉뚱한 자유들을 추구하게 한다. 바벨탑을 쌓으며 "그 탑 꼭대기를 하늘에 닿게 하여 우리 이름을 내고"(창 11:4)라고 말했던 사람들이야말로 어쩌면 인문학에 심취한 자들이었을지 모른다.

내 목회의 목표 중 하나는 나의 설교와 성경 공부를 통하여 성도들이 사람과 삶과 사회와 학문 제반에 대하여 성경이 말하는 통찰력을 갖는 것이다. 성도들이 흐릿하고 애매한 것들에 대하여 성경적 견해를 가짐으로써 올바른 방향을 향하여 경쾌하게 살아가면 좋겠다. 가정생활에서 사랑이 더 넘치고 직장 생활에서 화목을 조성하는 자들로 인정받으면 좋겠다. 학생들은 하나님과 사람에 대한 깊은 지식을 가지고 자신의 학문을 통합적으로 지배하며 공부해가면 좋겠다. 나는 성도들이 하나님이 만물에 새겨놓으신 영원하신 능력과 신성을 찾아 발견하여 누리는 데 일조하고 싶다. 현상 너머의 먼 원인을 알려주는 아름다운 발을 갖고 싶다.

이 책도 그러한 소망이 드러난 결과다. 성경 전체가 말하는 내용을 공유하지 않으면 성도들이 삶에 대한 깊은 통찰력을 가질 수 없겠다는 생각에 기독교 교리를 개괄적으로 소개하는 소요리문답 해설서를 집필하게 되었다. 성경을 부분적으로만 알면 진리가 우리를 자유하게 하는 것이 아니라 편중된 성경 지식이 우리를 짓누르게 된다. 편중된 성경 지식에서 수많은 이단과 사이비가 나온다. 편중된 성경 지식을 배경으로 값싼 은혜에 중독된 가벼운 성도들이 양산되면 기독교의 실천적 지식은 온데간데없어지고 성경의 진리는 교회당 안에 갇히게 된다. 부디 이 책을 통해 한 사람이라도 사람과 삶과 세상의 원리에 대한 깊은 통찰을 얻고, 내면의 상처와 호기심과 미혹과 단견으로부터 자유로워져 하나님과 사람을 더욱 사랑하는 교회의 신실한 일꾼이 되기를 바란다.

1. 여러분은 인생에서 언제가 황금기였습니까? 아직 황금기가 안 왔다면 언제쯤 이 될 것으로 생각합니까? 인생의 긴 여정에서 각자가 서 있는 위치를 생각해 보고 이후의 삶을 온전하게 살아가기 위해서는 어떤 준비를 해야 할지 나누어 봅시다.

2. 소요리문답 제104-107문을 서로 묻고 답해봅시다. 근거 성구도 함께 살펴 봅시다.

3. 주기도문의 네 번째 간구를 이해하기 위해 디모데전서 6:10과 잠언 30:8-9 을 읽고 그 의미에 대해 나누어봅시다.

4. 금욕주의와 쾌락주의가 양 극단에 있다면 기독교의 위치는 어디쯤입니까? 물 질에 대한 기독교적 관점이 어떤 것인지 관련 성구(딤전 4:4)를 통해 이야기 해봅시다.

5. 주기도문의 다섯 번째 간구를 이해하기 위해 무자비한 종의 비유(마 18:23- 35)를 읽고 나누어봅시다.

6. 예수님을 통해 죄 용서를 받았음을 아는 성도들은 실제로 형제의 죄를 용서
할 수 있습니까? 여러분의 경험을 나누어보십시오.

7. 주기도문의 여섯 번째 간구는 무엇입니까? 우리는 하나님의 도움 없이 시험
을 이길 수 있습니까?

8. 관련 성구(욥 1:21; 2:10; 롬 11:33-36; 계 5:11-14)를 읽어보고 나라와
권세와 영광이 아버지께 있다는 말이 우리에게 어떤 의미인지 나누어봅시다.

9. 우리는 기도할 때 무엇으로부터 용기를 얻어야 합니까? 다니엘의 예(단 9:4,
7-9, 16-19)를 살펴보며 생각해봅시다.

10. 우리가 자주 사용하는 "아멘"이라는 말의 의미는 무엇입니까? "아멘"이라
는 말을 더 적절하게 사용하려면 어떻게 해야 할지 생각해봅시다.

부록.
웨스트민스터
소요리문답
구성 조감도

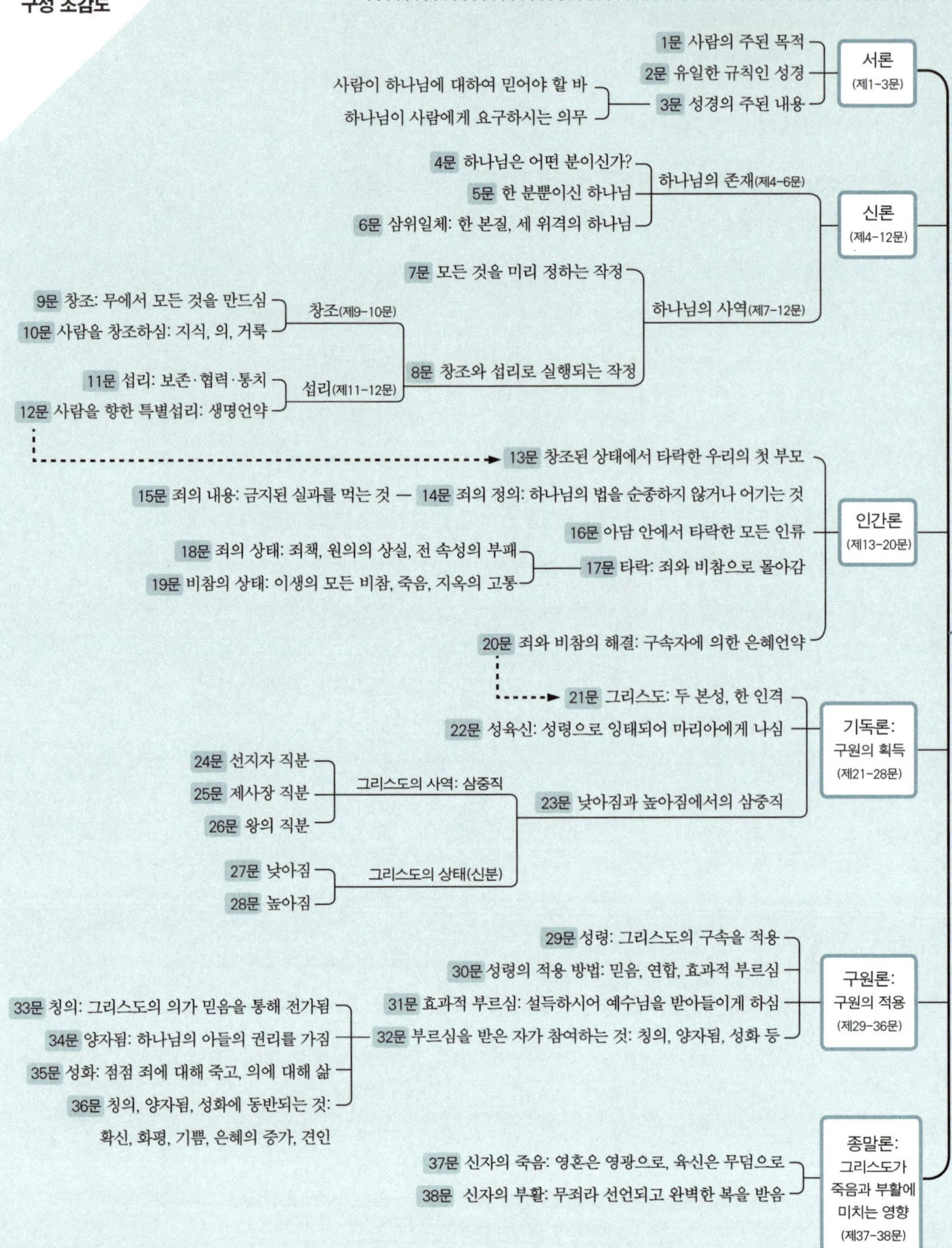
사람이 하나님에 대하여 믿어야 할 바 (제1-38문)

1문 사람의 주된 목적
2문 유일한 규칙인 성경
3문 성경의 주된 내용
서론 (제1-3문)

사람이 하나님에 대하여 믿어야 할 바
하나님이 사람에게 요구하시는 의무

4문 하나님은 어떤 분이신가?
5문 한 분뿐이신 하나님
6문 삼위일체: 한 본질, 세 위격의 하나님
하나님의 존재(제4-6문)
신론 (제4-12문)

7문 모든 것을 미리 정하는 작정
9문 창조: 무에서 모든 것을 만드심
10문 사람을 창조하심: 지식, 의, 거룩
창조(제9-10문)
하나님의 사역(제7-12문)

11문 섭리: 보존·협력·통치
12문 사람을 향한 특별섭리: 생명언약
섭리(제11-12문)
8문 창조와 섭리로 실행되는 작정

13문 창조된 상태에서 타락한 우리의 첫 부모
15문 죄의 내용: 금지된 실과를 먹는 것 — 14문 죄의 정의: 하나님의 법을 순종하지 않거나 어기는 것
16문 아담 안에서 타락한 모든 인류
18문 죄의 상태: 죄책, 원의의 상실, 전 속성의 부패
19문 비참의 상태: 이생의 모든 비참, 죽음, 지옥의 고통
17문 타락: 죄와 비참으로 몰아감
인간론 (제13-20문)

20문 죄와 비참의 해결: 구속자에 의한 은혜언약

21문 그리스도: 두 본성, 한 인격
22문 성육신: 성령으로 잉태되어 마리아에게 나심
기독론: 구원의 획득 (제21-28문)

24문 선지자 직분
25문 제사장 직분
26문 왕의 직분
그리스도의 사역: 삼중직
23문 낮아짐과 높아짐에서의 삼중직

27문 낮아짐
28문 높아짐
그리스도의 상태(신분)

29문 성령: 그리스도의 구속을 적용
30문 성령의 적용 방법: 믿음, 연합, 효과적 부르심
31문 효과적 부르심: 설득하시어 예수님을 받아들이게 하심
구원론: 구원의 적용 (제29-36문)

33문 칭의: 그리스도의 의가 믿음을 통해 전가됨
34문 양자됨: 하나님의 아들의 권리를 가짐
32문 부르심을 받은 자가 참여하는 것: 칭의, 양자됨, 성화 등
35문 성화: 점점 죄에 대해 죽고, 의에 대해 삶
36문 칭의, 양자됨, 성화에 동반되는 것:
확신, 화평, 기쁨, 은혜의 증가, 견인

37문 신자의 죽음: 영혼은 영광으로, 육신은 무덤으로
38문 신자의 부활: 무죄라 선언되고 완벽한 복을 받음
종말론: 그리스도가 죽음과 부활에 미치는 영향 (제37-38문)

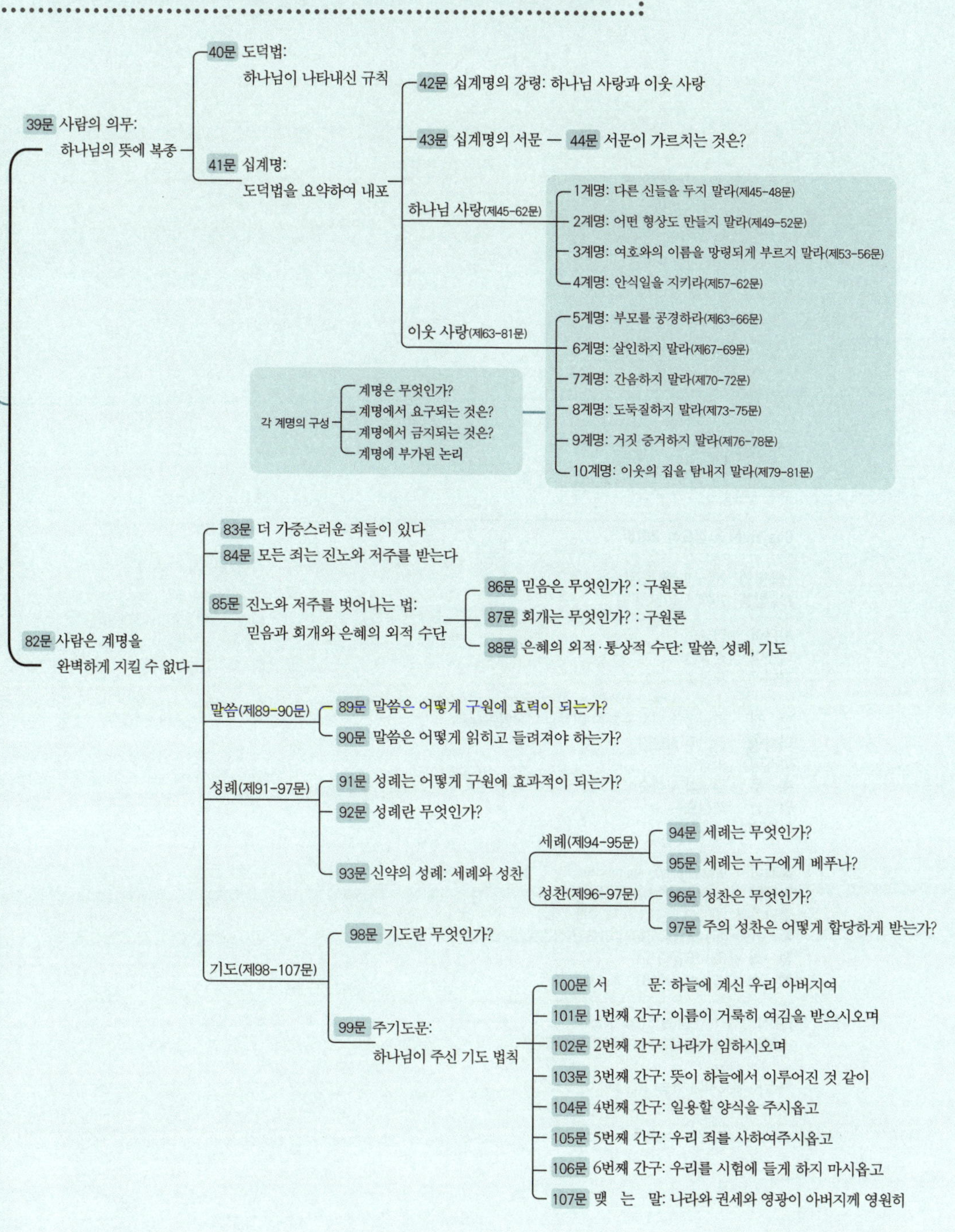

하나님이 사람에게 요구하시는 의무: 교회론 (제39-107문)
39문 사람의 의무: 하나님의 뜻에 복종
40문 도덕법: 하나님이 나타내신 규칙
41문 십계명: 도덕법을 요약하여 내포
42문 십계명의 강령: 하나님 사랑과 이웃 사랑
43문 십계명의 서문 — 44문 서문이 가르치는 것은?
하나님 사랑(제45-62문)
1계명: 다른 신들을 두지 말라(제45-48문)
2계명: 어떤 형상도 만들지 말라(제49-52문)
3계명: 여호와의 이름을 망령되게 부르지 말라(제53-56문)
4계명: 안식일을 지키라(제57-62문)
이웃 사랑(제63-81문)
5계명: 부모를 공경하라(제63-66문)
6계명: 살인하지 말라(제67-69문)
7계명: 간음하지 말라(제70-72문)
8계명: 도둑질하지 말라(제73-75문)
9계명: 거짓 증거하지 말라(제76-78문)
10계명: 이웃의 집을 탐내지 말라(제79-81문)
각 계명의 구성
계명은 무엇인가?
계명에서 요구되는 것은?
계명에서 금지되는 것은?
계명에 부가된 논리
82문 사람은 계명을 완벽하게 지킬 수 없다
83문 더 가증스러운 죄들이 있다
84문 모든 죄는 진노와 저주를 받는다
85문 진노와 저주를 벗어나는 법: 믿음과 회개와 은혜의 외적 수단
86문 믿음은 무엇인가? : 구원론
87문 회개는 무엇인가? : 구원론
88문 은혜의 외적·통상적 수단: 말씀, 성례, 기도
말씀(제89-90문)
89문 말씀은 어떻게 구원에 효력이 되는가?
90문 말씀은 어떻게 읽히고 들려져야 하는가?
성례(제91-97문)
91문 성례는 어떻게 구원에 효과적이 되는가?
92문 성례란 무엇인가?
93문 신약의 성례: 세례와 성찬
세례(제94-95문)
94문 세례는 무엇인가?
95문 세례는 누구에게 베푸나?
성찬(제96-97문)
96문 성찬은 무엇인가?
97문 주의 성찬은 어떻게 합당하게 받는가?
기도(제98-107문)
98문 기도란 무엇인가?
99문 주기도문: 하나님이 주신 기도 법칙
100문 서   문: 하늘에 계신 우리 아버지여
101문 1번째 간구: 이름이 거룩히 여김을 받으시오며
102문 2번째 간구: 나라가 임하시오며
103문 3번째 간구: 뜻이 하늘에서 이루어진 것 같이
104문 4번째 간구: 일용할 양식을 주시옵고
105문 5번째 간구: 우리 죄를 사하여주시옵고
106문 6번째 간구: 우리를 시험에 들게 하지 마시옵고
107문 맺   는 말: 나라와 권세와 영광이 아버지께 영원히

소요리문답, 삶을 읽다

웨스트민스터 소요리문답 해설(하)

Copyright ⓒ 정요석 2016

1쇄 발행 2016년 4월 15일
7쇄 발행 2024년 10월 16일

지은이 정요석
펴낸이 김요한
펴낸곳 새물결플러스

편 집 왕희광 정인철 노재현 이형일 나유영 노동래
디자인 황진주 김은경
마케팅 박성민
총 무 김명화 이성순
영 상 최정호
아카데미 차상희

홈페이지 www.holywaveplus.com
이메일 hwpbooks@hwpbooks.com
출판등록 2008년 8월 21일 제2008-24호
주 소 (우) 04114 서울시 마포구 신촌로28가길 29
전 화 02) 2652-3161
팩 스 02) 2652-3191

ISBN 979-11-86409-51-0 04230
ISBN 979-11-86409-31-2 04230 (세트)

책값은 뒤표지에 있습니다.